I0376973

www.ingramcontent.com/pod-product-compliance
Lightning Source LLC
Chambersburg PA
CBHW081404080526
44589CB00016B/2479
* 9 7 8 1 7 3 7 0 2 1 0 0 1 *

لوحة الفسيفساء

التربية الإيجابية في البيت المسلم

Izza Publishing

لوحة الفسيفساء

نهى الشقيري

منيرة ليكوفيتش عز الدين

ترجمة: إيمان عصام، أمل الترزي

عدد الصفحات: ٣٨٨ صفحة

المقاس: ١٧ × ٢٤ سم

ISBN النسخة الورقية:

٩٧٨-١-٧٣٧٠٢١٠-٠-١

ISBN النسخة الإلكترونية:

٩٧٨-١-٧٣٧٠٢١٠-١-٨

تدقيق لغوي: هبة القاضي

تنسيق داخلي: سعاد محمد

تصميم غلاف: عمر طارق

للتواصل:

www.izzapublishing.com

Izza Publishing, PO Box 50326,

Irvine, CA 92619

www.positivemuslimhome.com

الحقوق محفوظة ولا يسمح بإعادة إصدار الكتاب أو أي جزء منه، أو تخزينه في نطاق استعادة جميع المعلومات، أو نقله بأي شكل من الأشكال بدون إذن سابق من الناشر والمؤلف.

هذا الكتاب مترجم إلى اللغة العربية من كتاب «Positive Discipline in the MuslimHome» الصادر باللغة الإنجليزية عن دار عزة للنشر.

٣

لوحة الفسيفساء

التربية الإيجابية في البيت المسلم

نهى الشقيري

منيرة ليكوفيتش عزالدين

ترجمة

إيمان عصام

أمل الترزي

تقديم

د. جين نيلسن

إهداء

إلى من ربياني أنا وإخوتي على نهج "التربية الإيجابية" من قبل حتى أن يولد، أمي "عفاف علي" وأبي "مازن الشقيري"

نهى

إلى من كان لهم الفضل في أن أكتسب الحكمة خلال رحلتنا معًا أبنائي الأعزاء: يوسف وزيد وعلي

منيرة

خير أسرة لأجل خير أمة

ترابط. تواصُل. تشجيع. محبة

لوحة الفسيفساء.. يبهرنا جمالها، وعندما نقترب منها، يدهشنا هذا الكم الهائل من القطع الصغيرة التي اجتمعت في تناسق بديع، فإذا بنا نبتعد عنها مرة أخرى لأن روعة المشهد لا تظهر إلا عن بعد. فن الفسيفساء أحد أصعب الفنون وأكثرها حاجة إلى المهارة، والتركيز، والدقة، والصبر، وفي الوقت نفسه لا بد للفنان من أن يعرف مسبقًا التصور العام للشكل النهائي للصورة. تفاصيل ورؤية شاملة معًا.. هذه روعة الفسيفساء. واللوحة الواحدة قد تحتاج من الفنان إلى أن يعكف عليها سنوات لإتمامها.

وما أشبه حياة كل منا بلوحة كبيرة من الفسيفساء، فما هي إلا مجموعة لقطات من وقائع الحياة اليومية تتجمع معًا لتشكل في النهاية وجدان كل منا. فإذا أمعنا النظر في مئات المواقف والتجارب والأحداث اليومية التي عشناها على مدار الحياة، سنجد أن ذكريات الطفولة لها نصيب الأسد، فإنها، مهما مر الزمن، لا تزال تحرك بداخلنا فيضًا من مشاعر الحب والحنين والبهجة تارة، ومشاعر الألم والحزن والتوتر تارةً أخرى. ذلك لأن تلك القصاصات من ذكريات الطفولة جزء لا يتجزأ من شخصية كل منا. يقول الكاتب الفلسطيني عارف حجاوي: "لا أحد يهرب من طفولته... في نفوسنا حجرات مغلقة مفاتيحها في يد الطفولة".

في هذا الكتاب، أيتها الأم العزيزة، وأيها الأب العزيز، نلقي الضوء على اللحظات الهادفة المتنكرة في ثوب وقائع الحياة اليومية، لكنها تحمل في طياتها فرصًا رائعة لإرساء حس المسؤولية في نفس الطفل وتعليمه الدروس والمهارات الحياتية التي تعينه على مواجهة الحياة في الكبر. لا شك أن المهمة شاقة وتحتاج إلى الكثير من الجهد والوقت والصبر، لكن ألا يستحق الهدف الأسمى: بناء الإنسان الصالح من أجل خير أمة تكبد العناء والوفاء بأشرف الواجبات وأجل المهمات؟ اللهم بلى. لذا فإننا نقدم إليكم في هذا الكتاب الأساليب التي تعينكما على حمل الأمانة وأداء الرسالة كي تجنيا ثمارها بإذن الله تعالى.

يقول الروائي البرازيلي الشهير باولو كاويلو في قصته القصيرة "إعادة بناء العالم": كان الأبُ يحاول أن يقرأ الجريدة، لكن ابنه الصغير لم يكُفَّ عن مضايقته، وحين تعب الأبُ من مضايقات ابنه، قام بقطع ورقة في الجريدة كانت تحتوي على خريطة العالم، ومزَّقها إلى

قطع صغيرة، وأعطاها لابنه، وطلب منه إعادة تجميع الخريطة! ثم واصل قراءته للجريدة مطمئنًا إلى أن هذه المهمة سوف تلهي ابنه بقية اليوم، لكنه ما لبث أن عاد بعد خمسَ عشرةَ دقيقةً وقد أعاد ترتيب الخريطة! فتساءل الأب مذهولًا: هل كانت أمُّك تُعلِّمُك الجغرافيا؟ ردَّ الطفل قائلًا: لا؛ لكن كانت هناك صورة لإنسان على الوجه الآخر من الورقة، وعندما أعدتُ بناء الإنسان، أعدتُ بناء العالم!

يا لها من عبارة عفوية خرجت من فم الطفل بمنتهى البراءة؛ لكنها تحمل ثروة من المعاني العميقة. فإن بناء الإنسان يأتي قبل بناء الأوطان، لأن الإنسان الصالح أساس بناء المجتمعات وتطورها.

والآن عزيزاتنا الأمهات، أعزاءنا الآباء، هل يوجد في أذهانكم تصور معين لشكل لوحة الفسيفساء الخاصة بأبنائكم؟ بصرف النظر عن التفاصيل، فمن المؤكد أن كل أسرة سوف تضع بصمتها الخاصة على لوحة أبنائها، لأن لكل أسرة روحها وخصوصيتها وقناعاتها. وكم يسعدنا أن نصاحبكم في كل مرحلة من مراحل تصميم لوحة أبنائكم كي تطعِّموها بأبهى وأجمل القطع. ولا نعني بهذا أن تكون حياة الأبناء وردية، خالية من المنغصات والابتلاءات، فهذه سنة الحياة ﴿لقد خلقنا الإنسان في كبد﴾ [البلد:٤]. بل إن التجارب المؤلمة التي تأتينا على هيئة دروس هي التي تصنع أبناءنا، وتصقل شخصياتهم، وتغرس فيهم قيم العطاء والتعاطف. ولكن المهم أن أسلوب تعاملكم مع المواقف اليومية هو الذي سيحدد الأثر الذي سينطبع في نفوس أبنائكم، ومن ثم سيظهر في اللوحة: إمّا في شكل قطع داكنة اللون تنضح بآلام غائرة، أو قطع زاهية الألوان تنبض بالعِبر المضيئة. فدعونا نشرع في رحلتنا مع هذا الكتاب، كي نبدأ في تجميع تلك القصاصات بكل ما تشتمل عليه من مسرات ومنغصات ونجاحات وتعثرات، حتى تعينوا أبناءكم على وضعها بدقة وتبصر في مكانها المناسب في اللوحة.

إيمان عصام

إبريل ٢٠٢١

تقديـم
بقلم د. جين نيلسن

في العقود الأخيرة، بدأ علم النفس يقر بالدور الإيجابي للأديان في حياة الإنسان. وقد يندهش كثير من الناس من أن مثل هذا الرأي يمكن أن يطرحه عالم نفس شهير مثل "ألفريد آدلر" [Alfred Adler] عندما قال: "هناك دومًا أشخاص.. يدركون أن المغزى من الحياة يكمن في الاهتمام بالبشرية بكاملها، ولذا فهم يعملون على تنمية الحسّ الاجتماعي، وتعزيز أواصر المحبة بين الناس. ونجد أن جميع الأديان تركز الاهتمام حول خلاص البشرية. كما أن جميع الحركات العظيمة التي شهدها العالم على مر التاريخ كانت تناضل من أجل النهوض بالصالح العام، غير أن الدين يعد أحد أعظم المساعي في هذا الاتجاه". لذلك نجد أن الأطفال الذين ينشؤون على أهمية وجود هدف لهم في الحياة، ويسعون إلى خدمة المجتمع والمساهمة فيه عادةً ما يعيشون حياة مثمرة ذات معنى وقيمة.

في هذا الكتاب، تقدم كلتا المؤلفتين "نهى" و"منيرة" المبادئ الخالدة للتربية الإيجابية في الإطار الإسلامي، ولقد تمكنتا باقتدارٍ وبراعة من إدماج مبادئ التربية الإيجابية في نسيج الحياة اليومية للأسرة المسلمة. وتأتي هذه التوليفة الفريدة لتقدم دليلًا آخر على أن مبادئ التربية الإيجابية مبادئ عالمية تصلح لكل مكان وزمان.

ليس هناك أدنى شك في أن جميع الآباء يحبون أبناءهم، غير أن بعضهم -مع الأسف- يميل إلى التساهل في التربية بهدف تجنب استخدام العقاب. ومع أن تجنب وسائل العقاب في التربية يعد أمرًا محمودًا، فإن التساهل ينتج جيلًا من الأطفال المدللين الذين يشعرون أنهم محور الكون وأن الكل مسخر لخدمتهم. وقد لاحظت "نهى" و"منيرة" هذه الظاهرة المثيرة للقلق في مجتمعيهما، ومن ثم قامتا بعملٍ رائع في هذا الكتاب للتأكيد على أهمية الجمع بين الحنان والحزم؛ لتحفيز الطفل على المشاركة في شؤون الأسرة والمجتمع ككل، وإكسابه المهارات اللازمة لذلك، ما ينمي لديه الشعور بالانتماء

بمختلف أنواعه. وهكذا، يتعلم الطفل مبدأ العطاء، وأنه -شأنه شأن الأخذ- سُنَّة من سنن الحياة. ولا عجب أن الطفل الذي ينشأ في جو من الحب المفرط ويفتقر إلى المهارات اللازمة للمساهمة في المجتمع يصبح -على الأرجح- شخصًا عاجزًا عن مواجهة تحديات الحياة. وعلى الجانب الآخر، تحذر المؤلفتان من أسلوب التربية المتسلط الذي ينبع عادةً من تخوف الآباء من عدم التزام أبنائهم بالقيم والعادات والتقاليد المتوارثة داخل الأسرة. وفي هذا الكتاب، تدعو "نهى" و"منيرة" المجتمع المسلم إلى استخدام الحنان والحزم في آنٍ واحد- وهو المنهج الذي تقوم عليه التربية الإيجابية.

عندما نشرت كتاب "التربية الإيجابية" [Positive Discipline] عام ١٩٨١، لم يخطر ببالي قط أن يصبح نواة لحركة عالمية تمتد عبر هذه الثقافات والمعتقدات المختلفة في أنحاء العالم شتى. لذا كم يسعدني أن أقدم هذا الكتاب إلى المجتمع المسلم حول العالم، وكلي أمل أن نغتنم هذه الفرصة لنتكاتف معًا جنبًا إلى جنب مع أطفالنا لإحلال السلام في العالم أجمع. ولتحقيق ذلك، علينا أولًا أن نزرع بذور السلام داخل الأسرة والمدرسة والمجتمع.

دكتور "جين نيلسن" [Jane Nelsen]

www.positivediscipline.com

٢٤ أغسطس ٢٠١٦

شكـــــر وتقدير

الحمد لله لما أنعم به علينا من شجاعة وصبر وحكمة حتى يخرج هذا الكتاب إلى النور. سبحانه وتعالى هو الرزَّاق وولي التوفيق، اللهم لك الحمد والشكر كما ينبغي لجلال وجهك وعظيم سلطانك.

في الواقع، يرجع الفضل في خروج هذا الكتاب على هذا المستوى من المصداقية والواقعية إلى تجاربنا في الحياة وإلى أسرتينا، سواء كانت الصغيرة أم الكبيرة الممتدة، فقد تعلمنا منهم ومعهم كل ما يصاحب التربية من مصاعب وتحديات على أرض الواقع، ولولا حبهم ودعمهم وإيمانهم المستمر بقدراتنا لما استطعنا أن نشارككم هذه الرحلة، لذا فنحن نتقدم بأسمى معاني الشكر والامتنان لوالدَيْنا "مازن الشقيري وعفاف علي، خليل ليكوفيتش وكاجا ليكوفيتش" وإخوتنا وأخواتنا "رلى الشقيري، إسماعيل الرشق، أحمد الشقيري ورولا دشيشة، إدينا ليكوفيتش وطارق شوقي" وأزواجنا "عامر الزرقا وعمر عزالدين" وأبنائنا "عمر الزرقا، ومريم أمير، وهشام الزرقا، وكنزة بن علي، ومنى الزرقا، وعمرو حافظ، ولميس الزرقا، ويوسف عزالدين، وزيد عزالدين، وعلي عزالدين".

كما نتوجه بجزيل الشكر ووافر الامتنان إلى كل من قدم لنا العون لإنجاز هذا العمل، ونخص بالذكر أستاذتنا الفاضلة الدكتورة "جين نيلسن" [Jane Nelsen] مؤسسة منهج التربية الإيجابية على حماسها وتشجيعها الدائمَيْن، و"ماري هيوز" [Mary Hughes] التي تنبأت بهذا الكتاب حتى قبل أن تطرأ الفكرة على أذهاننا، وأساتذتنا الكرام الذين درّبونا منذ البداية: "جين نيلسن" [Jane Nelsen] و"لين لوت" [Lynn Lott] و"جودي ماكفيتي" [Jody McVittie] و"لويس إنجبر" [Lois Ingber] وجميع زملائنا الأعزاء أعضاء جمعية التربية الإيجابية الذين لا يألون جهدًا في نشر هذه الفلسفة الجميلة وتوسيع نطاقها.

كما نهدي خالص الشكر وفائق التقدير إلى المراجعين الذين لم يبخلوا بوقتهم الثمين لمراجعة هذا الكتاب وتقديم ملاحظاتهم القيمة وتوجيهاتهم السديدة ونصائحهم

الصادقة: "عمر عزالدين" لما قدمه من تحليل ناقد للأفكار والمفاهيم، و"منى الزرقا" لاهتمامها البالغ بمدى تماسك إيقاع النص وضمان خلوه من الأخطاء النحوية، و"هناء الدريني" على تقييم الكتاب من الناحية العلمية بصفتها زميلة متخصصة في مجال الصحة النفسية، و"كاثلين فاريل" [Kathleen Farrell] على ما أبدته من دقة وكفاءة في إجراء المراجعة النهائية للنص قبل الطباعة.

وختامًا، نبعث برسالة من القلب ملؤها التقدير العميق إلى جميع الأسر التي فتحت لنا قلوبها ولم تبخل علينا بمشاركة تجاربها في التربية بكل ما فيها من تعثرات ونجاحات، فتعلمنا منهم معنى التوكل على الله والجَلَد والعزم على المُضِيّ قُدُمًا نحو حياة أفضل. لكم جميعًا نتقدم بخالص الشكر والتقدير والامتنان.

بسم الله الرحمن الرحيـم

ادعية قرآنية

الله عز وجل هو الهادي وهو المُوفق. لا شك أن خير معين هو الله سبحانه وتعالى، ولا يوجد ما هو أفضل من الالتجاء إليه عز وجل والاستعانة به في رحلة التربية. لذا ندعوكم إلى تلاوة هذه الآيات كل يوم عقب كل صلاة، عسى الله أن يهب لكم من أزواجكم وذرياتكم قرة أعين.

﴿رَبِّ هَبْ لِي مِن لَّدُنكَ ذُرِّيَّةً طَيِّبَةً إِنَّكَ سَمِيعُ الدُّعَاءِ﴾

[آل عمران: ٣٨]

﴿رَبِّ اجْعَلْنِي مُقِيمَ الصَّلَاةِ وَمِن ذُرِّيَّتِي. رَبَّنَا وَتَقَبَّلْ دُعَاءِ. رَبَّنَا اغْفِرْ لِي وَلِوَالِدَيَّ وَلِلْمُؤْمِنِينَ يَوْمَ يَقُومُ الْحِسَابُ﴾

[إبراهيم، ٤٠، ٤١]

﴿رَبَّنَا هَبْ لَنَا مِنْ أَزْوَاجِنَا وَذُرِّيَّاتِنَا قُرَّةَ أَعْيُنٍ وَاجْعَلْنَا لِلْمُتَّقِينَ إِمَامًا﴾

[الفرقان، ٧٤]

﴿رَبِّ أَوْزِعْنِي أَنْ أَشْكُرَ نِعْمَتَكَ الَّتِي أَنْعَمْتَ عَلَيَّ وَعَلَىٰ وَالِدَيَّ وَأَنْ أَعْمَلَ صَالِحًا تَرْضَاهُ وَأَصْلِحْ لِي فِي ذُرِّيَّتِي إِنِّي تُبْتُ إِلَيْكَ وَإِنِّي مِنَ الْمُسْلِمِينَ﴾

[الأحقاف، ١٥]

كنوز من السنة والتراث

وإليكم بعض الأحاديث النبوية والأقوال المأثورة من التراث الإسلامي التي تقدم لكم مزيدًا من العون في رحلة التربية:

"ليس منا من لم يرحم صغيرنا ولم يوقّر كبيرنا"

حديث صحيح أخرجه أبو داود والترمذي

"لأن يؤدب الرجل ولده خير من أن يتصدق بصاع"

حديث صحيح أخرجه الترمذي

روى عبد الله بن عامر -رضي الله عنه-قال: دعتْني أُمي يومًا ورسولُ اللهِ -صلى اللهُ عليه وسلم-قاعدٌ في بيتِنا فقالتْ: "ها تعالَ أُعطيكَ"، فقال لها رسولُ اللهِ -صلَّى اللهُ عليهِ وسلَّمَ "وما أردتِ أنْ تعطيهِ؟" قالتْ: "أعطيهِ تمرًا"، فقال لها رسولُ اللهِ -صلَّى اللهُ عليهِ وسلَّمَ: "أما إنك لو لمْ تُعطيهِ شيئًا كُتبتْ عليكِ كَذِبةٌ".

أخرجه أبو داود

عن أبي هريرة رضي الله عنه أنَّ رسولَ اللهِ صلَّى اللهُ عليه وسلَّمَ كان يُقبِّلُ الحَسَنَ بنَ عليٍّ، فقال الأقرَعُ بنُ حابِسٍ: إنَّ لي عَشَرةً مِن الوَلَدِ، ما قبَّلتُ منهم أحَدًا. فقال رسولُ اللهِ صلَّى اللهُ عليه وسلَّمَ: "مَن لا يَرحَمْ، لا يُرحَمْ".

متفقُ عليه

"لا ترغموا أبناءكم على عاداتكم، فإنهم خُلقوا لزمانٍ غير زمانكم"

سقراط [1]

---

[1] انتشرت بين عديد من الناس على أنها لعلي بن أبي طالب رضي الله عنه.

"أن يكون مع الصبي في مكتبه صبية حسنة أدبهم، مرضية عاداتهم، لأن الصبي عن الصبي ألقن وهو عنه آخذ وبه آنس"

ابن سينا

"الصلاح من الله والأدب من الآباء"

نُمَيْر بن أَوْس

"بادروا إلى أولادكم بالحديث قبل أن يسبقكم إليهم المرُجئة (المخالفون)"

جعفر الصادق

حرض بنيك على الآداب في الصغر ... كـيـمـا تقر بـهم عيـناك في الكبـر
وإنـمـا مـثـل الآداب تـجـمـعـه ... في عنفوان الصبا كالنقش في الحجر
هـي الـكنوز التي تنمو ذخائرها ... ولا يـخـاف عـليهـا حـادث الـغيـر
الناس اثـنان ذو علـم ومسـتمـع ... واع وسـائـرهم كـاللـغـو والـعـكـر

على بن أبي طالب رضي الله عنه

قد ينفع الأدبُ الأحداثَ في مهلٍ ... وليس ينفع بعد الكِبْرَة الأدبُ
إن الغصون إذا قوَّمْتَها اعـتدلـت ... ولا تلـين إذا قـومتَها الخشُبُ

سابق بن عبد الله البربري

مشى الطاووس يومًا باعوجاجٍ ... فقلَّد شكـل مـشيـته بنوهُ
فقال: عـلام تـخـتالـون؟ قالوا: ... بـدأتَ به ونحن مُـقلِّـدوهُ
فـخالِفْ سيرَكَ المعوجَّ واعدلْ ... فـإنّـا إنْ عـدَلـت معدِّلوهُ
أمـا تـدري أبـانـا كـلَّ فـرعٍ ... يُجاري بالخُطى من أدَّبوهُ
ويـنـشأ ناشـئُ الـفتـيـان مـنـا ... عـلى مـا كان عوَّده أبـوهُ

أبو العلاء المعري

"من أمر بمعروف فليكن أمره بمعروف، فلن تستطيع أن تفتح عقول الناس قبل أن تفتح قلوب الناس بالإحسان. لذلك قالوا: الإحسان قبل البيان، والقدوة قبل الدعوة"

د. راتب النابلسي

تمهيد

هكذا بدأت قصتنا

نهى الشقيري

عندما حملت بابني الأكبر "عُمر"، بارك الله فيه، كان زوجي حريصًا على أن أعد نفسي للقيام بمهام تربيته، غير أنني لم أجد ما يدعو إلى ذلك، فلم يدرس والداي علم نفس الأطفال، ومع ذلك كنت أرى أنهما قاما بعمل عظيم (وفيما بعد تبيَّن لي ما بذلاه بالفعل من مجهود مدهش!). ومع ذلك، حرصًا على إرضاء زوجي ليس أكثر، قيَّدت اسمي في مادة "مدخل في علم نفس الأطفال" خلال الفصل الدراسي الأخير من دراستي بجامعة رَتْجِرْز [Rutgers University]. ولأنني كنت حريصة على إتمام دراستي الجامعية قبل حلول موعد الولادة، كان عليّ أن أدرس ٢١ ساعة كاملة خلال الفصل الدراسي الأخير الذي كان ثقيلًا وشديد الكثافة. وكانت دروس العلوم البيولوجية لا تشكل لي أي صعوبة، لذا افترضت أن يكون التفوق في دروس علم النفس أمرًا هيِّنًا. ولا شك أنني بالغت في تقدير مستوى إتقاني للغة الإنجليزية آنذاك؛ ففي حين كنت متمكِّنة من فهم المصطلحات والمفاهيم البيولوجية، كان مقرر علم النفس مجالًا جديدًا حافلًا بالمصطلحات والأفكار والمفاهيم الغريبة، التي لم أسمع عنها من قبل، ولم أتوقع أن أجدها في دراسة تمهيدية لمبادئ علم النفس. ولا أُخفي عليك عزيزي القارئ، فلقد داخلني إحساس بالضياع والحيرة. ولما كنت غير مقتنعة من البداية بضرورة أن أدرس هذه المادة، فلك أن تتوقع أنني أسقطتها من جدولي غير آسفة على هذا القرار بالمرة.

ومضى بي الزمن، وأنا أكرس كل وقتي لمهام الأمومة بعد أن رزقني الله بأربعة أطفال. فاشتركت في مجلة "بيرنتس" [Parents] وأصبحت خلال هذه الأعوام ملمة بنصائح قيِّمة علمتني كيف أتعامل مع التحديات الصعبة في تربية الأطفال، مثل نوبات الغضب التي تتملكهم وصعوبة إرضائهم بأي طعام. ورغم ذلك، لم يتبادر إلى ذهني خلال تلك

السنوات الرائعة التي دامت اثني عشر عامًا، أنني بحاجة إلى دروس أو كتب في التربية، فقد كنت أسعى إلى أن يحظى أولادي بالأجواء الصحية نفسها التي نعمت بها في طفولتي من مشاعر الحب والبهجة والإحساس بالأمان، لذلك لم أجد ضرورة لاتباع طريقة مختلفة عن تلك التي اتبعها والداي في تربيتي، ففي معظم الأحوال كنت أتصرف مثلهما مع بعض التعديلات الطفيفة هنا وهناك.

ولما كان "عمر" على أعتاب سن المراهقة، بدأت أتساءل إن كنت أعرف كيف أربي ابنًا في هذه السن الحساسة في الولايات المتحدة. فكان العصر الذي يعيش فيه أبنائي والثقافة المحيطة بهم مختلفين اختلافًا جذريًّا عن العصر والبيئة اللتين تربيت فيهما، لذا كنت أبحث عما يطمئنني أنني قادرة على التعامل مع ابني في سنوات المراهقة التي يُفترَض أنها سنوات التمرد. ومن توفيق الله أنني كنت أعيش في هانتجنتُن بيتش [Huntington Beach, CA]، حيث توافرت مجموعة كبيرة من الدورات المتنوعة، بما فيها دورة حول كيفية تربية المراهقين، التي كان التحاقي بها نقطة البداية في رحلتي نحو **تربية واعية تتسم بالتبصّر والعزم.**

كانت الدورة قائمة على مدرسة آدلر [Adler] في علم النفس، وكان لها عظيم الأثر في تحولي من أم متسلطة بعض الشيء إلى أم أكثر توازنًا. وأنا على يقين أن اشتراكي في هذه الدورة هوَّن عليَّ الاختبارات العسيرة التي واجهتها خلال سنين المراهقة، لأنها أكسبتني رؤى متعمقة غاية في الأهمية، مثل: القدرة على أن أضع نفسي مكان أبنائي وأنظر إلى المشكلات من وجهة نظرهم، وأن أهتم بالتجمعات الأسرية، وأن أستمع إليهم أكثر مما أتكلم، وأشركهم في البحث عن الحلول للمشكلات، وأعطيهم المساحة والوقت كي يواجهوا نتائج تصرفاتهم. هذا التحول في أسلوبي في التربية أكسبني لقب "الأم البحبوحة" بين صديقاتي (تعبيرًا عن درجة من التسامح فوق العادية في مواجهة أهواء المراهقين ومزاجهم المتقلب)، فقد كان رأيهن أني لا أمسك بزمام الأمور كما ينبغي في التعامل مع أبنائي المراهقين.

ومضت الأعوام، وصادفتني مسألة الفلسفات التربوية مرةً أخرى بعد أن حصلت على درجة الماجستير في علم النفس الإرشادي. فكان أحد أهدافي، بصفتي متخصصة في الإرشاد

النفسي، أن أساعد الآباء على تحسين طرق تفاعلهم مع أبنائهم، وذلك من واقع إيماني أن العمل على تعزيز هذه العلاقة الأساسية بين الآباء والأبناء سوف يقلل المشكلات الكثيرة التي عاصرتُها بين جدران عيادتي. صحيح أني عرفت كيف أربي أطفالي، ولكن كيف يمكنني أن أعلِّم الآباء الآخرين ذلك؟ كنت بحاجة إلى إطار لتدريس المفاهيم بطريقة لا تطغى عليها الجوانب النظرية، فتصبح مجرد معلومات بلا تطبيقات عملية. ومرة أخرى، يمنحني الله فرصة رائعة للتعلم: فقد وجدت ورشة عمل عن "كيفية تدريس التربية الإيجابية"، ولم أكن قد سمعت عن هذا المفهوم، إلا أنني كنت مستعدة للبحث فيه. أدارت "جين نيلسن" [Jane Nelsen] بنفسها النقاش في الدرس الأول عن كيفية تدريس أسلوب التربية الإيجابية، ومن هنا انطلقت رحلتي في هذا المسار؛ فقد خرجت من التدريب في نهاية ذلك الأسبوع وأنا عاقدة العزم على أن أعمم هذه الرسالة في مجتمعنا المسلم؛ لأنها كانت على توافق تام مع الإسلام، ولأن المفاهيم والأدوات كان من السهل فهمها وتطبيقها عمليًّا. إن التربية الإيجابية كما أراها ما هي إلا تطبيق عملي للمبادئ التي أرساها الإسلام في تعاملنا مع أبنائنا وفي محيطنا الأسري.

منيرة ليكوفيتش عزالدين

أدركتُ أن رؤيتي للتربية كانت تختلف تمامًا عن رؤية مَن حولي عندما بلغ ابني الأكبر 16 شهرًا. ففي إحدى الليالي كان لدي بعض الأصدقاء على العشاء، وكنت في المطبخ أحضر القهوة، فلاحظت إحدى الصديقات قصيدة شعر كنت لصقتُها على الثلاجة. كانت القصيدة من شعر "جبران خليل جبران"، وعنوانها " الأولاد"[1]:

---

[1] ترجمة المطران أنطونيوس بشير.

وقالت امرأة تضم وليدًا إلى صدرها: حدّثنا عن الأولاد. فقال:

إن أولادكم ليسوا أولادًا لكم، إنهم أبناء وبنات الحياة المشتاقة إلى نفسها، بكم يأتون إلى العالم ولكن ليس منكم. ومع أنهم يعيشون معكم فهم ليسوا ملكًا لكم.

أنتم تستطيعون أن تمنحوهم محبتكم، ولكنكم لا تقدرون على أن تغرسوا فيهم بذور أفكاركم، لأن لهم أفكارًا خاصة بهم. وفي طاقتكم أن تصنعوا المساكن لأجسادهم، ولكن نفوسهم لا تقطن في مساكنكم، فهي تقطن في مسكن الغد، الذي لا تستطيعون أن تزوروه ولا في أحلامكم.

وإن لكم أن تجاهدوا لكي تصيروا مثلهم، ولكنكم عبثًا تحاولون أن تجعلوهم مثلكم. لأن الحياة لا ترجع إلى الوراء، ولا تلذ لها الإقامة في منزل الأمس.

أنتم الأقواس وأولادكم سهام حية قد رمت بها الحياة عن أقواسكم.

فإن رامي السهام ينظر العلامة المنصوبة على طريق اللانهاية، فيلويكم بقدرته لكي تكون سهامه سريعة بعيدة المدى.

لذلك فليكن التواؤكم بين يدي رامي السهام الحكيم لأجل المسرّة والغبطة.

لأنه كما يحب السهم الذي يطير من قوسه، هكذا يحب القوس التي تثبت بين يديه.

بعد أن قرأت صديقتي القصيدة، نظرت إليّ قائلة باستنكار: "لا تعجبني هذه القصيدة بالمرة؛ كيف تكون هذه نظرتك إلى الأطفال؟" أدهشني رد فعلها لأن القصيدة كانت تمس أعماقي وتذكّرني شخصيًا بأهدافي كأم. ولكني تجاوزت هذا الشعور وتابعت حديثي موضِّحة لها وجهات نظري حول هذا الأمر، غير أنها لم تستطع فهم ما أقول، وأنهت الحديث قائلة أنها تلتمس لي العذر لإن ابني ما زال صغيراً، ولكن عندما يكبر مثل أبنائها،

سأعود إلى صوابي. ثم أضافت قائلة إنني سوف أدرك أننا نعيش في عالم مليء بالمخاطر، وإني لا بد أن أحمي ابني وأحافظ على سلامته.

كان ذلك الحديث لحظة فارقة في حياتي؛ لأنها كانت المرة الأولى -وأنا حديثة العهد بالأمومة- التي أناقش فيها مع أحد وجهات نظري حول التربية وأواجه على الفور من ينقدها ويرفضها. ولكني في تلك اللحظة التي تعرضت فيها للهجوم والنقد، كنت أشعر بسلام داخلي عميق لأنني كنت على ثقة بأن التربية تجربة روحية نعيشها نحن الآباء مع أبنائنا، ولم يكن في نيتي أن أربي أبنائي من منطلق الخوف أو السيطرة. صحيح أن ابني خرج من أحشائي، ولكنه ليس ملكي، بل هو نعمة حباني الله بها كي أرعاها إلى أن يشتد عوده ويصبح رجلًا راشدًا. وخلال مراحل تنشئة أبنائي، ظللت أتعلم منهم وأعلِّمهم عن هذا العالم والغرض من وجودهم فيه، وفي كل مرة تتأكد رؤيتي للمسيرة التي ارتضيتُها لنفسي.

وبعد ولادة ابني الثاني ببضعة أعوام، سعيت للحصول على درجة الماجستير في علم النفس الإرشادي. ولقد أكسبتني هذه الدراسة الأكاديمية الخبرة والمعرفة في مجال تنمية الطفل وممارسات الإرشاد النفسي. وفي هذه الأثناء تزاملتُ مع "نهى" التي كانت هي الأخرى طالبة في برنامج الماجستير، فعرَّفتني إلى مبادئ التربية الإيجابية، وما زال يحضرني رد فعلي الفوري آنذاك "إنها ببساطة بديهية". ولطالما لازمتني تلك المبادئ واستحوذت على أفكاري، فانعكست على تربيتي لأولادي وعلى العلاقة التي تمنيت أن تربطني بهم. ودفعني شغفي بهذا المنهج الجديد إلى أن أواصل التعلم والقراءة واستخدام أدوات التربية الإيجابية خلال المراحل العمرية لأبنائي، بدءًا بمرحلة تعلمهم المشي ووصولًا إلى مرحلة دخولهم المدرسة، وكنت أستعمل أدوات كثيرة منها بالفطرة، في حين طبقت عديدًا منها للمرة الأولى.

أكثر ما أعجبني في فلسفة التربية الإيجابية أنها لا تركز على أن أكون نموذج الأم المثالية، أو المعصومة من الأخطاء، وإنما كانت تدعوني إلى توخي أسلوب مبني على منظور بعيد المدى في التعامل مع أبنائي والتعلُّم من خلال التجربة. وفي أحد المؤتمرات التي شاركتُ فيها، قالت لنا "جين نيلسن" [Jane Nelsen]: "إذا تمكنتم من تطبيق نصف أدوات

التربية الإيجابية على الأقل، فاعلموا أنكم قد أبليتم بلاءً حسنًا." وكان كلامها مشجعًا ويبعث على التفاؤل، لذا فأنا أدعوكم أعزائي القراء إلى أن تتذكروا هذه النصيحة وأنتم تتعرفون إلى الأدوات التي نقدمها في هذا الكتاب.

واليوم أصبحت أمًّا لثلاثة أبناء: الابنان الأكبر سنًّا يدرسان في المرحلة الثانوية، والابن الأصغر في المرحلة الابتدائية، وما زالت رحلتي التربوية حتى هذه اللحظة مشحونة بالضغوط ولكنها مليئة بالحيوية والنمو، وحافلة من جهة بالنجاحات ومحفوفة بالإخفاقات من جهة أخرى، وكانت كل خطوة أمضي فيها تؤكد لي أنني استطعت أن أبني علاقات فعالة مع أبنائي الثلاثة. لا شك أن التربية مهمة شاقة تطلبت مني بذل أقصى ما في وسعي من جهد ووقت وعاطفة، غير أنها أتاحت لي فرصة رعاية هؤلاء الأشخاص الثلاثة -الذين ظلوا يدهشونني كل يوم بطاقتهم وسرعة بديهتهم وخفة ظلهم وتعاطفهم- وأتاحت لي أيضًا فرصة تعليمهم أن العلاقات الإنسانية أهم شيء في هذه الحياة. لقد صقلتني التربية وغيَّرتني إلى الأفضل، وأنا لا أتوقف عن الدعاء إلى الله سبحانه وتعالى أن يلهمني الصواب. هذا الكتاب هو الكتاب التربوي الذي كنت أتمنى أن أمتلكه عندما أصبحت أمًّا، وإني لأدعو الله تعالى أن تكون الكلمات المسطورة فيه مصدر إلهام لكم، يمكنكم أنتم أيضًا من التواصل مع أبنائكم وبناء علاقات قوية معهم.

المنظور الذي انطلقنا منه

كي تحقق، عزيزي القارئ، أعظم استفادة من هذا الكتاب، سوف نُطلعك على المنظور الذي انطلقنا منه كي يخرج هذا العمل إلى النور. كلانا من المسلمات الأمريكيات، فقد نشأنا في كنف أسر مسلمة لها قيمها وممارساتها الثقافية المرتبطة بتراثها الأسري. أنا "نهى" أمريكية من الجيل الأول، هاجرتُ إلى الولايات المتحدة في أوائل العشرين من العمر، وترعرعت في المملكة العربية السعودية حيث نمت بذور شخصيتي واخترت الإسلام منهجًا لحياتي من سن الرابعة عشرة والحمد لله، ما ساعدني على تكوين هوية متماسكة لم تتزعزع على مر السنين. كانت نشأتي في محيط شديد التنوع من هويات

بلدان المنطقة العربية كلها، وكان تركيز والدَي مُنصبًّا على أن يغرسا في نفسي قيم النزاهة والمسؤولية واحترام الجميع على اختلاف أعراقهم وجنسياتهم.

وأنا "منيرة" أمريكية من الجيل الثاني، وُلدتُ في شبه جزيرة البلقان، وهاجرت في الثانية من عمري مع والديَّ المسلمين للعيش في جنوب كاليفورنيا. وعانيتُ في طفولتي كي أوفِّق بين خلفيتي العرقية والدينية والثقافية والحياة في المجتمع الأمريكي، ولم أبدأ في الالتزام بتعاليم الإسلام إلا في سنوات الدراسة الجامعية.

هذا التنوع في تجاربنا الحياتية أضفى الثراء والعمق على هذا الكتاب في ثناياه وبين سطوره، فقد تعرَّفنا إلى ممارسات وأعراف أسرية متنوعة من خلال مجتمعنا في جنوب كاليفورنيا -وهو عالم مصغَّر للأمة الإسلامية يجمع ما يزيد على 30 جماعة من أصول عرقية مختلفة-وهذا جعلنا نقدِّر الطرق المختلفة التي يُطبَّق بها الإسلام في جميع أنحاء العالم. ومن هنا فإن نظرتنا إلى العالم-كما هي نظرة الإسلام-قوامها التعددية والتعايش والشمولية والتسامح. ومما لا شك فيه أن المحيط الذي نعيش فيه في الولايات المتحدة، حيث الثقافة السائدة للغالبية غير المسلمة، قد جعلنا ننفتح على قضايا وتحديات قد لا يواجهها المسلمون الذين يعيشون في بلدان أغلبية شعوبها من المسلمين. ولكننا في ظل عالم تلاشت فيه الحدود مع وجود الإنترنت، نؤمن أن منظورنا هو انعكاس للثقافة العالمية التي ظهرت نتيجة لذلك.

ما أكثر المربين وما أقل التربية

قد يسأل سائل لِم هذا الاهتمام بالتربية؟ وهل يحتاج الأمر إلى كتاب بأكمله حول كيفية تربية الأبناء؟ ولم لا نتبع أساليب الآباء والأجداد في التربية؟ وللإجابة عن هذه التساؤلات يكفي عقد مقارنة بسيطة بين واقع الأسرة المسلمة في الماضي والحاضر. ما من شك أن الزمن اختلف واختلفت معه أنماط المعيشة والسلوك. فالناظر إلى صورة الأسرة التقليدية في الماضي، سيرى بيوتًا، قد تكون خالية من وسائل الرفاهية والإمكانيات الحديثة، لكنها عامرة بالدفء والتراحم والترابط، يجتمع فيها أفراد الأسرة حول مائدة الطعام، أو شاشة التليفزيون، أو في جلسة سمر. ذلك لأن حياة الأسرة كانت تسير على وتيرة واحدة تتسم

بالبساطة والاستقرار وفقًا لأسلوب حياة منتظم، من حيث مواعيد النوم والاستيقاظ، ومواعيد العمل، ومهام كل فرد من أفراد الأسرة، ومتطلبات المعيشة البسيطة، ومنظومة راسخة من القيم تعبِّر عن الهوية الدينية والثقافية للمجتمع العربي المسلم. وهكذا، وفي ظل التكامل التربوي بين البيت والمجتمع، كانت الأسرة المحضن الحقيقي للأطفال، تضطلع بدورها المنوط بها في تربيتهم، ورعايتهم، وتوجيههم، وتسليحهم بالمهارات اللازمة لمواجهة الحياة. وما بين عبق الماضي وتطور الحياة المادي والعلمي والفكري والتكنولوجي في القرن العشرين، تعرضت الأسرة لتغيرات جذرية في أولوياتها، ووظيفتها، وقيمها، وغاياتها، فتزعزع كيانها، واتسعت الفجوة بين أفرادها، وتحولت البيوت إلى فنادق يلتقي فيها النزلاء بالصدفة.

وليس معنى ذلك أننا نلوم التطور أو نرفضه، فالتغير والتطور من سنن الله في الكون، وإنما نحن ندق ناقوس الخطر محذرين من هيمنة نسق جديد من القيم يتمثل في طغيان الماديات، وتفشي الاستهلاك الترفي، وتضخم النزعة الفردية، والولع بالمظاهر، واللهث وراء المصالح الشخصية، والسعادة الوقتية، وحياة اللهو والعبث، واستشراء السطحية والتفاهة، وتقمص الثقافة الغربية.

في ظل هذا الطوفان من الفتن الذي اجتاح حياة المسلم وعزله عن جوهره، وهويته، والغاية من وجوده، فقدت الأسرة بوصلتها، وانفرط عقدها فتنازلت عن أداء رسالتها التربوية لصالح المربيات، ودور الحضانة، والمدرسة، ووسائل الإعلام. وانغمس الأم والأب في دوامة الحياة الدنيا التي حذرنا القرآن من الافتنان بزينتها ﴿**وما الحياة الدنيا إلا متاع الغرور**" [الحديد: ٢٠]، تحت عنوان مواكبة متطلبات الحياة العصرية من خلال: الاستغراق في العمل لتأمين حياة الترف، وتحقيق الذات، والحفاظ على المكانة الاجتماعية، وتحصيل الشهادات العلمية، والترويح عن النفس، وإشباع حب الظهور والتفاخر على مواقع التواصل الاجتماعي. أما بالنسبة إلى الأبناء، فاقتصر دور الآباء على توفير متطلباتهم المادية انسياقًا وراء وعود وسائل الدعاية والإعلان المزخرفة التي تلعب على أوتار تحقيق السعادة والرفاهية. وصدق أمير الشعراء أحمد شوقي إذ قال:

ليس اليتيم من انتهى أبواه من   همّ الحياة وخلّفاه ذليلا
إن اليتيم هو الذي تلقى له   أمًّا تخلّت أو أبًا مشغولا

والنتيجة نراها شاخصةً أمام أعيننا كل يوم: أجيال هشة، رخوة، فاقدة للهوية، وللأهداف السامية. ولأجل ذلك كله، قررنا الاضطلاع بدورنا وتقديم هذا الكتاب، لأننا نؤمن بأن التربية هي الحل الوحيد للخروج من هذا الواقع الأليم، حتى إن كان هذا الحل صعب المنال على المدى القريب، فما من شك أنه سفينة نوح على المدى البعيد. نرجو من الله عز وجل أن يسهم هذا الجهد المتواضع في دعم الأسرة المسلمة من خلال تقديم منهج تربوي يقوم على أساس التكامل والتساند بين عقيدتنا الإسلامية وهويتنا العربية وبين تقنيات الحداثة ومستجدات الثورة المعلوماتية، يعين الأسرة على تحقيق الهدف الأسمى ألا وهو بناء خير إنسان من أجل إخراج خير أمة من جديد.

إن هدفنا من هذا الكتاب هو تسليحكم بالأدوات التي تعينكم في رحلتكم التربوية؛ فالأمر يعنيكم أنتم في المقام الأول. ولا نهدف أن ننشئ أبناءً نموذجيين أو مثاليين، فليس هناك ما يضمن أن أبناءكم سيصبحون على الصورة التي تتمنونها، فالله وحده هو الذي يعلم مصائرهم. ولكننا نعتقد أن الرؤى المتعمقة والأدوات التي يتناولها هذا الكتاب سوف تُرسي الأساس الذي تقوم عليه أسرة مترابطة، وذلك باستخدام الممارسات التربوية التي أثبتت البحوث صحتها. كما نؤمن أن العلاقة الأسرية المتينة هي أهم عامل يضمن استمرار فعالية العلاقة بين الآباء والأبناء. وندعو الله تعالى أن ينعم عليكم وعلى أسركم بالترابط والحب والاحترام.

هذا الكتاب وسيلة اخترناها لنشر هذه الرسالة الجميلة كي يطّلع عليها جميع أفراد الأمة الإسلامية حول العالم، متجاوزين بذلك حدود جنوب كاليفورنيا، ونتمنى أن تجدوا فيه الفائدة والأدوات العملية التي تعينكم في مسيرتكم التربوية كي تكونوا في أفضل صورة ممكنة. وندعو الله تعالى أن يوفّقنا جميعًا للانتفاع مما نتعلمه.

بين دفَّتي الكتاب

إن هدفنا الرئيسي من هذا الكتاب هو تنمية رابطة قوية بين الآباء والأبناء، وهو ما نعتقد أنه حجر الأساس الذي يضمن استمرار أثر التربية مدى الحياة. يغطي الجزء الأول مفاهيم أساسية: التربية في النموذج الإسلامي، وفلسفة التربية الإيجابية، ولمحة عامة عن سلوك الآباء والأبناء من منظور علم النفس. وفي الجزء الثاني نتعمق في شرح أدوات التربية الإيجابية بأمثلة من واقع الحياة. أما الجزء الثالث فهو ينقسم إلى أربع مراحل عمرية ويعرض تطوُّر كلٍّ منها، بدءًا بمرحلة الطفل الرضيع وحتى بداية مرحلة الرشد. ونشرح في هذا القسم التحديات الخاصة بكل فئة عمرية، وكذا أدوات التربية الإيجابية الأكثر فعالية لمعالجة هذه التحديات. وأخيراً، نعرض في الجزء الرابع مجموعة من المقالات التي تتطرق إلى جوانب مختلفة للتربية الإسلامية في القرن الحادي والعشرين.

الجزء الأول
الأساس

مقدمة

في كتابه "العادات السبع للأسر الأكثر فعالية" يقول ستيفن كوفي إن العادة الثانية: "ابدأ والهدف نصب عينيك" (١٩٧٧، ص٧). لذا ندعوك عزيزي القارئ إلى أن تفكر لحظات وتسأل نفسك: ما الهدف الذي تريد تحقيقه من تربية أبنائك؟ هل تدرك إلامَ تسعى من جهدك في تنشئة أبنائك؟ عندما طرحنا هذا السؤال على عديد من الآباء على مدار سنوات عديدة، وجدنا أن كثيرين منهم ليست لديهم إجابة، فيما عدا القلة القليلة الذين كانت إجاباتهم واضحة وصريحة: "بالطبع أريد لطفلي أن يصبح مسلمًا صالحًا"، أو "أريد لطفلي أن يكون الأفضل". غير أن الحلقة المفقودة هي الصلة التي تربط بين أهدافهم بعيدة المدى والأساليب التي يتبعونها في سبيل تحقيقها، ففي كثير من الأحيان تتعارض هذه الأساليب في واقع الأمر مع الأهداف، بل وتعمل ضدها. فعلى سبيل المثال يكون هدف بعض الآباء من التربية هو "سعادة" أبنائهم، ولكنهم لا يدركون أن السعادة الحقيقية هي تلك التي تنبع من الداخل والتي تتطلب بدورها تعليم الطفل مهارات وخصائص معينة. لذا فهم يتصورون أن "التدليل" هو السبيل إلى "سعادة" أبنائهم، ثم يتساءلون لماذا أصبح أبناؤهم أشخاصًا "أنانيين" يعتقدون أن سعادتهم مسؤولية الناس المحيطين بهم.

> "ابدأ والهدف نُصب عينيك"
> ستيفن كوفي

> "يتصور الآباء أن التدليل هو السبيل إلى "سعادة" أبنائهم، ثم يتساءلون لماذا أصبح أبناؤهم أشخاصًا أنانيين"

وبناءً عليه، كان سؤالنا عن هدفك من التربية عزيزي القارئ، هو دعوتنا لتبدأ رحلتك نحو تربية واعية تتسم بالتبصر والعزم، فإن الوقوف على معرفة أهدافك بعيدة المدى من التربية هو السبيل الوحيد إلى تحديد الأسلوب التربوي الذي سوف تتبعه، ومعرفة السبب في اختياره دون غيره، فضلًا عن معرفة كيفية تطبيقه على أرض الواقع. لذا

ندعوك إلى كتابة هدفك في الأسفل مع كتابة التاريخ كي تستطيع تقييم التقدم الذي حققته عند الرجوع إليه فيما بعد.

هدفي من التربية:

التاريـــخ:

ينهمك كثير من الآباء في التركيز على سلوكيات أطفالهم في كل مرحلة من مراحل النمو المختلفة، ما يجعلهم -خصوصًا تحت وطأة الأعباء والضغوط اليومية -يحصرون اهتمامهم في الأهداف قريبة المدى "كيف لي أن أجعل طفلي يتوقف عن هذا السلوك؟" متناسين الأهداف بعيدة المدى "كيف يمكنني استغلال هذا السلوك في تعليم طفلي تحمل المسؤولية؟". وعليه، ينجرف هؤلاء الآباء في دوامة لا تنتهي من المشكلات، لأن كل ما يقومون به هو مجرد ردود أفعال بدلًا من إيجاد الحلول. ولو يعلم هؤلاء الآباء أن المشكلات اليومية، التي لا يخلو منها عادةً أي بيت، ما هي إلا فرص جوهرية لتعليم الطفل مهارات الحياة اللازمة لبناء شخصية قادرة على تحمل المسؤولية وخوض معترك الحياة، لما أهدروا هذه الفرص التي تصب في خدمة الأهداف بعيدة المدى. ومن هنا يتضح مدى أهمية توجيه بوصلة التفكير نحو الأهداف بعيدة المدى. عندما ترى، عزيزي القارئ، "الصورة الشاملة" في أثناء تعاملك مع "المشكلات الصغيرة"، عندئذٍ فقط سوف يظل هدف التربية دائمًا نصب عينيك، مثل لوحة الفسيفساء التي يأسرنا جمالها عندما ننظر إليها من بُعد، وإذا اقتربنا منها يدهشنا ما تحتويه من مئات القطع الصغيرة والتفاصيل الدقيقة، فدور الأم والأب لا يختلف كثيرًا عن دور الفنان الذي يضع بمنتهى الدقة والصبر والحب هذه القطع الصغيرة جنبًا إلى جنب ليصنع منها لوحة رائعة من الفسيفساء.

"المشكلات اليومية، التي لا يخلو منها عادةً أي بيت، ما هي إلا فرص جوهرية لتعليم الطفل مهارات الحياة اللازمة لبناء شخصية قادرة على تحمل المسؤولية وخوض معترك الحياة"

وقد يوضح المثال التالي هذه النقطة بشكل أفضل: سكب الطفل كوب اللبن على المائدة، فأسرع أحد الأبوين "فليكن الأب مثلًا"- وقد تغلّبت عليه مشاعر الاستياء- إلى تنظيف المائدة وهو يصرخ في الطفل. في هذا المشهد كل تركيز الأب منصبّ على الأهداف قريبة المدى ألا وهي سرعة تنظيف ما حدث من فوضى، والتعبير عن خيبة أمله في طفله. وفي المقابل، فإن الأب الذي يفكر من منطلق الأهداف بعيدة المدى، يرى في انسكاب اللبن فرصة ممتازة لتعليم طفله كيفية تصحيح أخطائه وتحمل المسؤولية. وبناءً عليه، يشرح لطفله كيف ينظف اللبن المسكوب، بل ويجعله يفكر في طريقة لتجنب تكرار ما حدث في المستقبل "كأن يضع مثلًا غطاءً على الكوب". في هذا السيناريو، لم يحصر الأب تفكيره في حيز مشكلة صغيرة مثل سكب اللبن، بل ركز على ما هو أكبر وأهم، على "الصورة الشاملة" في أثناء تعامله مع "صغائر الأمور""، فكانت النتيجة أن طفله تعلم من الخطأ وفي الوقت نفسه شعر بأنه قادر على الإنجاز لأنه اشترك في حل المشكلة.

وهذا مثال آخر في حالة الأبناء الأكبر سنًّا: ولد في سن المراهقة يخبر والدته أنه حصل على مخالفة مرورية وسُحبت رخصته بسبب السير عكس الاتجاه، فتبدأ الأم في الصياح في ابنها وتوبيخه على تصرفه غير المسؤول، ثم تذهب لدفع المخالفة واسترداد الرخصة وتكتفي بمنع ابنها من ركوب السيارة لبضعة أيام. فما الذي يتعلمه الابن من هذا الموقف؟ بالطبع الدرس الذي استقر في ذهنه أن "أمي سوف تعالج أي مشكلة تحدث لي، كل ما هنالك أنها سوف تصيح وتصرخ قليلًا، ولكن المهم أنها سوف تحل المشكلة في النهاية". وعلى العكس من ذلك، فإن الأم التي تفكر من منظور بعيد المدى تنظر إلى مشكلة مثل مخالفة المرور التي تسبّب فيها ابنها على أنها فرصة كي يتعلم، فبدلًا من أن تتصرف هي وتذهب لدفع المخالفة واسترداد الرخصة، تطلب منه أن يفكر هو في كيفية استرداد رخصته وفي تجنب تكرار المشكلة مرة أخرى في المستقبل. إذًا، ما الذي يتعلمه الابن من هذا السيناريو؟ يتعلم أن "أنا المسؤول عن أفعالي، لذا يجب أن أجد الحلول للمشكلات التي أتعرض لها". وكما يتضح من هذا السيناريو، فإن الأم تعاملت مع ابنها بحب، وفي الوقت نفسه وضعته على المسار الصحيح لمواجهة الحياة والإحساس بالمسؤولية والتعلم من أخطائه.

وهذه هي دعوتنا لكم أعزاءنا الآباء: ربوا أبناءكم بعيون تنظر إلى شخصياتهم التي تطمحون إليها في المستقبل. لذا، فكروا قليلًا واسألوا أنفسكم: ما الصفات التي تريدون أن يتحلى بها أبناؤكم في الكبر؟ ثم اكتبوا هذه الصفات وتذكروها دائمًا في أثناء تعاملكم مع أبنائكم على مدار الحياة اليومية.

"أعزاءنا الآباء: ربوا أبناءكم بعيون تنظر إلى شخصياتهم التي تطمحون إليها في المستقبل"

أود أن يتحلى أبنائي في المستقبل بالصفات التالية:

١.

٢.

٣.

٤.

٥.

٦.

٧.

٨.

٩.

١٠.

والآن عزيزي القارئ هلّا ألقيت نظرة على هدفك التربوي الذي كتبته منذ قليل؟ هل تجده يتناسب مع الصفات التي تتطلع إليها في أبنائك؟ وإن لم يكن كذلك، فما الذي تنوي تغييره؟

الفصل الأول

الإسلام وتربية الأبناء

سيجدد كثير من قراء هذا الكتاب أن مرجعيتهم التي يستندون إليها هي الإسلام، وبوجه عام يندرج الهدف من تنشئة الأبناء في الإسلام تحت مفهوم "التربية". و"التربية" كلمة عربية من الجذر "ربب" أي يشرف ويدير، ومن هذا الجذر تأتي كلمة "الرب" وهي اسم من أسماء الله مدبِّر الأمر ومصرِّف الكون سبحانه وتعالى. وأيضًا يأتي من المصدر نفسه الفعل "ربّى" في سياق الأبناء بمعنى رعايتهم وإعالتهم. وأما معنى التربية كما جاء في تفسير العالِم اللغوي الشهير في القرن الثالث عشر الميلادي "ابن منظور" فهو: " أحسن القيام عليه، ووليه حتى يفارق الطفولية" (كما ورد في كتاب عبد الرحمن حجازي "صفحة ١٣" الصادر عام ٢٠٠٨). فإن مهمتنا في حياة أطفالنا أشبه بمهمة الأنبياء والرسل: نعلمهم بالحال قبل المقال، ونرشدهم، ونعظهم، دون أي شكل من أشكال القهر أو الإكراه أو الإجبار.

وإذا نظرنا إلى الكيفية التي تحقق بها المجتمعات المختلفة الهدف من التربية، سيتضح لنا في الحال مدى تعدد أساليب التربية واختلافها، وقد يصل الأمر إلى التناقض التام بين بعضها بعضًا. ولكن لا شك أن في جوهر كل أسلوب من هذه الأساليب مجموعة القيم التي تميِّز مجتمعًا ما، والتي تحدد بدورها تصوره للحياة ونظرته إلى العالم من حوله، بما في ذلك العلاقة بين الآباء والأبناء. ببساطة، يمكننا القول إن التربية ما هي إلا مرآة تعكس المبادئ والقيم التي تميز كل مجتمع أو أسرة أو مجموعة من البشر.

> **"إن التربية ما هي إلا مرآة تعكس المبادئ والقيم التي تميز كل مجتمع أو أسرة أو مجموعة من البشر"**

وبناءً على ذلك، فإن أهداف التربية بالنسبة إلى المسلمين تتحدد على ضوء ما يقرره الإسلام. وذلك ما لخصه الفيلسوف والمفكر التربوي اللبناني المعاصر "عبد الرحمن حجازي" في كتابه "أصول التربية الإسلامية بين الأصالة والحداثة" إذ يقول: "التربية هي مجموعة التصرفات العملية أو القولية المستضيئة بالقرآن الكريم والسنة النبوية الشريفة والاجتهاد على ضوئهما؛ لتحقيق الغايات التي حددها الإسلام لنمو المسلم وسعادته في الحياة الدنيا والآخرة، أو لنمو غيره وسعادته" (عام ٢٠٠٨، صفحة ٢٤). وهنا يفرض السؤال نفسه: ما تلك الأهداف التي حددها الإسلام من أجل أن يعيش الإنسان حياة تبعث على الرضا والسعادة؟ والإجابة: إنما هي الأهداف التي يقوم عليها جوهر الإيمان، ألا وهي: الغاية من الوجود.

قد خلق الله عز وجل الإنسان من أجل أن يعبده كما في قوله تعالى: ﴿وَمَا خَلَقْتُ الْجِنَّ وَالْإِنسَ إِلَّا لِيَعْبُدُونِ﴾ [الذاريات: ٥٦]. وعلى خلاف الملائكة الذين فطرهم الله على صفات الطاعة والعبادة المطلقة، تتحقق عبودية الإنسان لله في كل ما يقوم به من أعمال في حياته اليومية. فإن عبادة الله بمعناها الشامل تتمثل في عمارة الأرض امتثالًا لأمر الله سبحانه وتعالى كما جاء في كتابه العزيز ﴿اعْبُدُوا اللَّهَ مَا لَكُم مِّنْ إِلَٰهٍ غَيْرُهُ هُوَ أَنشَأَكُم مِّنَ الْأَرْضِ وَاسْتَعْمَرَكُمْ فِيهَا﴾ [هود: ٦].

وبناءً على ذلك، فإن العبادة تعني السير في الحياة ابتغاء رضوان الله، وكل أعمال الإنسان المسلم مهما حققت له من منافع دنيوية تعد عبادة ما دام يُقصد بها وجه الله تعالى، وحتى العادات إذا صحت النية تتحول إلى عبادة. ولما كانت الأسرة هي المصدر الأول لغرس القيم والمبادئ في نفوس الأبناء، فإن التربية تؤدي دورًا بالغ الأهمية في الحياة. وينظر الآباء المسلمون إلى التربية على أنها الوسيلة التي يتعلم من خلالها أبناؤهم الغاية من الوجود، ومعرفة الله، وحب الله والتقرب إليه عزَّ وجلَّ.

وللآباء الذين يسعون إلى تنشئة أطفالهم على معرفة الله عز وجل، فإن الشيخ السوري "عبد الله علوان" المعروف بكتابه المؤثر "تربية الأولاد في الإسلام"، يرى أن التربية تشتمل على جوانب الحياة التالية:

- التربية الإيمانية: تعلُّم أركان الإسلام.
- التربية الخلقية: التحصن بخُلُق الشخصية الإسلامية.
- التربية البدنية: اتباع أسلوب حياة صحي.
- التربية الفكرية: التشجيع على تنمية مهارات الفكر السليم.
- التربية النفسية: تنمية الشعور الصحي نحو الذات والآخرين والعالم.
- التربية الاجتماعية: تنمية الحس الاجتماعي.
- التربية الجنسية: تفهُّم كل ما يتعلق بالغرائز والشهوات والتحلي بآداب الاستعفاف.

نظرًا إلى أن ثمة الكثير من الكتب المتخصصة في التربية الدينية، فإن هذا الكتاب يركز على التربية الخلقية، والتربية النفسية، والتربية الفكرية، والتربية الاجتماعية، والتربية الجنسية. إذ أن تلك الجوانب من التربية لا تحظى بالاهتمام الكافي، وحتى الكتب القليلة التي تناولتها اعتمد معظمها على عرض مناهج نظرية دون ربطها بالواقع العملي للأسرة المسلمة.

بالإضافة إلى أنواع التربية، هناك وسائل تربوية عديدة تتكامل وتمتزج في سبيل الوصول إلى الأهداف المنشودة. يذكر منها الدكتور عبد الرحمن حجازي (٢٠٠٨): الموعظة، والتعليم عن طريق العمل والخبرة، وإعمال العقل والمنطق، والقدوة الحسنة والصحبة، والقصص، والترغيب والترهيب، وغرس العادة، واستخدام الأحداث الجارية لتعليم دروس الحياة، وطرح الأسئلة، والحوار. وفي هذا الكتاب، نتعرض لكل هذه الوسائل ما عدا الموعظة والقصص لأن كتب التربية الدينية زاخرة بالكثير منها. فأردنا أن نعرض هنا ما قل وندر عرضه في كتب التربية الإسلامية إيمانًا منا بأن وسائل التربية الأخرى—مثل القدوة، والحوار، وطرح الأسئلة والمواقف الحياتية، والعمل والخبرة—لم تنل نصيبها من

الاهتمام والرعاية على الرغم من دورها الفعال والمؤثر في عملية التربية خاصةً في العصر الحالي الذي اختلط فيه الحابل بالنابل وتعرضت فيه الأسرة إلى ضغوط جسيمة ضعضعت من كيانها ووظيفتها.

لقد لاحظنا أيضًا أن كتب التربية الإسلامية تدور حول ما ينبغي تعليمه للطفل، لكنها لا تتناول كيفية التعامل معه على أرض الواقع. وبما أن العلاقة بين الطفل ووالديه هي محور عملية التربية وأن ما يقوم به الوالدَيْن من تصرفات سواء بوعي أو من دون وعي هو في حد ذاته تربية للطفل، فإن هدفنا أن يتحول كل تواصل وتفاعل بين الطفل ووالديه من تواصل انفعالي عشوائي إلى تواصل عقلاني هادف. لذا فقد حرصنا على أن يكون هذا الكتاب دليلًا عمليًا وواقعيًا للتربية، ليس مجرد نصائح ومعلومات نظرية لا يدري القارئ كيف يطبقها على أرض الواقع.

هذا الكتاب، كما ذكرنا آنفًا، لا يتناول الجانب الديني في التربية، لأن الكتب المتخصصة تغطيه باستفاضة. وإنما نركز هنا على غرس العقيدة في نفس الطفل عن طريق القدوة الحسنة، التي تستوجب من المربي أن يكون سلوكه وأفعاله وأخلاقه ترجمة عملية لتعاليم الدين، أي أن يطبق مبدأ "الدين المعاملة" في تربية أبنائه، الذي نفتقر إليه كثيرًا -مع الأسف-في مجتمعاتنا الإسلامية. يقول د. راتب النابلسي عندما تصح العبادات التعاملية (أخلاقيات التعامل مع الناس كالصدق والعدل والأمانة، والرحمة والعفو والإحسان) تصح العبادات الشعائرية. وصلى الله وسلم وبارك على من كان "خلقه القرآن"، فلننظر كيف كان النبي صلى الله عليه وسلم المربي الأعظم والقدوة المثلى في تربية الصحابة رضوان الله عليهم، وكيف علمهم استقاء الدروس والعِبر من مواقف الحياة السارة والعصيبة على حد سواء. فأخرجت المدرسة النبوية الشريفة أجيالًا أصبحوا قدوة بدورهم حبَّبوا الناس في الإسلام، فدخلوا في دين الله أفواجًا.

إذا تأملت أيها القارئ العزيز الحكمة في مقولة" في كل محنة منحة"، ستجد أن الأحداث والمشكلات التي تواجهها الأسرة كفيلة بأن تكون خير معلِّم، ونعرض لك في هذا الكتاب كيفية توظيفها في التربية من خلال استخدام أدوات التربية الإيجابية منها على سبيل

المثال: الحوار البنَّاء، **واسألهم بدلًا من أن تأمرهم، ومن الأخطاء يتعلم طفلك مهارات الحياة، والعواقب الطبيعية، والعواقب المنطقية.**

لقد ركزنا في هذا الكتاب على سبل ترسيخ الرابطة بين الآباء والأبناء لكونها خير وسيلة، والأقدر دون غيرها، على بث القيم في نفوس الأطفال. يعرض الكتاب إطار عمل يتيح بناء شخصية الطفل وتزكية نفسه بأساليب موافقة للقرآن والسنة آخذين في الاعتبار أن طريقة التطبيق سوف تتفاوت من أسرة إلى أخرى. وبناءً عليه، تلك هي دعوتنا لكم أعزاءنا الآباء: ابدأوا بأنفسكم. فإن عيون أطفالكم معقودة عليكم فهل يرَون منكم ما لا تقوله ألسنتكم؟ ركزوا اهتمامكم على التواصل مع أبنائكم. حولوا كل واقعة وكل مشكلة إلى تدريب مهارات. ولتعلموا أنه لا بأس لو تعثَّرتم فكما قيل في الأثر: لا حليمٌ إلا ذو عثرةٍ، ولا حكيمٌ إلَّا ذو تجرِبةٍ. وفي النهاية، التعامل مع كبد الحياة بالأسلوب السليم هو الذي سيرسخ القيم والمبادئ تلقائيًّا في نفوس أبنائكم.

مدارس التربية الحديثة

"الحكمة ضالة المؤمن أينما وجدها فهو أحق بها"[1] (رواه الترمذي وابن ماجه). من القصص المحبَّبة إلى قلبي (نهى) التي تحكي عن واقعة للرسول صلى الله عليه وسلم في حديث أخرجه مسلم "أن النبي صلى الله عليه وسلم، نفسه مر بقوم يلقحون النخل، فقال: لو لم تفعلوا لصلح، قال: فخرج تمرًا رديئًا، فمر بهم، فقال: ما لنخلكم؟، قالوا: قلت كذا وكذا.. قال: أنتم أعلم بأمور دنياكم". المصطفى صلى الله عليه وسلم لم يمنعه وهو من هو أن يتراجع عن أمر هم أعلم به منه، فهو بذلك يعلمنا أن نبحث في العلوم الدنيوية التي هي أصلًا من نعم الله تعالى علينا، لكن علينا إعمال العقل للبحث في دروب المعرفة، والتفكر فيها وتدبرها، والتعلم بالتجربة والخبرة، والنظر في كيفية استخدامها بما يعود علينا بالخير والنفع في حياتنا طالما أنها لا تخالف شرع الله عز وجل.

[1] رواه الترمذي وابن ماجه، وضعفه الألباني

وإن كان حديث الحكمة ضالة المؤمن ضعيفًا، غير أن هدي الرسول صلى الله عليه وسلم في قبول النصح من أصحابه والأخذ بمشورتهم يدل على هذا المعنى ويقويه. من نافلة القول أن العلم علمان: علم نقل وعلم عقل. علم النقل هو ما يميزنا وهو ثابت لأن مصدره الوحي الإلهي، أما علم العقل فهو متجدد ومتطور بتطور الزمان والمكان. وما نعرضه هنا هو علم عقل لا يتعارض مع علم النقل. وهذا كان نهج علماء المسلمين القدامى في دراسة العلوم العقلية لمن سبقهم: حكموا العقيدة فيما قرأوا فرفضوا أمورًا وقبلوا أخرى.

من المعروف أن الإسلام يحث المسلمين على التكيف مع العلوم والمعارف الجديدة في الكون والحياة والمجتمع، بما يتفق مع تطور الزمن واختلاف أحوال الناس وشؤونهم عبر الأزمان. والمعرفة في الإسلام تشمل كل علم نافع يتطابق ويتوافق مع أهداف الشريعة السمحة. ولذا فإنه من الواجب على المسلم أن يواكب التطور العلمي بشتى أنواعه من أجل حياة أفضل. يقول الدكتور عبد الرحمن حجازي:

"ويدعو الإسلام المسلم إلى استغلال المعارف البشرية في شتى المجالات التي تساعد على فهم ما يحيط به، وتطور واقعه. ولا يمكنه تحقيق ذلك إلا إذا أخذ بكل علم نافع، سواء كان هذا العلم دينيًا أو دنيويًا، نظريًا أو تجريبيًا، فرض عين كان أو فرض كفاية، ومن هنا كانت المعرفة في المفهوم الإسلامي تشمل كل علم ما دام في خدمة الدين والدنيا". (التربية الإسلامية بين الأصالة والحداثة، ص ٦١).

وبما أن أي نظرية تربوية تقوم على قيم معينة وتصور خاص للطبيعة البشرية، فإن الأخذ بها مرهونًا بعدم تعارضها مع الإسلام في قيمه وفي نظرته إلى الطبيعة البشرية. ومن ثم، كان معيارنا الأساسي في اختيار نظرية التربية الإيجابية هو توافقها مع عقيدتنا الإسلامية كما سيتضح لك عزيزنا القارئ في السطور التالية.

فلسفة التربية الإيجابية

د. جين نيلسن [Jane Nelsen] هي أول من وضع أساس فلسفة التربية الإيجابية "www.positivediscipline.com"، ثم أسهمت لين لوت "www.lynnlott.com" وأضافت إليها على مدار السنين هي وغيرها من مدربي أسلوب التربية الإيجابية. وكان كتاب جين نيلسن ذائع الصيت "التربية الإيجابية"، الذي نشرته بنفسها في عام ١٩٨١ (ثم أصدرته شركة بالينتين التابعة لدار نشر راندوم هاوس عام ١٩٨٧)، بمثابة نقطة الانطلاق لحركة مؤثِّرة تدعو إلى التربية القائمة على التعاون والاحترام المتبادل. هذه الحركة التي بدأت بجهود جين نيلسن الفردية في تدريس هذه الفلسفة، قد نمت وازدهرت لتتحول إلى ما يُعرف الآن بجمعية التربية الإيجابية "www.positivediscipline.org" التي تأسست من أجل تدريب الآباء والمعلمين على كيفية الاستفادة من مبادئ التربية الإيجابية في البيوت والمدارس.

ترتكز التربية الإيجابية على المبادئ العامة لنظرية آدلر في علم النفس، وهي مدرسة فكرية أسسها ألفريد آدلر (١٨٧٠-١٩٣٧) [Alfred Adler]، وبعد وفاته واصل رودولف درايكِرْز(١٨٩٧-١٩٧٢) [Rudolf Dreikurs] العمل على تطويرها. لقد انضم آدلر إلى فريق عمل عالم النفس الشهير سيجموند فرويد لمدة تتراوح ما بين ٨- ١٠ سنوات، ولكنه اختلف مع فرويد في نظريته عن حتمية[1] تكوين شخصية الإنسان وربطها بعوامل "متمثلة في غريزة الجنس" خارجة عن إرادته، في حين تبنَّى آدلر نظرية أكثر شمولًا، فقد ركز على عوامل مؤثرة أخرى، مثل احتياج الإنسان إلى الشعور بالانتماء والمساهمة في سياق اجتماعي.

ولقد لخص "كوري" [Corey]، ٢٠٠٥ تصور آدلر للطبيعة البشرية كما يلي (لاحظوا كيف أن تصوره مماثل لتصور الإسلام للفرد والمجتمع):

---

[1] الحتمية: مذهب فلسفي يقول إن أفعال المرء وتصرفاته والأحداث الطبيعية والظروف الاجتماعية والظواهر النفسية ما هي إلا حصيلة مؤثرات وأسباب خارجة عن إرادة الإنسان.

النظرة الشمولية للفرد بوصفه وحدة كلية لا تتجزأ

في حين ركز فرويد على الدوافع البيولوجية[1] وتجارب مرحلة الطفولة، كان آدلر، على النقيض، يؤمن بأن العوامل الاجتماعية والأخلاقية لها دور أكبر في حياة الإنسان، وركز أيضًا على أهمية الحاضر والمستقبل بدلًا من الاستغراق في الماضي. وعلى هذا الأساس يرى آدلر أن الإنسان لا يظل أسيرًا مدى الحياة لتأثير الاستنتاجات التي كوَّنها في مرحلة الطفولة، بل هو يملك حرية القرار في اختيار أسلوب الحياة الذي يريده. ولقد استخدم آدلر أسلوب تحليل الذكريات المبكرة في حياة مرضاه لمساعدتهم على إدراك عدم جدوى بعض هذه الاستنتاجات وأثرها الضار على نجاحهم في الحياة.

السلوك موجه نحو هدف محدد

على الرغم من أن الأهداف من سلوك الفرد قد تكون لا شعورية، فإن آدلر يرى أن الإنسان يسعى دومًا إلى إشباع احتياجه الأساسي إلى الانتماء إلى بيئته الاجتماعية. وأشار إلى أن السبب في "سوء السلوك" الذي يصدر عن الطفل -والراشد على حد سواء- يعود إلى اعتقاده أن الأساليب "الخاطئة" التي يتبعها هي التي ستحقق شعوره بالانتماء، لذلك دعا إلى تفهُّم أهداف الطفل "الخاطئة" من أجل "تشجيعه" على الاستعاضة عنها بأهداف "مفيدة" تلبي حاجته إلى الانتماء.

السعي نحو التميز

يرى آدلر أن كل البشر يعانون من الشعور بالنقص بشكلٍ أو بآخر في حياتهم، ما يدفعهم إلى تعويض هذا النقص عن طريق سلوكيات تنقلهم من "الشعور بالنقص (السلبي) إلى الشعور بالتميز (الإيجابي)" (كوري ٢٠٠٨، ص ٩٧). إذ أن الإنسان مدفوع بفطرته إلى السعي نحو التميز في أي منحى من مناحي الحياة المختلفة، ما يُعدُّ -وفقًا لآدلر- أمرًا ضروريًّا لاجتياز العقبات التي تواجهه. ولكن الإنسان غالبًا ما يحتاج إلى يد المساعدة (التشجيع) من المحيطين به لتغيير نظرته المحبطة إلى ذاته واستبدال رؤية إيجابية بها.

---

[1] الدوافع المرتبطة ببقاء الإنسان كالجوع والعطش والنوم والجنس.

كما رأى آدلر أن الفرد في سعيه نحو التميز يختار إما سلوكيات تعود بالنفع عليه وعلى المجتمع عامةً، أو سلوكيات غير مجدية وذات آثار هدّامة على المجتمع، ويرجع ذلك إلى اختلاف طبيعة هدف كل فرد والمسار الذي يسلكه من أجل تحقيقه.

الحاجة إلى الانتماء

يرى آدلر أن الفرد كائن اجتماعي بطبيعته، وأنه جزء لا يتجزأ من المجتمع الذي ينتمي إليه، وأن انتماء الفرد -سواء إلى أسرته أو إلى مجتمعه أو إلى الإنسانية بصفة عامة- مطلب ضروري لتعميق شعوره بذاته على نحوٍ متوازن. كما يؤكد أن الروابط الاجتماعية تدفع الإنسان إلى أن يوجه سلوكه نحو الأنشطة الأكثر نفعًا للمجتمع، ما يجعله أقل عرضة للشعور بالنقص وعدم الجدارة.

مهام الحياة البشرية في كل زمان ومكان

يرى آدلر أن الفرد يسعى إلى تحقيق النجاح في ثلاث مهام أساسية في حياته، ألا وهي: "تكوين صداقات (المهمة الاجتماعية)، وبناء علاقات عاطفية (مهمة الحب-الزواج)، والمساهمة في المجتمع (المهمة الوظيفية)"، (كوري ٢٠٠٥، ص ٩٩).

وبناءً على المبادئ العامة لنظرية آدلر، وضعت جين نيلسن الإطار العام لأسلوب التربية الإيجابية. وسوف نستعرض في الجزء التالي مدى اتساق مبادئ التربية الإيجابية مع الإسلام.

التوافق بين التربية الإيجابية والإسلام

لعلك تتساءل عزيزي القارئ ما الذي جعلنا نختار أسلوب التربية الإيجابية بالتحديد ليكون منهجنا في التربية؟ مما لا شك فيه أن الله أنعم علينا بنعمة الإسلام الذي نتخذه منهجًا للحياة، لذا كان من الصعب علينا تبني أي فكرة جديدة دون التيقن من توافقها التام مع الإسلام، وهذا ما وجدناه بالفعل في أهداف التربية الإيجابية التي تتطابق في جوهرها مع مبادئ الإسلام كما يتضح فيما يلي:

تنمية الحسّ الاجتماعي لخدمة الصالح العام

كما ذكرنا في مقدمة الكتاب، يشكل الحسّ الاجتماعي في نظرية آدلر مقياسًا للصحة النفسية، على أساس أن الروابط الاجتماعية بين البشر لابد أن تتأسس على التراحم والتعاون والإيثار، ومن ثم كلما ازدادت مشاركة الفرد في خدمة الصالح العام، زادت قدرته على التعامل مع الحياة بصفوها وكدرها. ولقد أثبتت الأبحاث التي أُجريت مؤخرًا عن السعادة صحة هذا الرأي، ومن أبرزها البحث الذي قدمته د. سونيا ليوبوميرسكي [Sonja Lyubomirsky] في كتابها الشهير "كيفية تحقيق السعادة" (٢٠٠٨) الذي يوضح الارتباط المباشر بين ارتفاع معدلات السعادة والاندماج في العلاقات الاجتماعية، سواء تلك التي تربطنا بالأسرة أو بالأصدقاء أو بالأغراب. بالإضافة إلى ذلك، وضح البحث أن اللفتات الإنسانية التي يُقدم عليها الإنسان بشكلٍ عفوي تزيد من شعوره بالرضا والارتياح.

في إطار التربية الإيجابية يشكل مفهوم التكافل الاجتماعي عنصرًا أساسيًا في تكوين شخصية الإنسان. ومن ثم، تُشَّجع كلًّا من الأسرة والمدرسة على ترسيخ حسّ الانتماء والمسؤولية الاجتماعية في وجدان الأطفال الذي يُترجم عمليًا إلى خدمة الصالح العام من خلال التعاطف، والترابط والتعاون والعطاء. وفي الإسلام، يتجلى مفهوم التكافل والتراحم في مختلف جوانب الحياة، ويتجاوز حدود الأهل والمجتمع والوطن، ليشمل الإنسانية جمعاء، قال تعالى: ﴿يَا أَيُّهَا النَّاسُ إِنَّا خَلَقْنَاكُم مِّن ذَكَرٍ وَأُنثَىٰ وَجَعَلْنَاكُمْ شُعُوبًا وَقَبَائِلَ لِتَعَارَفُوا إِنَّ أَكْرَمَكُمْ عِندَ اللَّهِ أَتْقَاكُمْ إِنَّ اللَّهَ عَلِيمٌ خَبِيرٌ﴾ [الحجرات، ١٣].

ولما كانت الأمثلة الواردة في هذا الصدد كثيرة ومتعددة لا يتسع المقام لذكرها، فقد اكتفينا بالأحاديث النبوية الشريفة التالية كلمحة على أن التراحم والتكافل من الدعائم الأساسية في ديننا الحنيف:

"مثل المؤمنين في توادهم وتعاطفهم وتراحمهم، كمثل الجسد الواحد إذا اشتكى منه عضو تداعى له سائر الأعضاء بالسهر والحمى"

"حديث شريف، رواه البخاري"

"مَن فرَّج عن مسلمٍ كربةً من كرب الدنيا، فرَّج الله عنه كربةً من كرب يوم القيامة"
"حديث شريف، رواه مسلم"

"المؤمن للمؤمن كالبنيان يشدُّ بعضه بعضًا"
"حديث شريف، رواه البخاري ومسلم"

".. تعدل بين اثنين صدقة، وتعين الرجل في دابته فتحمله عليها أو ترفع له متاعه صدقة، والكلمة الطيبة صدقة، وبكل خطوة تمشيها إلى الصلاة صدقة، وتميط الأذى عن الطريق صدقة"
"حديث شريف، رواه البخاري ومسلم"

فهم الاعتقاد وراء السلوك

كما ذكرنا سابقًا، ترى نظرية آدلر أن سلوك الإنسان مدفوع برغبته في التواصل مع الغير وليس بما تمليه عليه دوافعه البيولوجية. وعلى الرغم من أن السلوك قد يأخذ في بعض الأحيان أشكالًا هدّامة أو غير سوية، فإنه يظل يعبِّر عن استجابة الفرد لرغبته "شعورية كانت أو لا شعورية" في تحقيق الانتماء الاجتماعي. لذا نجد أن أسلوب التربية الإيجابية ينظر إلى سوء السلوك على أنه محاولة الطفل للتواصل مع أبويه باستخدام طرق غير مجدية للوصول إلى هدفه. ولذلك فإن التربية الإيجابية تدعو الآباء إلى استخدام السلوك السيئ كوسيلة تعليمية لتعزيز إحدى نقاط القوة لدى الطفل أو لتشجيعه على تفهم الأمور بطريقة جديدة، أو لاكتساب مهارة جديدة.

وفيما يتعلق بالإسلام، نجد أن مفهوم النوايا أو دوافع السلوك يمثل ركنًا أساسيًا في الدين؛ فهو أحد الدروس الأولى التي يتعلمها المسلم في سعيه نحو الهدف الأسمى في الحياة؛ ألا وهو التقرب إلى الله الحي القيوم. فالمسلم يحرص في أعماله كافة من عبادات وسلوكيات على استحضار النية وتصحيحها لتكون خالصةً لوجه الله تعالى رب العالمين.

"إنما الأعمال بالنيات، وإنما لكل أمرئ ما نوى"
"حديث شريف، رواه البخاري ومسلم".

التشجيـــــع

التشجيع وفقًا لنظرية آدلر هو المحفِّز الأساسي على التغيير. وعلى الرغم من قوة هذه الأداة وتأثيرها الفعال، فإن مفعولها قد يُغفَل. ذلك لأن التشجيع أداة من أدوات القوة الناعمة مثل المياه في رقتها ونعومتها ولكنها قادرة بإصرارها على تفتيت الصخور.

> **"التشجيع أداة من أدوات القوة الناعمة مثل المياه في رقتها ونعومتها ولكنها قادرة بإصرارها على تفتيت الصخور"**

وهذا هو حبيبنا المصطفى صلى الله عليه وسلم يضرب المثل والقدوة في هذا الصدد، إذ كان عليه السلام القائد الذي يحفِّز المؤمنين ويشجعهم على ما فيه صلاح أمرهم في دينهم ودنياهم، أكثر منه القائد الذي يفرض تطبيق القوانين والأحكام. ﴿فَبِمَا رَحْمَةٍ مِنَ اللَّهِ لِنْتَ لَهُمْ وَلَوْ كُنْتَ فَظًّا غَلِيظَ الْقَلْبِ لَانْفَضُّوا مِنْ حَوْلِكَ﴾ [آل عمران: ١٥٩].

الاحترام المتبادل

ترتكز التربية الإيجابية على مبدأ احترام الذات واحترام الآخرين في الوقت نفسه. والاحترام يعني قدرة الإنسان على أن ينظر إلى نفسه على أنه -مثله مثل أي إنسان آخر- كيان مستقل له الحق في أن يتمتع بآرائه وقراراته ومشاعره الخاصة، وهو ما يتطلب وضع حدود صحية في التعامل مع الآخرين. ولا يتحقق ذلك إلا إذا استطاع كلٌّ منا تقبُّل الآخر كما هو وليس كما نريد له أن يكون، حينئذٍ فقط نستطيع بناء علاقات إيجابية وصحية في نواحي الحياة كافة، صَدَق المفكر الراحل مصطفى محمود عندما قال: "لا تبحث في الآخرين عن آخرين، فإنك لن تجدهم". وهكذا عندما نتمكن من التعامل مع أطفالنا

> **"لا تبحث في الآخرين عن آخرين، فإنك لن تجدهم"**
> **مصطفى محمود**

على أنهم كيانات منفصلة عنا، فإننا نتيح لهم الفرصة لاكتساب مهارات الحياة اللازمة لبناء شخصية سوية وفعالة مثل تحمل المسؤولية والقدرة على الإنجاز والمبادرة.

وها هو الرسول سيدنا محمد صلى الله عليه وسلم يضرب لنا أروع الأمثلة في الاحترام المتبادل. ودعونا نتأمل معًا هذا الحوار الذي دار بينه وبين ابن عباس رضي الله عنه (كما ذكر الإمام النووي في رياض الصالحين) عندما كان طفلًا صغيرًا: "عن سهل بن سعد - رضي الله عنه- قال: "أُتي النبي -صلى الله عليه وسلم- بقدح فشَرِب منه، وعن يمينه غلام أصغر القوم، والأشياخ عن يساره، فقال: "يا غلام، أتأذن لي أن أعطيه الأشياخ؟"، قال: ما كنتُ لأوثر بفضلي منك أحدًا يا رسول الله، فأعطاه إياه" (رواه البخاري ومسلم). حسب السنة النبوية، من جلس على اليمين كانت له الأولوية، ولكن السنة النبوية تقتضي أيضًا احترام كبار المجلس وتقديمهم في كل شيء. فماذا فعل سيد الخلق؟ استأذن ابن عباس في أن يعطي كوب الماء للشيوخ قبله، لكنه رفض أن يتنازل عن حقه لأنه يريد أن يفوز بشرف الشرب بعد الرسول صلى الله عليه وسلم، فما كان من الرسول صلى الله عليه وسلم إلا احترام رغبته، ليضرب لنا المثل والقدوة في احترام شخصية الطفل ومنحه حرية الاختيار ثم احترام خياراته.

والآن دعونا نتخيل لو أن هذه القصة حدثت في وقتنا الحاضر. في أغلب الظن لن يهتم الأب حتى باستئذان ابنه، وإن فعل، وقرر الطفل عدم التنازل عن حقه، فإنه سيحاول على الأرجح تملقه للعدول عن رأيه، وقد يصل الأمر إلى توبيخه لعدم احترامه للكبار. ولهذا لنا في هذه القصة المستنيرة درس عظيم الأثر في احترام مشاعر وحقوق الفرد، بصرف النظر عن شخصه أو سنه أو مركزه.

استخدام الحنان والحزم في آنٍ واحد

قد توحي هذه الفكرة للوهلة الأولى بالتناقض، فكيف يمكن أن يتحلى الإنسان بالصفة وبنقيضها في الوقت نفسه؟ فلقد جرت العادة على أن الآباء إما يتبعون أسلوب الحزم (فرض القواعد واتباع الشدة والصرامة وإحكام السيطرة على الطفل وما إلى ذلك من أمور) أو أسلوب الحنان (توفير الحب للطفل والدفء والرعاية والاهتمام). ومن جهة

أخرى، يتجه البعض إلى التأرجح ما بين الأسلوبين، فما دام الطفل لطيفًا ومهذبًا يميل الأبوان (كلاهما أو أحدهما) إلى اتباع الحنان، وإذا أساء الطفل السلوك يجنح الأبوان (كلاهما أو أحدهما) إلى استخدام الحزم.

ولكن التربية الإيجابية تلفت النظر إلى عدم جدوى هذه الأساليب التقليدية، وتدعو الآباء إلى استخدام أسلوب يجمع بين الحنان والحزم في آنٍ واحد. وتتحقق هذه المعادلة عن طريق تلبية احتياجات الطفل "الحنان"، مع مراعاة متطلبات الموقف "الحزم".

أما من المنظور الإسلامي، فلنا في رسول الله صلى الله عليه وسلم القدوة البليغة في الجمع بين الحنان والحزم في آنٍ واحد، والأمثلة على ذلك لا حصر لها في السنة النبوية الشريفة. ونذكر منها على سبيل المثال قصة صلح الحديبية، عندما أمر النبي صلى الله عليه وسلم الصحابة رضوان الله عليهم بالتحلل من الإحرام قائلًا: "قوموا فانحروا ثم احلقوا" وكررها ثلاث مرات، فلم يبادروا إلى تنفيذ الأمر بسبب شعورهم بالغضب والحزن إزاء شروط المعاهدة المجحفة. دخل على "أم سلمة فذكر لها ما لقي من الناس، فقالت: "يا نبي الله أتحب ذلك؟ اخرج ثم لا تكلم أحدًا منهم كلمة حتى تنحر بُدَنَكَ وتدعو حالقك فيحلقك" فخرج فلم يكلم أحدًا منهم حتى فعل ذلك، فنحر بُدْنَه ودعا حالقه فحلقه، فلما رأوا ذلك قاموا فنحروا وجعل بعضهم يحلق بعضًا حتى كاد بعضهم يقتل بعضًا". ومن هذا الموقف تتجلى حكمة الرسول صلى الله عليه وسلم في الجمع بين الحزم من خلال التصرف بصمت، ليعلمنا عليه السلام أن لسان الحال أبلغ من لسان المقال، وبين الحنان من خلال حرصه على عدم توبيخ الصحابة بسبب التباطؤ في تنفيذ أوامره عليه السلام.

وفي مثال آخر من تراثنا الثري نرى الخليفة الفاروق عمر بن الخطاب رضي الله عنه يوجه حكامه في الأمصار فيقول لهم: "الحُكمُ محنةٌ للحاكم ومحنة للمحكومين وأنه لا يصلح إلا بشدةٍ لا جبرية فيها، ولِين لا وهن فيه" (العقاد، ٢٠٠٥). سبحان الله عرفها عمر الفاروق قبل أن تدعو إليها التربية الإيجابية: حزمٌ لا جَبْرٌ فيه، وحنانٌ لا وَهَنٌ فيه.

الأهداف قريبة المدى مقابل الأهداف بعيدة المدى

يجتهد الآباء، في إطار التربية الإيجابية، من أجل بناء شخصية أبنائهم في المستقبل، وعليه فهم يتعاملون مع الطفل في كل موقف بعينٍ على الحاضر وعينٍ تستشرف المستقبل. وهكذا تتحول السلوكيات اليومية إلى فرص ذهبية للتعلم ينبغي استثمارها في رعاية الطفل، وتمكينه لبناء معالم شخصيته في المستقبل على أفضل نحو ممكن. أما من المنظور الإسلامي، فإن هذا المفهوم من أهم مقاصد الشريعة، فالمسلم يمارس حياته من منظور ممتد يتجاوز الحياة الدنيا، مدركًا أن آخرته مرتبطة بما يقدمه من أعمال في الدنيا. قال تعالى: ﴿فَمَنْ يَعْمَلْ مِثْقَالَ ذَرَّةٍ خَيْرًا يَرَه* وَمَنْ يَعْمَلْ مِثْقَالَ ذَرَّةٍ شَرًّا يَرَه﴾ [الزلزلة: ٧،٨]. ومن ثم، فإن المسلم يعمل في الدنيا، ناظرًا إلى آخرته، وهذا أيضًا ما تقوم عليه فلسفة التربية الإيجابية "ابدأ والهدف نصب عينيك" (كوفي، ١٩٩٧). يقول الله تعالى في كتابه العزيز ﴿بَلْ تُؤْثِرُونَ الْحَيَاةَ الدُّنْيَا * وَالْآخِرَةُ خَيْرٌ وَأَبْقَى﴾ [الأعلى: ١٦، ١٧].

التركيز على الحلول

لعل من أبرز الإسهامات التي قدمتها جين نيلسن في ميدان الممارسات التربوية هو توجيه التركيز نحو الحلول بدلًا من العواقب المترتبة على السلوك. إذ أن النظريات التربوية قبل ظهور منهج التربية الإيجابية كانت توجه الآباء إلى استخدام العقاب والعواقب المنطقية للسلوك (كما يرد شرحها بالتفصيل في الفصل الرابع) معًا أو إحداهما كوسائل يتعلم من خلالها الأطفال الدروس والعبر من سلوكياتهم الخاطئة. ولقد أدت هذه الممارسات إلى انعدام التواصل بين الآباء والأبناء فضلًا عن نفور الأبناء من الآباء. ولقد دعت جين نيلسن الآباء للنظر إلى الأخطاء على أنها فرص لتعليم الأطفال دروسًا في الحياة، وأشارت إلى أن الأطفال يتعلمون بشكل أفضل عن طريق إشراكهم في إيجاد حلول للمشكلات.

> **"الأخطاء فرص لتعليم الأطفال دروسًا في الحياة"**
> جين نيلسن

ولنتأمل كيف تعامل الرسول صلى الله عليه وسلم، المعلم والمربي، مع الرجل البدوي الذي قضى حاجته داخل المسجد، ليضرب لنا أروع الأمثلة على التركيز على الحلول. كان الرسول صلى الله عليه وسلم والصحابة في المسجد النبوي بالمدينة عندما دخل أحد البدو وبدأ يتبول، فثار عليه الصحابة، لكن الرسول صلى الله عليه وسلم بحكمته دعاهم إلى الهدوء وترك الرجل حتى ينتهي من قضاء حاجته، ثم صبّ الماء على المكان لتطهيره. لقد تعامل عليه السلام مع الرجل برفق وحكمة، فلم يعنفه أو يعاقبه، على الرغم من خطئه الجسيم، وإنما شرح له بهدوء أن المساجد إنما هي لذكر الله والصلاة وقراءة القرآن، حتى يتعلم كيف يتصرف في المستقبل.

إن التربية علاقة تفاعلية بين الآباء والأطفال، وكلاهما يؤثر فيها. وسوف نناقش في الفصل التالي أساليب التربية المتبعة وأثرها على العلاقة بين الآباء والأبناء.

الفصل الثاني

ما أحوجنا إلى فهم أنفسنا

تتأثر طريقة التربية التي يتبعها الآباء في تنشئة أبنائهم بشخصياتهم، ومستويات تعليمهم، وقيمهم الثقافية، وتجاربهم في الحياة، بالإضافة إلى مدى قدرتهم على التجاوب العاطفي. لذلك، وقبل أن نتمكن من تطبيق أسلوب التربية الإيجابية، يجب علينا كآباء وأمهات أن نتعمق أكثر في فهم أنفسنا. وهذا يجعلنا نتساءل: هل هناك طرق مختلفة للتربية؟ وكيف يقرر الناس طريقة التربية التي يتَّبعونها؟ وما المقصود بالأسلوب التربوي؟ في هذا الفصل، سوف نلقي الضوء على ملاحظات علماء الاجتماع التي تشرح بعض الاتجاهات التربوية المتبعة حاليًا، وسنعرض أيضًا ملاحظاتنا حول الممارسات التربوية داخل الأسر المسلمة.

الاتجاهات التربوية

شهد القرن الماضي عديدًا من الاتجاهات المهمة في الممارسات والفلسفات التربوية في الولايات المتحدة. ويشرح "هولبِرت" [Hulbert] (٢٠٠٤) أن في الفترة ما بين العشرينيات وحتى الأربعينيات من القرن الماضي، كان علماء النفس، من أمثال "جون واطسون" [John Watson]، يدعمون ما يسمى بمنهج "عدم التدخل"، الذي ينحصر فيه دور الأبوين في تقديم أقل قدر من الرعاية والاهتمام لأطفالهم، سواء معنويًا أو من خلال التلامس الجسدي. وبالتالي كانت الأم الأمريكية تتجنب احتضان أطفالها خوفًا من تنشئة جيل مدلل و"ضعيف". واختلف الوضع بعد الحرب العالمية الثانية، فقد بدأ أطباء الأطفال، مثل "بنجامين سبوك" [Benjamin Spock]، في تشجيع الأمهات على الاعتماد على غريزة الأمومة في التربية، وتوجيه الأبوين إلى التحلي بمزيد من المرونة والحنان مع أطفالهم، كما شجعهم على معاملة كل طفل على أنه فرد قائم بذاته وله شخصيته المستقلة، وهو ما يتعارض تمامًا مع المفاهيم التي تلقاها الجيل السابق حول التربية.

وبحلول السبعينيات من القرن الماضي، تعددت الأنماط التربوية فأصبحت كل أسرة تختار ما يناسبها وفقًا لظروفها الخاصة، ومنها على سبيل المثال، خروج الأبوين للعمل وترك أبنائهم في دور الحضانة أو الاستعانة بأشخاص آخرين لرعايتهم.

وفي التسعينيات، ظهر طبيب الأطفال "ويليام سيرز" [William Sears] رائد نظرية التربية الحميمية [Attachment Parenting] التي تركز على ضرورة أن يكون الأبوان المصدر الرئيسي لرعاية أطفالهما بهدف ترسيخ الروابط العاطفية مع الأبناء. وشهدت الألفية الثالثة منذ عام ٢٠٠٠ ما يمكن أن يُطلَق عليه عصر "علّم نفسك بنفسك"، فقد بدأ الآباء في الاعتماد على الفطرة في تقرير ما هو الأفضل في تنشئة أطفالهم، بعد انعدام الثقة في الخبراء والمؤسسات على حد سواء. لذا بدأ الإقبال يتزايد على الولادة المنزلية وطعام الأطفال المُعّد في البيت الخالي من المبيدات الحشرية، والتعليم المنزلي، بالإضافة إلى اهتمام الأبوين بمختلف الأنشطة التي تدعم نجاح أطفالهما، سواء على المستوى العملي أو الأكاديمي، مثل دروس الموسيقى، أو ممارسة الرياضة، أو الدروس الخصوصية. ويوجد حاليًا العديد من المصطلحات الشائعة المستخدَمَة في مجال التربية، من ضمنها أسلوب تربية الهليكوبتر [helicopter parenting] ويعني الحماية المفرطة للأبناء، وتربية الأم النمرة [tiger-mom parenting] وهو يرمز إلى الصرامة والتركيز على تفوق الأبناء، بالإضافة إلى المصطلحات التي انتشرت مؤخرًا مثل التربية المعنية بتنمية مهارات وقدرات الأبناء [growth-mindset parenting]، والتربية الواعية [mindful parenting] وتعني التركيز على معايشة الحاضر مع الأبناء لحظة بلحظة والتعامل الواعي مع الأحداث والسلوكيات التي تصدر عنهم. واليوم يشعر كثير من الآباء بالقلق والحيرة وسط هذا الكم من الأساليب التربوية المعاصرة التي تختلف تمامًا عن الأساليب المتبعة في الجيل السابق.

أما في الجاليات المسلمة في أمريكا، فقد وجدنا أن الممارسات التربوية لا تتأثر بالاتجاهات التربوية فقط، بل تختلف أيضًا باختلاف المعايير الشخصية والاجتماعية والثقافية. فقد وجدنا أن بعض الآباء يسيرون على منهج آبائهم في التربية نفسه، والذي جرى عليه العرف في ثقافاتهم ومجتمعاتهم وبين أقاربهم قبل الهجرة، في حين يتبع البعض الآخر

منهجًا مغايرًا لما نشؤوا عليه. ومن ناحية أخرى، فإن البعض الآخر ابتكر أسلوبًا يمزج بين ثقافتهم والثقافة الأمريكية، عندما وجدوا أن الممارسات التربوية الشائعة في أوطانهم قبل الهجرة لا تتناسب مع واقع الحياة في الولايات المتحدة. بالإضافة إلى ذلك، وجدنا أن التربية في الأسر التي تضم أجيالًا متعددة في المسكن نفسه تتأثر بأسلوب الأجداد الذي قد يخالف أسلوب الآباء. وفي المقابل، وجدت عالمتا النفس سميرة أحمد ومنى عمرو(2011) أن بعض الأمريكيين الذين اعتنقوا الإسلام يتبعون أساليب تربوية جديدة بعيدة كل البعد عن الأساليب التي استخدمها آباؤهم، وعن العادات والتقاليد التي نشؤوا عليها في أسرهم، في محاولتهم للتمسك بتعاليم الإسلام. ويتضح لنا من هذه الأساليب المختلفة مدى تنوع الممارسات التربوية داخل المجتمع المسلم الواحد، سواء على المستوى الجغرافي أو العرقي. وعلى الرغم من هذا الاختلاف والتنوع تظل الأسرة محور الاهتمام داخل كل بيت مسلم.

أساليب التربية

توصلت عالمة النفس والباحثة المرموقة ديانا بَمْرِند [Diana Baumrind] إلى أن جميع الممارسات التربوية المُتبعَة تنقسم إلى ثلاثة أساليب رئيسية: الأسلوب المتسلط والأسلوب المتساهل والأسلوب المتوازن. ولا تختلف هذه المناهج الثلاثة في نظرتها إلى أسس التربية فحسب، بل وفي الفروق الشاسعة في ردود أفعال الأطفال أيضًا. وعند قراءة الأساليب التالية، تذكر عزيزنا القارئ أن التفاعلات في العلاقة بين الآباء والأبناء حافلة بالتنوع، وأنها نادرًا ما تكون بالتطرف المذكور. وقد يجد بعض الآباء أن بعض الأمثلة السلبية الواردة تتطابق مع توجهاتهم في التربية، لذا ندعوهم إلى استغلال الفرصة للتغيير الإيجابي والتطور إلى الأفضل.

الأسلوب المتسلط

ينفرد الآباء المتسلطون بتولي زمام جوانب حياة أبنائهم كافة، فهم الذين يتخذون جميع القرارات التي توجه شؤون الأسرة، ويجب على أبنائهم الامتثال دون نقاش أو أسئلة، ذلك لأن الطفل -في نظرهم-جاهل بطبيعته ويفتقر إلى التفكير السليم. وهؤلاء الآباء

لديهم آمال عريضة لما سيكون عليه أبناؤهم في المستقبل، ومن ثم يوجهون كل طاقاتهم في سبيل تحقيق تطلعاتهم. في ظل الأسلوب المتسلط، يُحكم الآباء سيطرتهم على الأبناء من خلال التهديد بالعقاب في حالة سوء السلوك، والثناء أو المكافأة في حالة إطاعة الأوامر. وإذا حاول الطفل مناقشة أفكار أبويه، يعبِّر الأبوان عن استيائهما وخيبة أملهما بعبارات من قبيل: "كيف تجرؤ على عصيان أوامرنا بعد كل الذي بذلناه من أجلك!" ذلك لأنهما لا يشعران بأدنى مسؤولية تجاه تعزيز الصحة النفسية للطفل، وإنما كل ما يعنيهما أن يكون الطفل مدينًا لهما بالاحترام الأجوف والطاعة العمياء. وتلجأ بعض الأسر المسلمة إلى اتباع هذا الأسلوب لأنهم يشعرون أنه السبيل الوحيد لتنشئة أطفال مطيعين، ليكونوا في المستقبل "مسلمين صالحين"، مستندين في ذلك إلى الاعتقاد المغلوط أنهم يطبقون منهج الله في الثواب والعقاب.

مثال: طفل في الثامنة من عمره قرر مشاهدة التلفاز في حين كان من المفروض أن يغسل الأطباق. وعليه، يدخل أحد الأبوين إلى الحجرة -فلتكن الأم مثلًا- وتصرخ قائلةً: "كيف تجرؤ على مشاهدة التلفاز الآن والمفروض أنك تغسل الأطباق!"، يرد الطفل: "لقد بدأت للتّو مشاهدة البرنامج." ترد الأم: "أنا لا يعنيني ما تفعله، أغلق التلفاز فورًا واذهب إلى المطبخ. إذا لم تذهب في الحال، سوف تُحرم من مشاهدة التلفاز لمدة أسبوع!".

مما لا شك فيه أن هذا الأسلوب يؤثر سلبًا على نفسية الطفل، فيغرس في نفسه الشعور بالقهر ويسلبه القدرة على تولي زمام أموره بيده، علاوةً على أن التهديد المستمر بتوقيع العقاب من الأبوين يولِّد لديه عديدًا من المشاعر السلبية مثل النقمة، والتمرد، والانتقام و/ أو الانطواء. ومن ثم يتضح أن الأسلوب المتسلط لا يؤدي إلى تكوين شخصية سوية قادرة على أداء دورها في الحياة، تدرك ما لها من حقوق وما عليها من واجبات، لديها حس المسؤولية وتتحمل

> **"الأسلوب المتسلط لا يؤدي إلى تكوين شخصية سوية قادرة على أداء دورها في الحياة، تدرك ما لها من حقوق وما عليها من واجبات"**

نتيجة أفعالها. وهكذا فإن رسالة الأبوين المتسلطين الموجهة إلى الطفل تستقر في ذهنه على هذا النحو: "أنا محبوب ما دمت أنقاد وأخضع".

الأسلوب المتساهل

هذا الأسلوب بعيد تمام البُعد عن المفاهيم التقليدية للتربية، فالأسرة هنا تعيش في أجواء تتسم بالتحرر والتراخي والانطلاق. لا يفرض هؤلاء الآباء أي ضوابط أو قواعد على أطفالهم، بل وقد يفعلون المستحيل في سبيل تجنب الدخول في مواجهات معهم، وكل ما ينشدونه هو سعادة أبنائهم عن طريق تلبية مطالبهم، وبناءً على ذلك تتحدد جميع القرارات التربوية في الأسرة. ولأن شغلهم الشاغل هو الحفاظ على حب أبنائهم لهم بأي ثمن، فهم يفضلون أن يتركوا لأبنائهم حرية اتخاذ القرارات ووضع قوانينهم الخاصة، وبذلك يشعرون بالاطمئنان من عدم وجود ما يهدد مشاعر الحب المتبادَلة مع أبنائهم.

مثال: طفلة في الثامنة من عمرها قررت مشاهدة التلفاز في حين كان المفروض أن تغسل الأطباق. ويدخل أحد الأبوين إلى الحجرة -فليكن الأب في هذا المثال-ويقول لها: "حبيبتي، أما كان المفروض أن تغسلي الأطباق؟" ترد الطفلة متذمرةً: "لا أريد غسل الأطباق، البرنامج سوف يفوتني." يرد الأب: "حسنًا. لا بأس، سوف أغسل الأطباق اليوم، ولكن عليكِ أن تعديني أنكِ سوف تغسلينها غدًا".

غالبًا ما تكون ردود فعل الطفل في الأسرة المتساهلة في شكل سلوكيات مسيئة. ولكن بما أن الأبوين لا يضعان أي قواعد أو حدود تنظم سلوك الطفل، فإنه لا يملك القدرة على التمييز بين الصواب والخطأ أو كيفية التصرف. وعادةً ما يترسّخ في ذهنه أن الحب هو "أن أكون محور الكون: الكل مسخر لخدمتي وتلبية رغباتي". وهكذا، يكون من السهل على الطفل كسر القواعد وتجاوز الحدود في المدرسة أيضًا أو أي مكان آخر خارج البيت؛ لأنه تعوّد أن الكبار المحيطين به يرضخون لرغباته. وعلى الرغم من ذلك، قد تتغير سلوكيات الطفل في بعض

> "في الأسرة المتساهلة، يترسخ في ذهن الطفل أن الحب هو: "أن أكون محور الكون: الكل مسخر لخدمتي وتلبية رغباتي"

الحالات عندما تتوافر البيئة المواتية التي تتيح له النمو السليم في ظل وجود النظام الروتيني والضوابط، سواء في المدرسة أو عن طريق مقدمي الرعاية. وهكذا فإن رسالة الأبوين المتساهلين الموجهة إلى الطفل تستقر في ذهنه على هذا النحو: "أنا محبوب ما دمت أسيطر على الأمور والجميع ينفذ رغباتي".

الأسلوب المتوازن

هذا هو أسلوب التربية الإيجابية الذي يقوم على مبدأ الديموقراطية، حيث يتمتع الأبوان والطفل على حد سواء بحرية التعبير عن الرأي. يسعى الآباء المتوازنون إلى الاستماع إلى آراء أبنائهم ووجهات نظرهم في حل المشكلات واتخاذ القرارات المهمة، مع الاحتفاظ بسلطتهم الأبوية في الوقت ذاته. وإذا أخطأ الطفل، يسعى الأبوان بطريقة حانية إلى حل المشكلة بالاشتراك مع الطفل؛ ذلك لأن الآباء المتوازنين يؤمنون بأن الأخطاء ما هي إلا فرص عظيمة للتعلُّم، وعليه فهم يحرصون على تمكين أطفالهم من تنمية القدرة على الانضباط الذاتي والشعور بالمسؤولية عن أفعالهم. في البيت المتوازن، يتمتع جميع أعضاء الأسرة بالاحترام المتبادَل، ويشكِّل الآباء نماذج إيجابية يقتدي بها أطفالهم، وتوضع القواعد وضوابط السلوك بشكل واضح وثابت، ومن ثم، يشعر الطفل بأنه ينتمي إلى "فريق" الأسرة، يدرك دوره فيه كعضوٍ فاعل، يعلم ما له وما عليه، ويسعى إلى التعاون والمشاركة مع بقية الأعضاء. في واقع الأمر، يتطلب الأسلوب المتوازن بذل مزيد من العمل والجهد مقارنةً بالأسلوب المتسلط أو المتساهل، نظرًا إلى أنه يعتمد على منهج متبصِّر للتربية يتسم بالعزم والتخطيط لتحقيق أهداف بعيدة المدى.

مثال: طفل في الثامنة من عمره قرر مشاهدة التلفاز في حين كان المفروض أن يغسل الأطباق. ويدخل أحد الأبوين إلى الحجرة -فلتكن الأم مثلًا-وتجلس بجوار ابنها وتنظر إلى عينيه قائلةً: "ما الذي اتفقنا عليه بخصوص غسل الأطباق؟" يرد الطفل: "أن أقوم بغسلها قبل مشاهدة التلفاز." ترد الأم: "ما الذي أتوقع منك فعله الآن؟".

في البيت المتوازن، يعيش الطفل في مناخ أسري يبعث على الاحترام المتبادل والكرامة والشعور بالأمان والحب، يتيح له التعلُّم من أخطائه، ويزرع فيه حس المسؤولية تجاه نفسه وتجاه الآخرين على حد سواء. وهكذا فإن رسالة الأبوين المتوازنين الموجهة إلى الطفل تستقر في ذهنه على هذا النحو: "أنا محبوب حتى لو أخطأت التصرف، وأتحمل مسؤولية أفعالي. أعبِّر عن رأيي بحرية ونعمل أنا وأسرتي معًا لحل المشكلات بطريقة تحفظ احترام الجميع".

"في البيت المتوازن يعيش الطفل في مناخ أسري يبعث على الاحترام المتبادل والكرامة والشعور بالأمان والحب"

بالإضافة إلى الأساليب التربوية، تؤثر طباع الأطفال (المزيد من التفاصيل في الفصل الثالث) أيضًا في العلاقات التفاعلية داخل الأسرة، فتتباين ردود أفعال الأطفال وفقًا لاختلاف طباعهم، ما يترتب عليه إما تعزيز الأثر المرجو من أسلوب التربية أو إضعافه. وعلى الرغم من أننا نؤمن بشدة بأن الأسلوب المتوازن هو أفضل الأساليب لبناء علاقة وطيدة بين الآباء والأبناء، فقد رأينا في بعض الحالات أطفالًا تمكنوا من التغلب على الآثار السلبية الناتجة عن الأسلوب المتسلط أو الأسلوب المتساهل. وذلك يرجع إلى أن طباع هؤلاء الأطفال تتوافق مع أساليب آبائهم في التربية. فعلى سبيل المثال الطفل المنظّم بطبيعته قد يحقق ذاته بشكلٍ أفضل مع أبوين متسلطين، في حين قد يعاني من عدم التأقلم مع أبوين متساهلين. وفي المقابل، فإن طفلًا ذا طبيعة منطلقة وعفوية قد يعاني إلى حدٍّ كبير مع أبوين متسلطين؛ لأنه سوف يشعر بأن تصرفاته تُفسّر على نحو خاطئ وأنه شخص غير مرغوب فيه، في حين أنه قد يجد الرعاية المتكاملة في كنف أبوين متساهلين. ومن ثم، يتضح أن العلاقات التفاعلية داخل الأسرة تتأثر بعديد من العوامل، ما يجعل من الصعب رصدها بيسرٍ ووضوح، اللهم إلا في حالات نادرة. ولكن لا شك أن أسلوب التربية الإيجابية يمكّن الأسرة بشكل أفضل من التعامل مع كل هذه العوامل على تنوعها، من خلال توفير أفضل بيئة مواتية لرعاية الطفل وتمكينه وتحقيق نموه المتكامل.

التذبذب في تربية الأبناء

إن أساليب التربية، في حقيقة الأمر، لا تُطبَّق بهذا الوضوح والاتساق على أرض الواقع كما عرضناها فيما سبق، إذ أننا وجدنا أن الأسر -في ما عدا القليل منها-تطبق خليطًا من هذه الأساليب المختلفة في آنٍ واحد. وهذا التذبذب يظهر في نماذج مختلفة نذكر منها:

التأرجح بين طرفَي نقيض: فعلى سبيل المثال، يتأرجح بعض الآباء بين الأسلوب المتسلط تارةً والأسلوب المتساهل تارةً أخرى، حسب قدرتهم على الاحتمال والصمود إزاء جنوح أبنائهم، فيبدأ الآباء في التساهل في معاملة أطفالهم وتلبية جميع رغباتهم، إلى أن يغلب عليهم الإرهاق والإجهاد ويبلغ الاشمئزاز ذروته من سلوكياتهم، فإذا بهم يتحولون على الفور إلى تطبيق نموذج التسلط بحذافيره من فرضٍ للأوامر والنواهي وتطبيق الجزاءات وإلقاء محاضرات الوعظ والتوجيه، وما إلى ذلك. هذا التأرجح العشوائي بين بندولَي اللين والشدة يجعل الطفل في حيرة من أمره لا يستطيع أن يتوقع رد فعل أبويه إزاء سلوكه، فيبدأ في استغلال الوضع لصالحه باصطناع التصرفات التي تمكّنه من التحايل عليهما لتلبية رغباته، وهكذا يفقد الطفل الثقة بقدرة أبويه على إرساء النظام في الأسرة والحفاظ على كيانها. وبلا شك تعيش مثل هذه الأسر في حالة من الشقاق والفوضى.

ازدواجية المعايير: ومن نماذج التذبذب التي لاحظتها (نهى) في الأسر المسلمة التي تعيش في أمريكا الازدواجية في تطبيق أسلوب التساهل وأسلوب التسلط مع الأبناء. فمن جهةٍ، يتعامل الأبوان مع الطفل بمنتهى الشدة والصرامة حينما يتعلق الأمر بأداء العبادات و/ أو التحصيل الدراسي. ومن جهةٍ أخرى، يتعاملان معه بمنتهى التراخي والتهاون في ما يتعلق بتلبية الاحتياجات المادية، والالتزام بالقواعد والروتين، وتحمل المسؤولية. ويبرر الآباء هذا التناقض في أسلوب التربية بأنهم يحاولون تعويض أبنائهم عن الحرمان الذي يعانونه في مجتمعٍ يبيح لأقرانهم من الأطفال سلوكيات وتصرفات لا تتماشى مع المنهج الإسلامي. وتكمن المفارقة هنا أيضًا في أن ما يعتقدون أنه خير تعويضٍ لأبنائهم -من خلال شراء أحدث الأدوات الإلكترونية وألعاب الفيديو والماركات العالمية، وعدم التمسك بالتزامهم بالنظام والقواعد والمساعدة في شؤون المنزل-هو في واقع الأمر الحرمان بعينه، إذ يحرمون أبناءهم من فرصة تنمية أهم المهارات الحياتية. ذلك لأن هذا النموذج يعوِّد

الأطفال الإشباع الفوري لرغباتهم، ويفوِّت عليهم الفرصة لتعلُّم قيم أساسية مثل الصبر والمثابرة والتسامي على الرغبات وإرجاء إشباعها. ومن ثم، هل لنا أن نندهش عندما نجد هؤلاء الأطفال يعانون في المستقبل من عدم القدرة على التأقلم ومواجهة صعوبات الحياة، سواء في نطاق العمل أو في حياتهم الأسرية؟

> "تعويد الأطفال على الإشباع الفوري لرغباتهم، يفوِّت عليهم الفرصة لتعلُّم قيم أساسية مثل الصبر والمثابرة والتسامي على الرغبات وإرجاء إشباعها"

عندما يتفق الأبوان على ألا يتفقا

لا شك أن التربية الإيجابية تؤتي ثمارها على أكمل وجه عندما يكون الأبوان على الموجة نفسها، أي يتفقان في الرؤية نفسها حول التربية. ولكن الخلاف بين الأبوين على كيفية تنشئة الأبناء أصبح من المشكلات الشائعة في عديد من الأسر، وتزداد تعقيدًا عندما يصل الأمر إلى التشاجر والنزاع أمام الأطفال. وعادةً ما يميل كل طرف نحو اتباع أسلوب تربية مغايرًا، فتكون الأم مثلًا من أنصار الأسلوب المتساهل، في حين يفضِّل الأب الأسلوب المتسلط، وتسيطر على كل طرفٍ مشاعر الإحباط من عدم رغبة الطرف الآخر في "التوافق" واتباع الأسلوب نفسه. وهكذا يستمر كل طرف في شد الأطفال نحو أسلوبه في التربية كوسيلة لتلافي أوجه النقص في أسلوب الطرف الآخر.

ومن أفضل الحلول لهذه المشكلة أن يبدأ الآباء في التعرف إلى أسلوب التربية الإيجابية، ويسعدنا أن يكون هذا الكتاب بمثابة الخطوة الأولى على هذا الطريق. وبالطبع يا حبذا لو بدأ الأبوان رحلة التغيير معًا. ومع ذلك فإننا نؤمن أن رفض أحد الأبوين استخدام التربية الإيجابية لن يحد من قدرة الشريك الآخر على إحداث التغيير. وفي هذه الحالة، تبدأ الخطوة الثانية، ألا وهي محاولة إقناع الطرف الرافض بالتغيير، مع مراعاة أن التغيير لا يحدث بين ليلةٍ وضحاها، وإنما يحتاج إلى الوقت والصبر. وبما أن التغيير لا يحدث إلا عندما ينبع من قناعة الإنسان نفسه –قال الحق تبارك وتعالى: ﴿إِنَّ اللَّهَ لَا يُغَيِّرُ مَا بِقَوْمٍ

حَتَّىٰ يُغَيِّرُوا مَا بِأَنفُسِهِمْ﴾ [الرعد: ١١] فإن محاولة إقناع الطرف الآخر عن طريق الإلحاح أو إجباره على التغيير أو فرضه عليه لن تؤتي ثمارها. لذا فقد يكون من الأفضل مثلًا مشاركة الكتب والمقالات التي تتناول أسلوب التربية الإيجابية، فضلًا عن أن تطبيق الأسلوب الأمثل في حد ذاته -بدلًا من التركيز على الأسلوب الخاطئ-كفيل بأن يجعل الطرف الآخر يعيد النظر في موقفه من التغيير.

"بدلًا من التحكم في طريقة الآخرين، مثل الأجداد والأقارب والمدرسين، في التعامل مع أبنائكم، ركزوا اهتمامكم على استغلال التباين كفرصة أخرى لتعليم الأطفال دروسًا في الحياة"

ونظرًا إلى أن الأطفال يتمتعون بقدرة بارعة على التكيُّف مع أسلوب الأب وأسلوب الأم على حد سواء، فإنهم سوف يدركون سريعًا أن أسلوب الأم مختلف عن ذلك الذي يتبعه الأب، ومن ثم سوف يعدّلون سلوكهم وفقًا لذلك. وبالمثل، بدلًا من التحكم في طريقة الآخرين، مثل الأجداد والأقارب والمدرسين، في التعامل مع أبنائكم، ركزوا اهتمامكم على استغلال التباين كفرصة أخرى لتعليم الأطفال دروسًا في الحياة.

إن التربية عملية ثنائية الجانب، تؤثر في الأبناء وتتأثر بهم في الوقت ذاته. فعلى مدار هذه الرحلة المشوقة، تتأثر العلاقة بين الآباء والأبناء وفقًا للتغييرات الجسمية والاجتماعية التي تطرأ على الأطفال في أثناء مراحل نموهم المختلفة. ومن ناحيةٍ أخرى، بينما يتأثر الأبناء بالبيئة المحيطة بهم، فإنهم يؤثرون أيضًا في العلاقات التفاعلية داخل الأسرة من خلال طباعهم وقدراتهم الفطرية. وذلك ما سوف نناقشه في الفصل التالي.

الفصل الثالث

كيف نفهم أبناءنا

بعدما ألقينا بعض الضوء على الأساليب التربوية ودلالاتها، سنبيِّن في هذا الفصل كيف يستخدم الأطفال قدراتهم الشخصية بمهارة منذ لحظة ولادتهم. وسيدرك الآباء أن التربية يدخل فيها أمران، مجهودهم التربوي، ومحاولات أبنائهم لتحقيق رغباتهم. لذا كي تؤتي التربية ثمارها، يجب أن يفهم ويقبل الآباء هذه المحاولات التي يمارسها الأطفال للتأثير فيهم. وهنا يأتي دور التربية الإيجابية، التي تقدم خطة إرشادية لتحويل ما قد يصبح علاقة خلافية بين الآباء وأبنائهم إلى علاقة متناغمة جميلة تدعم كلا الطرفين.

الطباع

يولَد كل طفل بسمات مميزة تحدد شخصيته. على سبيل المثال، يحتاج بعض الأطفال إلى الوقت للشعور بالألفة تجاه الأشخاص الجدد في حياتهم، في حين أن بعضهم الآخر قد يكون مفعمًا بالحيوية ويتعامل بانفتاح مع الغرباء. فكل طفل يختلف عن الآخر، وليست هناك سمة "جيدة" أو "سيئة" يوصَف بها الطفل؛ لأن مجموع هذه الصفات الفطرية هو الذي يجعل كل شخص منا فريدًا. ويسمي علماء النفس هذه السمات الفطرية "الطباع". ومن الأشياء المهمة التي ستساعد الآباء في التربية أن يكتشفوا طباع أبنائهم ويفهموها ويقبلوها، وإن فعلوا ذلك سوف يقلصون مساحة الصراع معهم، لأنهم سيكونون قادرين على توقع رد فعلهم حيال البيئة المحيطة بهم، وهكذا سيعرفون كيف يوجهونهم بصورة أفضل.

تتنوع أنماط الطباع وتُصنَّف في مستويات، بمعنى أن الأشخاص يختلفون في درجة حدة كل طبع، وعادةً ما تكون هذه الدرجة هي التي يولَد بها الطفل، غير أنها قابلة للتعديل مع نمو الطفل واكتسابه الوعي الذاتي. ويرجع فضل اكتشاف خصائص الطباع إلى الدكتورة "ستيلا تشيس" [Stella Chess] والدكتور "ألكزاندر توماس" [Alexander

[Thomas (كما ورد في كتاب نيلسن، وإروين، ودافي [Nelsen, Erwin, Duffy] لعام ٢٠٠٧، ص. ٩٩)، اللذين قاما في الستينيات والسبعينيات من القرن الماضي بدراسات طويلة الأمد لتقييم كيفية تغيُّر خصائص الطفل مع مرور الوقت. فقد وجدا أن بعض الخصائص يولَد بها الإنسان، وعلى الرغم من قدرته على التكيف مع البيئة المحيطة به، فإن هذه الخصائص تظل ملازمة له طيلة حياته. وتتضمن بعض أنماط الطباع التي اشترك العلماء في ملاحظتها السمات العشر التالية:

١-مستوى النشاط

تشير هذه السمة إلى درجة ميل الطفل إلى القيام بالأنشطة الجسمانية. فنجد بعض الأطفال في قمة سعادتهم بالنشاط والحركة، في حين أن بعضهم الآخر يكون في قمة السعادة بالانخراط في الأنشطة الهادئة مثل الرسم والقراءة، أو مجرد مراقبة ما يدور حولهم.

٢-الإيقاع المنتظم

تتعلق هذه السمة بدرجة ميل الطفل إلى الروتين في الحياة. فالأطفال الذين يميلون إلى الإيقاع المنتظم في الحياة يريحهم الروتين ومعرفة ما سيحدث في يومهم. وفي أغلب الأحيان ينزعج هؤلاء الأطفال إذا حدث خلل في روتين حياتهم، وإذا لم تحدث الأشياء التي يتوقعونها كما هو مخطط لها، فإن رد فعلهم يميل إلى الحدة. فمثلًا إذا أُلغيت في آخر لحظة خطة الذهاب إلى حديقة الأطفال ينتابهم الغضب. وعلى الجانب الآخر، عندما تكون درجة ميل الطفل إلى التلقائية مرتفعة، تكون درجة قابليته للإيقاع المنتظم منخفضة، فلا يزعجه غياب الروتين أو التنظيم، ولا حتى المفاجآت. كما إنه يعاني في البيئة المحكومة بنظام صارم التي لا تتيح له الانطلاق.

٣-الإقبال أو الانسحاب

تشير هذه السمة إلى رد فعل الطفل الأوَّلي تجاه كل ما هو جديد من مواقف وأشخاص وأحداث. فبعض الأطفال يُقبل على الخبرات الجديدة بسعادة وحماس، في حين يرفضها بعضهم الآخر ويميل إلى الانسحاب عند مواجهة أي تغيير غير متوقَّع.

٤-القدرة على التكيُّف

تعبر هذه السمة عن رد فعل الطفل تجاه التغيير على المدى البعيد. فبعد رد فعله الأوَّلي على أي تغيير (كما سبق ذكره في السمة رقم ٣)، كيف يتكيَّف الطفل مع الظروف الجديدة؟ قد يكون الطفل ذو قدرة عالية على التكيُّف، فيتأقلم أسرع مما نتوقع مع التغيرات، حتى لو كان رد فعله الأوَّلي سلبيًا. أما إذا كانت قدرة الطفل على التكيف منخفضة فإنه يستغرق وقتًا طويلًا للتكيُّف، لأنه يظل متشبثًا بمقاومة التغيير، وهو ما يُنظر إليه على أنه تزمُّت أو افتقار إلى المرونة.

٥-الاستجابة للمثيرات

هذه السمة تصف مدى حساسية الطفل للمثيرات التي تحفز ردود أفعاله. فالطفل ذو حساسية عالية قد ينزعج من أقل تغيير يطرأ على البيئة المحيطة به مثل الأصوات العالية، أو الضوضاء، أو الزحام، أو الروائح. في حين أن الطفل ذو حساسية منخفضة لا يتأثر بسهولة بمثل هذه التغيرات، إذ يمكنه تحمُّل كثير من المثيرات قبل أن يصدر عنه أي رد فعل. وتتضمن المثيرات الخارجية كل ما نستقبله بالحواس الخمس: النظر، والسمع، والتذوق، واللمس، والشم. أما المثيرات الداخلية، فهي تتعلق بردود الأفعال العاطفية والنفسية تجاه أحداث الحياة.

٦-طبيعة المزاج

تشير إلى مزاج الطفل بصورة عامة، فبعض الأطفال يتسم بالبشاشة والمرح، في حين بعضهم الآخر يغلب عليه العبوس والحزن.

٧-حدة ردود الأفعال

تشير إلى مدى قوة استجابة الطفل للمواقف أو الأحداث سواء بطريقة إيجابية أو سلبية. فنلاحظ أن رد فعل بعض الأطفال بالغ الحدة، في حين يكون رد فعل بعضهم الآخر أكثر هدوءًا.

٨-قابلية التشتت

تشير إلى مدى سهولة أو صعوبة تشتت الطفل أثناء قيامه بعمل أو مهمة ما. فبعض

الأطفال يحافظ على تركيزه بصرف النظر عما حوله من إلهاءات أو مؤثرات، في حين أن بعضهم الآخر يفقد تركيزه بسهولة.

٩-المثابرة

تشير المثابرة إلى قوة عزيمة الطفل على تنفيذ العمل الذي يقوم به أو الفكرة التي يريد تطبيقها مهما كانت الصعوبات والعقبات التي تواجهه. أما الطفل قليل المثابرة، فينفد صبره ويستسلم بسهولة عند مواجهة أي عقبة.

١٠-مدة الانتباه

وهي مقدار الوقت الذي يستطيع فيه الطفل تركيز انتباهه على عمل أو نشاط معين دون توقف. فالطفل ذو قدرة عالية على الانتباه بإمكانه التركيز على ما يقوم به من نشاط لمدة طويلة وعلى نحوٍ متصل. أما الطفل ذو انتباه قصير المدى، فإنه لا يستطيع مواصلة التركيز سوى فترات قصيرة نسبيًا ويكون بينها فواصل زمنية.

وفي نهاية عرضنا لهذا التنوع في الطباع، يجب أن نشير إلى أن التفاعل بين الآباء والأبناء قد يكون إيجابيًّا وقد تكون العلاقة هادئة إذا تشابهت الطباع فيما بينهم. أما إذا كانت طباع الآباء والأبناء على طرفَي نقيض، فقد يتسبب ذلك في النزاعات والإحباطات. على سبيل المثال، قد يشعر أب اجتماعي يتمتع باللباقة وطلاقة اللسان أن هناك شيئًا "غير عادي" في شخصية ابنه المنغلق على نفسه، لأنه لا يحب الاختلاط بالناس. وعلى النقيض، قد ينزعج ويندهش الأب الانطوائي من تصرفات ابنه المنفتح. وقد يؤدي عدم اتفاق الطباع إلى اعتقاد خاطئ من جانب الآباء أنهم لا بد أن يغيِّروا أبناءهم، في حين أنهم لو قَبِلوا سماتهم الفطرية، سينصب تركيزهم على التفكير في أفضل طرق التفاعل معهم، ما سيعزز العلاقة الإيجابية بينهم.

والأمر الجوهري الذي يجب أن نؤكد عليه هو أنه على الرغم من ارتباط أنماط الطباع بالفطرة التي يولَد بها الأطفال، يستطيع الآباء مساعدتهم على تعلم مهارات تخفف من القصور في جانب من جوانب طباعهم كي يعيشوا حياة أفضل، وذلك من خلال الوعي والممارسة. فمثلًا الطفل الذي يعاني من ضعف الانتباه وصعوبة في إتمام واجباته

المدرسية، يمكن أن نقول له إن هذه فرصة ليواجه فيها التحدي ويثبت ذاته، ونشجعه على التركيز على أداء واجباته على فترات قصيرة باستعمال المنبِّه. والطفل ذو حساسية عالية إزاء المثيرات، يمكن توعيته ليدرك ردود أفعاله وانفعالاته، ثم تعليمه كيف يضع الحدود التي تمكنه من التقليل قدر الإمكان من التعرض دون داع للمثيرات. وبفضل الوعي والممارسة، يمكن أن يحوِّل الأطفال هذه الأنماط من طباعهم الفطرية إلى نقاط قوة. وهنا يأتي الدور المحوري الذي يلعبه الآباء في هذه العملية. لذا عليك عزيزنا القارئ أن تتمهل وتفكر جيدًا حتى تحدد إلى أي مستوى ينتمي طفلك في تصنيف الطباع، ثم حاول أن تقارن درجات تصنيف طفلك بدرجاتك. وبناءً على ذلك، ما القرارات التي سوف تتخذها لمساعدته على التعرُّف إلى طباعه والتعامل معها؟ وما القرارات التي سوف تتخذها لتقليص فجوة الاختلاف بين طباعك وطباع طفلك؟

القدرات الفطرية

قد تكون نقطة البداية التي انطلق منها مجال علم النفس مرتبطة بالتركيز على أوجه النقص والعلل التي تصيب الإنسان؛ إلا أن الاتجاه يتغير الآن نحو التحليل الإيجابي للطبيعة البشرية، فقد ظهرت فكرتان في أواخر القرن العشرين وأوائل القرن الحادي والعشرين، كان لهما أثر في تغيير فهم علم النفس تغييرًا جذريًّا. الفكرة الأولى هي: مرونة المخ للاستجابة للتغييرات البيئية الإيجابية. (مثال: العلاج النفسي، والتفاعلات الاجتماعية الإيجابية، والنشاط الجسماني، والأدوية، وما إلى ذلك). والفكرة الثانية هي: يولَد كل شخص ولديه قدرات فطرية، إذا رعاها ونمَّاها، يمكن أن تجعله منتجًا وراضيًا عن حياته. وتجدد هاتان الفكرتان اعتقادًا كان مُهمَلًا في قوة مرونة الإنسان للتغلب على تحديات الحياة، كما أنهما تنقلان مجال علم النفس من التركيز على علم الأمراض إلى تقدير أهمية الطرق المتعددة التي يمكننا الاستعانة بها للتأثير في مسارات حياتنا.

"يولَد كل شخص ولديه قدرات فطرية، إذا رعاها ونمَّاها، يمكن أن تجعله منتجًا وراضيًا عن حياته"

ويعبِّر الآباء الذين يتحلون بقوة الملاحظة بتعليقاتهم الدائمة على ما يتميز به أبناؤهم من قدرات فطرية. فعلى سبيل المثال: يصف الأب/ الأم ابنه بأنه: "يستطيع الجلوس والقراءة لساعات دون ملل!" أو عند وصف الابنة بأنها "بدأت تحفظ القرآن وهي في الثالثة من عمرها، فقط بالاستماع إلى السي دي في السيارة"، أو عندما يوصَف الابن بأنه "يقوم بدور المُصلِح في الأسرة، ويجد الطرق المناسبة التي تهدِّئ إخوته وأخواته فيوافقون على ما يقوله"، أو عندما توصَف الابنة بأنها "خبيرة الأسرة في الكمبيوتر". ومع ذلك، فإننا لم نبدأ اكتشاف القدرات البشرية الفطرية وتصنيفها إلا في أواخر القرن العشرين، واستخدام ما سماه آدلر [Adler] "التشجيع" من أجل رعاية هذه القدرات وتنميتها.

من بين أوائل الباحثين الذين بحثوا في مسألة القدرات الفطرية كان عالم النفس التنموي "هاورد جاردنر" [Howard Gardner]. ففي عام 1983، أحدث ثورة في مجال فهم ذكاء الإنسان، بتوسيع نطاقه ليغطي القدرات البشرية التي تتجاوز تلك المرتبطة بتعلم الرياضيات والعلوم، وهي القدرات التي طالما كان يُنظر إليها على أنها القدرات الطبيعية الوحيدة لقياس مستوى "**الذكاء**". أما القدرات الفطرية المرتبطة بالمهارات الجسمانية، والتعابير الفنية، والتفاعلات الاجتماعية، فكان يُعطَى لها وزن أقل مما يُعطى للقدرات الأكاديمية. وكان هذا التصور المحدود لقوة المخ منتشرًا، خصوصًا في الغرب، حتى خرجت إلى النور نظرية جاردنر عن " **الذكاء المتعدد**"، فقد وضع فرضية مفادها أن "الناس يتمتعون بمجموعة كبيرة من القدرات. والقدرة التي يتمتع بها شخص ما في مجال من مجالات الحياة لا تنُّم بالضرورة عن تمتعه بقدرات على المستوى نفسه من الكفاءة في مجالات أخرى. فيبدو أن بعض الأطفال يجيدون أداء أشياء عديدة، في حين لا يجيد بعضهم الآخر سوى أداء أقل القليل" (١٩٩٩، ص. ٣١). وهذه المجالات المختلفة للقدرات هي التي تميِّز كل طفل عن غيره. وافترض جاردنر أن هذه المجالات لقدرات الإنسان "تنشأ نتيجة التفاعلات بين الجينات التي يرثها الشخص، وأوضاعه الحياتية المرتبطة بثقافة محددة وعصر معيَّن" (١٩٩٩، ص. ٤٥).

وعلى الرغم من أن علماء النفس لا يستخدمون حاليًا تعبير **الذكاء** لوصف قدرة من قدرات الإنسان، وهكذا يرفضون تعبير الذكاء المتعدد، فإن جاردنر ركز الاهتمام على

المجالات المختلفة التي تكشف عن مكامن الإبداع والتفوق لدى الإنسان والتي تتسم بالتنوع. لذلك لن نعد عمله إطارًا لتصنيف أشكال الذكاء، بل لتصنيف القدرات ونقاط القوة الفطرية. وكما سبق أن تناولنا الطباع وتصنيفها، سوف نقدم هذه المجالات للقدرات الإنسانية بتنوعاتها التي تُصنَّف في مستويات مختلفة، فستلاحظون أن مستوى كل قدرة يختلف من شخص إلى آخر، وأن كل فرد يتمتع بمزيج فريد من القدرات في كل المجالات.

ذكر جاردنر سبعة مجالات رئيسية للقدرات الفطرية: المجال اللغوي، والمنطقي الرياضي، والموسيقي، والجسماني الحركي، والبصري المكاني، ومجال الوعي بالآخرين، ومجال الوعي بالذات. وحرصًا على أن نعرِّف قُرَّاءنا بهذه المجالات بالقدر الذي يوضحها لهم، سنتناول باختصار كل مجال، ونشير إلى بعض المسلمين المشهورين الذين تميزوا في كل مجال.

١-المجال اللغوي

يتعلق هذا المجال بالقدرة على استخدام اللغة للتعبير، سواء المكتوبة أو الشفهية. ونرى هذه القدرة لدى الخطباء والمدرسين الذين يسهل عليهم شرح الأفكار والمعلومات. وتتمتع هذه الشخصيات بمهارات سمعية غاية في التطور، وتستطيع تحويل الأفكار إلى كلمات. ومثال على ذلك مجموعة الأحاديث التي رواها الرسول محمد صلى الله عليه وسلم. فليس لدى كل شخص ما كان يتمتع به الرسول صلوات الله عليه من قدرة على استعمال الكلمات بإيجاز وبراعة. وتتجلَّى هذه القدرة لدى عديد من علماء المسلمين والأئمة، مثل الشيخ "حمزة يوسف"، والبروفيسور "شيرمان جاكسون" [Sherman Jackson]، و"مالكولم إكس" [Malcolm X].

٢-المجال المنطقي الرياضي

يتعلق هذا المجال بالقدرة على استخدام المنطق لحل المشكلات، والقدرة على فهم العمليات الرياضية واستعمالها للوصول إلى حلول. وتنظر المجتمعات المسلمة إلى هذه القدرة، التي لها مكانة كبيرة لديها، نظرة إعزاز وتقدير، كما يُعلي الموروث الإسلامي من شأنها، وهو ما بَيَّنه "الخوارزمي" الذي أسس علم الجبر. وفي النصف الثاني من القرن

الماضي، أثبت الحائزان لجائزة نوبل، "أحمد زويل" و"محمد عبد السلام"، قدراتهما في هذا المجال من خلال إسهاماتهما في العلوم.

٣-المجال الموسيقي

يتعلق هذا المجال بالقدرة على تذوق الصيغ الموسيقية وتأليفها. نظرًا إلى أن الثقافة، كما أكد "جاردنر"، تلعب دورًا مهمًا في تطوير قدرة معينة من القدرات، نجد أن اختلاف الآراء حول الموسيقى في الموروث الإسلامي أدى إلى عدم اهتمام المجتمع الإسلامي بالمواهب الموسيقية الفذة. ولكن تجلّى المجال الموسيقي في علم التجويد، فهذه القدرة على تجويد القرآن في صيغة لحنية باستخدام الصوت البشري فقط، ليُخرج لنا صوتًا يُدخل السرور والراحة على النفس، هي قدرة فريدة من نوعها. وفي الفترة الأولى من السيرة الإسلامية، لاحظ النبي محمد صلى الله عليه وسلم عذوبة صوت "بلال بن رباح"، وعهد إليه مهمة الأذان. وفي زمننا الحديث، هناك عديد من المسلمين الأمريكيين المشهورين بما قدموه في مجال الفن والموسيقى، مثل "لوبي فياسكو" [Lupe Fiasco]، و"عمر أفندم"، و"ياسين بي"، و"ياسين السلمان".

٤-المجال الجسماني الحركي

يتعلق هذا المجال بالقدرة على استعمال الجسم لابتكار شيء أو القيام بعمل ما. وقد تكون المهارات الجسمانية مهارات حركية دقيقة، مثل القدرة على الطبخ أو إجراء عملية جراحية، أو قد تكون مهارات حركية كبرى، مثل قدرة الرياضي أو مدرب الخيل. وهناك أمثلة متعددة لمسلمين أمريكيين بارزين يتمتعون بهذه القدرة، مثل لاعب كرة السلة "كريم عبد الجبار"، والملاكم "محمد علي"، ومبارزة الشيش الأولمبية "ابتهاج محمد"، والجراح "محمد أوز".

٥-المجال البصري المكاني

يتعلق هذا المجال بالقدرة على تقدير المساحات المكانية واستغلالها، وهو ما يرتبط بالقدرة على تصور كيف تصبح مساحة ما، أو كيف يمكن استغلال مساحة قائمة. وتتجلّى هذه القدرة في أعمال الفنانين والمصورين والمهندسين، بل والطيارين والراقصين. والمسجد

الأموي في دمشق وتاج محل في الهند خير مثال لأعمال المعماريين المسلمين. وأكثر شيء معروف عن المعماري المسلم المشهور، "ميمار سينان"، هو تصميم المسجد الأزرق في تركيا. ومن بين الموروث القديم للفنون الإسلامية فن الخط، والطلاء، والزجاج، والسيراميك، والقرميد، والسجاد. ومن بين نماذج الفنانين المعاصرين فنان الخط "حاج نور دين"، والمعماري "خالد عمر عزام".

٦- مجال الوعي بالآخرين

يتعلق هذا المجال بالقدرة على التوافق مع الآخرين، ورصد مشاعرهم، وفهم وجهات نظرهم. والأشخاص الذي يكون مستوى تصنيفهم مرتفعًا هم الذين يتمتعون بالقدرة على العمل مع الآخرين بسلاسة. وتُعد هذه القدرة أحد مكونات ما شاع تسميته **الذكاء العاطفي**. وتظهر هذه القدرة بين عديد من علماء النفس، والوسطاء، والأطباء، والمعلمين، والمدربين. ويرجع الفضل جزئيًا في قدرة الرسول صلى الله عليه وسلم على قيادة الأمة الإسلامية إلى قدرته العالية على التعامل مع الأشخاص.

٧- مجال الوعي بالذات

يتعلق هذا المجال بالقدرة على رصد الإنسان لمشاعره ودوافعه وحوافزه. وتُعد هذه القدرة النصف الثاني المكمِّل للذكاء العاطفي. ويرفض كثير من المسلمين المعاصرين الاعتراف بهذه المَلَكة، لأنهم لا يرون أي جدوى من التفكير في الذات وسبر أغوارها، غير أن الصوفيين في الموروث الإسلامي نادوا بتطوير هذه القدرة بوصفها جزءًا من رحلة الإنسان للتقرب إلى الله. فقد ذكر الإمام أبو حامد الغزالي رضي الله عنه، أحد أشهر العلماء المسلمين في القرن الحادي عشر، في كتابه **كيمياء السعادة**، "مفتاح معرفة الله تعالى هو معرفة النفس".

والسبب الرئيسي الذي يدعونا لمشاركتكم هذه المفاهيم الجميلة هو هدف التواصل مع أبنائكم؛ فالآباء يحبون أبناءهم حبًّا عميقًا، ويتمنون لهم أفضل ما تجود به الحياة، بل ويتمنون أن يعيشوا حياة أفضل من حياتهم، ولكن في بعض الأحيان يصبح هذا الحب والتمني وسيلة لقهر الأبناء والحكم عليهم حينما لا يحققون رغبات آبائهم. فلعل الآباء

الذين يساوون النجاح في الحياة بالإنجازات في مجال الرياضيات والعلوم لا يرون أي سبيل آخر لكسب العيش إلا في هذا المجال. ونتيجة لذلك، قد يدفعون بأبنائهم للدخول في هذه المجالات الأكاديمية ويهملون ما قد يُظهرونه من قدرات فطرية أخرى. وهكذا لا يعترف هؤلاء الآباء بقدرات أبنائهم في مجالات مثل الموسيقى والفنون، ويعدونها من ضمن الهوايات أو المواهب، وليست صفات يتميز بها الأبناء ويستغلونها في عيش حياة غنية بالإنجازات. ولقد رأينا عديدًا من الأسر التي تسخر من اختيارات أبنائها في مجال الآداب والعلوم الإنسانية، ويعدونها اختيارات غبية ولا قيمة لها. وعلى الرغم من أن مثل هؤلاء الآباء يتصرفون من واقع حبهم لأبنائهم ورغبتهم في "أن يعيشوا حياة أفضل"، فإن الجرح الذي يصيب نفسية الطفل بسبب هذا التهكم قد يترك أثرًا عميقًا في نفسه. لذا لا بد من التنبيه إلى خطورة تبديد القدرات الكامنة التي يتمتع بها الطفل، لأن هذه الممارسات تؤدي في نهاية الأمر إلى حرمان الأمة الإسلامية من إسهامات رائعة وإبداعية.

"لا بد من التنبيه إلى خطورة تبديد القدرات الكامنة التي يتمتع بها الطفل، لأن هذه الممارسات تؤدي في نهاية الأمر إلى حرمان الأمة الإسلامية من إسهامات رائعة وإبداعية"

وكما رأينا في الأمثلة السابقة، تحتاج المجتمعات المسلمة إلى كل المواهب اللازمة لبناء أمة إسلامية مزدهرة، فكان أصحاب الرسول محمد صلى الله عليه وسلم يتمتعون بقدرات فريدة، وكان قادرًا على استثمارها جميعًا بما يحقق الفائدة لهم وللآخرين. على سبيل المثال، كانت موهبة "حسان بن ثابت"، شاعر الرسول عليه صلوات الله وسلامه، تكمن في قدرته على استعمال الكلمات (المجال اللغوي) لتعزيز رسالة الإسلام والدفاع عنه. وفي إحدى القصص الشهيرة التي وقعت في أثناء غزوة الخندق، رُوي أن "حسان بن ثابت" كان قد أحيل إلى الحصن الذي يقع خلف خطوط المعركة لحماية النساء والعجائز والأطفال، ولوحظ شخص دخيل يحوم حول المكان، فطُلب من "حسان" أن يتصدى له، ولكنه اعتذر عن هذه المهمة، وانتهى الأمر بأن قامت عمة ا لرسول صلى الله عليه وسلم، السيدة "صفية"، بالتصدي له وحماية المجموعة. ومن هنا يتضح أن موهبة "حسان" لم تكن مرتبطة بالصراعات المادية، بل كانت في الكلمة المنطوقة. ولذلك فإننا

ندعوكم أن تفعلوا مع أبنائكم كما فعل الرسول صلى الله عليه وسلم من إدراك لمواهب الصحابة جميعًا وتقديرها واستثمارها. وفيما يلي، عزيزنا القارئ، بعض الأفكار التي قد تستفيد منها:

- قدِّر مدى الاتساع والتنوع في القدرات البشرية.
- انظر في المجالات السبع للقدرات التي وضعها جاردنر، وحدد ما ينطبق منها على أبنائك، وما ينطبق منها عليك.
- درِّب نفسك على ملاحظة قدرات أبنائك في وقت مبكر. فعندما يتحلى الآباء بقوة الملاحظة ويشتركون في أنشطة أبنائهم، يمكنهم تمييز المواهب من مرحلة الطفولة.

> "ندعوكم أن تفعلوا مع أبنائكم كما فعل الرسول صلى الله عليه وسلم من إدراك لمواهب الصحابة جميعًا وتقديرها واستثمارها"

- عرِّض أبناءك لتجارب مختلفة لاكتشاف قدراتهم الكامنة.
- تجنَّب أن يقتصر مديحك لأبنائك على مهارتهم في الرياضيات والعلوم، بل شجعهم على كل ما يبذلونه من جهود للتفوق في مجالات اهتماماتهم.
- إن لم يكن أبناؤك مدركين للقدرات التي يتمتعون بها، فحاول أن تلفت نظرهم إليها وتعبِّر عنها.
- تجنب الضغط على الأبناء لتحقيق مستويات أعلى مما يمكن أن يحققوه بقدراتهم. وفي المواد أو المجالات التي يصعب على الأبناء التفوق فيها، ركز على دعمهم وتشجيعهم.
- عند التفكير في التخصصات الجامعية، قيِّم مدى توافق اختيارهم مع قدراتهم التي سبق اختبارها. اترك القرار الأخير لأبنائك.

- إذا اختاروا تخصصات جامعية لا يمكن التكهن كيف ستخدمهم فيما بعد في مساراتهم المهنية، أو إذا بدؤوا مهنة مستقبلها غير مضمون، شاركهم ما يقلقك بشأن خطط حياتهم المستقبلية دون الحط من قيمة اختياراتهم.

ترتيب الطفل في الأسرة

كان "ألفرِد آدلر" [Alfred Adler] من أوائل الأطباء النفسيين الذين أشاروا إلى أن ترتيب الطفل في الأسرة يؤثر في شخصيته، فكان يعتقد أن ترتيب الطفل في الأسرة يؤثر في الصداقات طويلة الأجل، والعلاقات العاطفية، والحياة المهنية. غير أن هذه الفكرة لا تحظى بتوافق آراء يُذكر بين الباحثين وعلماء النفس. ولكننا وجدنا أن أسرًا كثيرة تلاحظ وجود صفات مشتركة بين الأطفال الأكبر سنًّا، مقارنةً بالأطفال الوحيدين والأصغر سنًّا. من أبرز السمات التي يتحلى بها الابن البكر: أنه يتفانى في العمل، ويبذل قصارى جهده للتفوق في كل ما يقوم به، يتحمل المسؤولية ويُمكن الاعتماد عليه، ويحب النظام، ويميل إلى الحيطة في تصرفاته. يتمتع بشخصية قيادية بالفطرة ويميل إلى السيطرة. ويحذو حذو الكبار في تصرفاته. وعادةً ما تظل هذه السمات تلازمهم في مراحل عمرهم المختلفة.

أما الطفل الأوسط الذي يأتي ترتيبه وسط اثنين من الإخوة، فقد يشعر أنه تائه بينهما، لذا نجده في أحسن حالاته عندما يكون وسط أصدقائه خارج نطاق الأسرة حيث يشعر بمكانته، في حين قد نراه حاد المزاج في البيت، وعادةً ما يلعب دور حمامة السلام، ويحرص على إرضاء الآخرين، أو يكون متمردًا (بسبب أو دون سبب). وفي مرحلة سن الرشد، قد يواصل العمل باجتهاد ويثبت نفسه في أي شيء يفعله.

ونأتي للطفل الأصغر سنًّا، فهو يتمتع بشخصية سلسة، ومرحة، وجذابة. وبما أنه "آخر العنقود" الذي ينعم بالتدليل والعناية الفائقة، فإنه يسعى جاهدًا إلى الحفاظ على مكانته المتفردة من خلال كسب المزيد من اهتمام أسرته، والتميز عن إخوته، ويرى أنه يشعر بالانتماء عندما يكون محط اهتمام ورعاية المحيطين به. ومن صفاته روح المغامرة واستعداده للمخاطرة، وغالبًا ما تنعكس هذه السمات على اختياراته العملية في المستقبل.

وننتهي بالطفل الوحيد، الذي يشترك في صفات كلٍّ من الطفل الأكبر والطفل الأصغر في الأسرة؛ فكما يحب الطفل الأكبر أن يكون "الأول"، فإن الطفل الوحيد يحب أن يكون "الفريد"، ومن صفاته القيادة، والإقبال على المخاطرة. وبوجه عام، يتواصل الطفل الوحيد مع الراشدين بشكل أفضل من تواصله مع أقرانه. وعند دخوله مرحلة سن الرشد، تتجلَّى نزعة الكمال وسمة التفاني في أي شيء يفعله.

ولكن بصرف النظر عن ترتيب الطفل، لا بد أن يقبل الآباء السمات الشخصية الفريدة التي يتميز بها أبناؤهم. هذا بالإضافة إلى أن مقارنة الأبناء بعضهم ببعض، أو بغيرهم من الأطفال، تُشعل نار الغيرة والتنافس فيما بينهم.

مراحل نمو الطفل

يمر الإنسان عبر سلسلة من مراحل النمو التي تبدأ بالولادة وتنتهي بالموت. وهذه المراحل المختلفة لا تتضمن النمو الجسدي فقط، بل أيضًا النمو الاجتماعي والعاطفي. وكان عالم النفس والمحلل النفسي المشهور "إريك إريكسن" [Erik Erikson] أول من قدم نموذجًا للمراحل النفسية الاجتماعية لنمو الإنسان، وأصبحت رؤاه العميقة ونظريته حجر أساس لعلم النفس والعلوم الاجتماعية.

وفي كتاب "نيومان آند نيومان" [Newman and Newman] لعام 2005، تم التوسع في نموذج "إريكسن" الأصلي، ليزداد عدد المراحل إلى إحدى عشرة مرحلة، ولكننا سوف نركز على المراحل السبع الأولى، التي تشمل أقوى مراحل التغيير والنمو في حياة الفرد، وسنصف كل مرحلة بما يلي: ما يكتسبه الطفل عند تجاوز المرحلة بنجاح (الفضيلة)، والعلاقات الاجتماعية الحيوية واللازمة لدعم الطفل (العلاقات المهمة)، والقدرات الجديدة (القدرات المهمة)، وتوقعات النمو العامة (النمو النفسي الاجتماعي).

مرحلة الرضاعة (من الولادة-سنة)
الفضيلة. الأمل.
العلاقة المهمة. الأب والأم، أو الشخص الأساسي القائم على رعاية الطفل.

القدرات المهمة. التغذية، والارتباط العاطفي، واللعب، والتفاعل مع الآخرين.

النمو النفسي الاجتماعي. يعتمد الوليد على الشخص الأساسي القائم على رعايته لتزويده بالطعام والرعاية والحب. وهذه الخبرات الأولية بالغة الأهمية لتعزيز الشعور الأساسي بالثقة بالعالم. وإذا لُبيت احتياجات الوليد في أغلب الأوقات، فإنه يرتبط ارتباطًا قويًّا بالقائمين على رعايته، ويكتسب الثقة بالبيئة المحيطة به. ولكنه إذا تعرض للهجر أو الإهمال، يفقد ثقته بصورة تأخذ في الاتساع لدرجة أن ذلك قد يؤثر في مسار حياته تأثيرًا بالغًا.

مرحلة الطفولة المبكرة (٢-٣ سنوات)

الفضيلة. الإرادة.

العلاقات المهمة. الآباء، والإخوة والأخوات، والعائلة الأكبر، والقائمون على رعاية الطفل.

القدرات المهمة. مسك الأشياء، والمشي، والكلام، والتدريب على التواليت، وتناول الطعام وارتداء الملابس بنفسه.

النمو النفسي الاجتماعي. يوجه الطفل طاقته نحو تطوير المهارات الجسدية التي يبدأ من خلالها الشعور بالتحكم الذاتي والثقة بالنفس. والأطفال الذين يلقون التشجيع على ما يفعلونه، وعلى محاولات استقلالهم المتماشية مع مرحلتهم، سيكتسبون الثقة بقدراتهم ومهاراتهم. أما إذا بالغ الآباء في حماية طفلهم، فقد تكون الرسالة غير المقصودة التي يستقبلها الطفل هي ضرورة تجنب الأخطاء بأي شكل، وهو ما يبدأ في زرع مشاعر الخزي في عالمه.

مرحلة الطفولة الوسطى (٣-٥ سنوات)

الفضيلة. الهدف.

العلاقات المهمة. الأسرة المباشرة والعائلة الأكبر، ورياض الأطفال، والقائمون على رعاية الطفل.

القدرات المهمة. التدريب على التواليت، وتناول الطعام وارتداء الملابس دون مساعدة، واستكشاف ما حولهم، واستخدام الأدوات، والتعبير بقدراته الفنية، واللعب الموازي (اللعب المنفرد في حضور أطفال آخرين)، والاشتراك في الألعاب الخيالية والتمثيل.

النمو النفسي الاجتماعي. مع تطور مهاراته الحركية، يواصل الطفل محاولاته للاستقلال. فيبدأ في استكشاف العلاقات الاجتماعية وفي الوقت ذاته يتعلم كيفية ترويض مشاعره. وينشغل الطفل في مرحلة ما قبل المدرسة انشغالًا تامًّا في استطلاع العالم المادي من حوله، ويحاول جاهدًا التكيُّف مع المعايير التي تحدد ما يستطيع وما لا يستطيع عمله. والطفل الذي يشجعه والداه ويحرصان على الثبات في أسلوب تربيته، سوف يواصل اكتشافاته لكل ما هو جديد في العالم، وفي الوقت نفسه سوف يحترم الحدود الموضوعة له. أما الأسلوب المتسلط والأسلوب المتذبذب في التربية فيكون لهما أثر سلبي على الطفل الذي قد يشعر بالذنب ويكبت مشاعره.

مرحلة الطفولة المتأخرة (٦-١٢ سنة)

الفضيلة. الكفاءة.

العلاقات المهمة. الأسرة المباشرة والعائلة الأكبر، والجيران، والأصدقاء، وأقران المدرسة والمدرسون، وأيضًا فرق الأنشطة غير المدرسية، ومدربو الرياضة.

القدرات المهمة. الترابط الأسري، والصداقات، والدراسة، وتعلُّم المهارات، والتقييم الذاتي، والعمل في فريق.

النمو النفسي الاجتماعي. مع بدء مسار التعليم الرسمي، يتحول تركيز الطفل من محيط البيت إلى بيئة المدرسة. ويبذل الطفل الجهد لتعلم مهارات جديدة ومواجهة الفشل، وتتسع دوائره الاجتماعية مع إقامة الصداقات مع أقرانه. كما يشعر الطفل بكفاءته حينما يصل إلى مرحلة الإتقان في بعض المجالات في حياته، وسيختلف ذلك باختلاف قدرات الطفل الفطرية. وإذا لم يشعر أنه نجح وأنجز، قد يبدأ في الشعور بالدونية وعدم الكفاءة.

مرحلة المراهقة المبكرة (١٣-١٨ سنة)

الفضيلة. الإخلاص للغير.

العلاقات المهمة. الأسرة المباشرة والعائلة الأكبر، والأصدقاء، وأقران المدرسة والمدرسون، والقائمون على فرق الأنشطة غير المدرسية، ومدربو الرياضة، والموجهون، والشخصيات القدوة.

القدرات المهمة. النضج الجسدي والمعرفي، وترويض المشاعر، والانضمام إلى مجموعة من الأقران، وبداية ظهور الاهتمام الجنسي، والتساؤل حول الهوية الشخصية، واكتشاف المسارات المهنية والحياتية.

النمو النفسي الاجتماعي. الانتقال من مرحلة الطفولة إلى مرحلة المراهقة. فيبدأ الطفل الشعور بالفردية والاستقلالية حينما يدرك أنه كيان منفصل عن والديه، ويسعى بكل جهده إلى أن يجيب عن أسئلة مثل: "من أنا؟"، و"ما وِجهتي في الحياة؟"، و"كيف أصل إليها؟" خلال هذه العملية، قد يقوى ارتباطه مع مجموعة أقرانه، مع تقدمه في مرحلة اكتشاف ذاته وتحديد هويته الجماعية.

مرحلة المراهقة المتأخرة (١٨-٢٤ سنة)

الفضيلة. الإخلاص للقيم.

العلاقات المهمة. الأسرة المباشرة والعائلة الأكبر، والأصدقاء، والأقران بالجامعة، وزملاء العمل، والمدربون، والمديرون، والموجِّهون، والشخصيات القدوة.

القدرات المهمة. الانفصال عن الآباء، والهوية الجنسية، والتطبع بالخُلُق، والتخرج في الجامعة، والاختيار المهني، والعلاقات المهمة، والزواج، والإنجاب.

النمو النفسي الاجتماعي. يستمر المراهقون في سعيهم نحو الاستقلال عن آبائهم. فيواصل بعضهم عملية التفكير في الذات، وهم في مرحلة تشكيل هويتهم وتحديد قواعدهم الأخلاقية، وينظرون إلى نشأتهم ويكوِّنون آراءهم الخاصة في مجالات متعددة، بدءًا بالثقافة والدين والسياسة، ووصولًا إلى الوظيفة والمشاعر والميول الجنسية. ومَنْ يحدد هويته، يتقدم نحو وجهته وهدفه، في حين يجاهد بعضهم الآخر في البحث عن إجابات عن أسئلة حياتية، وقد يشعرون بالضياع لبضع سنوات.

مرحلة سن الرشد المبكر (٢٤-٣٤ سنة)

الفضيلة. الحب.

العلاقات المهمة. شركاء الحياة، والأسرة المباشرة والعائلة الأكبر، والأصدقاء، وزملاء العمل، والمديرون.

القدرات المهمة. العلاقات العاطفية، والزواج، والإنجاب، والحياة المهنية، وأسلوب

الحياة، والجامعة، والكليات المهنية، والأنشطة في القضايا العامة.
النمو النفسي الاجتماعي. يركز معظم الشباب في هذه المرحلة على احتياجهم إلى العلاقة الحميمة، وتتصدر اهتماماتهم العلاقات الحميمة وما تتطلبه من عطاء متبادل مع الآخرين. ويسعى هؤلاء الشباب إلى صياغة أسلوب حياة مبني على العمل والأسرة. وإذا لم يكونوا بعد متأكدين من هويتهم، فقد يرفضون الالتزام في علاقاتهم مع الآخرين أو الاعتماد عليهم، ما قد يؤدي بهم إلى العزلة والوحدة.

مع نهاية الجزء الأول من الكتاب، نكون قد ركزنا على توسيع منظورنا وتعميق رؤيتنا لفهم أنفسنا وأبنائنا. وفي الجزء الثاني، سنعرض عليكم كيفية تطبيق أدوات التربية الإيجابية في إطار مواقف أسرية حقيقية.

الجزء الثاني
الأدوات

الفصل الرابع

أدوات التربية الإيجابية

نقدم في هذا الفصل أدوات التربية الإيجابية التي تشتمل على 49 أداة. ويختلف استخدام الأدوات من أسرة إلى أخرى حسب ما يقتضي الموقف، وحسب طباع كلٍّ من الأب/ الأم من ناحية والطفل من ناحية أخرى، وبالطبع حسب سن الطفل. وفي حين يمكن استخدام بعض الأدوات مع كل الأعمار، فإن بعض الأدوات يستهدف فئة عمرية محددة.

كل هذه الأدوات تم تناولها من قبل في كتب عديدة، منها على سبيل المثال: التربية الإيجابية، والتربية الإيجابية من الألف إلى الياء، وركن السكينة، وتنشئة الأطفال بطريقة التربية الإيجابية، بالإضافة إلى الكتاب الذي نُشر مؤخرًا أدوات التربية الإيجابية: التسع والأربعون طريقة الأكثر فعالية لوقف النزاع على السلطة، وبناء قنوات التواصل، وتنشئة أطفال متمكنين ومؤهلين لخوض الحياة، وهو من تأليف جين نلسون بالاشتراك مع اثنين من أبنائها: "ماري نلسون تامبورسكي" [Mary Nelsen Tamborski] و"براد آينج" [Brad Ainge].

وتجدر الإشارة إلى أن الأدوات المذكورة في هذا الكتاب تعتمد في شرحها والأمثلة المرفقة بها على فهم المؤلفتين وخبراتهما الشخصية. والأدوات المشار إليها بنجمة * ليست تحديدًا من أدوات التربية الإيجابية، ولكنها تتواءم تمامًا مع الفلسفة نفسها.

ومن أجل تسهيل الرجوع إليها، عرضنا الأدوات حسب الترتيب الأبجدي.

خلاصة القول، نحن ندعوكم أيها الآباء إلى أن تركزوا كل انتباهكم على بناء قنوات **التواصل** مع أبنائكم، لأننا نؤمن أن الترابط الأسري هو طوق النجاة الذي يمكّن الأسرة من اجتياز أزمات الحياة بسلام. فالحياة لن تخلو أبدًا من المحن والأزمات، لأن هذه هي

> "الترابط الأسري هو طوق النجاة الذي يمكّن الأسرة من اجتياز أزمات الحياة بسلام"

سنّة الله في خلقه، كما قال تعالى: ﴿لَقَدْ خَلَقْنَا الإنسان فِي كَبَدٍ﴾ [البلد: ٤]. ولكن دعوتنا لكم بالتواصل مع أبنائكم لا نعني بها إغداق الحب عليهم بغير حساب، وإنما نعني الحب المتوازن في إطار من الاحترام والحدود التي ينبغي ألا يتجاوزها الطفل. نحن نؤمن بأن **المواظبة** على تطبيق أسلوب التربية الإيجابية يؤدي إلى:

- التكاتف والعمل بروح الفريق.
- الاحترام المتبادَل بين جميع أفراد الأسرة، بما في ذلك أصغر عضو فيها.
- حرية التعبير عن الرأي واحترامه مكفولة لكل فرد في الأسرة.
- اكتشاف الطفل لما يمتلكه من نقاط قوة.
- شعور الطفل بالثقة بقدراته.
- رعاية الطفل على النحو الذي يؤهله لأن يصبح في أفضل صورة ممكنة في المستقبل.
- شعور الطفل بالارتياح عند مشاركة الآباء ما يزعجه من مشكلات ومخاوف.
- تعلُّم الطفل أساليب تسكين النفس وتهدئتها.
- اكتساب الطفل المقدرة على التعامل مع حالات الإحباط والفشل.
- التخفيف من حدة شعور الآباء بالتوتر والإجهاد نتيجة ضغوط الحياة اليومية.
- توجيه طاقة الآباء إلى الحلول الفعّالة التي يملكون السيطرة عليها.
- إرساء ثقافة أسرية إيجابية بما تتضمنه من قيم وعادات وتقاليد.
- التعامل مع المشكلات من خلال التركيز على الحلول.
- استمتاع أفراد الأسرة بصحبة بعضهم بعضًا.

- روابط أسرية متينة حتى بعد استقلال الأبناء بحياتهم.

١. ابحث معهم عن حل المشكلة

هذه الأداة نستخدمها عندما نريد إيجاد حل لنمط من أنماط السلوك المزعج. وهنا يجب أن نشير أولًا إلى ضرورة تحاشي الاصطدام مع أبنائنا على كل صغيرة وكبيرة، بل من الضروري اختيار المواقف التي تستحق بالفعل الوقوف عندها. ويعتمد تحقيق ذلك على عدة عوامل، منها الطفل نفسه، ونوعية وكمية التحديات الأخرى التي يتصادف وقوعها في الوقت ذاته، ووضع الأسرة، وقدرة الآباء على تنفيذ كلمتهم والثبات عليها. وعندما تتأكد، عزيزنا القارئ، أنك مستعد لمعالجة الموقف، عليك اتباع خطوات حل المشكلات التالية:

- عرّف الطفل مقدمًا أنكما ستجتمعان، واتفقا على اليوم والوقت.
- ابدأ كلامك عندما تجتمع به بعبارة "لاحظتُ". أو "أشعر".
- اطلب من الطفل أن يكرر ما قلته.
- امنح الطفل فرصة الرد عليك، وأكّد له أنك مدرك شعوره.
- بعد تبادل الآراء لمناقشة كل جوانب المشكلة، تقول: "سنتبادل الآن الأفكار كي نصل إلى حلول لهذه المشكلة. ما الحلول التي تقترحها؟"
- اكتب كل الحلول التي يمكنكما التفكير فيها.
- تجنب تعليل عدم جدوى أي حل من هذه الحلول.
- بعد عمل قائمة بكل الحلول، ابدأ في استبعاد الحلول التي لم يقبلها أي منكما على نحو بات.
- تجنب أن تنزلق في محاولات إجبار طفلك على أن يختار أحد حلولك أو أن يقتنع به.

- استمر في عملية تبادل الأفكار للوصول إلى كيفية حل المشكلة، إلى أن يقبل الطرفان الحل الذي يقع عليه الاختيار.

وفيما يلي مثال تطبيقي على ذلك: لاحظت ماما أن ابنها بلال، البالغ من العمر 13 سنة، يرفض تناول العشاء مع أفراد الأسرة، بل حتى إن انضم إليهم يكون متجهمًا وعصبيًّا. ولأن ماما لا تعرف ما سبب هذا التغيير، تطلب من بلال أن يجلس معها ويتناقشا حول مشكلة العشاء. ولنرَ كيف أدارت ماما الحوار باستخدام أداة **ابحث معهم عن حل المشكلة:**

ماما: لا أدري ماذا يحدث، ولكني لاحظت التالي: في الأسبوعين الماضيين، كلما ناديتك للعشاء، إما ترفض الانضمام إلينا أو تكون متضايقًا إذا حضرت. فقل لي إذًا ماذا يحدث؟ **بلال:** يا ماما، وقت العشاء يتعارض دائمًا مع ممارستي لعبة الفيديو، فعندما تنادينني وأنا مشغول في اللعب لا أريد المجيء.

ماما: إذًا السبب الرئيسي في المشكلة أنني أقطع عليك اللعب؟

بلال: نعم. يجب أن أكمل اللعبة الي النهاية قبل أن يوقفني أحد.

ماما: حسنًا، ساعدني على الفهم. لماذا لا تستطيع ببساطة إيقاف اللعبة مؤقتًا إلى حين تناول العشاء ثم معاودة اللعب؟

بلال: يا ماما! لا يمكنني إيقاف اللعبة!

ماما: ماذا تعني أنك لا تستطيع إيقاف اللعبة؟

بلال: في الألعاب الاستراتيجية لا بد أن يصل اللاعب إلى نقطة معينة قبل أن يمكنه الانسحاب منها أو إيقافها، وإلا يخسر كل ما كسبه.

ماما: حسنًا. لم أكن أعرف ذلك. فما العمل إذًا؟ من المهم جدًّا أن نتناول العشاء معًا، وأفهم أيضًا أنك تريد أن تلعب بلا مقاطعة، فكيف سنوفق بين الأمرين لحل هذه المشكلة؟ فلنتبادل الأفكار للوصول إلى حل.

بلال: حسنًا، ما علينا سوى تأخير موعد العشاء حتى أنتهي من لعبتي.

ماما: تمام، هذا أحد الحلول. ولكني أقترح عليك أن تؤجل لعبتك إلى بعد العشاء. ماذا أيضًا يمكننا عمله؟

بلال: إذا علمت موعد العشاء، يمكنني تخطيط وقتي بحيث أنتهي من اللعب قبل أن تناديني للعشاء.

ماما: ياه! لقد فهمت الآن كيف يتسبب عدم تحديدنا موعد العشاء في هذه المشكلة. تمام. أمامنا حتى الآن ثلاثة حلول: تأخير وقت العشاء، أو اللعب بعد العشاء، أو إخبارك متى سيكون موعد العشاء. تأخير العشاء غير مناسب لي، ولكن يمكنني إخبارك متى سيكون موعد العشاء، أو يمكنك تأخير اللعب بعد العشاء. ماذا ترى؟

بلال: تأخير اللعب بعد العشاء غير مناسب لي، لأني أفضِّل التركيز على واجباتي بعد العشاء. ولكني أفضِّل فكرة إخباري متى سيكون موعد العشاء.

ماما: ممتاز! سأفعل ذلك.

في بعض الأحيان، لا تؤدي جلسة حل المشكلات إلى الوصول إلى الحل المناسب، وحينئذٍ يفضَّل تأجيل النقاش لوقت آخر، أو الاتفاق على حل من الحلول التي نوقشت وتجريبها لمدة أسبوع، ثم إعادة تقييم الموقف في اجتماع الأسرة التالي. وإذا تعذر الوصول إلي أي حل، سوف تضطرون أحيانًا إلى استعمال أداة **احسم الأمور التي تملك السيطرة عليها.** وهنا قد يتساءل بعض الآباء: ولِمَ نكلف أنفسنا عناء استخدام أداة **ابحث معهم عن حل المشكلة** بخطواتها المطوَّلَة، في حين أن بإمكاننا استخدام أداة **احسم الأمور** من البداية؟ ونقول لكم إنه رغم الأدوات التربوية المختلفة التي يمكنكم تطبيقها مع أبنائكم، فمن الضروري أن تتدربوا معهم على أداة **ابحث معهم عن حل المشكلة** في مرحلة مبكرة كي تحقق فعاليتها، لأنها ستصبح في النهاية الأداة الرئيسية التي ستستعملونها في مرحلة المراهقة، هذا بالإضافة إلى أنكم عندما تستخدمونها بصورة متكررة، فهي تنمِّي الجوانب التالية:

- الاحترام المتبادَل.
- مهارات التفكير التحليلي.
- التعمق في فهم ما يجري بسريرة الطفل.
- تواصل وترابط أعمق.

- نحن فريق واحد يعمل أعضاؤه يدًّا بيد.
- الأخذ والعطاء.
- إدراك أن الآخرين لهم أولويات أو مفاهيم مختلفة.

٢. اثبت على كلمتك

الثبات على الكلمة يشكِّل حجر الأساس في بناء ثقة الأبناء بالآباء، لذلك احرص، عزيزنا القارئ، على أن تعني الكلمة قبل التفوه بها، فإذا نطقت بها عليك الالتزام بها. لقد قررتُ (منيرة) منذ البداية الالتزام بكل اتفاق أعقده مع أبنائي. فعلى سبيل المثال عندما أقول إننا سوف نذهب إلى المكتبة بعد المدرسة لشراء ما يلزم من الأدوات المكتبية، نذهب بالفعل، أو عندما أقرر عدم ذهاب أحد أبنائي إلى حفل عيد ميلاد صديقه إذا لم ينتهِ من واجبه المدرسي، أنفّذ قراري حتى لو توسَّل إليَّ. ومن ثمَّ، علم أبنائي أنني لا أعطي وعودًا في الهواء أو تصريحات جوفاء. أما إذا تعوَّدت، عزيزنا القارئ، عدم الثبات على كلمتك، فإن طفلك سوف يتعلَّم عدم الاكتراث بكلامك، بل قد يعارض كل كلامك في بعض الأحيان، ويتجاهل طلباتك في أحيان أخرى. في حين أن ثباتك على الكلمة يبعث إلى طفلك بالرسائل التالية:

> **"إذا تكلمت بالكلمة مَلَكَتك ولم تملكها"**
>
> **الإمام الشافعي**

- أنا أعني ما أقول.
- أنا أحترم نفسي وأحترم طفلي.
- أنا أتحمَّل مسؤولية كلامي.
- لا بأس من الشعور بالإحباط، لا يمكن أن تسير الأمور دائمًا على هوانا.

عندما كان أطفالي (نهى) صغارًا، كنت في أحيان كثيرة أشك في مدى حكمة القرارات التي أتخذها، وكنت أتساءل في كل مرة إذا كان يجدر بي الثبات على كلمتي أم أن أصارح أبنائي أنني أخطأت وأتراجع عنها! ولا أُخفي عليكم لم يكن الأمر سهلًا بالمرة. ولكنني كنت أفضِّل في معظم الأوقات الالتزام بكلمتي حتى لو كنت أعلم أني على خطأ، لأني

كنت أشد حرصًا على أن يعلم أبنائي أن كلمتي ثابتة لا تتغير. ومع ذلك، بعد الالتزام بكلمتي مرة أو مرتين في أحد المواضيع التي اكتشفت أني أخطأت بشأنها، كنت أقول لأبنائي إني قد غيَّرت رأيي بعد مزيد من التفكير في الموضوع. والأهم من ذلك، أنني بذلت قصارى جهدي لتجنُّب اتخاذ قرارات ارتجالية دون تفكير مُسبق، فأقول لأبنائي: "أحتاج إلى التفكير في الأمر ثم الرجوع اليكم بقراري فيما بعد". والآن، بوصفي أخصائية إرشاد نفسي، كلما صادفت في مكتبي شكوى من أن الطفل لا يستمع إلى كلام أبويه، أعلم على الفور أن المشكلة في أن الأبوين لا يلتزمان بكلامهما أو لا ينفذان قراراتهما، وبناءً عليه نبدأ العمل على معالجة هذه المسألة.

٣. اجعل أمركم شورى بينكم

حث الإسلام على نظام الشورى وجعله الله من صفات المؤمنين. فلا استبداد بالرأي ولا تفرُّد بالقرار، سواء على مستوى الأسرة أو أي تجمُّع له قيادة، فهذه القيادة لا تفلح إلا إذا اعتمدت نظام المشاورة. فإذا كنت ترفض استشارة أفراد أسرتك عزيزنا القارئ ظنًّا منك أن قرارك هو الحكيم، فلتقرأ قوله تعالى يخاطب سيد الخلق صلى الله عليه وسلم: ﴿وَشَاوِرْهُمْ فِي الْأَمْرِ﴾ [آل عمران: ١٥٩] وتتخذها منهجًا لك في قيادة الأسرة. ومن هنا تنبع أهمية الاجتماعات الأسرية التي تُقام بانتظام ويشارك فيها أفراد الأسرة كافةً من أجل تبادل الآراء والأفكار ومشاعر التقدير والامتنان، والمشاركة في الخطط المستقبلية، وفي إيجاد حلول للمشكلات. وتعدُّ الاجتماعات الأسرية حجر الأساس الذي تقوم عليه التربية الإيجابية، فهي تضفي، عند عقدها بصفة دورية، مزيدًا من العمق والثراء على التقاليد العائلية.

> **"الاجتماعات الأسرية حجر الأساس الذي تقوم عليه التربية الإيجابية فهي تضفي مزيدًا من العمق والثراء على التقاليد العائلية"**

ومن فوائد الاجتماعات الأسرية:

- الشعور بالانتماء.

- حق التعبير عن الرأي بصرف النظر عن العمر.
- ملاحظة التفاعلات الإيجابية والتعبير عنها.
- التعبير عن المشاعر والمخاوف.
- إيجاد الحلول للتحديات والمشكلات المتكررة.
- التخطيط للأنشطة الأسرية.
- توزيع المسؤوليات وفقًا للعمر والقدرات.

نموذج للشكل الذي يكون عليه اجتماع الأسرة:

١. **التعبير عن الشكر والتقدير:** افتتاح الاجتماع بتبادل عبارات الشكر والامتنان بين أفراد الأسرة يعمل على تركيز الانتباه على الإيجابيات وينأى عن المشكلات. ومن أمثلة عبارات الشكر والامتنان: "أود أن أشكر أحمد على سماحه لي باللعب قبله على الكمبيوتر اليوم"، أو "شكرًا لكِ يا أمي على طهو الصنف المفضل لي أمس"، أو "جزاك الله خيرًا يا سمير على شرائك اللبن وأنت في طريق عودتك إلى المنزل".

٢. **بنود جدول الأعمال:** تشتمل على المشكلات التي تواجه أفراد الأسرة على مدار الأسبوع وتُدَوَّن في كراسة جدول الأعمال، من أجل مناقشتها في الاجتماع حسب أسبقية حدوثها. ويعرض كل فرد من الأسرة مشكلته بأسلوب لائق مستخدمًا في ذلك العبارات التي تبدأ بضمير المتكلم "أنا"، وفي الوقت نفسه يختار طريقة تناول المشكلة:

- عرض المشكلة فقط.
- عرض المشكلة وسؤال الآخرين عن تصوراتهم.
- عرض المشكلة وسؤال الآخرين عن تصوراتهم عنها والحلول التي يقترحونها.

أمثلة على بنود جدول الأعمال:

"ماهر" و"فاطمة" يختلفان حول مَن يجلس في المقعد الأمامي في السيارة؛ "أحمد" يعاني من ضيق الوقت لأداء الواجب المدرسي قبل ميعاد النوم؛ ماما تعاني من تحمُّل عبء غسل الملابس بمفردها؛ بابا يحتاج إلى المساعدة في الاهتمام بالحديقة.

٣. **مناقشة الخطط المستقبلية:** في هذا الجزء من الاجتماع تناقش الأسرة الخطط المستقبلية على المدى البعيد (الإجازات، الاحتفال بالمناسبات، الزيارات.. إلخ)، والخطط الأسبوعية (تحديد أصناف وجبات الطعام، والتوصيل من وإلى المنزل، وجداول التدريبات الرياضية.. إلخ).

نصائح مفيدة من أجل اجتماعات أسرية مثمرة:

- أن تكون مدة الاجتماع قصيرة، ومن الأفضل ألا تزيد عن 20 دقيقة.
- مراعاة إقامة الاجتماعات في اليوم نفسه والتوقيت نفسه كل أسبوع.
- تخصيص كراسة لجدول الأعمال. تجنّب استخدام أوراق منفصلة خشية ضياعها.
- توزيع أدوار رئيس الاجتماع والسكرتير بالتناوب على أفراد الأسرة.
- وضع كراسة جدول الأعمال في مكان يسهل للجميع الوصول إليه.
- مناقشة بنود جدول الأعمال بالترتيب الذي سُجلت به في الكراسة، مع مراعاة عدم إعطاء الأولوية للمسائل التي تشغل بال الآباء على حساب الأبناء.
- أن يكون الآباء قدوة في استخدام العبارات التي تبدأ بـضمير المتكلم "أنا" والإنصات المتجاوب.
- الحزم في التزام الجميع بالاحترام المتبادل. وإذا تصرف أحد أفراد الأسرة بعدم احترام، يدربه الأبوان على استخدام العبارات التي تبدأ بضمير المتكلم "أنا" والإنصات المتجاوب (أداة **الحوار البناء**). بعض الأسر يدوِّن هذه الطرق في التعبير على ورقة ويضعها في وسط دائرة الاجتماع للتذكير.

- تجنُّب الانحصار في مناقشة مسألة واحدة دون غيرها. إذا لم تبدُ أي حلول في الأفق، فمن الأفضل تأجيل مناقشة المسألة إلى الاجتماع القادم.
- إذا حلَّ موعد نهاية الاجتماع في أثناء مناقشة إحدى المسائل، تُؤجَّل مناقشتها إلى الاجتماع القادم. في هذه الأثناء يُمكن التعرف إلى حلول جديدة أو النظر إلى المسألة من زاوية مختلفة.
- احترام كل الحلول المطروحة. ترك اختيار الحل المناسب لصاحب المشكلة، فذلك يجعل الطفل يكتشف بنفسه عدم فعالية بعض الحلول.
- تشجيع الجميع على المشاركة بالتساوي، وعلى الأبوين عدم احتكار الاجتماع.
- التركيز على المشكلة ذاتها وليس على صاحب المشكلة. ينبغي توصيف المشكلة وعدم وصم أي فرد من الأسرة بأوصاف ذميمة. ("خالد يعاني من مشكلة عدم الاستيقاظ مبكرًا" بدلًا من "خالد غير مسؤول وكسول").
- الالتزام بتنفيذ الاتفاقات التي تم التوصُّل إليها.
- إشراك الأطفال ابتداءً من سن الرابعة.
- عندما يبدأ الأبناء في مرحلة المراهقة التهرُّب من حضور الاجتماعات، على الأبوين تقدير مشاعرهم وفي الوقت نفسه إبداء الرغبة في مشاركتهم.

تجدر الإشارة إلى أن الاجتماعات الأسرية سوف تبدو في بادئ الأمر مصطنعة وغير مريحة نوعًا ما، وقد تستغرق المشكلات وقتًا أطول من اللازم لحلها. غير أنه كلما تزايد عدد المشكلات التي يتم حلها، وكلما أصبح أفراد الأسرة على دراية أكثر بطرق حل المشكلات، سوف تصبح الاجتماعات أقصر، وأكثر سلاسة، وجزءًا طبيعيًّا من حياة الأسرة.

٤. احترم طفلك كي يحترمك

الاحترام يقوم على مبدأ المعاملة بالمثل، فهو شعور متبادَل بين الآباء والأبناء تُغرَس بذوره منذ مرحلة الطفولة. فإذا أردت، عزيزنا القارئ، أن يحترمك طفلك، فعليك أن تحترمه أنت أولًا. ودعونا نقدم إليكم مثالًا حيًّا لتجربوا أن تضعوا أنفسكم في مكان طفلكم في

مرحلة الطفولة المبكرة وتعيشوا يومًا من أيامه العادية. تبلغ عالية سنتين من العمر، وفي الصباح تباغتها ماما بإيقاظها على عجل والنوم ما زال في عينيها، وتغيير ملابسها دون تمهيد كي تعدّها للذهاب إلى الحضانة. ثم تصطحب ماما عالية إلى المطبخ، حيث تجد بابا قد أعد لها وجبة الإفطار من الكورن فليكس والحليب، ويُجلسها على كرسيها العالي. بينما تتناول عالية الإفطار، يتناقش ماما وبابا حول مراحل تقدمها في التدريب على التواليت. تثبّت عالية نظرها على الحبوب التي تطفو على سطح الحليب، وتلاحظ أنها تطفو بعد كل مرة تدفعها بإصبعها إلى أسفل. توقفها ماما عن تجربتها المشوقة وتنظف فمها بفوطة مبللة. تبدأ عالية في التذمر، وتقول ماما "أنتِ تلعبين بالطعام لا أكثر.. شبعتِ؟". ترفعها من الكرسي العالي، ويحملها بابا على حين غفلة ويضعها في السيارة بسرعة، لأنهم تأخروا على موعد الحضانة. عند وصولهم إلى الحضانة، تبدأ المدرسات في تقبيل عالية ومداعبتها تعبيرًا عن سعادتهم البالغة لرؤيتها. تنضم عالية إلى الأطفال الآخرين، ولكنها تبدأ في البكاء لأن أحد الأطفال اصطدم بها عن غير قصد. تقول لها المدرِّسة: "أنتِ بخير.. لا بأس". تجد عالية مجموعة من المكعبات، وتبدأ بعناية شديدة في رصها وتشكيلها. تأتي المدرِّسة وتجمع المكعبات في عجالة، وتقول لها: "حان وقت الجلوس في الدائرة"، وتصحبها إلى السجادة التي يجلس الأطفال عليها. هذا هو يوم عالية، والوقت لم يتجاوز الساعة التاسعة صباحًا بعد.

> **"عامل أبناءك كما تحب أن يعاملوك"**

والآن، تخيل المشهد نفسه ولكن البطل هذه المرة هو أنت عزيزنا القارئ. تباغتك زوجتك بإيقاظك وتعطيك ما ترتديه لهذا اليوم. تدخل المطبخ وتجد طبق فطائر مُعَدًّا لك. لم تكن ترغب في تناول الفطائر في هذا الصباح، مع ذلك تأكلها دون تردد. زوجتك على التليفون تحكي لصديقتها عن كل المصاعب التي واجهتك في العمل بالأمس. بينما تأكل، تتخيل وضع بعض الفراولة الطازجة للفطائر لإضفاء مذاق حلو عليها. وفي هذه الأثناء، تنبهك زوجتك أنك أوقعت بعض العصير على قميصك، وتنظف البقعة بفوطة مبللة. تنهض لتبحث عن الفراولة وتمكث خمس دقائق في البحث عنها، ولكنك لم تستطع العثور عليها. عندما تعود إلى كرسيك، لا تجد طبقك لأن زوجتك ظنت أنك انتهيت من الطعام. تأخرت عن عملك، فتلملم زوجتك أغراضك وتصحبك إلى الباب وتعطيك علبة

الغداء وفنجان القهوة. تصل إلى محل عملك وينهال عليك زملاؤك بطلبات العمل. تجلس إلى مكتبك وتجد فتات طعام تركها أحد الزملاء على المكتب. يقول مديرك: "لا بأس، تجاهل الأمر". تبدأ التركيز في عملك ليفاجئك مديرك بوضع مشروع جديد على مكتبك. في الوقت نفسه، المفروض أن تذهب لحضور الاجتماع الذي على وشك أن يبدأ في غرفة الاجتماعات. كل ذلك واليوم ما زال في بدايته.

إذا عشتَ يومًا كهذا فإنك ستشعر بالاستياء والإحباط والغضب والفزع والحيرة وسوء فهم الآخرين لك. ومع ذلك، قد تكون هذه التجربة هي نفسها التي يعيشها طفلك كل صباح. إن العنصر المفقود في كل المواقف التي تتخلل القصتين هو الاحترام، ففي معظم الأحيان يتوقع الأشخاص الراشدون احترام الآخرين لهم، بل ويطالبونهم به، إلا أنهم يغفلون إبداء الاحترام لأبنائهم، وهو أمر مؤسف لأن التربية القائمة على غرس مشاعر الاحترام من البداية تُثمر علاقات يسودها الاحترام المتبادَل.

وإذا أعدنا المشهد السابق ولكن مع تغيير في السيناريو، فإنه سيكون كالتالي: قبل أن تُلبِّس ماما عالية البلوزة، تعرِّفها أنها تساعدها على ارتداء ملابسها كي تذهب إلى الحضانة. بابا **يخيِّر عالية بين أمرين**: "هل تفضلين أكل الحبوب أم البيض؟" يُشرك كلا الوالدين عالية في حديثهما، بمعنى أنهما يتحدثان معها-لا عنها. تسأل ماما: "كيف حال التدريب على التواليت؟ هل سنحاول مرة أخرى اليوم؟" عندما يلاحظ بابا وماما أن عالية مستغرقة في شيء ما، لا يفسدان عليها لحظات التركيز إلا عند الحاجة. تستفسر ماما إن كانت عالية قد انتهت من أكلها وتحترم ردها. عندما تنتهي عالية من الطعام تعطيها ماما منديلًا، وعندما تجد عالية صعوبة في الانتقال من نشاط إلى آخر، يعكس كلا الوالدين مشاعرها: "أنتِ تشعرين بالإحباط، بالاستياء، بالألم، وما إلى ذلك"، ويساعدانها على الانتقال من نشاط إلى آخر بأن يوجِّها انتباهها إلى جدول الروتين المعلَّق على الحائط، ويذكِّراها بالوقت المتبقي قبل أن تنتقل إلى النشاط التالي. ولكم أن تتخيَّلوا مدى الاختلاف في شعور عالية وهي على وشك الوصول إلى الحضانة. فعندما تتعاملون مع أبنائكم باحترام، يرسخ هذا شعورهم بالرضا وبالثقة بقدراتهم، ويعلمهم أيضًا أن يتعاملوا معكم باحترام.

٥. احسم الأمور التي تملك السيطرة عليها

هذه إحدى الأدوات المفضلة لدينا. ذلك لأننا وجدنا أن الآباء يهدرون طاقتهم ووقتهم في إلزام أبنائهم اتباع الأوامر والنواهي، ومنها على سبيل المثال ما يتعلق بالسلوكيات وطريقة الكلام والمعتقدات والملابس ونوعية الأفلام أو البرامج التليفزيونية، والقائمة لا تنتهي. لذلك، ندعوك، عزيزنا القارئ، إلى توجيه هذه الطاقة المهدرَة إلى حسم الأمور التي تملك السيطرة عليها، ومن ثمَّ الحد من العديد من النزاعات على السلطة داخل الأسرة.

لقد استخدمتُ (نهى) هذه الأداة عندما بدأ أحد أبنائي وهو في سن السابعة يعترض على الطعام الذي أطهوه لأنه لا يعجبه. وعندما استمر على هذا الحال عدة أيام، تحولت إلى أسلوب السيطرة، شأني في ذلك شأن بعض الآباء حين يشعرون بالفشل، فحاولت تارةً الملاطفة والمساومة ("هلا أكلت ملعقة أو اثنين رجاءً؟")، وتارةً أخرى أستخدم لهجة التهديد والوعيد (" أنت محروم من أكل أي شيء حتى صباح الغد. وممنوع من تناول الحلوى أيضًا"). ولكن مع الأسف باءت كل محاولاتي بالفشل، والنتيجة أني شعرت بالغضب والإحباط فضلًا عن التوتر الذي أصاب علاقتي بابني.

ثم، الحمد لله، تصادف أني وجدت الحل في أثناء قراءتي في مجلة **الآباء** [Parents]، الذي يتمثل في توفير بدائل صحية وسهلة التحضير بحيث يعدَّها ابني بنفسه ويتناولها عندما يرفض الطعام الذي أطهوه. وبالفعل اخترت نوعين من الأطعمة، هما ساندويتشات زبدة الفول السوداني والكورن فليكس مع اللبن، وهكذا عندما رفض ابني تناول طعام الغداء قلت له بهدوء: "لا بأس، يمكنك أن تعد لنفسك ساندويتشًا أو كورن فليكس". وبعد أن استمر في تناول الكورن فليكس لبضعة أيام، عاد مرة أخرى إلى تناول الطعام الذي أعدّه دون اعتراض. نجحت الفكرة وكان لها مفعول السحر، ذلك لأني وضعت خطة مسبقة لما سيكون عليه رد فعلي عند تكرار الموقف، وركزت على ما أملك السيطرة عليه.

إن العزم على حسم الأمور يعني ببساطة وضع الحدود بطريقة تتسم بالهدوء والحب، وليس معناه مطالبة الطفل بالتصرف بطريقة معينة. ويتضح الفرق بين المعنيين في هذا

المثال: أب لاحظ أن ابنته فاطمة تستخدم اللاب توب بعد موعد النوم. في حالة المطالبة يقول الأب لابنته: "فاطمة، من الآن فصاعدًا لن تستخدمي الكمبيوتر بعد الساعة العاشرة مساءً، هل هذا واضح؟". أما في حالة استخدام أداة **حسم الأمور**، فسوف يقول الأب لابنته: "فاطمة، لقد طلبت منكِ قبل ذلك عدم استخدام الكمبيوتر بعد الساعة العاشرة، ولكنكِ لم تلتزمي بذلك، لذا سوف أُبقي الكمبيوتر معي من الساعة العاشرة حتى أذان الفجر، ويمكنكِ آنذاك استرجاعه". وتجدر الإشارة إلى أن نجاح هذه الأداة يتوقف على مدى قدرة الآباء على **الثبات على الكلمة.**

أمثلة على حسم الأمور التي تملك السيطرة عليها

- استخدام الصلصال إما على مائدة المطبخ أو في غرفة المعيشة للتقليل من أعمال النظافة.
- وضع ملابس العيد والمناسبات بعيدًا عن أنظار الأطفال الصغار، للحد من المشاحنات حول ما هو مناسب ارتداؤه يوميًّا.
- الامتناع عن شراء الوجبات السريعة أو المشروبات الغازية للحد من المشاحنات في المنزل.
- ضبط الراوتر -جهاز الإنترنت-لمنع إمكانية الدخول إلى شبكة الإنترنت خلال مواعيد الحظر.
- اتخاذ قرار بعدم إحضار الواجب المدرسي أو الساندويتشات إلى المدرسة إذا نسيها الطفل في المنزل.

٦. احضنهم حتى لو زعلان منهم

الحضن على بساطته له بالغ الأثر الإيجابي في نفسية الطفل. وربما الأقوى أثرًا، عزيزنا القارئ، أن تبدي لطفلك رغبتك في أن يحضنك، الأمر الذي من شأنه أن يحفِّز رغبة الطفل الفطرية في المشاركة والتفاعل مع المحيطين به. وأحيانًا لا يحتاج الأمر إلى أكثر من مجرد حضن لتهدئة الطفل في أثناء نوبات الغضب (في مرحلة الطفولة المبكرة)، أو

لتشجيع الطفل المحبط من صعوبة أداء الواجب المدرسي (في مرحلة التعليم الابتدائي أو أكبر)، أو للتخفيف من مشاعر الضيق بسبب قطع العلاقة مع صديق (في مرحلتَي التعليم الثانوي والجامعة).

وقد لا يفلح احتضان الطفل في معالجة بعض المواقف، ومنها على سبيل المثال عندما يعاني الطفل من نوبة غضب شديدة، أو عندما يكون الطفل غير مستعد نفسيًّا لأن يحضنك أو لتقبُّل حضنك. وعندما تكون أنت وطفلك على الموجة نفسها يطلق الحضن شحنة فورية بالغة القوة من مشاعر الحب والتواصل دون الحاجة إلى كلمات. ولكن لا ينبغي فرض الحضن على الطفل بأية حال من الأحوال-حتى لو كان من قِبل الأبوين، فيكفي عرض الأمر عليه ببساطة: "هل يمكن حضن مني أن يخفف عنك؟" أو دعوته في صمت من خلال فتح الذراعين لمعرفة ما إذا كان متقبِّلًا للحضن في تلك اللحظة أم لا. هذه الطريقة مهمة للغاية مع الأبناء، وبالتحديد في مرحلة المراهقة، حين تتغير نظرتهم إلى العالم من حولهم. عندما يرفض طفلك حضنك امنحه مساحة من الحرية مع الإقرار بمشاعره في الوقت ذاته، كأن تقول له: "أرى كم أنت منزعج الآن. إذا غيرت رأيك ستجدني في المطبخ".

نعلم أنك تتألم، عزيزنا القارئ، عندما يرفض طفلك حضنك، وقد يقودك تفكيرك إلى أن "ابني لم يعد يحبني"، أو "كيف تفعل ابنتي ذلك بي، ألا تعلم كم ضحيت من أجلها؟" ولن تؤدي هذه الأفكار إلا إلى اتساع الفجوة بينكما، في حين أن الأمر لا يتعلق بشخصك، بل كل ما هنالك أن ابنك يشعر بالضيق في هذه اللحظة ويحتاج منك إلى أن تحترم مشاعره وتمنحه الوقت الكافي ليستوعب الموقف الذي يمر به. ومن المهم أن تجعل ابنك يشعر بأنك موجود ومتاح للمساعدة متى احتاج إليك، ومن ثمَّ لن تأخذ رفضه لحضنك على محمل شخصي. والأهم من ذلك، أن اتباعك لهذا الأسلوب سوف يوفِّر لطفلك المساحة النفسية التي يحتاج إليها كي يتمكن من اكتساب مهارة التعامل مع أحاسيسه، التي تعّد الأساس لبناء علاقات عاطفية صحية في المستقبل.

٧. *أخبرهم الواقع دون مجاملة أو تجميل

يلجأ عديد من الآباء، حرصًا منهم على معاملة أبنائهم بطيبة وحنان، إلى مجاملة أبنائهم أو تجميل الواقع. فنجد مثلًا الأم تسأل الطفل: "أتريد العودة إلى البيت الآن؟" أو "ألا تعتقد أنك لعبت بما فيه الكفاية؟" في حين أن الموقف لا يتطلب سوى إخباره الواقع دون مجاملة أو تجميل. كأن تقول مثلًا: "سنغادر في خلال ٥ دقائق. استعد من فضلك". بل إن بعض الآباء -طمعًا في أن يحتفظوا بصورتهم اللطيفة الظريفة- يوضحون للطفل ما الذي سوف يحدث لاحقًا، ولكن بلهجة يشوبها الخوف والتردد، ثم يعقبون بسؤاله عن شعوره أو رأيه، مثل: "أعلم أنك تريد البقاء للعب، ولكن بابا كلمني وعلينا أن نغادر. فما رأيك؟" والمشكلة في هذه الأنماط من الحوارات التي يستجدي فيها الأبوان موافقة الطفل، أنها تأتي بعكس ذلك وتعطي الطفل رخصة استعمال كلمة "لا"، وعادةً ما يفاجئ الطفل أبويه برد فعل غير متوقَّع، لأنهما ببساطة حاولا تجنب إصدار الأوامر. ولا شك أن استخدام الأسئلة للتواصل مع أبنائكم في الأمور التي تخضع لسيطرتهم يكون مفيدًا، ولكن في المواقف التي ليس لهم إبداء الرأي فيها يصبح استخدام أداة **أخبرهم الواقع دون مجاملة أو تجميل** ضروريًّا.

على سبيل المثال، تحتاج ماما إلى المرور على السوبر ماركت وهي في طريق العودة إلى البيت بعد اصطحاب "إبراهيم" من المدرسة، وهي تعلم أنه لا يحب الذهاب إلى السوبر ماركت وتراعي ذلك في العادة، غير أن جدولها اليوم ضيق ولا يحتمل أن تصحبه إلى البيت ثم تعود إلى السوبر ماركت. وقد تستخدم الأم أسلوب الأسئلة في هذه الحالة: "هل توافق على أن نمر على السوبر الماركت لأني أحتاج إلى شراء الحليب؟" ولكن هذا السؤال يعطي الفرصة لإبراهيم كي يجيب بـ"لا"، في حين إذا استخدمت الأم أداة **أخبرهم الواقع**، مثل: "على فكرة، أنا بحاجة إلى المرور على السوبر ماركت لشراء الحليب. لن نستغرق وقتًا طويلًا إن شاء الله". وإذا تذمر "إبراهيم"، تصر ماما على موقفها وتؤكد له أنها مدركة لمشاعره، ثم توجه طاقته السلبية إلى الحل: "أعلم أنك لا تحب ذلك، ولكني للأسف أحتاج إلى الذهاب اليوم. ماذا بإمكانك عمله لتشغل نفسك وأنت

تنتظرني؟ هل تود أن تأتي معي أم تفضِّل البقاء في السيارة؟" (على افتراض أن سن "إبراهيم" مناسبة كي يبقى وحده في السيارة).

ولا يفوتنا أن ننبهكم ألا تقعوا فريسة الإحساس بالذنب. فقد لاحظنا أن بعض الآباء يعتقدون خطأً أنهم مسؤولون عن سعادة أبنائهم. وفي المواقف التي لا يكون للأبناء فيها اختيار، يظن هؤلاء الآباء أن عليهم التعويض عن ذلك بالاعتذار والاسترضاء، فمثلًا قد تعطي ماما بعض الحلوى لـ"إبراهيم" تخفيفًا من "معاناته"، في حين أن مثل هذه التصرفات -حين يعتقد الأب/ الأم أنه مسؤول عن إسعاد الطفل-تؤدي إلى تعزيز شعور قوي لديه بأنه محور الكون، وأن الكل مسؤول عن راحته وسعادته وتلبية رغباته. وهذه مأساة حقيقية، لأن مثل هؤلاء الأطفال يفقدون القدرة على الشعور بالمسؤولية الشخصية في حياتهم، وعندما يشبون عن الطوق يصبحون أشخاصًا راشدين غير مستقلين ماديًّا ونفسيًّا وجسمانيًّا.

إن أداة **أخبرهم الواقع** لها أثرٌ قويٌّ، خصوصًا مع الأطفال أقوياء الشخصية الذين لهم صوت مسموع يعبِّرون به عما يحبون ويكرهون، وفي حالة شد وجذب دائمة مع آبائهم، فالمناقشات تحتد في أحيان كثيرة حول أي شيء وكل شيء. ولعلني أتذكر (نهى) المرة الأولى التي استخدمتُ فيها هذه الأداة مع أحد أبنائي، ويمكنني أن أسترجع بوضوح شعوري بالتوجس وحالة الترقب لما اعتدته من معارضة شديدة وكثرة الأسئلة والنقاش. ولكم أن تتخيلوا مدى دهشتي حينما لم أتلقَّ أيًّا من ذلك، فقد بُهتُّ من وقع المفاجأة! لم أصدق أذنَي ولا عينَي عندما وافقني ابني ببساطة وذهب إلى حاله.

وإليك عزيزنا القارئ بعض النصائح عند استخدام أداة **أخبرهم الواقع**:

- استخدم هذه الأداة في الأمور التي تقع تحت سيطرتك المباشرة.
- تجنب أن يبدو عليك الخوف أو التردد. تكلم بصوت هادئ وحازم.
- تجنب الاستفسار عن شعور الطفل.
- إذا تذمر الطفل أو اشتكى، أكد له أنك تدرك شعوره، واسأله عما يمكن عمله للتخفيف من وطأة ذلك الموقف.

- تجنب الوقوع في فخ الإحساس بالذنب. فلا ضير من أن يشعر ابنك أنه غير سعيد أو محبط حيال موقف ما.

٨. اسألهم بدلًا من أن تأمرهم

يعتقد كثير من الآباء أن من واجبهم أن يملوا على أبنائهم كيف يتصرفون، وبماذا يشعرون، وكيف يفكرون، والقائمة لا تنتهي. ولكن "إملاء الأوامر"، مع الأسف، يؤدي إلى إقصاء أبنائهم خلف أسوار من التحدي، والمقاومة، والتمرد، والصمت، والانعزال، وعدم الاكتراث، وما إلى ذلك من المشاعر السلبية. في حين أن في معظم الأحيان يمكن إيصال الرسالة نفسها إلى الأبناء دون التسبب في نتائج عكسية، من خلال الاستفسار عن طريق استخدام الأسئلة. وسوف تندهش عزيزنا القارئ من فوائد طرح الأسئلة على الطفل، فهي لا تفتح قنوات الاتصال الفعَّال معه فحسب، وإنما تتيح لك الدخول إلى عالمه الخاص، وتمكِّنه من أن يكون طرفًا فاعلًا في المناقشات أيضًا. والأهم من ذلك كله، أن أسلوب الأسئلة ينمِّي لدى الطفل مهارات التفكير التحليلي.

تبدأ الأسئلة بأدوات الاستفهام **ماذا**، و**كيف**، و**متى**، و**من**. وفي بعض الأحيان قد يكون من المناسب استخدام **لماذا**، غير أنه من المستحسن تجنُّب استخدامها قدر الإمكان، لأنها تضع الطفل في موقف دفاعي فتكون الإجابة عادةً: "لا أعلم! هذا ما حدث فحسب"، وبالتالي تنتهي المناقشة من قبل حتى أن تبدأ.

المقارنة بين الإملاء والأسئلة:
الإملاء: "اذهب لأداء الواجب المدرسي".
السؤال: "ما الذي يجب أن تفعله الآن وفقًا لجدول الروتين اليومي؟"

الإملاء: يجب أن ترتدي الجاكيت، لن تخرج دونها.
السؤال: ما الذي يجب أن تفعله إذا أردت ألا تشعر بالبرد؟

الإملاء: ينبغي ألا تغضب من أحمد لأنه صديقك، والمسلم الحق لا يغضب من أصدقائه.
السؤال: يبدو أنك غضبان من أحمد، فما الذي يمكن أن يساعدك على استعادة هدوئك؟

الإملاء: لن تشتري هذه اللعبة لأنها غالية جدًا.
السؤال: كم لديك من النقود؟ هل تكفي لشراء اللعبة؟

الإملاء: كيف تجرؤ على التحدث مع والدك بهذه الطريقة؟ ألا تعلم أن الله سوف يعاقبك على ذلك؟
السؤال: أرى كم أنت غاضب، ولا أعلم ما الذي أغضبك على هذا النحو؟ يا ترى ما الذي يمكنك فعله الآن كي تهدأ؟

الإملاء: لماذا تركت كتبك على الأرض؟ اذهب لجمعها ووضعها في مكانها.
السؤال: أين المفروض أن تُوضع الكتب؟

٩. التلميح بـ "لقد لاحظت" بدلًا من عبارات اللوم

لعل أسرع ما يحفِّز الإنسان على اتخاذ موقف دفاعي هو تلقي كلمات اللّوم والتوبيخ. إذ إن الكلمات المستخدمة تتسبب، في كثير من الأحيان، في تكوين تصورات خاطئة، التي، بدورها، تولِّد ردود أفعال سلبية. في حين أن مجرد تغيير بسيط في اختيار الكلمات قد يكون له مفعول السحر، ذلك لأنه يوفر مساحة آمنة نفسيًّا للحوار والتركيز على الحلول. ومن ثمَّ، فإن التلميح باستخدام تعبير "لقد لاحظت" يخفِّف من حدة أسلوب اللوم والتوبيخ غير المتعمَّد. ونستعرض فيما يلي بعض العبارات شائعة الاستخدام بين الآباء وكيفية استبدال الجمل التي تبدأ بـــ" لقد لاحظت" بها.

العبارة الشائعة: هل أخرجتِ كيس القمامة كما وعدتِ؟
لاحظت: لقد لاحظت أن كيس القمامة ليس موجودًا بالخارج.

العبارة الشائعة: هل سهرت لوقت متأخر كالعادة أمس؟ هل قضيت الوقت في اللعب بألعاب الفيديو حتى الساعة ٢ صباحًا؟

لاحظت: لقد لاحظت عندما استيقظت الساعة الواحدة أمس أن نور غرفتك مضاء.

العبارة الشائعة: هل غسلتِ أسنانكِ؟

لاحظت: لقد لاحظت أنكِ لم تذهبي إلى الحمام بعد.

العبارة الشائعة: هل هذه شهادة طالب اجتهد في استذكار دروسه كما يجب؟

لاحظت: لقد لاحظت أنك في الشهر الماضي كنت تقضي وقتًا أطول في اللعب على الكمبيوتر من المذاكرة.

١٠. استخدم المنبِّه ليتعلموا قيمة الوقت

يصعب على الأطفال الصغار إدراك مفهوم الوقت، لأن أسلوب حياتنا الحالي القائم على استعمال أجهزة المحمول الذكية يقلل اعتمادنا على الساعات التقليدية، سواء ساعات الحائط أو ساعات اليد. وهكذا تجرَّدت معظم البيوت الحديثة من هذه الأجهزة التي توضع في أماكن ظاهرة لمعرفة الوقت. ومن وجهة نظر الطفل، يمر الوقت من يوم لآخر بلا إطار زمني له بداية ونهاية. وفي مثل هذه البيوت، ينشغل الطفل في نشاط ما ولا يعرف متى يتوقف إلا عندما نستعجله للانتهاء من هذا النشاط لأننا يجب أن نغادر البيت، أو العودة إلى البيت بعد قضاء وقت ممتع في المتنزه، أو ركوب السيارة في نزهة. وحينما يتعذر على الطفل تتبع الزمن الفاصل بين نشاط وآخر، فإنه يبدأ عادةً في الشكوى والتذمر، لأننا لم نعرِّفه معنى الوقت المحدد ببداية ونهاية، وهنا يصبح استعمال الساعات والمنبِّهات أداةً لتنظيم وقته، ومن ثمَّ ضبط انفعالاته. وعندما يكون الطفل قادرًا على مراقبة الوقت، فإننا نزوده بأداة للاعتماد على الذات، لأنه يدرك أنه متحكم فيما يحدث ويشعر بالأمان لأنه يعرف ماذا يتوقع ويبدأ في رؤية نفسه عضوًا من أعضاء الفريق.

لذلك فإننا ندعوك عزيزنا القارئ إلى أن تضع ساعة في غرفة طفلك، وعندما يبدأ التعرُّف إلى الأرقام سيكون من السهل عليه تتبع الوقت. وإلى أن يصل الطفل إلى هذه المرحلة، يمكنك أن تبدأ استعمال ساعة بمقدوره أن يسمعها ويقرأها، وأن تعلِّمه كيفية قراءة الساعة. فلعلك تظن في البداية أنه لا يدرك مفهوم الوقت، ولكن مع الممارسة والمتابعة سوف يستوعبه. واحرص على أن يتضمن جدول الروتين اليومي فواصل زمنية. (مثال: الغداء من ١٢:٠٠ إلى ١٢:٣٠).

وكذلك يمكنك استعمال المنبِّه كي يعرف الطفل متى ستكون جاهزًا لقضاء بعض الوقت معه، أو لتحديد الوقت الذي ستقضيه معه. وكما اعتدنا نضرب لك مثالًا على ذلك: أنت مشغول بأمر ما، ويريد ابنك أن تلعب معه، وأنت محتاج إلى ثلاثين دقيقة كي تنتهي من مهمتك، لذا يمكنك أن تقول لابنك: "سأنتهي مما أفعله في غضون 30 دقيقة إن شاء الله. عندما يرنّ المنبِّه سأكون معك". امنح طفلك القدرة على الاعتماد على نفسه بأن تعطيه المنبِّه حتى تنتهي من المهمة، ويمكنك أيضًا أن تحدد الوقت الذي ستقضيه مع ابنك باستعمال المنبِّه. على سبيل المثال: "سيقضي بابا 10 دقائق للعب معك، وبعدها لا بد أن أنتهي من عملي". وعندما يرنّ المنبِّه، تقول ببساطة: "لقد استمتعت حقًّا بهذه اللعبة، وأنا متشوق كي ألعبها معك مرة ثانية غدًا إن شاء الله". وإذا تذمر واشتكى، كن حازمًا واحضنه وأكِّد له أنك مدرك شعوره: "أعلم أنك تريد أن أقضي معك وقتًا أطول. إن شاء الله سنفعل ذلك غدًا، ولكن الآن يجب أن أنتهي من عملي. وأنا أعلم أنك غير مسرور لأنك تريد أن تقضي معي وقتًا أطول. فماذا يمكنك أن تشغل به نفسك الآن حتى أنتهي من عملي؟" ثم عُد إلى عملك حتى إن بدا الامتعاض على ابنك. دعه يتعامل مع مشاعره كي يتدرب على أن يهدِّئ نفسه بنفسه.

ويحتاج بعض الأطفال إلى مساعدتكم في تتبُّع الوقت خلال أداء واجباتهم المدرسية، فقد يشعرون بالارتباك والقلق الشديد من الكم الهائل من الواجبات أو صعوبتها، ما يعوقهم عن أداء عملهم. لذا فإن هؤلاء الأطفال المعرَّضين للشعور بالقلق الشديد سوف يستفيدون أيّما استفادة بتقسيم أوقات الدراسة إلى فترات زمنية قصيرة تفصل بينها أوقات للاستراحة. على سبيل المثال، تدعو الأم ابنتها لضبط المنبِّه على 30 دقيقة، فتبدأ

الابنة في أداء واجباتها المدرسية، وعندما يرنّ المنبِّه، تأخذ 15 دقيقة راحة ثم تعود إلى عملها لمدة 30 دقيقة أخرى.

١١. اطلب منهم تقديم الحلول

هذه الأداة تمنح الأطفال الفرصة لتقديم الاقتراحات والحلول في مواقف الحياة اليومية، ما يُكسبهم مهارات التفكير الإبداعي والتحليلي. وهي ببساطة عبارة عن سؤال الطفل: "ما الذي تخطط لفعله بشأن..؟" ومن ثمَّ، يصبح الطفل في الكبر شخصًا مبادرًا قادرًا على إيجاد الحلول لما يواجهه من مشكلات، وليس الضحية المغلوبة على أمرها.

ومن أمثلة "اطلب منهم تقديم الحلول":

- عندما يتشاجر الأبناء للحصول على لعبة أو في أثناء مباراة بلاي ستيشن، أو للجلوس في المقعد الأمامي للسيارة، أو غيرها من تلك الأمور
- عندما يتطلب المشروع المدرسي عدة مشاوير إلى المكتبة لشراء ما يلزم من أدوات.
- عندما يرغب الطفل في شراء شيء يفوق حدود مصروفه الشخصي.
- عندما يرغب الطفل في تغيير جدول مهامه المنزلية.

١٢. اعرف "مَن" هم وليس "أين" هم

كان هناك في الثمانينيات إعلان تليفزيوني يطرح على المشاهدين هذا السؤال: "الساعة الآن العاشرة مساءً، هل تعرفون أين أبناؤكم؟" في ذلك الوقت كان أبنائي (نهى) في مرحلة الرضاعة والطفولة المبكرة، وكنت أتساءل دائمًا: "كيف يمكن ألا يعرف الآباء أين أبنائهم؟" وأخذت عهدًا على نفسي أن أعلم أين يذهب أولادي في كل الأوقات. ومرت السنين وكبر أبنائي وبلغوا سن المراهقة، لأكتشف خلال رحلتي معهم أنه من العبث أن

> **"اسعَ إلى أن تفهم أولًا، ثم اسعَ إلى أن يفهمك الآخرون"**
> **ستيفن كوفي**

أكون على علم بما يفعلون طيلة الوقت. لقد امتحنوا صبري بشتّى الطرق، إلى أن استسلمت بكل تواضع للحقيقة القاسية: لن أعرف عنهم كل شيء مهما كنت أمًّا رائعة. وأنا أحمد الله كثيرًا على أنه يسَّر لي تعلُّم هذا الدرس في وقت مبكر، الذي جنَّبنا أنا وأبنائي كثيرًا من المعاناة وحافظ على علاقتنا من التوتر.

وهكذا، عزيزنا القارئ، عندما تكرِّس طاقتك ومجهودك لتعرف مَن هم أبنائك، لن تحتاج إلى مراقبة تحركاتهم، سواء في الحياة أو على شبكة الإنترنت. ذلك لأن معرفتك بأبنائك سوف تساعدك على استشعار البوادر الأولى التي تنذر بوقوع أي مشكلة محتمَلَة في الأفق. ومن ثمَّ، كل ما عليك عمله هو الوجود، والمشاركة، والاستماع، وملاحظة أنماط سلوكهم، والتواصل معهم، وأخيرًا حفظ كل ما تتعرف إليه من معلومات في ذهنك.

١٣. أعطهم أُذنًا يعطوك صوتًا

"عندما يؤمن الأبناء أنكم حريصون على الاستماع إليهم، وقتها فقط سيستمعون إليكم" (نيلسن [Nelsen] ٢٠٠٦، ص.٢٩). وحُسن الاستماع هو أحد المبادئ الجوهرية في أسلوب التربية الإيجابية، إلا أن في ظل سرعة إيقاع الحياة في القرن الحادي والعشرين، أصبحنا نحن الآباء في انشغال دائم وعمل متواصل، لذا قد يكون من الصعب علينا أحيانًا إيجاد الوقت وسط هذه الدوَّامة كي نستمع لأبنائنا.

لذلك وكي نستعمل أداة **أعطهم أذنًا يعطوك صوتًا** ونحقق بها الأثر المطلوب، يتعين علينا أن نترك ما ننشغل به، ونستجمع شتات أنفسنا لنكون حاضرين مع الطفل بكل كياننا (أي أن نمنح الطفل كامل انتباهنا). وليس من الضروري أن نجيب عليه في أغلب الأحيان، فقد يحتاج الطفل فقط إلى أن يُشاركنا فكرة جالت في خاطره وعَدَّها مهمة في تلك اللحظة تحديدًا. ولكن عندما نردد ما قاله على مسامعه، فإن هذا يعزز ثقته بنفسه، لأن الرسالة الضمنية التي تصل إلى الطفل عندما نستمع إليه تشير إلى أن ما يقوله مهم، وهو ما يعني بدوره أن **الطفل** مهم في حياتنا. وهذه هي بذرة الترابط التي نزرعها ونرعاها في علاقتنا مع أبنائنا.

ثم تأتي مرحلة المراهقة، ويصبح الاستماع إليهم دون الحاجة إلى الرد هو أحد الأساليب المحورية في التربية الإيجابية التي نتَّبعها في هذه المرحلة الحساسة. لذا يجب أن تدربوا أنفسكم على الاستماع إلى أبنائكم المراهقين، دون أن تلقِّنوهم الدروس أو المواعظ، أو تصدروا أحكامًا عليهم، أو تستنكروا أفكارهم أو تستخفُّوا بها، ففي هذه المرحلة الحرجة يستقبل الأبناء ما يقوله الآباء بحساسية مفرطة، وأحيانًا يسيؤون فهم اقتراحاتهم، حتى إن كانت خالصة النية لا يرجون منها سوى مصلحتهم، لأنهم يعدونها شكلًا من أشكال التحكم الخانق. ومع أن ما يقولونه في كثير من الأحيان قد لا يعجبكم، فإننا ندعوكم إلى أن تُحجموا عن إلقاء المواعظ، لا سيما في المواقف التي لا تبعث على القلق. وهكذا عندما يشعر أبناؤكم بالأمان ويُطلعونكم على ما يدور بخلدهم وما يحدث في حياتهم، فإنهم سيفتحون قنوات التواصل معكم، ما سيعزز الترابط بينكم ويحافظ على شفافية العلاقة معكم. أما إذا ظهرت بوادر تنذر بأمر خطير، فحاولوا أن تعبِّروا عن قلقكم بأقل الكلمات الممكنة، بشرط أن تستمعوا إليهم أولًا ثم ترددوا عليهم ما سمعتموه. ونؤكد هنا على أن الاستماع لا يعني السلبية، لأنكم أحيانًا بعدما تستمعون إليهم سوف تضطرون إلى وضع قيود أو حدود معينة، بالاستعانة بأداة **ابحث معهم عن حل المشكلة**.

١٤. اعقلها وتوكَّل على الله

مَن منا حياته لم تتغير بقدوم هذا الضيف الصغير إلى الدنيا؟ مَن منا لا يتذكر أول كلمة نطق بها، وأول خطوة خطاها بمفرده، وأول يوم له في المدرسة، وأول واجب مدرسي، وأول رحلة، وأول شعور بالإنجاز، وأيضًا أول شعور بالإحباط؟ في كل محطة من هذه المحطات، كان دورنا أن ندعم ونوجِّه ونرشد إلى أن يتمكن أبناؤنا من العبور من مرحلة إلى المرحلة التي تليها. ثم يأتي اليوم الذي نرفع فيه أيدينا عنهم ونسلِّمهم زمام المسؤولية **بعد الأخذ بالأسباب** ومن ثمَّ التوكل على رب الأرباب.

> "اعقلها وتوكل: تعني أن تمنح ابنك استقلاله بالقدر الذي يتناسب مع كل مرحلة عمرية"

عزيزنا القارئ، أداة **اعقلها وتوكّل** تعني أن تمنح ابنك استقلاله بالقدر الذي يتناسب مع كل مرحلة عمرية، أن تمنحه الفرصة لتحديد هويته الخاصة ودوره ورسالته في الحياة. وترك زمام الأمور للأبناء بقدر ما هو من أصعب أدوات التربية الإيجابية، بقدر ما هو من الضروريات الحتمية للنمو النفسي السوي للطفل. ونظرًا إلى اختلاف طباع الأطفال، سنجد أن بعض الأطفال قد يفرضون استقلالهم عن طريق المشاحنات والتمرد على سلطة الآباء. وفي المقابل، فإن البعض الآخر يكرهون المواجهة بحكم طبيعتهم، وعندما لا يتيح لهم آباؤهم الفرصة للاعتماد على أنفسهم، قد يعانون في المستقبل من الاتكالية وعدم القدرة على إبداء الرأي أو اتخاذ قرارات في شؤون حياتهم. وعلاوة على ذلك، قد يعانون من عقدة الذنب إذا حاولوا الخروج عن سيطرة آبائهم في يوم من الأيام.

في حين أن الآباء الذين يدركون أن مهمتهم تتركز في التدريب والتوجيه، يدركون أيضًا أن مرحلة استقلال أبنائهم قادمة لا محالة، لذا يهيؤون أولادهم في وقت مبكر لها عن طريق تدريبهم على الاعتماد على النفس والشعور بالمسؤولية وتحمُّل نتيجة أفعالهم، وتغمر الفرحة قلوبهم لرؤية أولادهم يغادرون المرسى للإبحار في الحياة. هؤلاء الأبناء يشقون طريقهم في الحياة، وهم واثقين بقدرتهم على مواجهة ما قد يعترض طريقهم من عثرات، ومتحرّرين من مشاعر الذنب تجاه آبائهم.

بالطبع لا يحدث استقلال الأبناء بين ليلةٍ وضحاها، فلا يمكن، عزيزنا القارئ، أن تقرر رفع يديك عن ابنك فجأة دون أي مقدمات عندما يبلغ سن الرشد، بل ينبغي أن تعدّه تدريجيًا على مدار مراحل عمره من خلال تعويده على تولي زمام أموره.

ومن أمثلة تدريب الأبناء على تولي زمام أمورهم:

- ترك الطفل يتناول طعامه بنفسه بصرف النظر عن استغراقه وقتًا طويلًا في الأكل أو تسببه في إحداث فوضى.

- ترك الطفل يعد طعامه.

- احترام اختيارات الطفل من الهوايات والأنشطة الرياضية.

- ترك الطفل يغسل ملابسه بنفسه حتى لو أتلفها.

- حرية اختيار المواد في المرحلة الثانوية.
- حرية اختيار الكلية في المرحلة الجامعية.
- السماح للأبناء بارتكاب الأخطاء (وحتى بالفشل) والإيمان بقدرتهم على التعلُّم من تجاربهم في ظل دعم الآباء وحبهم.

١٥. افهم طبيعة المرحلة

لقد أصاب مَنْ قال إن المعرفة قوة. فإذا سألت أي أب/ أم عن الفرق بين تربية الطفل الأول والثاني، ستكون الإجابة الغالبة هي كالآتي: "يا الله! مع قدوم الطفل الثاني كنتُ أعرف ما سيحدث وما يجب أن أفعله، ولم يتطلب الأمر القدر نفسه من الجهد". فعندما يعرف الآباء ماذا يتوقعون، يساعد ذلك على تخفيف قلقهم إزاء ما يجب أن يفعلوه، وتفادي الدخول في معارك كثيرة، والحد من حالات الفوضى التي تصاحب عدم المعرفة بتربية الأطفال. فعندما نعرف أن سلوكًا صعبًا معيَّنًا هو من خصائص المرحلة التي يجتازها الطفل فإن هذا يهوِّن الأمر علينا، خصوصًا إذا اقترن ذلك بمعرفتنا للطريقة المناسبة التي نعالج بها هذا السلوك. لذا فإننا ندعوكم إلى مراجعة المراحل النفسية الاجتماعية لنمو الفرد التي وضعها إريكسن (الجزء الأول-الفصل الثاني) للتعرف إلى المرحلة التي يمر بها ابنكم.

١٦. افهم ما وراء السلوك

طبقًا لنظرية آدلر في الحياة، يسعى الإنسان طوال حياته إلى تحقيق التواصل والانتماء. ولبلوغ هذه الغاية، يسلك الإنسان أربعة مسارات رئيسية تتميز بأهدافها: الاهتمام، والسلطة، والعدل، والكفاءة، إما يتمكن من اجتيازها بنجاح من خلال استخدام أساليب خلَّاقة أو يتعثَّر بسبب استخدام أساليب عقيمة. ففي المراحل المبكرة من العمر، يكوِّن كل شخص -بطريقة لا شعورية-نظرية خاصة عن ذاته وعن مكانته في العالم، وكيف سيشق طريقه للحفاظ على بقائه والتطور في الحياة. وتسهم في تعديل هذه النظريات على مر الوقت عوامل عدّة منها، على الأخص، ما يتلقاه الفرد من حب ودعم من

الآخرين. فإذا كانت هذه النظريات تتمحور حول شعور راسخ وقوي بالذات وبالقدرة على الإنجاز، سوف يستخدم الفرد أساليب مثمرة تمكّنه من تحقيق التواصل والانتماء. وعلى النقيض من ذلك، إذا كانت نظرة الفرد إلى نفسه وإلى العالم من حوله سلبية، ستؤدي أساليبه دون قصد منه إلى الخوض في مشكلات اجتماعية وعاطفية.

> "الطفل سيئ السلوك هو طفل ينقصه التشجيع"
> رودولف درايكِرْز

يشير رودولف درايكِرْز إلى أن: "الطفل سيئ السلوك هو طفل ينقصه التشجيع". ولذلك، فإن سوء السلوك ما هو إلا صرخة عالية تعكس أسلوب حياة غير فعَّال أو نظرة سلبية إلى الحياة.

ونستعرض فيما يلي المسارات الأربعة نحو التواصل والانتماء وأفضل الأدوات التربوية للاستخدام في هذا السياق:

المسارات الأربعة نحو التواصل

١. الهدف من العلاقات: الاهتمام

اعتقاد الطفل: لا أشعر بالانتماء إلا عندما أستحوذ على اهتمام الآخرين. يجب أن أتأكد أن الناس يحبونني وإلا سوف أسعى دائمًا إلى الحصول على اهتمامهم.

أمثلة على الأسلوب غير الفعَّال: طفل دائم التذمر والشكوى، طفل يستطيع أداء الواجب المدرسي بمفرده ولكنه يصمم على جلوس الأم/ الأب بجانبه.

الأدوات التربوية التي تساعد الطفل: كرِّس لطفلك وقتًا خاصًا على فترات منتظمة، استخدم المنبِّه ليتعلم قيمة الوقت، كن مرآة له: توصيف مشاعره، وتوصيف مواهبه وقدراته، وضِّح الحدود التي ينبغي عدم تجاوزها واثبت على كلمتك، شجِّعه، دعه يعتمد على نفسه.

٢. الهدف من العلاقات: السلطة

اعتقاد الطفل: لا أشعر بالانتماء إلا عندما أملك زمام الأمور في يدي، ويجب أن أشعر بأنني قوي وإلا سوف أتحدى الآخرين.

أمثلة على الأسلوب غير الفعَّال: طفل يصيح في أمه: "لا! لن أذهب للنوم! أجبريني إن استطعتِ". أو يصيح في أبيه: "لا أريد إغلاق التليفزيون! ما الذي ستفعله حيال ذلك؟"
الأدوات التربوية التي تساعد الطفل: امنحه عدة خيارات كلما أمكن، النظام الروتيني، الأمن والأمان، علِّمه ترويض نفسه على الانضباط الذاتي، ركن السكينة، ابحث معه عن حل المشكلة، اثبت على كلمتك، توصيف مشاعره، اجعل أمركم شورى بينكم، دعه يعتمد على نفسه، شجِّعه بدلًا من أن تمدحه.

٣. الهدف من العلاقات: العدل
اعتقاد الطفل: لا أشعر بالانتماء إلا حينما تسير الأمور بطريقة منصفة وعادلة. ويجب أن أنال معاملة منصفة وإلا سوف أوذي مَن حولي كي أنتقم.
أمثلة على الأسلوب غير الفعَّال: طفل يصيح في أمه: "أنتِ شريرة جدًّا! أنا أكرهكِ.. أكرهكِ! لا أريدكِ أن تكوني أمي".
الأدوات التربوية التي تساعد الطفل: ركن السكينة؛ توصيف مشاعره، شجِّعه بدلًا من أن تمدحه، دعه يعتمد على نفسه، أعطه أذنًا يعطِك صوتًا، اجعل أمركم شورى بينكم، علِّمه ترويض نفسه على الانضباط الذاتي.

٤. الهدف من العلاقات: الكفاءة
اعتقاد الطفل: لا أشعر بالانتماء إلا حينما أتمتع بالمهارة والكفاءة. ويجب أن أشعر بأنني متمكن وإلا سوف أستسلم لليأس ولن يحفزني أي شيء.
أمثلة على الأسلوب غير الفعَّال: طفل يقول بصوت منخفض للغاية وهو مطأطئ الرأس: "لن أستطيع حل المسألة يا أبي. أنا غبي! لا أفهم الرياضيات! سوف أرسب لا محالة، ولا سبيل إلى تغيير هذه الحقيقة".
الأدوات التربوية التي تساعد الطفل: دعه يعتمد على نفسه، شجِّعه، قسِّم كل مهمة إلى عدة أجزاء صغيرة، بالصبر والتدريب تعلِّمه كل ما هو جديد، احتفل معه بالنجاحات الصغيرة، اكتشف قدراته الفطرية، هيِّئ له الفرص التي تتيح له إثبات جدارته.

١٧. اقتصد في قول "لا"

على عكس ما يُشاع من تصورات خاطئة، فإن الأصل في الأشياء في الإسلام الإباحة سوى ما حرَّمه الله بنص صحيح صريح. وإن أردت التأكد مما نقول، فإننا ندعوك إلى أن تكتب على ورقة كل ما حرَّمه الإسلام، وسوف تجد المفاجأة السارة أن القائمة بالفعل قصيرة للغاية. إلا أنه من المؤسف أن تفسيرات الثقافات المختلفة للإسلام توسِّع نطاق دائرة المحرمات لدرجة أن كثيرًا من الأطفال يربطون تلقائيًّا أي إشارة إلى الله بالوعيد بنار جهنم بدلًا من التبشير بنعيم الجنة. وكذلك يشكو عديد من الشباب الأمريكي المسلم من تركيز المجتمعات المسلمة على كلمة "**لا، حرام**" التي تصدهم عن الإسلام وتغلق أبواب السماح والسماحة، بدلًا من التركيز على ما هو مباح لتنشرح قلوبهم للإسلام ويغمرها حب الله عز وجل. وهذه الثقافة بنظرتها المتشددة والخانقة للإيمان تدفع كثيرًا من المسلمين بعيدًا عن الدين فتتعثر علاقتهم بالله. وفي حين ينجح بعض الناس في توثيق صلتهم بالله بعد إعادة تقييم نظرتهم إلى الإسلام تقييمًا جوهريًّا، يضل بعضهم الآخر طريق العودة إلى دين الإسلام الحنيف. ولذلك فإننا ندعوكم إلى أن تقفوا في وجه هذا التيار الجارف الذي يحيد بنا عن روح الإسلام السمحة، وأن تعلِّموا أبناءكم الإسلام الذي يعرِّفهم بالله الودود الذي وسعت رحمته كل شيء، وليس الإسلام الذي ينذرهم بالله المنتقم.

وفي التربية يمكنك أيضًا عزيزنا القارئ أن تطبِّق القاعدة نفسها التي يوصينا الله بها ويحثنا ديننا عليها، بأن تستعمل كلمة "لا" في أضيق الحدود وعند الضرورة فقط. ولا ننكر بالطبع أهمية وجود النواهي في الحياة، إذ لا يوجد شيء اسمه "حرية مطلقة"، فالحياة لا يمكن أن تستقيم دون وجود الحدود التي تنظم العلاقات بين الأفراد في المجتمع. ولكننا إذا أفرطنا في استعمال كلمة "لا" ورددناها بصورة مستمرة، فإنها تفقد تأثيرها، فيبدأ الطفل في الاعتراض والمقاومة في كل مرة يسمع من

> **"بعض الآباء يمتنعون تمامًا عن استعمال كلمة "لا"، فيبعثون رسالة إلى الطفل مفادها أن "الحياة ستسير حسب هواك"**

أبويه كلمة "لا"، حتى لو كان الأمر المنهي عنه خطيراً بالفعل ويجب الابتعاد عنه. وفي الجهة المقابلة، نجد بعض الآباء يمتنعون تمامًا عن استعمال كلمة "لا"، فيبعثون رسالة إلى الطفل مفادها أن "الحياة ستسير حسب هواك". وهذا الطفل الذي لم يتعلم احترام الحدود قد يصبح في الكبر شخصًا عديم الاحترام للآخرين، وأنانيًّا، ومتعجرفًا وصعب المراس، ويرى أنه محور اهتمام الكون والكل مسخر لخدمته.

ونقدم إليكم بعض الأمثلة على استخدام كلمة "لا" على نحو فعَّال:

- "هل لي أن آخذ قطعة حلوى واحدة فقط؟ اليوم فقط! " لا".
- "لا يا حبيبي، غير ممكن. لا أستطيع شراء هذه اللعبة لأن سعرها أكثر من 20 دولارًا، وهذا يفوق إمكانياتنا".
- "أعلم أنك تود أكل الوجبات السريعة كل يوم، ولكن لا يمكننا القيام بذلك لسببين: لأنها تفوق إمكانياتنا المادية، ولأنها غير صحية".

أما في المواقف التي يدرك فيها الطفل القواعد، فإن كلمة "لا" باختصار دون إضافة أي كلمات أخرى هي أفضل إجابة، وحتى إن اعترض أو تذمر فإن تكرار كلمة "لا" بهدوء يكون له أفضل الأثر.

١٨. الاتفاق على مواعيد محددة

عادةً ما تُستخدم هذه الأداة كجزء من أداة **ابحث معهم عن حل المشكلة** وأداة **اثبت على كلمتك**. ولكنها تُستخدم بمفردها أيضًا، وتتضح فائدتها في اتخاذ قرارات واضحة ومحددة حين يختلف الآباء والأبناء حول الأمور المتعلّقة بالوقت.

من أمثلة الاتفاق على مواعيد محددة:

- بعد النقاش الذي دار مع الطفل حول أداء المهام المنزلية، تسأل الأم ابنها: "إذًا متى تعتقد بإمكانك الانتهاء من..؟" وإذا كان الموعد الذي حدده الطفل لا يتوافق مع نظام الأسرة، تطلب منه الأم تحديد مهلة زمنية أخرى.

- إذا كان موعد النوم يمثل مشكلة، في هذه الحالة يتناقش الأب مع الطفل إلى أن يتوافقا على ميعاد يناسب كلًّا منهما.
- عندما تريد الأم مثلًا مفاتحة ابنتها في أمرٍ مستجد، تسأل ابنتها عن الميعاد الذي يناسبها لمناقشة الموضوع، ثم **تلتزم** بمناقشة الموضوع في الموعد المحدد.
- عندما تخطط الأسرة للخروج في نزهة معًا، يتفق أفراد الأسرة مسبقًا على المدة التي سيستغرقها المشوار والموعد النهائي المقرَّر للخروج من المنزل.
- عندما يطلب الطفل من الأب اللعب معه، يضبط الأب المنبّه لتحديد وقت انتهاء اللعب ويعطيه للطفل. وعندما يرن المنبِّه، على الأب **الثبات على كلمته** ويوقف اللعب.

١٩. الإشارات أوقع من الكلمات

تعتمد هذه الأداة على استخدام الإشارات أو الإيماءات في المواقف التي استخدم فيها الآباء الكلمات من قبل في توجيه الطفل.

من أمثلة الإيماءات أو الإشارات: (من أجل التيسير سوف نخاطب الأم تارةً والأب تارةً أخرى، لكن بالطبع الكلام موجه إلى الأب والأم معًا).

- الإشارة باليد تجاه حقيبة طفلك التي تركها على الأرض في مدخل البيت.
- الجلوس إلى جانب ابنتكِ وهي تبكي أو حزينة واحتضانها في صمت.
- الإشارة إلى حزام الأمان إذا لم يرتدِه طفلك.
- الانصراف بعيدًا عن الطفل عندما يبدأ في الصراخ والصياح في وجهكِ.
- مد اليد وفتح كف اليد في انتظار أن يعطيك ابنك الهاتف المحمول.
- الجلوس في السيارة في هدوء، في انتظار خروج ابنكِ من البيت للذهاب إلى المدرسة (دون صراخ أو صياح أو تهديدات).

- عندما يحين وقت الصلاة، البدء في الإقامة والصلاة دون انتظار بقية أفراد الأسرة (كما يحدث في المسجد بالضبط).

٢٠. الإلهاء بدلًا من التعنيف

هذه الأداة ممتازة للاستخدام مع الأطفال دون سن الثانية من خلال صرف انتباههم عن السبب الذي أثار استياءهم. فعلى سبيل المثال، عندما يبكي الطفل عند مغادرة أبيه إلى العمل، يمكن أن تحاول الأم تهدئته قائلةً: "هوّن عليك، بابا سوف يرجع الى البيت لاحقًا، لا بأس أن تشعر بالحزن لأنك ستفتقده. هيا بنا نلعب بالمكعبات".

ولكن هذه الأداة عمرها قصير، نظرًا إلى أن الأطفال ابتداءً من سن الثانية يتمتعون بذاكرة أطول أمدًا، ومن ثمَّ يصبح من الصعب تشتيت انتباههم. وفي هذه الحالة يُمكن تطبيق الإرشادات الخاصة بكيفية التعامل مع نوبات الغضب المذكورة في الفصل الخامس.

٢١. *التربية شيء والإقناع شيء آخر

في محاولة الآباء أن يكونوا طيبين وحنونين، يعتقد كثير منهم أن عليهم إقناع أبنائهم بقيمة القواعد والأنظمة المتبعة في الأسرة، كي يدركوا حكمة الآباء من فرض هذه القواعد، وبناءً عليه يتعاونون معهم على تطبيقها. وكم كنا نتمنى لو كان ذلك صحيحًا، لكن الحقيقة أن الأطفال، باستثناء قلة قليلة منهم، لا يدركون القيمة وراء ما يطلبه الآباء منهم. فقد جرت العادة أن يدرك الأبناء حكمة ما يفعله الآباء عندما يكبرون ويصبحون هم أنفسهم آباء.

> **"جرت العادة أن يدرك الأبناء حكمة ما يفعله الآباء عندما يكبرون ويصبحون هم أنفسهم آباء"**

وبناءً على ذلك، ندعوك عزيزنا القارئ إلى أن توفّر طاقتك ومجهودك. يكفي أن تشرح لطفلك منطقك وأسبابك بإيجاز، ثم حوِّل تركيزك على الأهم وهو العمل مع طفلك يدًا

بيد على التعايش مع كل المواقف من خلال دورك كأب/ أم ودوره كابن. لا تنتظر من ابنك أن يهتف متحمسًا: "نعم يا أمي/ أبي أنت طبعًا على حق"، وإنما عليك أن تكتفي بأن يعلم طفلك موقفك من موضوعٍ ما، أو حدودك بشأن سلوك من السلوكيات. فهذا في حد ذاته معناه أنك نجحت! نعم نجحت في نقل الرسالة إلى طفلك على النحو الصحيح، وأنه فهمها كما يجب، وتتضح في عبارات من هذا القبيل: "ما الذي قلته بشأن..؟، "ما الذي تفهمه من سبب رفضي..؟، "ما حدودي في هذا الموضوع؟".

بيد أنه في مرحلة معينة، قد يتعيَّن وضع حد للمناقشة من خلال عبارات مثل: "لقد شرحت موقفي بما فيه الكفاية، لذا لا أرى داعيًا لاستمرار هذه المناقشة. أعلم أنك تشعر بالضيق، لذلك أقترح عليك أن تأخذ بعض الوقت لاستيعاب ما دار بيننا من حوار، ثم نتفق على مناقشة الموضوع مرة أخرى في أقرب وقت ممكن. ما الميعاد الذي يناسبك؟". في بعض الأحيان قد يستلزم الأمر استخدام أداة أخبرهم **الواقع دون مجاملة أو تجميل** أو أداة **احسم الأمور التي تملك السيطرة عليها.**

٢٢. الحوار البنَّاء

الاتصال هو العملية التي تنتقل بها الرسالة من المرسِل إلى المستقبِل. ولعلنا نرى كثيرًا من حالات سوء الفهم في حياتنا اليومية، التي تحدث نظرًا إلى أن المرسِل لم ينجح في إيصال محتوى الرسالة المقصودة على نحو واضح، أو أن المستقبِل قد كوّن افتراضات خاطئة من فهمه للرسالة. ومن الوسائل الفعَّالة لتفادي حدوث هذا الخلل في الحوار مع الطفل استخدام **رسالات "أنا"، والإنصات المتجاوب.**

رسالات "أنا"

المرسِل يقول:

أنا أشعر (بالغضب، بالحزن، بالإحباط، إلخ).

عندما (تطلب أن تأكل قبل ميعاد النوم مباشرةً، تلقي بثيابك على الأرض، إلخ).

وأتمنى (أن نجد حلًا لهذه المسألة، أن تضع ملابسك في سلة الغسيل، إلخ).

الإنصات المتجاوب

المستقبِل يردد الكلام الذي سمعه:

أنتِ تشعرين (بالغضب، بالحزن، بالإحباط، إلخ).

لأني (أطلب أن آكل قبل ميعاد النوم مباشرةً، أُلقي ثيابي على الأرض، إلخ).

أنتِ تتمنين (أن نجد حلًّا لهذه المسألة، أن أضع ملابسي في سلة الغسيل، إلخ).

> **"بين منطوق لم يُقصد ومقصود لم يُنطق تضيع كثير من المحبة"**
>
> **جبران خليل جبران**

من الأمور بالغة الأهمية **لفعالية التواصل داخل الأسرة أن يتعلم أفرادها كيف يعبرون عن مشاعرهم وأفكارهم دون لوم أو تجريح بعضهم بعضًا.** ويتيح استخدام كلًّا من رسالات أنا والإنصات المتجاوب خلق بيئة أسرية يسودها الاحترام والتفاهم، ما يؤدي إلى تشجيع كل فرد في الأسرة على تحمل مسؤولية مشاعره وأفكاره وطلباته.

وفي الحوارات المعتادة يميل كثير من الناس إلى وضع الافتراضات التي سرعان ما تستقر في الوجدان، ولا تكاد تترسّخ في الذهن حتى تتسع فجوة سوء التفاهم. لذا ينبغي مراعاة التأنِّي في الحوار، وإعادة توجيه دفة الحديث، وإدراج فواصل قصيرة للاطمئنان على سير الحوار بصورة فعالة.

ويوضح المثال التالي النمط التقليدي للحوار بين الأم وطفلها في غالب الأسر، وكيفية تغييره من خلال استخدام رسالات "أنا" والإنصات المتجاوب:

الأم (تصرخ وتصيح): أحمد، لا أستطيع أن أصدق أنك فعلتها مجددًا (هجوم تام بناءً على افتراضات) لقد وعدت أنك سوف تغسل الأطباق بعد العشاء مباشرةً، وها أنت تعود الى استهتارك (وصم الطفل بصفات ذميمة) وتجلس لمشاهدة التليفزيون بينما أنا أجري هنا وهناك مثل المجنونة لرعاية إخوتك (إشعاره بالذنب، كيف تجرؤ على فعل ذلك بأمك المسكينة). يا ربي لِم كُتب عليَّ أن أُرزق بهذا الابن المهمل؟ (غرس الشعور بالخِزي).

قد يستجيب أحمد لكلام والدته بطرق عديدة تبعًا لحالته المزاجية ونظريته عن الحياة. ولكننا سوف نكتفي بالتركيز على اثنين من ردود الفعل المعتادة في مثل هذه المواقف:

أحمد (تغلب عليه علامات التوتر والجمود): حسنًا، أنتِ التي وضعتِ هذه القاعدة السخيفة (هجوم مضاد). أنا لم أرد يومًا أن أغسل الأطباق (موقف دفاعي). عائشة هي التي يفترض أن تقوم بهذه المهمة وليس أنا (الفرار من المسؤولية). ولعلمك، أنا لن أغسل الأطباق أبدًا من الآن فصاعدًا (يرد الأذى للأم)، أريني ما الذي ستفعلينه حيال ذلك؟ (يتحدى الأم كي يسيطر على الموقف).

أحمد (مطأطئ الرأس وينظر إلى الأرض): أنا آسف جدًّا يا أمي، أنا ابن سيئ (تكوين اعتقاد سلبي عن النفس مبني على الشعور بالخِزي) لا أدري لِم أكرر فعل الخطأ؟ (تكوين اعتقاد سلبي عن النفس) سوف أذهب لغسل الأطباق على الفور (الإقدام على العمل بدافع الشعور بالخِزي).

والآن فلنرَ الفارق بين السيناريوهات السابقة والحوار البنَّاء:

الأم (تغلق التليفزيون بهدوء وتجثو على ركبتيها كي تكون في مستوى أحمد): أحمد، أنا أشعر بالاستياء عندما تعدني بأن تغسل الأطباق ولا تنفذ وعدك. أتمنَّى أن تنفذ وعدك الآن.

أحمد (بهدوء): آخ! لقد نسيت، أنا آسف يا ماما، سوف أغسلها على الفور.

وقد يجول في خاطر بعض الآباء في هذه اللحظة: "حسنًا، هذا درب من الخيال! يستحيل أن يرد ابني بهذه الطريقة". صحيح، عزيزنا القارئ، أن جميع الاحتمالات وارد، فقد يكون ردّ فعل ابنك مطابقًا أو متشابهًا أو مختلفًا تمامًا عن هذه الطريقة. ولكن مهما كانت درجة تشككك، فإن الواقع يقول إنّ التغيير لن يحدث إذا لم تحاول التعامل بطريقة مختلفة، والمعروف أنّ التغيير يحتاج إلى وقت وعديد من المحاولات كي يؤتي ثماره.

عندما يركز الآباء على التعبير عن حقيقة مشاعرهم (وهي مسألة ليست بالهيِّنة لأنها تتطلب قدرًا لا بأس به من الصراحة وكشف ضعفنا أمام أبنائنا)، من المرجح أن يُبدي

الأبناء الرغبة في الاستماع والفهم، والمشاركة، والتعاطف، والتعاون، والإصغاء، والاحترام. وفي المقابل، فإن التعامل مع الأبناء من خلال استخدام أساليب اللوم، والهجوم، والإشعار بالذنب، وتوجيه التهم، والنقد، والسخرية، والتجريح، والتحقير، والاستهزاء، والعقلانية المجرَّدة، وإلقاء محاضرات الوعظ، والتقليل من شأنهم، وتعييرهم سوف يؤدي بالتأكيد إلى خلق علاقة تتسم بالجفاء وعدم الاحترام.

إن استخدام أسلوب التمني أو الرجاء في الحوار أمر بالغ الأهمية. ذلك لأننا عادةً ما نتوقع أن الآخرين يعلمون على نحو أو آخر ماذا نريد، أو نعتقد أنهم قادرون على قراءة ما يدور في أذهاننا بكل بساطة. ولذلك أنا (نهى) أحرص على توضيح هذه النقطة لعملائي بسؤالهم: "هل يعلم ذلك ابنك/ ابنتك/ زوجك/ زوجتك/ والدك/ والدتك؟" وسرعان ما يجيبون: "بالطبع!" ومع الأسف أؤكد لك بكل ارتياح، عزيزنا القارئ، أن ابنك لا يعلم فعلًا ما تريده منه! لأنَّ الرسائل المغلَّفة باللوم والهجوم والسخرية والمواعظ لا يدرك منها الطفل سوى المشاعر التي عبَّر عنها أحمد كما أوضحناها بين القوسين في المثال السابق. من الواضح أن أحمد لم يتلقَّ أي رسالة مفادها أن والدته تشعر بخيبة الأمل والألم.

ولعل السؤال الشائع الذي يوجهه كل أم/ كل أب يحاولون إقامة حوار بنَّاء مع أبنائهم هو: "كيف أجعل طفلي يتحدث ويرد بهذه الطريقة؟". في الواقع، أنتم من يملك الإجابة عن هذا السؤال، لأن التغيير يبدأ منكم وبكم، وكيف لا؟ وأنتم الذين تضعون النموذج الذي تسير على غراره الحوارات في الأسرة. تذكَّر عزيزنا القارئ أن أيًّا كان ما تصدّره لأولادك، سوف يرتد إليك أضعافًا مضاعفة لأنك أهم معلِّم في حياة طفلك.

> "تذكَّر عزيزنا القارئ أن أيًّا كان ما تصدّره لأولادك، سوف يرتد إليك أضعافًا مضاعفة لأنك أهم معلِّم في حياة طفلك"

٢٣. التواصل قبل التأديب

تدعو هذه الأداة الآباء إلى التواصل مع الأبناء قبل القيام بأي محاولة لتقويم سوء السلوك. والعنصر المحوري في استخدام هذه الأداة هو قدرة الآباء على التماسك والتزام الهدوء في المواقف الصعبة. فحينما ينجح الآباء في احتواء مشاعرهم، يظل ارتباطهم بأبنائهم قائمًا، وبناءً عليه تمر مرحلة التهذيب بسلاسة دون معارضة أو تمرد من الأبناء.

ومن أمثلة فقدان التواصل بعد ارتكاب الأخطاء:

- الصراخ والصياح في وجه الطفل: "ما هذا الذي فعلته؟"
- وصم الطفل بصفات ذميمة من قبيل: غبي، كسول، عالة، إلخ.
- التحقير والحط من شأن الطفل: "أنت لا يمكن أن تكون ابني".
- إشعاره بالذنب: "ها أنت جعلتني أفقد أعصابي".
- رفض مشاعر الطفل: "ينبغي ألا يكون هذا شعورك، هل يصح أن تغضب من أصدقائك؟"
- التعامل مع الموقف في صمت جارح دون شرح ما يدور في ذهن الأم/ الأب للطفل.
- حرمان الطفل من الامتيازات إلى أجلٍ غير مسمًّى: "أنت معاقَب! ممنوع مشاهدة التليفزيون".

ومن أمثلة التواصل قبل التأديب:

- سكب الطفل اللبن على الأرض، وبدأ في البكاء وهو ينظر إليكِ متوجسًا. كل ما عليكِ فعله هو احتضانه وتهدئته بعبارات مثل: "لا بأس، من الطبيعي حدوث مثل هذه الأخطاء غير المقصودة. دعنا ننظف المكان معًا".
- رسب ابنك في امتحان الرياضيات. عندما يصلك الخبر، ابدأ أولًا برصد مشاعرك في تلك اللحظة، فإذا وجدت أنك ثائر، أخبر ابنك أنك ستتحدث معه في وقت

لاحق عندما تهدأ. ثم انصرف بعيدًا كي تهدِّئ من غضبك وتستجمع أفكارك. أما إذا كنت هادئًا عندما وصلك الخبر، فابدأ بتفقد مشاعر ابنك، فإن استطعت قراءة حالته النفسية، أفصِح له عما استشففت. ثم انتقل إلى مرحلة أسئلة الاستفسار، ومنها على سبيل المثال: "ما الذي تستطيع فعله كي تحسِّن مستواك في هذه المادة؟"

- ابنتِك اعترفت لكِ أنها تتعاطى المخدرات، ولكنها تشعر بعدم الارتياح والأسف حيال الموضوع وتعبِّر عن حيرتها في تكرار عبارة: "لا أعلم ماذا أفعل؟". حاولي أن تحتوي مشاعرك (صارحي نفسك بما تشعرين ولكن تجنبي الانفعال والصراخ) واحضني ابنتِك مطمئنةً بقولك إنكما ستعملان معًا على إيجاد حل للمشكلة. ثم خذي ما تحتاجينه من وقت لاستيعاب الموضوع والتفكير في الحلول، وبعدئذٍ اجلسي مع ابنتكِ لمناقشة الخيارات المتاحة معًا.

٢٤. العواقب الطبيعية: دعهم يتحمَّلون نتائج أفعالهم

> **"خوض تجارب الحياة، بحلوها ومرها، أفضل طريقة يتعلم منها الأطفال"**

العواقب الطبيعية هي نتيجة أفعال الأطفال التي لا يتدخل فيها الكبار. ونرى للأسف أن الآباء يحرمون أبناءهم من هذه الأداة التربوية الرائعة بدعوى حبهم وخوفهم عليهم، في حين أن خوض تجارب الحياة، بحلوها ومرها، أفضل طريقة يتعلم منها الأطفال (والحال ينطبق تمامًا على الكبار). فقد كان أبي (نهى) يضرب لنا مثلًا عربيًّا في كل مرة كان يرى شخصًا يتعلم من تجربته: "الواحد ما بيتعلم إلا من كيسه" ومعناه أن الإنسان لا يتعلم إلا من تجاربه وأخطائه التي يدفع ثمنها. وكلما ضرب أبنائي بتحذيراتي عرض الحائط ورأيتهم يدفعون ثمنًا باهظًا لتجاربهم، أستحضر صوت أبي وهو يردد هذا المثل البسيط عميق المدلول، ولا أخفي عليك عزيزنا القارئ أنني كنت أشعر بالارتياح وأتأكد من وجهة نظري كلما حدث ذلك. ومع تكرار هذه المواقف، أصبح أبنائي يعيرون دواعي قلقي الاهتمام والتقدير والحمد لله.

أمثلة على العواقب الطبيعية
الموقف: الطقس بارد بالخارج. يغادر الطفل البيت دون معطف.
العاقبة الطبيعية: يشعر الطفل بالبرودة.

الموقف: ينسى الطفل علبة الغداء بالبيت.
العاقبة الطبيعية: يشعر الطفل بالجوع.

الموقف: ينسى الطفل زجاجة الماء بالبيت.
العاقبة الطبيعية: يشعر الطفل بالظمأ بعد اللعب.

كما أوضحنا لكم في الفقرة السابقة أن العواقب الطبيعية هي ببساطة نتيجة أفعال الأبناء التي لا يتدخل فيها الآباء، كي يتيحوا لهم فرصة مواجهة نتائج أفعالهم. ومن الملاحَظ أن كثيرًا من الآباء يجدون صعوبة في استخدام هذه الأداة لأنهم يحبون أبناءهم حبًّا لا حدود له، وهو ما يدفعهم إلى الشعور بأنهم يتخلون عن مسؤوليتهم تجاه أبنائهم إذا "وقع لهم سوء". ولا شك أن الأمر قد يبدو هكذا إن كانت نظرة الآباء موجَّهة إلى النتيجة قريبة المدى، غير أننا إذا استخدمنا المنظور التربوي بعيد المدى، فإننا نمنح الفرصة لأبنائنا كي يخوضوا تجارب الحياة، وهو ما يُعد خطوة على المسار التربوي الصحيح الذي يؤهلنا لأن ننشئ أبناءً يشعرون بالمسؤولية في حياتهم.

وعند وصول الأبناء إلى مرحلة الرشد، تتضح التبعات السلبية لمنع وقوع العواقب الطبيعية التي يتعلم الأطفال منها. فعندما نُملي على أطفالنا مرارًا وتكرارًا كيف يشعرون، ونهمِّش أحاسيسهم -غير مكترثين بما يشعرون به من جوع، أو ظمأ، أو برد، أو قلق، أو خوف، وما شابه ذلك، فإننا نجردهم من القدرة الذاتية على التعامل مع مشاعرهم، ما يدفعهم إلى اللجوء إلى غيرهم من أجل احتواء مشاعرهم المؤلمة. وهذه هي الدوافع الأساسية التي تؤدي إلى الإدمان، عندما يعتمد الأبناء على آبائهم للخروج من أي مأزق يقعون فيه، فإنهم يعجزون عن تنمية القدرة على مواجهة مشكلات الحياة بالتفكير التحليلي وتحمل مسؤولية أفعالهم. ولنسأل أنفسنا في هذه الحالة، متى سيتعلمون أن مسؤولية حل مشاكلهم تقع على عاتقهم هم؟ ولنتذكر أن الثمن الذي ندفعه من

الدروس التي نتعلمها في مقتبل حياتنا أهون منه في المراحل المتأخرة من حياتنا. لذلك نوصيكم بأن تتيحوا الفرصة لأبنائكم ليتعاملوا مع عواقب المسؤوليات البسيطة مثل نسيانهم واجب المدرسة، كي تعدوهم للمسؤوليات الأكبر في الحياة، مثل الالتزام بإنجاز العمل في مواعيده المحددة، والتأكد من حمل جواز السفر في أثناء السفر للخارج، وسداد الفواتير في مواعيدها، والصلاة في أوقاتها، وما نحو ذلك.

وفيما يلي نعرض عليكم كيفية استعمال أداة **العواقب الطبيعية**، من خلال مثال متكرر لشكوى شائعة بين الآباء، وهي الطقس البارد وارتداء المعطف. ولكن يمكننا تطبيق أداة العواقب الطبيعية بالطريقة نفسها على مواقف أخرى، ولاحظوا أيضًا أدوات التربية الإيجابية الأخرى المستخدمة في هذا المثال: **بالصبر والتدريب تعلمهم كل ما هو جديد، واسألهم بدلًا من أن تأمرهم، واحسم الأمور التي تملك السيطرة عليها**:

- في السن الصغيرة (دون الثالثة من العمر) يتحمل الأبوان مسؤولية إحضار المعطف للطفل.

- في سن الثالثة والرابعة من العمر: ندرب الطفل على إحضار المعطف، ونعلقه في المستوى الذي يسهل عليه التقاطه. وعند مغادرة البيت، نطلب منه أن يحضر المعطف.

- أما في حالة الطفل الذي تجاوز أربعة أعوام، فقد نقول له ببساطة: "الجو بارد في الخارج وسآخذ معطفي. هل تود أن تأخذ معطفك؟" وإذا قال الطفل نعم- فكان بها والحمد لله! أما إذا قال لا، نسأله "ماذا سيحدث إذا لم تأخذ معطفك ثم شعرت بالبرد؟" وإذا أصر الطفل على عدم أخذ المعطف، نقول له: "قررت ألا تأخذ معطفك. إذًا، لو شعرت بالبرد لأنك لم تحضر معطفك أتوقع منك ألا تشتكي، لأن هذا اختيارك، ولن أتمكن في هذه الحالة من مساعدتك. هل هذا واضح؟ ماذا قلت لك؟"

- إذا غادر الطفل دون المعطف ولاحظنا أنه يشعر بالبرد، يجب ألا نقول له: "أرأيت؟ هذا ما قلتُه لك". وإنما يجب أن تتعاطفوا معه وتقولوا مثلًا: "يبدو

أنك لم تتوقع أن يكون الطقس باردًا إلى هذه الدرجة. أظن أنك تعلمت الكثير من هذه التجربة".

- مع تقدم الطفل في العمر، يوضح له الأبوان أن قرار أخذ المعطف أو تركه هو مسؤوليته، وأنهما لن يذكِّراه بعد ذلك. وقد يختار الأب، أو الأم، طريقة أخرى لتذكيره بشكل غير مباشر، بأن يقولا مثلًا "الطقس بارد بالخارج وسآخذ معطفي".

يعارض كثير من الآباء فكرة تحميل الطفل مسؤولية أخذ المعطف، معللين ذلك بأن "ابني سيمرض إذا لم أذكِّره بأن يحضر معطفه! وسأضطر في نهاية المطاف إلى أن أعتني به، ولهذا السبب لا بد أن أستمر في تذكيره". ولكننا ندعوكم إلى أن تتعاملوا مع الأمر بنظرة بعيدة المدى، وتسألوا أنفسكم: "متى سيتعلم أبناؤكم إذا لم تسلموهم زمام المسؤولية؟" وأيًّا كانت السن التي ترونها مناسبة لذلك، تذكروا في النهاية أن التعليم في الصغر كالنقش على الحجر، والتعليم في الكبر كالنقش على الماء. ولتضعوا في حسبانكم أنه إذا لم يربط الأبناء بين الشعور بالبرد واتخاذ القرار بإحضار المعطف، فلن يتعلموا علاقة السبب بالنتيجة، وسيستقر في أذهانهم أن آباءهم سيرشدونهم إلى ما يجب فعله ويصحبونهم إلى بر الأمان، بل ما هو أكثر مدعاة للقلق أن نجد الأبناء يلومون آباءهم على ما يحدث في حياتهم بسبب هذه الاتكالية.

> "التعليم في الصغر كالنقش على الحجر التعليم في الكبر كالنقش على الماء"

وهنا يجدر بنا التأكيد على أننا ينبغي ألا نستعمل أداة **العواقب الطبيعية** في المواقف التي تنطوي على خطر حقيقي، لأن ضمان سلامة الأطفال أمر لا تهاون فيه، فعلى سبيل المثال، أن نسمح للأطفال في مرحلة الطفولة المبكرة أن يركضوا في الشارع كي يتعلموا من خلال العواقب الطبيعية هو أمر غير معقول. وأن نترك للأطفال حرية تناول الوجبات السريعة بلا حدود كي نعلمهم من خلال العواقب الطبيعية هو أيضًا تصرف غير حكيم. وقد يقول قائل: "ماذا لو لم يرتدِ الطفل معطفًا فتُصيبه نزلة برد؟ ألا يهدد ذلك سلامة صحته أيضًا؟". ونقول إن الفرق بين نزلة البرد والتعرض لحادث سيارة هو أن الحالة

الأولى قد تحدث أو لا تحدث، في حين أن الحالة الثانية مؤكدة، كما أن نزلة البرد لا تهدد حياة الطفل. لذا فإننا ندعوكم إلى استجماع قواكم عندما ترون أبناءكم يعانون في مواجهة المواقف الصعبة، وأن تمنحوهم فرصة التعلم من تجاربهم في الحياة، فإن قليلًا من المعاناة اليوم خيرٌ من كثير من المعاناة في المستقبل. والعواقب الطبيعية هي استراتيجية فعالة وداعمة للقدرات، ما دام يصاحبها عنصر السلامة. فلتنطلقوا بعون الله وتطبقوها في هذا الإطار!

٢٥. العواقب المنطقية

يفصل بين العواقب المنطقية والعقاب خط رفيع للغاية، فقد لاحظنا أن كثيرًا من الآباء يلجؤون إلى أسلوب العقاب زاعمين أنهم يستخدمون أسلوب العواقب المنطقية، وهو ما يدعونا إلى أن نشرح لكم الفرق بين الأسلوبين كما وضحته "جين نيلسن" [Jane Nelsen] (٢٠٠٦)، بأن العواقب المنطقية يجب أن تستوفي أربعة معايير، ألا وهي: أن تكون مرتبطة بالسلوك المراد تقويمه، وأن تحترم الطفل، وأن تكون معقولة ، وأن تكون مجدية.

وإذا لم يستوفِ رد فعل الآباء، أيًا ما كان، المعايير الأربعة مجتمعة، فهو في الأغلب عقاب. ولنضرب مثالًا يوضح ذلك: يصعب على مريم التحكم في غضبها، فعندما تنفعل تتملكها نوبات متكررة من الغضب العارم لدرجة أنها لا تتحكم في نفسها وتقذف الأشياء في جميع أنحاء البيت. وحدد والداها، استنادًا إلى منظور تربوي بعيد المدى، عاقبة منطقية للتعامل معها: عندما تهدأ ثورتها وتعود إلى صوابها، عليها أن تطوف بالبيت وتنظفه وتعيد ترتيب كل ما أفسدته. وهذا مثال على العاقبة المنطقية. أما إذا حوّلناها إلى أسلوب عقابي، فهو يأخذ أي شكل من الأشكال التالية (أو مزيج منها):

- "لا أصدق أنكِ فعلتِها مجددًا! كيف تتصرفين بمثل هذه الهمجية! ألا تتعلمين أبدًا؟!" وهنا نلفت النظر إلى أنكم إذا لجأتم إلى الصياح والصراخ ووصف الطفل بصفات مذمومة، فإن هذا لا يقلل احترامكم له فحسب، بل أيضًا احترامكم لأنفسكم.

- "ليس فقط سترتبين الفوضى التي تسببتِ فيها، بل وستُحرمين أيضًا من مشاهدة التليفزيون طوال الأسبوع". وفي هذا المثال، نرى أن الحرمان من مشاهدة التليفزيون نتيجة غير مرتبطة بالفوضى التي أحدثتها.
- "سوف ترتبين ليس فقط ما تسببتِ فيه من فوضى، بل أيضًا أي فوضى يُحدثها إخوتك طوال الأسبوع". لاحظوا أن ترتيب ما يفسده إخوتها عاقبة غير معقولة، وأيضًا غير مرتبطة بما أفسدته هي.

ودعوني أحكي لكم (نهى) موقفًا عاصرتُه، وأوضح لكم كيف تصرفت فيه. كانت ابنتي المراهقة تجد مشقة كبيرة في الاستيقاظ مبكرًا للذهاب إلى المدرسة في المواعيد المحددة. وكانت من صلاحياتي كأم إرسال اعتذار للمدرسة عن كل يوم تأخير أو غياب، ولكن عندما لاحظتُ على مدار أسابيع قليلة تكرار الاعتذارات لما كنت أعده عدم تحمل مسؤولية إدارة الوقت من قِبل ابنتي، لم أكن متأكدة في البداية كيف أعالج المشكلة. وفكرتُ مليًّا في عديد من الخيارات. هل أختار أسلوب السيطرة؟ (وهو الخيار التلقائي الذي أستخدمه مع أبنائي عندما أريد تغيير بعض الأمور). هل أتشاجر مع ابنتي كل ليلة كي تلتزم بمواعيد النوم؟ هل أتحمل مسؤولية إيقاظها كل يوم؟ هل أكتفي بمواصلة إرسال الاعتذارات إلى ما لا نهاية؟ ماذا عليَّ أن أفعل؟ وهكذا وقعتُ فريسة الخيارات المتضاربة.

أول شيء قررت عمله هو ضرورة التحلي بالهدوء، ثم تحديد الأولويات، والتفكير في حدود ما يمكنني عمله، وإدراك الهدف بعيد المدى، وأخيرًا وضع خطة. وبعد كل هذه المحاولات التي سعيت من خلالها إلى استجلاء ما بداخلي من قناعات ودوافع، خرجت بالاستنتاجات التالية:

الاستنتاج الأول هو أن ابنتي، من وجهة نظر تربوية بعيدة المدى، بحاجة إلى أن تتحمل مسؤولية نومها واستيقاظها في المواعيد المناسبة، لأنها سوف تبدأ تعليمها الجامعي في خلال بضع سنوات وسوف تواجه المشكلة نفسها، فلا داعي أن أقحم نفسي وأجبرها على اتباع روتين محدد للنوم. كما أن هذه المشكلة قبل أن تلوح في الأفق، كانت ابنتي منتظمة بالفعل في مواعيد نومها لسنوات عديدة. ومن هنا تبيَّن لي أن المشكلة لم تكن

متعلقة بعدم وعيها لضرورة الالتزام بهذا الروتين أو تدريبها عليه، ولكنها كانت مشكلة من نوع مختلف. فقد كانت ابنتي تمر بمرحلة المراهقة، ولسبب من الأسباب، أصبح كسر روتين النوم إحدى الوسائل التي تستخدمها لتأكيد استقلالها. وهكذا عندما أدركتُ أن ما يحدث جزء من طبيعة المرحلة التي تمر بها، وأيقنتُ أني لم أقصر في القيام بواجبي وتدريبها في مراحل مبكرة من عمرها، عرفتُ أن الوقت قد حان كي أرفع يدي عن هذه المشكلة ولا أتدخل فيها. فاخترت ألا أخوض هذه المعركة.

الاستنتاج الثاني هو أن التخلي عن خوض هذه المعركة لا يعني أن أقف مكتوفة الأيدي، فأنا المتحكمة في أفعالي، وبإمكاني أن أختار وضع حد للمشكلة دون أن أضطر إلى التحكم في أفعال ابنتي. وعليه قررت أن أحدد عدد المرات التي أرسل معها رسالة اعتذار عن تأخيرها أو غيابها عن المدرسة. فجلسنا معًا، ولجأت في كلامي معها إلى أداة التربية الإيجابية **التلميح بـ"لقد لاحظت" بدلًا من عبارات اللوم**. وكي أوضح لكم ما أعنيه، أعطيكم مثالًا لما قلتُه لها: "لاحظتُ أنكِ تتأخرين كثيرًا عن موعد المدرسة، ففي الشهر الماضي تأخرتِ ثلاث مرات وأرسلتُ معكِ اعتذارًا إلى المدرسة في كل مرة". ثم أضفتُ: "لذا قررتُ أن أرسل ثلاثة اعتذارات فقط عن تأخيرك أو غيابك عن المدرسة لكل فصل دراسي، وأي تأخير بعد الاعتذار الثالث عليكِ أن تتحملي مسؤوليته". وسألتُها: "ما عواقب التأخير أو الغياب عن المدرسة دون تقديم رسالة اعتذار؟" فأجابت: "البقاء في المدرسة بعد انتهاء اليوم الدراسي". فسألتُها: "ماذا تفهمين من ذلك، وماذا تتوقعين إذا تأخرتِ أو تغيبتِ عن المدرسة من الآن فصاعدًا؟" واستطاعت ابنتي أن تجيبني بترديد ما قلته لها، وانتهى حديثنا عند هذه النقطة.

كان الأمر الفاصل بين نجاحي أو إخفاقي في معالجة المشكلة بعد هذا الحوار معها هو أن " **أثبت على كلمتي**"، فكنت حريصة على التنبّه لعدد مرات الاعتذارات التي أرسلها إلى المدرسة، وعندما اضطرت ابنتي إلى البقاء بعد انتهاء اليوم الدراسي (بعد المرة الثالثة من تغيبها)، لم أتراجع وأحاول إنقاذها من عاقبة ما فعلته، وإنما نفذتُ ما قلتُه وحافظتُ على الحد الذي وضعتُه لتعاملي مع هذه المشكلة.

ومن هنا يتبيَّن لنا أن العواقب المنطقية تتطلب أن نتدخل نحن الكبار لمعالجة الموقف أو حل المشكلة، في حين أن العواقب الطبيعية هي التي تحدث دون تدخُّل منا. ولذا ندعوك عزيزنا القارئ إلى أن تستخدم أداة **العواقب المنطقية** بحدود، لأنها لا تقدم بالضرورة حلًا للمشكلة، وإنما تكمن قوتها في تزويدك بخطة ترشدك إلى الكيفية التي تتصرف بها إذا تكررت المشكلة، في حين أن أداتَي **العواقب الطبيعية** و**ركِّز على الحلول** لهما أثر إيجابي أكبر.

٢٦. المصروف

يتعلَّم الطفل قيمة النقود من خلال اتِّباع نظام المصروف، وهو عبارة عن راتب يُمنَح للطفل بانتظام **ولا يرتبط** سواء بأداء الطفل للمهام المطلوبة منه أو بسلوكه الحسن. حينما يمتلك الطفل "القوة الشرائية" يتعلَّم تكلفة الأشياء، ويصبح متمرِّسًا في فن التسوُّق القائم على المقارنة بين أسعار المنتجات للحصول على أفضل صفقات الشراء. كما أنه يكتسب فضيلة الصبر من خلال تأجيل إشباع احتياجاته وادخار النقود ثم الاستمتاع بإنفاقها على ما يحتاج إليه بالفعل وليس على رغباته التي يمكن الاستغناء عنها.

نظام المصروف يقلّل من النزاعات حول النقود. وتحضرني (نهى) في هذا السياق قصة أم كانت تشكو من هوس ابنتها ذات الثلاثة عشر عامًا بشراء ماركات الملابس العالمية. وشرحت لي كيف تحوَّل مشوار التسوُّق إلى جدال لا ينتهي مع ابنتها حول سعر هذا وذاك وما الذي يمكن ولا يمكن شراؤه. تعاطفت مع هذه الأم وعرضت عليها أن تستخدم نظام المصروف عندما وجدتها على استعداد لتجربة أسلوب جديد مع ابنتها. أغرتها الفكرة ولكنها، في الوقت نفسه، كانت متشككة من مدى نجاحها. وبعد مرور أسابيع قليلة، تلقّيت مكالمة تليفونية من الأم، التي كانت نبرات صوتها تشعّ بالبهجة والدهشة، وهي تحكي لي التغير الذي حدث لابنتها في أول مرة ذهبت للتسوُّق من مصروفها الخاص. فكانت المفاجأة أن البنت اتجهت مباشرةً إلى قسم الأسعار المخفَّضة بعد أن كانت ترفض حتى النظر إليه من قبل. وأضافت أن ما أذهلها حقًّا هو أن ابنتها لم تجادلها حول الأسعار كعادتها، ولكنها كانت حريصة أشد الحرص على الاستفادة من المصروف أطول

فترة ممكنة، ومن ثمَّ، كانت أهدأ رحلة تسوُّق قامتا بها منذ وقت طويل. وهكذا، عندما انسحبت الأم من الصورة، منحت ابنتها الفرصة لتطبيق عديد من الدروس التي كانت تحاول تلقينها لها عن طريق المواعظ أو الأوامر. أرى أن هذه القصة من أروع الأمثلة على ما يحدث حينما يفسح الآباء المجال لأبنائهم لاستكشاف الحياة وخوض التجارب بأنفسهم.

من الأمور المهمة لنجاح نظام المصروف أن يقرر الآباء والأبناء معًا الأغراض التي سوف يُستخدم فيها، والتي تختلف بطبيعة الحال ويتسع نطاقها من سن إلى آخر. فعلى سبيل المثال، نجد أن الأطفال في مرحلة ما قبل المدرسة ينفقون المصروف بطريقة عشوائية في شراء النثريات مثل الشوكولاتة واللعب. وفي المرحلة الابتدائية قد تتركَّز المشتريات على اللعب الأغلى سعرًا أو الملابس. أما في المرحلة الإعدادية يمكن أن يتحوَّل تركيز الأبناء إلى إنفاق المصروف على النزهات مع الأصدقاء وشراء الألعاب الإلكترونية والملابس وغيرها من الأشياء التي تجذب انتباه الأطفال في هذه المرحلة العمرية. في حين قد يركز الأبناء في مرحلة المراهقة على الملابس والأطعمة الجاهزة والألعاب الإلكترونية والملابس. ومن الأفضل أن يكون للأبناء في مرحلة التعليم الثانوي حساب خاص في البنك يودع به الآباء المصروف كل شهر. ويعتمد اتخاذ القرار بشأن حجم المصروف وطريقة إنفاقه على ميزانية الأسرة وهويتها الثقافية، وقد يتطلب الأمر فتح باب المناقشة للتوصل إلى اتفاق يحترم الآراء كافة.

كي يكون نظام **المصروف** أداة فعَّالة، من المهم، عزيزنا القارئ، أن تمنح الطفل حرية شراء ما يرغب فيه دون تدخل من جانبك، كي يتسنى له استخلاص الدروس من تجاربه. وحتى لو كان هناك ما يزعجك في قراراته، يمكنك التنويه له بهدوء عما يثير قلقك مع تجنُّب إصدار أحكام عليه أو محاولة إذلاله، فبدلًا من أن تقول لابنك "ألم أحذِّرك؟ كان يجب أن تستمع إلى كلامي". من الأفضل أن تسأله: "ما الذي تعلمته من هذه التجربة؟"، "كيف ستؤثِّر هذه التجربة في قراراتك في المستقبل؟" لعلك تتساءل، عزيزنا القارئ، مثل عديد من الآباء، كيف أتصرف إذا أراد طفلي إنفاق كل مصروفه على الحلوى؟، والإجابة أنّ الفيصل في هذا الموقف هو الاحتكام إلى قاعدة الأسرة التي تنظِّم عدد مرات تناول

الحلوى. فمثلًا قد يكون النظام المُتّبع في الأسرة أن تناول الحلوى يقتصر على وقت محدد في اليوم أو يوم معين في الأسبوع. وكذلك في حالة شراء الملابس غير اللائقة أو غير المحتشمة، يطبّق الآباء قاعدة الأسرة التي تسمح مثلًا بارتداء هذه الملابس في المنزل فقط أو مع قطع ملابس أخرى.

ومن الأمور بالغة الأهمية في حالة وجود أشقّاء، أن يكون نظام المصروف واضحًا وثابتًا ومفهومًا للجميع. كما يجب أن يتحدَّد مقدار المصروف بناءً على عمر الطفل، فكلما يكبر الطفل تزداد احتياجاته ومن ثمَّ يزداد مصروفه. وينبغي شرح هذا المفهوم للطفل بوصفه قاعدة من قواعد الحياة. ومن أفضل الطرق استخدام معادلة مبسَّطة في تحديد مبلغ المصروف. فزوجي (نهى) على سبيل المثال كان يعطي كل ابن من أبنائنا شهريًّا ما يعادل ضعف عمره حتى بداية مرحلة التعليم الثانوي، ثم غيَّر معايير تحديد المصروف بعد ذلك.

لا شك أنّ المال سبب من أسباب السعادة في الحياة الدنيا كما قال الله عزّ وجّل في كتابه العزيز ﴿الْمَالُ وَالْبَنُونَ زِينَةُ الْحَيَاةِ الدُّنْيَا﴾ [الكهف: ٤٦]. ولكن الله أخبرنا أيضًا أن المال فتنة ﴿إِنَّمَا أَمْوَالُكُمْ وَأَوْلَادُكُمْ فِتْنَةٌ وَاللَّهُ عِندَهُ أَجْرٌ عَظِيمٌ﴾ [التغابن: ١٥]، لذلك ينبغي لنا حماية أبنائنا من الانغماس في المظاهر والماديات، من خلال تدريبهم منذ الطفولة على استخدام المال في مجالات الطاعة، مثل إخراج الزكاة والصدقة من نقودهم الخاصة. فعلى سبيل المثال بعض الأسر تشجع أبناءها على التبرع من مصروفهم بشكل منتظم، وأسر أخرى تحث أبناءها على التبرع عندما يمرون بأزمة أو مشكلة في حياتهم، في حين يشجع البعض الآخر أبناءهم على منح الصدقات عندما يرتكبون ذنبًا من الذنوب مثل الكذب أو الغيبة.

وأخيرًا ينبغي تعليم الأطفال أن يعيشوا في حدود ما تسمح به إمكانياتهم المادية. ويجب أن يكون الآباء حازمين في هذه المسألة وألا يقرضوا أبناءهم النقود تحت أي ظرف. فمن الأفضل لمصلحة الأبناء أن يتذوقوا بعض المعاناة دون نقود في نهاية الشهر كي يتعلموا كيفية الحفاظ على مصروفهم أطول فترة ممكنة. فقد لاحظنا أن الأطفال الذين تعلموا

هذه الدروس في سن مبكرة أصبحوا قادرين على إنفاق المال بحكمة في الكبر. تحضرني مقولة لخالي رحمه الله أراها خير ما قلَّ ودلَّ: "لا تجعل ما ترتديه أغلى ما فيك".

٢٧. النظام الروتيني: الأمن والأمان

في عصرنا الحالي، صار **الروتين** لا يُقَدَّر حق قدره كأداة تربوية، بل إنه اختفى من حياتنا بعد أن كان إحدى الضروريات في الماضي عندما كان نمط الحياة يعتمد في الأساس على ضوء الشمس لكونها المصدر الوحيد للإضاءة. أما الآن، فقد جعلت الكهرباء الليل موصولًا بالنهار، وغيرت التكنولوجيا نمط الحياة تغييرًا جذريًّا بعد أن أصبح الإنسان متصلًا بشبكة الإنترنت على مدار الساعة، فأتاحت له سهولة التواصل مع الآخرين، وإنجاز عمله، والتسوق عبر منافذ التسوق الإلكتروني. ونتيجة لذلك، أصبح كثير من الآباء يعيشون حياتهم لحظة بلحظة، ويقررون ما سيفعلون بارتجال ودون حسابات.

وفيما يتعلق ببعض الآباء، فإن الروتين هو أسلوب حياتهم لأن فطرتهم تميل إليه، وهؤلاء يضعون نظامًا روتينيًّا لأطفالهم ويحافظون عليه على نحو تلقائي. في حين يرى بعض الآباء الآخرين أن الروتين يفسد متعة التجديد وروح المغامرة في الحياة. وعادةً ما يرفض هؤلاء الآباء مفهوم الروتين إلى أن يدركوا قيمته وأهميته، ويشكل الروتين تحديًا صعبًا للآباء حديثي العهد بالأبوة والأمومة، فنظام حياتهم يتغير منذ لحظة ولادة طفلهم، ويتحول من نظام يتمحور حول خططهم إلى نظام يدور في فلك المولود الجديد.

وهنا نود التأكيد على أن النظام الروتيني يُعد وسيلة ممتازة **للتحكُّم في البيئة المنزلية**، بما يمكِّن الآباء من السيطرة على مواقف الحياة بطريقة تحفظ الاحترام للجميع. كما تتضح الأهمية البالغة للروتين في أوقات الانتقال من نشاط إلى آخر في أثناء اليوم: في الصباح، ووقت النوم، وبعد المدرسة، ووقت تناول الطعام. كما أنه نظام أساسي للنمو السليم للأطفال، لأنه يحمل رسائل جوهرية ترسخ لدى الأطفال شعورًا بالأمان والطمأنينة، ويستقر في نفوسهم الاعتقاد بأن "العالم مكان آمن لا يخبِّئ المفاجآت غير السارة"، وأن "الكبار يمكن الاعتماد عليهم والوثوق بهم". وتكمن قوة الروتين في التخطيط المسبق، وتقدير الوقت الذي تحتاج إليه الأسرة للقيام بمهام الحياة، وتقليص

مجالات الشجار والتشاحن، ومعرفة ما سيحدث تاليًا في اليوم. وبالتأكيد لن يتحقق أي من هذه القيم دون الالتزام **بالثبات على الكلمة**.

وإليك عزيزنا القارئ بعض النصائح لتنفيذ الروتين اليومي:

- حافظ على موعد ثابت للاستيقاظ طوال أيام الأسبوع فيما عدا أيام الإجازة.
- حضِّر من اليوم ملابس الطفل للغد.
- حضّر من اليوم وجبة غداء الغد.
- ضع حقيبة الطفل بجانب الباب أو في السيارة ليلًا بعد الانتهاء من الواجبات.
- حدد بوضوح للطفل الخيارات المتاحة لوجبة الإفطار.
- حافظ على عادة حث الأطفال على إعداد وجبة إفطارهم عند بلوغهم سن مناسبة (أربع سنوات فما فوقها).
- ضع قاعدة عدم مشاهدة التليفزيون في الصباح.
- ضع حدودًا لمشاهدة التليفزيون، وممارسة ألعاب الفيديو، ومكالمات التليفون بعد المدرسة.
- حدد ميعادًا ثابتًا لتناول وجبة العشاء.
- هيِّء وقتًا للاسترخاء بعد الظهر (للأسرة كلها وبما فيها أنت) بعد الانتهاء من الواجب المدرسي.
- إذا تأخر موعد العشاء، حدد وقتًا لتناول وجبة خفيفة. كن واضحًا بشأن الوجبات الخفيفة المسموح بها.
- حدد للطفل نشاطًا هادئًا للاسترخاء قبيل موعد نومه. ونرى بعض الأسر تخصص وقت الاستحمام بالليل، تليه قصة قبل النوم، ثم إطفاء النور.
- تجنب ربط الروتين بأي مكافأة أو عقاب.

وفيما يلي نموذج جدول الروتين اليومي لطفل في المرحلة الابتدائية:

في الصباح

٦:٠٠ الاستيقاظ، الوضوء، صلاة الفجر.

٦:٢٠ تنظيف الأسنان، تمشيط الشعر، ارتداء الملابس.

٦:٤٥ تناول وجبة الإفطار.

٧:١٠ أخذ حقيبة المدرسة وعلبة الغداء، ركوب السيارة.

٧:٢٠ المغادرة إلى المدرسة.

بعد الظهر

٣:٠٠ العودة من المدرسة، الوضوء، الصلاة.

٣:٢٠ تناول وجبة خفيفة.

٣:٤٥ البدء في عمل الواجبات المدرسية، اللعب بعد الانتهاء من عمل الواجبات.

٦:٠٠ تناول العشاء مع الأسرة: الأكل والمساعدة في تنظيف الطاولة وغسل الصحون.

٧:٠٠ مشاهدة التليفزيون أو ممارسة ألعاب الفيديو (إذا تم الانتهاء من الواجبات المدرسية).

٧:٣٠ الاستحمام وتنظيف الأسنان.

٧:٤٥ وقت القراءة قبل النوم.

٨:١٥ الوقت الخاص للترابط والتواصل مع ماما أو بابا.

٨:٣٠ إطفاء النور.

في البداية، يقوم الآباء بالثبات على تنفيذ الروتين ولكن دون أن يتوقعوا أن يحافظ أطفالهم عليه على نحو مستقل. ولنقدم لكم هذا المثال التوضيحي: وضعت ماما ورانا جدولًا للروتين على غرار الجدول السابق، وهو معلَّق في غرفة رانا. في الصباح تصلي رانا الفجر، ثم تلعب بالمكعبات في حين تلاحظها ماما. وحرصًا منها على تنفيذ الروتين، تقترب ماما من رانا وتسألها "ما المفروض أن تقومي به الآن حسب جدولك؟" إذا أجابت رانا "لا أعرف. نسيت". تجيبها ماما "سأنتظر هنا حتى تراجعي الجدول وتخبريني". عند

هذه النقطة، تكون ماما بالفعل واقفة بهدوء عند الباب، في انتظار أن تنهض رانا لتقرأ الجدول. وهكذا يصبح الجدول "الآمر الناهي"، وتتجنب ماما القيام بهذا الدور.

وكلما بدأتم في استعمال الروتين في سن مبكرة، قلَّت مقاومة الأطفال. أما إذا لم يكن جزءًا من حياة الأطفال الأكبر سنًّا، فإننا نحثكم على وضع جدول ثابت للأمور التي تقع تحت سلطتكم المباشرة (مثلًا وقت العشاء وأوقات فصل جهاز الوايفاي). ذلك لأننا ننصحكم أن تضعوا روتينًا لحياة الأسرة مبكرًا، فمرحلة المراهقة بتحدياتها العديدة هي حتمًا غير مناسبة لبدء وضع روتين الحياة.

٢٨. بالصبر والتدريب تعلمهم كل جديد

لا يمكن اكتساب العادات الجديدة بين ليلة وضحاها، بل الأمر يحتاج إلى وقت، فعندما تعلِّمون أبناءكم مهارة جديدة، أو تضعون لهم قاعدة جديدة، أو تتبعون روتينًا جديدًا، لا بد أن تمنحوا أنفسكم وأبناءكم الوقت الكافي كي يصبح هذا الشيء "الجديد" جزءًا طبيعيًّا من حياتكم، ما يعني أيضًا أن تدركوا ضرورة وجودكم بجانب أبنائكم في أثناء تعلمهم هذا الشيء "الجديد". ففي بعض الأحيان يتوقع الآباء أن الطفل سوف يمتثل للقاعدة الجديدة حالما وضعوها له، وهكذا تنتهي مهمتهم. وليت الأمر بهذه البساطة!

في حين يتوقع غالب الآباء بداهةً أن ينفذ الأطفال ما يتعلمونه على الفور، فإن القليل منهم ينظرون إلى التربية على أنها عملية منهجية- تتضمن تعليم الطفل المهارات أو العادات من خلال سلسلة من المراحل والخطوات.

وفيما يلي نعرض عليكم المراحل التي يتعلم فيها الأبناء شيئًا جديدًا:

١. يوضح الآباء كيفية القيام بالشيء الجديد.
٢. يشترك الآباء مع الأبناء في ممارسة الشيء الجديد، ولكن مع إمساك الأبوين بزمام القيادة.
٣. يمارس الأبناء المهارة أو العادة الجديدة دون مشاركة الآباء.

كما نقدم إليكم بعض النصائح لتدريب الطفل تدريبًا فعالًا:

- ابدأ بنفسك، فالفعل أبلغ من القول.
- قسِّم المهمة الواحدة إلى أجزاء صغيرة.
- انتقل من جزء إلى آخر عندما ترى الطفل قد صار على درجة كافية من الإجادة.
- ركِّز على تعليمه شيئًا واحدًا جديدًا في المرة الواحدة. تجنب أن يتملكك الحماس والرغبة في أن يتعلم الطفل كل شيء مرة واحدة.
- لا تنشغل بالوصول إلى الكمال، فقد يصبح ابنك أكثر دقة أو أقل اهتمامًا منك بالتفاصيل. علّم طفلك المهارة وكن مرنًا معه في كيفية ممارستها، لأن الأهم من بلوغ الكمال هو إنجاز المهمة في حد ذاتها.

ولنضرب مثالًا يوضح هذا الكلام. علَّم زوجي (منيرة) الأطفال كيف يستحمون دون مساعدة بتقسيم العملية إلى خطوات صغيرة، فكانت الخطوة الأولى صب الماء على الرأس، والخطوة الثانية دعك الشامبو في الشعر، والخطوة الثالثة وضع كمية الشامبو المناسبة في الأيدي للقيام بالمهمة بأنفسهم. وانتهى الأمر بعد عدة دروس يومية إلى أن تعلم الأطفال كل خطوات الاستحمام (فتح الصنبور، والتنشيف، وارتداء الملابس، وما إلى ذلك). وأهَّلت كل هذه الدروس أطفالنا للقدرة على الاستحمام دون مساعدة أحد.

٢٩. *تحكم في البيئة المنزلية

يُعد تعديل البيئة، سواء الحقيقية أو الإلكترونية (على شبكة الإنترنت) التي يعيش فيها الطفل من الأدوات التربوية القوية التي تعمل على تقليل المشاحنات في الأسرة دون مجهود يُذكر.

وللتوضيح نعرض عليكم بعض الأمثلة لطريقة التحكم في البيئة المنزلية كما يلي:

- تخزين الأطعمة المغرية (الحلوى والشوكولاتة وما شابهها) بعيدًا عن أعين الأطفال وأيديهم.

- تأمين الدواليب أو الأماكن التي قد تمثل خطرًا (المواد السامة، والسلالم، والمراحيض، وما إلى ذلك) بالتجهيزات التي تمنع وصول الطفل إليها.
- تهيئة أماكن هادئة ومنظمة للمذاكرة بالبيت.
- السماح باستخدام الأجهزة الإلكترونية في غرفة المعيشة فقط.
- تنظيم مواعيد الإنترنت (من خلال التحكم في جهاز الراوتر).
- حجب إمكانية الدخول على المواقع غير اللائقة على الإنترنت.

بالإضافة إلى الغرض الأساسي من استخدام هذه الأداة للحد من المشكلات، فإنها أيضًا تُستعمل كي يتعلم الطفل الاعتماد على نفسه، فعلى سبيل المثال، يمكنكم وضع المعلبات البلاستيكية بأسفل رف خزانة المطبخ، كي تكون في متناول أيدي الأبناء في مرحلة الطفولة المبكرة، فيشعرون بالاستقلالية والثقة بالنفس عندما نسمح لهم باكتشاف البيئة المحيطة بهم. وفي حالة الأطفال في سن دخول الحضانة الذين يحتاجون إلى الشعور باستقلاليتهم واكتشاف قدراتهم، يمكنكم أن تضعوا الكورن فليكس في علب والحليب في أوانٍ صغيرة في مكان يسهل الوصول إليه كي يعدوا وجبة الإفطار بأنفسهم. أما بالنسبة إلى الأطفال في المرحلة الابتدائية، فيمكنكم وضع الشماعات والأرفف في مستوى طولهم بما يساعدهم على تنظيم أشيائهم. ويمكن إتاحة شواية كهربائية للأبناء المراهقين لإعداد طعامهم الخاص.

٣٠. تعاطف معهم لتكسب تعاونهم

الوصفة السحرية التي تضمن كسب تعاون الطفل هي التعاطف معه. فبمجرد أن يشعر الطفل بأنك تتفهَّم نظرته إلى الموضوع، تأكد أنه سوف يكون أكثر إقبالًا على سماع وجهة نظرك. غير أن ما نجده حاصلًا في أحيان كثيرة أن الآباء يريدون أن يستمع الطفل إليهم أولًا، وبعد أن يستفيضوا في الشرح والتعبير عن وجهة نظرهم يكونون مستعدين للاستماع إليه. ولكن إذا عكسنا الوضع وفكرنا فيما سيحدث لو أنك عزيزنا القارئ بادرت بالاستماع إلى طفلك، فإنه سيشعر فورًا بوجود صلة تربط بينكما، ما سيؤدي إلى الحد

من المقاومة والمواقف الدفاعية التي يلجأ إليها الطفل. ومن الشروط الأساسية لكسب تعاون الطفل عدم الانسياق وراء انفعالاته. ولننظر إلى هذا المثال حيث يبحث الأب عن حل لمشكلة رندا التي تُسرف في مشاهدة التليفزيون:

بابا: ألاحظ أنكِ تشاهدين التليفزيون أكثر من ساعتين في اليوم. وهذه العادة تقلقني لأنها تتعارض مع قيامكِ بالواجبات والمسؤوليات الأخرى. فما الذي تعتبرينه حدًّا مقبولا يمكننا الاتفاق عليه لمشاهدة التليفزيون؟ ماذا تفهمين من كلامي؟

رندا: [**ساخطة**] تقول إنني أشاهد التليفزيون أكثر من اللازم، وتريد ألا أستمتع بحياتي!

بابا: [**بهدوء**] نعم، أقول إنكِ تشاهدين التليفزيون أكثر من اللازم. وأدرك أنكِ بدأتِ تشعرين بالغضب. ولا شك أني أحب أن أراكِ تستمتعين بحياتك، ولكني أود أن أراكِ أيضًا تعيشين حياة منتجة. فأنا لا أمنعك عن مشاهدة التليفزيون تمامًا، ولكن ما أطلبه فقط أن تحددي أوقات مشاهدتك للتليفزيون في الحدود المعقولة. فماذا تقترحين؟

رندا: هذا جنون! كل أصحابي يشاهدون التليفزيون كما يحلو لهم، ولا يتدخل آباؤهم! وأنت الأب الوحيد المتشدد على هذا النحو! لماذا يحدث هذا لي؟

بابا: [**بهدوء**] أنتِ تعتقدين أنني متشدد بلا داعٍ، وتريدين أن أتركك تشاهدين التليفزيون كما يحلو لكِ.

رندا: نعم! بالضبط. كل أصحابي بالمدرسة يفعلون ذلك. من فضلك يا بابا! من فضلك.

بابا: أفهم أنكِ لا تريدين أن تكوني مختلفة عن أصحابك، وتتمنين أن أسمح لكِ بمشاهدة التليفزيون كما ترغبين.

رندا: نعم، تمامًا! من فضلك يا بابا.

بابا: للأسف لن أفعل ذلك لأني أرى أن التوازن شيء مهم في الحياة. فما الحدود التي ترينها معقولة وتكونين مستعدة لقبولها؟

رندا: آه، لا أدري! أفهم من كلامك أنك لا يعجبك وضع ساعتين حدًّا للمشاهدة. وماذا لو قلت ساعة ونصف كل يوم؟

بابا: حسنًا. ماذا لو توصلنا إلى حل وسط، ساعة واحدة في اليوم وساعتين في نهاية عطلة الأسبوع؟

رندا: حسنًا! أظن أن هذا مقبول. اتفقنا.

كما يوضح المثال السابق، تجنب بابا الانسياق وراء غضب رندا بل على العكس أقر مشاعرها، وركز على المشكلة (السمة المميزة لأداة **تعاطف معهم لتكسب تعاونهم**). كما واصل بابا الاستماع إليها والتعاطف معها، وفي الوقت نفسه كان حازمًا في وضع الحدود الملائمة.

٣١. جراب الحاوي

تشكل هذه الأداة مزيجًا بين أداة **تحكم في البيئة المنزلية** وأداة **احسم الأمور التي تملك السيطرة عليها**. وتظهر فعالية هذه الأداة، عزيزتي الأم، في المواقف التي تعانين فيها من صعوبة الحفاظ على بيتٍ منظَّم بسبب عدم التزام أطفالك بالقواعد الخاصة بجمع متعلقاتهم الشخصية ووضعها في أماكنها. فما رأيكِ، بدلًا من الشعور بالإحباط، والغضب، والصراخ في أطفالك، أن تخصصي كيسًا كبيرًا أو علبة تكون بمثابة "جراب الحاوي". عليكِ إبلاغ طفلكِ أن عليه جمع حاجياته ووضعها في مكانها قبل الموعد المحدد الذي تم الاتفاق عليه، وإذا لم يلتزم الطفل اجمعي حاجياته وضعيها في جراب الحاوي.

وكي تؤدي هذه الأداة النتيجة المنشودة، يجب عليكِ أن تقرري بوضوح مصير هذه المتعلقات، هل سوف تعيدينها إلى الطفل ثانيةً؟ أم هل ستحرمين الطفل من الحصول عليها لفترة محددة ثم تعطينها له؟ أم ستتبرعين بها بعد مدة معينة؟ بالطبع هنالك خيارات متعددة، المهم أن تضع الأسرة نظامًا سلسًا يسهل تطبيقه والالتزام به.

٣٢. خير الكلام ما قلَّ ودلَّ

إذا استطعنا تسجيل سيل المحاضرات التي يلقنها الآباء لأبنائهم، لصُدموا من عدد المرات التي يكررون فيها كلامهم، ما يجعلها عديمة الأثر مع الوقت، وسرعان ما يكف الأطفال عن الاستماع إلى آبائهم عندما يكون الحديث من طرف واحد فقط. لذا فإننا نقدم إليكم

أسلوبًا أكثر فعالية، وهو أداة **خير الكلام ما قل ودل** التي تغير طريقتنا في التواصل مع الأبناء باللجوء إلى المختصر المفيد، من خلال استخدام كلمة واحدة/ عشر كلمات أو أقل.

تُستعمل "الكلمة الواحدة" في موقف سبق أن ناقشه الأبوان مع ابنهم، فتكون هذه "الكلمة الواحدة" إشارة واضحة إلى ما طُلب منه. مثال: يُناقَش توزيع المهام في اجتماع للأسرة، ويختار الطفل أن يغسل الصحون بعد العشاء، فإذا دخل أحد الأبوين المطبخ ولاحظ أنه لم يغسلها بعد، قد يقول في هذا الموقف فقط كلمة "الصحون"، وهو ما يكفي لتوجيه الرسالة إلى الطفل، فليس ضروريًا أن نكرر ما اتفقنا عليه، أو أن نشتكي من السلوك غير المسؤول.

أمثلة على "الكلمة الواحدة":

- "حقيبة المدرسة" عندما يلقيها الطفل وسط ردهة المنزل.
- "الطبق". عندما يترك الطفل الطبق على المنضدة بعد تناول طعامه.
- "الغداء". عندما ينسى الطفل علبة الغداء في المطبخ.
- "القصة". عندما يتوجه الأب/ الأم إلى حجرة الطفل لقراءة قصة قبل النوم.

أما "عشر كلمات أو أقل"، فهي تُستعمل في مواقف يحتاج الآباء فيها إلى مناقشة أمر ما، فيقول الأب/ الأم عبارة من عشر كلمات أو أقل، ثم ينتظر إجابة الطفل أو رد فعله، وبهذه الطريقة تُقسَّم المناقشة إلى أجزاء صغيرة، ما يجذب الطفل إلى الاستماع والمشاركة في النقاش. وهذه الاستراتيجية لها أثر أعظم في تشجيع الطفل على الكلام والتعبير عن نفسه.

أمثلة على "عشر كلمات أو أقل":

- "أنتِ متضايقة لأن مَلَك لا تريد أن تلعب معكِ".
- "بعد أن تجمع اللعب، سوف نقرأ القصة".
- "لاحظتُ أنكِ كنتِ تجدين صعوبة في الاستيقاظ في الأسبوع الماضي".

- "وصلتني رسالة من المدرسة تقول إنك تأخرت اليوم".
- "يُظهر كشف حساب بطاقتي الائتمانية رسوم عملية تحميل من الإنترنت".
- "فيمَ صرفت كل مصروفك هذا الشهر؟"

٣٣. خيِّرهم بين أمرين

تُستخدَم هذه الأداة بصفة رئيسية في مرحلة الطفولة المبكرة (2-3 سنوات)، عندما يبدأ الطفل في التعبير عن استقلاله، ورأيه، ورغباته بتحدي الأوامر باستعمال كلمة "لا"، كي يثبت قدرته على الاختيار. ويلجأ الأبوان إلى أداة **خيِّرهم بين أمرين** لاحتواء كثير من المواقف المشحونة بالمشاعر، ذلك لأن الطفل، في هذه المرحلة، عادةً ما يكون مرهف الحس وسريع التأثر لأتفه الأسباب، فإذا قدمنا إليه خيارين أو ثلاثة على الأكثر، نكون قد وجهنا طاقته نحو التوصل إلى قرار، ما يساعده على احتواء مشاعره. ومع تقدم سن الطفل، عادةً ما تفقد هذه الأداة فعاليتها إذا لجأنا إلى استعمالها بصورة يومية، غير أنها تظل أداة فعالة إذا استخدمناها مع الأطفال الأكبر سنًّا في مواقف مناسبة.

وإليك عزيزنا القارئ بعض النصائح التي تساعدك في استخدام أداة **خيِّرهم بين أمرين** استخدامًا ناجحًا:

- لا تقترح على الطفل إلا الاختيارات التي تناسبك.
- كن حازمًا، فإن تذمر الطفل، لا تزد عن قول: "هذه هي الخيارات المتاحة. أي منها يناسبك؟"
- إذا اقترح الطفل خيارًا آخر، رد عليه بهدوء: "هذا ليس ضمن الخيارات المناسبة اليوم. ربما في يوم آخر".

وفيما يلي بعض الأمثلة:

- "هل تودين أن تأكلي كورن فليكس أم كيك؟"
- "هل تود أن ترتدي القميص الأحمر أم الأزرق؟"

١٣٧

- "هل تود أن تجلس بجانب أحمد أم زيد؟"
- "هل تود أن تلبس قميصك أولًا أم سروالك؟"
- "يمكنني اصطحابكِ إلى المكتبة العامة يوم الثلاثاء الساعة الثالثة بعد الظهر، أو الأربعاء الساعة الخامسة بعد الظهر. أيهما تفضِّلين؟"
- "يمكنك دعوة أصدقائكِ يوم الجمعة بعد المدرسة لمدة ساعتين، أو يوم السبت الساعة 12 ظهرًا لمدة أربع ساعات. ماذا تفضلين؟"

٣٤. دائرة الخيارات

تُعد هذه الأداة البسيطة الملموسة من الأدوات المفيدة للغاية مع الأطفال صغار السن، ويمكن استخدامها بطرق مختلفة. وتقسَّم هذه الدائرة إلى عدة خانات تتضمن خيارات مختلفة لمعالجة موقف محدد، في حالة وقوعه يعطي الأب/ الأم الطفل دائرة الخيارات ويطلب منه أن يختار واحدًا منها. ونعرض في الشكل التالي 5-1 دائرة خيارات صممتها "سمية عبد القدير"، وهي أم شاركت في أحد فصولي التربوية (نهى). كانت "سمية" تعاني من ثورات الغضب التي تنتاب ابنتها، فقررت تصميم هذا الشكل الدائري الجميل وأدخلت إليه بعض التعاليم الإسلامية التي تساعد على التحكم في مشاعر الغضب.

وهذا ما قالته "سمية" عن استخدام دائرة الخيارات: "صممنا أنا وابنتي "أنيسة" دائرة الخيارات في حالة الغضب. وأدركتُ أنني بحاجة إلى الدائرة أكثر من احتياج ابنتي إليها، كي أكون قدوة لها أرشدها إلى طريقة التعامل مع مشاعر الإحباط، وأيضًا كي أتجنب نموذج الأم التي "تصرخ طيلة الوقت". قلت لابنتي إنني سأصممها وسيستعملها كلانا، وطلبت منها أن تذكِّرني إذا نسيت. وسبحان الله مبدِّل الأحوال، فلقد لاحظت مدى الفرق الهائل ليس فقط في شخصي وسلوكي عندما أغضب، بل أيضًا في التغير الفوري في الطريقة التي تعاملت بها ابنتي مع غضبها. وكم كنتُ ممتنة ومسرورة بمشاهدة ابنتي ذات الخمسة أعوام وهي تتحكم في غضبها، وتملك زمام مشاعرها، ثم تفصح لي عنها بكل هدوء. الحمد لله".

ويمكنك عزيزنا القارئ أن تصمم دائرة الخيارات بالتعاون مع طفلك، والأفضل أن تخصص الوقت المناسب للقيام بذلك بهدوء ودون تعجل. بعد أن تشرح لابنك الغرض من هذه الدائرة، أحضر دائرة مقسمة إلى خانات على شكل مثلثات، وابدأ معه في تبادل الأفكار التي يمكن أن تعالج المشكلة التي تواجهكما.

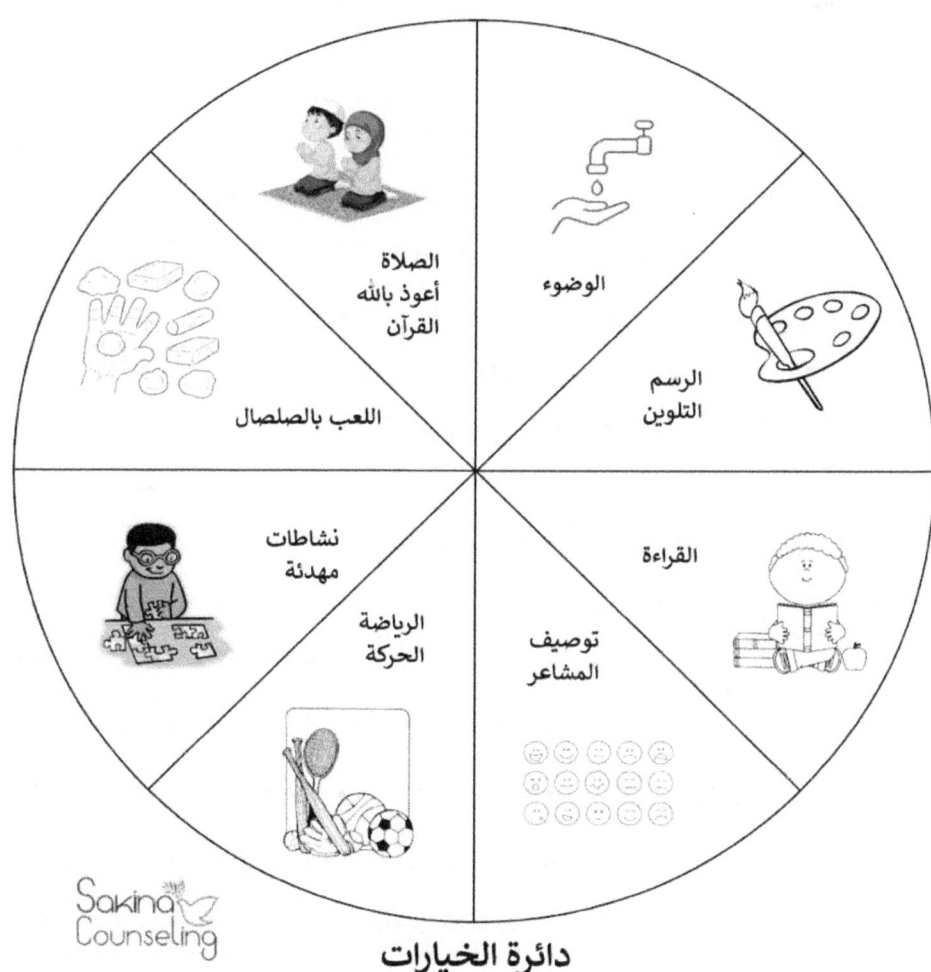

دائرة الخيارات

٣٥. دعهم يعتمدون على أنفسهم

عزيزنا القارئ: هل تربي طفلك على الاعتماد على النفس أم على التواكل؟ إن تربية الطفل على التواكل، حسب تعريف كلٍّ من جين نيلسن ولين لوت، تعني: "الحيلولة بين النشء

وخوضهم تجارب الحياة في سبيل التقليل من عواقب تصرفاتهم قدر الإمكان" (١٩٩٧، ص ٥٩). على الجانب الآخر، فإن تنشئة الطفل على الاعتماد على النفس تعني: "تسليم زمام الأمور إلى النشء بأسرع ما يمكن حتى يتسنَّى لهم التحكم في حياتهم" (ص ٥٩). إن تربية الطفل على التواكل تعني باختصار تدخُّل الأبوين لتحمُّل كل مسؤوليات الطفل نيابةً عنه، ومن ثمَّ، يشب الطفل على عدم الاعتماد على النفس، ما يجعله عاجزًا عن تسيير شؤون حياته في المستقبل.

يعاني الآباء من التأرجح بين تعويد أبنائهم على الاعتماد على أنفسهم من جهة، وتعويدهم على الاتكالية من جهة أخرى، بأداء المهام المسندة إليهم نيابةً عنهم. ومن الأمثلة الشائعة في هذا السياق أداء الواجبات المدرسية، وتناول الطعام، وارتداء الملابس. ويحضرني (نهى) هنا سؤال ألقته عليَّ إحدى الأمهات مؤخرًا عن متى ينبغي أن تسلِّم ابنتها مسؤولية أداء الواجب المدرسي. فقد تعودت ابنتها ذات الستة أعوام أن تُحضر أمها الكتب وتجلس إلى المائدة ثم تنادي عليها، وتظل جالسة إلى جانبها إلى أن تنتهي من أداء الواجب المدرسي. والنتيجة أن الواجب الذي يحتاج إلى ١٠ دقائق على الأكثر لأدائه قد يستغرق ساعة من إهدار الوقت في المشاحنات بين الأم وابنتها. وهذا مثال حي يوضح كيف يغرس الآباء صفة الاتكالية في الأبناء. ولقد دعوت الأم إلى تعويد ابنتها الاعتماد على النفس من خلال:

- إبلاغ الابنة أن طريقة أداء الواجب المدرسي سوف تتغير.
- تحديد وقت أداء الواجب المدرسي في جدول الروتين اليومي.
- تحضير مكان هادئ مجهّز بكل الأدوات اللازمة.
- أن تتوقع من ابنتها أداء الواجب بمفردها.
- أن تكون موجودة للمساعدة عندما يصعب على ابنتها حل أو فهم جزء محدد أو مسألة بعينها.
- أن تتجنب تصحيح الواجب المدرسي أو مطالبة ابنتها أن تعيد أداءه مرة أخرى.
- إبلاغ الابنة أن عليها وضع الواجب المدرسي في مكانه بعد الانتهاء منه.

- الالتزام بموعد النوم حتى لو لم تنتهي الابنة من أداء الواجب المدرسي.
- ترك الابنة تواجه عواقب عدم الانتهاء من أداء الواجب المدرسي.
- وضع قاعدة من "قواعد الحياة" من قبيل أن"اللعب يأتي بعد إنجاز العمل". ومعنى ذلك أن دور الألعاب بمختلف أنواعها يأتي بعد أداء الواجب المدرسي.

وهنالك مزيد من الإجراءات والأساليب المختلفة للتعامل مع مثل تلك المسائل، ولكننا اكتفينا بهذه الأمثلة التي توضح تنمية الاعتماد على النفس بدلًا من التواكل. الرجاء أيضًا مراجعة الجزء الخاص بالثواب والعقاب الذي يوضح كيف أن استخدام العقاب يشجع على التواكل بدلًا من الاعتماد على النفس.

مقارنة بين الاعتماد على النفس والتواكل

التواكل	الاعتماد على النفس
المبالغة في قضاء حاجيات الطفل بدلًا عنه • حمل حقيبته المدرسية • إعداد وجبات الطعام التي يستطيع الطفل إعدادها بمفرده • ملاحقة الطفل لإطعامه، وإطعام الطفل فوق الثلاث سنوات بالملعقة، ورشوة الطفل لإنهاء طعامه	**تسليم الطفل مسؤولية الأمور التي يستطيع القيام بها** • "يمكنك حمل حقيبتك". • "ما دام الإفطار مهمًا بالنسبة إليك، من فضلك نظِّم وقتك لإعداده قبل الذهاب إلى المدرسة". • "العشاء سيكون جاهزًا في الساعة ٥"، "أخبرني عندما تشعر بالجوع"، "أنت قادر على تناول طعامك بنفسك"، "يبدو أنك انتهيت من تناول طعامك".
إغداق العطاء للطفل • شراء أحدث الألعاب الإلكترونية أو ماركات الملابس باهظة الثمن • منح النقود بلا حساب • شراء سيارات باهظة السعر للأبناء في مرحلة المراهقة	**وضع حدود للعطاء حتى إن كان الأبوان ميسوري الحال** • منح الطفل مصروفًا يُقسَّم على شراء لوازمه من ملابس، وألعاب ترفيهية، ووجبات الطعام الجاهزة وغيرها من الاحتياجات. • التفاوض مع الأبناء في مرحلة المراهقة عند شراء سيارة لهم. بعض الأسر تقترح على أبنائها المساهمة في سعر السيارة، أو في تكلفة التأمين، أو الصيانة أو البنزين.

	• شراء سيارة مستعملة وإشراك الأبناء في الوصول إلى أفضل صفقة ممكنة (البحث عن سيارة جيدة وذات سعر مغرٍ).
إصلاح ما يفسده الطفل • قيام الأب أو الأم بمشروع مادة العلوم لأن الطفل يعجز عن إنجازه كما يجب	**تقبُّل قرار الطفل عن كيفية قيامه بمسؤولياته** • "ما المشروع الذي تستطيع إنجازه بمفردك وبأقل قدر من المساعدة من جانبي؟"، ويُفضَّل تأجيل أي تعليقات إذا كان المشروع الذي اختاره رديئًا.
إخراجه من المآزق • الاعتذار بالنيابة عن الطفل على التصرف بوقاحة مع صديق الأب/ صديقة الأم	**ترك الطفل يواجه عواقب تصرفاته** • "لقد جرحت مشاعر خالتك فاطمة بكلامك، وأنتظر منك الاعتذار لها بنفسك".
الحماية المفرطة/ الإنقاذ • الإسراع إلى المدرسة لتسليم الواجب المدرسي الذي تأخر الطفل عن تسليمه في موعده • العودة إلى المدرسة لإحضار الكتاب الذي نسيه الطفل	**عدم التخلي عن الطفل وتقديم الدعم له** • "أرى مدى انزعاجك لأنك نسيت الواجب المدرسي. ما الذي ستفعله كيلا يتكرر ذلك مرة أخرى؟". • "لقد لاحظت أنك تنسى كتبك في المدرسة باستمرار، وفي كل مرة أرجع إلى المدرسة لإحضارها. ولكني قررت عدم القيام بذلك بعد الآن. فماذا يعني هذا بالنسبة إليك؟ ما الذي سوف تفعله إذا كان الاستذكار للامتحان يهمك؟".
الكذب من أجل الطفل • الاعتذار للمدرسة عن غياب الطفل بحجة مرضه	**قول الحقيقة حتى إن كانت ستسبب الحرج للأبوين وللطفل** • "ابني لم يحضر إلى المدرسة اليوم بسبب سهره لوقت متأخر الليلة الماضية".
معاقبة الطفل والسيطرة عليه • معاقبة الطفل بعدم الخروج من المنزل بسبب حصوله على درجة سيئة في مادة الرياضيات	**التركيز على المشكلة** • "لقد لاحظت أنك حصلت على درجة سيئة في الرياضيات، ويهمني أن أسمع منك ما السبب في ذلك". "أود أن أطَّلع على توزيع الدرجات كي نتوصل معًا إلى معرفة الفرع الذي تجد صعوبة في فهمه". "ما الذي تفكر فيه للعمل على تحسين درجاتك في الرياضيات في الشهر القادم؟

إنكار الواقع	مواجهة الواقع
• تساور الأبوين شكوك قوية أن ابنهما يشرب المخدرات (رائحته، عيناه حمراوان، وغيرها من الدلالات) ولكنهما لا يفعلان شيئًا حيال ذلك	• "أنا أشعر بالقلق الشديد يا آدم. لقد لاحظت أنك أصبحت كتومًا للغاية في الآونة الأخيرة ونومك غير منتظم بالمرة وتبدو أحيانًا مضطربًا ومشوش الذهن، ما يجعلني أتساءل عما إذا كنت تشرب المخدرات". "بالرغم من تأكيدك لي أن كل شيء على ما يرام كي تطمئنني، فإن قلبي يحدثني أن هنالك مشكلة ما. أعتقد أن الحل هو الذهاب إلى الطبيب، لأني أفضّل إجراء تحليل المخدرات حتى أتأكد أنك على ما يرام".

٣٦. راقبهم بأذنيك

هذه الأداة تعد امتدادًا لأداة **كن معهم قلبًا وقالبًا**، وهي تتلخص ببساطة، عزيزنا القارئ، في أن تكون متنبهًا كلما كنت على مقربة من طفلك، لتسمع وترى كيف يتحدث ويتصرف ولكن دون تدخل منك، ثم تحتفظ بكل ما يجول في نفسك من أسئلة، أو مخاوف، أو خواطر ردًّا على أفعال أو أقوال طفلك، إلى أن تشاركها معه على انفراد.

ومن أمثلة راقبهم بأذنيك:

- في أثناء اللعب مع أصدقائه.
- في أثناء مغادرة طفلك الملعب مع أعضاء الفريق عقب انتهاء مباراة كرة القدم مثلًا.
- في أثناء توصيله هو وزملائه من وإلى المدرسة.
- عندما تصادق طفلك على مواقع التواصل الاجتماعي.

ولا يعني الاستماع لما يقوله طفلك أنك تتجسس عليه، لأنك تتصرف في العلن وطفلك يعلم أنك تسمع وترى ما يفعله، في حين أن التجسس يعني تفقُّد تصرفات الطفل دون

علمه، ما يراه بعض الآباء أمرًا مشروعًا بحجة حماية أبنائهم. وبالطبع نحن لا نتفق مع هؤلاء الآباء لأن الله حرَّم التجسس ونهى عنه كما جاء في كتابه الكريم: ﴿وَلَا تَجَسَّسُوا وَلَا يَغْتَب بَّعْضُكُم بَعْضًا﴾ [الحجرات: ١٢].

وخلال استخدامك لهذه الأداة، سوف يصادفك حتمًا ما يزعجك ويقلقك من تصرفات طفلك، ولكن عليك تجنُّب مفاتحته في هذه الأمور أمام أصدقائه، بل تخيَّر الوقت المناسب للتحدث معه على انفراد بأسلوب متحضِّر ومحترم مع الاستعانة بأداة **استخدم لاحظت بدلًا من أن تلومهم**.

٣٧. راقبهم في الصِّغر وتابعهم في الكِبر

تأخذ هذه الأداة أشكالًا متباينة مع اجتياز الطفل المراحل العمرية المختلفة. ففي حالة الطفل الوليد، تنحصر مراقبتكم للطفل في الاستجابة لمؤشرات الجوع والتعب وتغيير الحفاضات وما إلى ذلك. ومع بداية تعلُّم الطفل الحركة، يتسع نطاق المراقبة ليشمل وقايته من الأذى والخطر باستعمال أداة **تحكم في البيئة المنزلية**.

وكلما اكتسب الطفل مزيدًا من الاستقلالية، يتغير دوركم الرقابي ليأخذ شكل المتابعة التي لا تعتمد على حضوركم الشخصي، فتبدؤون في إعطاء الطفل بعض المسؤوليات مع المتابعة عن بُعد استعدادًا للتدخل عند الضرورة. فعلى سبيل المثال، يمكنكم وضع قاعدة بأن يستخدم كل أفراد الأسرة الأجهزة الإلكترونية في غرفة المعيشة (لا في غرف النوم)، لتكون وسيلة فعالة لمراقبة استخدام الأطفال للإنترنت. ومثال آخر للمتابعة أن تكونوا على علم مسبق بأنشطة الأبناء ومواعيدها، وأن يعلموا أنكم تتوقعون منهم أن يخبروكم بأي تغييرات تطرأ لأي سبب من الأسباب.

وفي هذا السياق نوجه انتباهكم إلى أن الرقابة أو المتابعة ليس المقصود منهما أن تتجسسوا على أبنائكم، لأنكم لستم بحاجة إلى معرفة كل شيء يحدث في حياتهم، فمن الطبيعي أن يخبِّئوا أمورًا عنكم وأن تكون لهم أسرارهم الشخصية. ويجب ألا تفزعوا، بل ركزوا على إقامة علاقة ترتكز على الثقة المتبادلة وسوف يلجؤون إليكم متى احتاجوا

إليكم. أما إذا اخترتم التجسس عليهم، وطالبتموهم بأن يعرِّفوكم كل صغيرة وكبيرة تحدث في حياتهم، فستكون لذلك عواقب سلبية وسيدفعهم إلى الابتعاد عنكم. لذا من الأفضل أن تصبوا اهتمامكم على التعبير عن مشاعركم لهم، بأن تقولوا مثلًا "أحبك. وإن واجهتك مشكلة في أي وقت من الأوقات يمكنك إخباري، وأنا أعِدك أن أساعدك دون أن أغضب منك".

٣٨. ركز على الحلول

كانت جين نيلسن أول مَن حوَّل اتجاه الخطاب التربوي نحو التركيز على الحلول بدلًا من إهدار طاقة الآباء في فرض عواقب منطقية وعقوبات لتقويم سلوك الأبناء. وتمثل أداة **ركز على الحلول** بالنسبة إلى غالبية الآباء تحوُّلًا جذريًّا في المفاهيم التربوية السائدة. وتتركز الحلول في مرحلة الطفولة (التي تتضمن مرحلة الرضاعة، ومرحلة الطفولة المبكرة، ومرحلة الطفولة الوسطى) بصفة رئيسية في **تحكم في البيئة المنزلية، والنظام الروتيني: الأمن والأمان، واحسم الأمور التي تملك السيطرة عليها.** أما الحلول مع الأطفال الأكبر سنًّا فتتمثل في المحادثات والمناقشات مع الآباء من أجل التوصل إلى حل للمشاكل.

فعلى سبيل المثال، سارة، طفلة في الصف الثاني الابتدائي، تخبر أمها وهي تتوقف بالسيارة أمام المدرسة أنها نسيت إحضار الواجب المدرسي من البيت مجددًا. ونظرًا إلى أن الأم من فرط حبها لسارة لا تريد أن تعرِّضها للإهانة والتوبيخ من مدرِّستها، فإنها تسرع بالعودة إلى المنزل لإحضار الواجب المدرسي وتسليمه للمدرسة. والنتيجة كالعادة أنها تشعر بعد ذلك بالضيق والإحباط. فلننظر كيف تسير الأمور إذا استخدمنا أداة **ركز على الحلول** في هذا المثال.

تحضر الأم الواجب المدرسي من المنزل وتسلِّمه إلى سارة معلِّقةً: هذه هي آخر مرة أُحضر لكِ الواجب المدرسي إذا نسيتِه في المنزل. لا بد أن نجلس معًا في المساء لنجد حلًّا لهذه المسألة". وفي المساء، بدأت الاثنتان تتناقشان في هدوء:

الأم: سارة، لقد لاحظت أنكِ نسيتِ الواجب المدرسي في المنزل ثلاث مرات في الأسبوع الماضي. فما الذي يحدث؟

سارة: لا أعلم! أنا أنساه على المائدة. لا أدري ما الذي يحدث.

الأم: إذًا أنتِ ترين أن المشكلة في نسيانك الواجب على المائدة بعد الانتهاء من أدائه، أليس كذلك؟

سارة: نعم، بالضبط.

الأم: لا أدري ما الذي يمكنكِ فعله كي لا تنسي الواجب المدرسي في المنزل مرة أخرى. فأنا أعلم أنكِ تهتمين بتسليم الواجب في موعده. وفي الوقت نفسه أنزعج وأُصاب بالإحباط في كل مرة أضطر إلى العودة سريعًا إلى المنزل لإحضاره لكِ. ما الذي قلته الآن؟

سارة: أنتِ تقولين إنني أهتم بواجبي المدرسي وإنكِ تشعرين بالضيق بسبب إحضارك الواجب المدرسي إلى المدرسة.

الأم: تمام. وأود أيضًا أن نفكر في إيجاد بعض الحلول لتلك المسألة. ما الذي يمكن أن يساعدكِ على عدم نسيان واجبكِ المدرسي؟

سارة: لا أعلم. قولي لي أنتِ ماذا أفعل.

الأم: أعتقد أن إيجادك للحل بنفسك أهم بكثير وأكثر فائدةً لكِ من أن أقول لكِ أنا ما الذي يجب أن تفعليه. ما رأيكِ لو أخذتِ بعض الوقت كي تفكري فيما يمكنكِ فعله؟

سارة: (محبطة) لكني لا أستطيع التفكير في أي حل!

الأم: إنكِ تجدين صعوبة في التفكير في حل حاليًا. وأنا متأكدة أنكِ، إذا منحتِ نفسكِ بعض الوقت، سوف تتوصلين إلى فكرة ممتازة لحل هذه المسألة. فماذا لو أكملنا حديثنا غدًا لأعرف منكِ حينئذٍ ما الذي توصلتِ إليه؟

سارة: (تتنهَّد بعمق) نعم، على ما أعتقد.

الأم: أرى أنكِ تشعرين بالإحباط الآن لأنكِ لا تملكين حلًّا جاهزًا. كما أظن أنكِ تشعرين بالقلق من التفكير فيما سوف تفعلين إذا نسيتِ الواجب مرة أخرى ورفضت إحضاره لكِ في المدرسة.

سارة: (مرتبكة) أجل، ما الذي سأفعله في هذا الموقف؟
الأم: (بهدوء) حسنًا، ما الذي سوف يحدث إذا لم تأخذي الواجب إلى المدرسة؟
سارة: لن أحصل على درجات.
الأم: يبدو أن الأمر لا يروق لكِ.
سارة: نعم، لا يروق لي، لأني سوف أشعر بالحرج.
الأم: فهمت. حسنًا أنا متأكدة أنكِ حالما تجدين الحل لن تضطري إلى خسارة درجاتك أو الشعور بالحرج. فلنستكمل حديثنا غدًا إن شاء الله.

وما رأيناه من خلال خبراتنا في هذه المواقف أن الأطفال عادةً يقدمون الحلول عندما يُطلب منهم أن يدلوا بدلوهم. ومع ذلك، أردنا أن نوضح لك، عزيزنا القارئ، كيفية معالجة الموقف إذا كان طفلك يقاوم النهج التعاوني الذي تقوم عليه أداة **ركز على الحلول**. ففي حالة وجود مقاومة من الطفل، كما رأينا في المثال السابق، من الأفضل إعطاؤه فرصة للتفكير مليًّا في الحلول الممكنة على أن يتم **الاتفاق على ميعاد محدد** للقاء مرة أخرى.

فلننظر إلى طريقة أخرى ترد بها الأم على سارة عندما تسألها ماذا عليها أن تفعل:

الأم: أعتقد أن إيجادكِ للحل بنفسكِ أهم بكثير وأكثر فائدةً لكِ من أن أقول لكِ أنا ما الذي يجب أن تفعليه. على أي حال، دعينا نحاول معرفة ما الذي يحدث (قد تؤدي المناقشة إلى توليد بعض الأفكار) والآن قولي لي أين تتركين الواجب المدرسي في الأيام التي تنسينه فيها؟ وفي أي مكان يكون في الأيام التي لا تنسينه؟ (أسئلة الاستفسار).
سارة: عندما آخذ الواجب المدرسي معي إلى المدرسة يكون ذلك عادةً بسبب تذكيرك لي، أما عندما أتركه فالسبب أنكِ لم تذكّريني به (إلقاء اللوم على الآباء يعد أمرًا شائعًا بين الأبناء في أثناء المرحلة الانتقالية التي ينتقل فيها الآباء من أداء كل الأمور نيابةً عن أبنائهم إلى تدريبهم على الاستقلالية وتحمُّل مسؤولية أفعالهم).
الأم: (بهدوء) إذًا أنتِ تنسين أخذ الواجب المدرسي إلا إذا ذكَّرتك به قبل الذهاب إلى المدرسة.

سارة: بالضبط يا ماما! يجب أن تذكّريني!

الأم: (بهدوء) أرى أنكِ تعودتِ أن أذكّركِ بالواجب، وهذه غلطتي أنا، لذا فلا بد أن أعترف أنَّ لي يدًا في هذه المشكلة. دعيني أفكر للحظة (فاصل). أنا أتأمل الآن المستقبل ولا أستطيع أن أتصور نفسي أستمر في تذكيركِ بكل الأشياء المهمة التي سترد في حياتك. هل يمكنكِ تخيل هذا المشهد المضحك الذي تبدين فيه شابة يافعة في انتظار أن تذكركِ أمكِ بأخذ التقرير معكِ إلى العمل؟ هذا الوضع لن يجدي بتاتًا. لا بد من إيجاد طريقة لتدريبك على تذكير نفسك. إذًا، ما الذي يمكنكِ عمله كي تذكّري نفسكِ؟

سارة: لا أعلم، أنا أنسى دائمًا.

الأم: فهمت. أنتِ الآن معتمدة عليَّ كي أذكّركِ، لذا سيكون صعبًا عليكِ في البداية أن تتذكري بمفردكِ. ولكن يجب أن تتعلمي الاعتماد على نفسك، فما الشيء الذي سوف يساعدك على ذلك؟

سارة: ربما ملاحظة مكتوبة على قصاصة من الورق أو شيء من هذا القبيل. لا أعلم.

الأم: الملاحظة المكتوبة فكرة رائعة في الواقع! أحسنتِ صنعًا. أين ترغبين لصق هذه الملاحظة؟ ما المكان الأفضل بالنسبة إليكِ؟

سارة: على باب غرفتي ربما؟ أو قد يكون الأفضل لصقها على باب الجراج كي يتسنى لي رؤيتها في طريقي للخروج من المنزل؟

الأم: أي الخيارين مناسب لي. عليكِ اختيار المكان الذي ترغبينه. وما الذي سوف تكتبينه على الورقة؟

سارة: خذي الواجب المدرسي.

الأم: ممتاز.

الأم: إذًا نحن اتفقنا على الآتي: سوف تكتبين ملاحظة تقول: "خذي الواجب المدرسي". وسوف تعلقينها على.. صحيح أين ستضعينها يا سارة؟

سارة: على باب الجراج.

الأم: حسنًا، إذن ستعلقينها على باب الجراج. ولقد فهمتي أني لن أُحضر لكِ الواجب المدرسي إلى المدرسة بعد الآن، أليس كذلك؟

سارة: أجل.

الأم: سارة، إذا لم تنجح هذه الفكرة، سوف نعمل معًا على إيجاد حل آخر.

سارة: اتفقنا يا ماما.

الأم: شكرًا لكِ يا سارة، لقد استمتعت حقًّا بمعالجة هذه المشكلة معكِ.

لا شك أن هذه ليست الطريقة الوحيدة للتعامل مع مشكلة نسيان الواجب المدرسي، بل يوجد كثير من الحلول بقدر ما يوجد عديد من الأطفال المبدعين. قد يتساءل بعض الآباء لِم لا تبادر الأم بالحلول التي "تساعد" سارة على معالجة هذه المشكلة، ومنها على سبيل المثال أن تضع الواجب المدرسي في حقيبة سارة في كل ليلة؟ ولكن كما لاحظت في النقاش السابق، عزيزنا القارئ، أن التركيز كان منصبًّا على أن تأتي سارة بالحل وتنفذه من تلقاء نفسها. ولا ينبغي أن ننسى الهدف الأساسي المتمثل في تنشئة سارة على الاستقلالية وتحمُّل المسؤولية، وهذا الدرس يجب أن يتعلمه الأبناء في مراحل مبكرة من أعمارهم. ومن ثمَّ، كان يجب على الأم أن تدع سارة تتوصل إلى الحل بمفردها. حتمًا سوف ترتكب سارة الأخطاء في بعض الأوقات، غير أن الأخطاء في الصِّغر أخف وطأةً وأقل ضررًا من الأخطاء في الكِبر.

"الأخطاء في الصِّغر أخف وطأةً وأقل ضررًا من الأخطاء في الكِبر"

وبناءً على ذلك كيف دعمت الأم سارة، كما رأينا في المثال السابق، في أثناء استيعاب مفهوم الاستقلالية وتحمُّل المسؤولية؟ لقد تنحَّت الأم جانبًا وأفسحت لسارة المجال كي تفكِّر، وواصلت معها المناقشات الموجَّهة نحو إيجاد حلول للمشكلة إلى أن حُسمت المسألة. وقد يسأل سائلٌ: "ولكن أين الحنان؟" و"ماذا عن الحزم؟"، والإجابة أن الحنان يتجسَّد هنا في التحلي بالهدوء وتجنُّب الصياح، أو الصراخ، أو التحقير، أو السخرية. أما الحزم فيتمثل في **الثبات على الكلمة** حتى لو كان نسيان الواجب المدرسي سوف يؤثر في درجات الابنة.

٣٩. ركن السكينة

لطالما استعمل الآباء والمدرسون ركن العقاب باعتباره أداة من الأدوات التربوية التي تُستخدم عادةً كوسيلة من وسائل العقاب للتحكم في السلوك. وعندما قدمها التربويون بديلًا لأساليب الضرب والعقاب البدني، لاقت ترحيبًا واسعًا باعتبارها خطوة إلى الأمام على طريق تطور أساليب التربية، وهي لا شك خطوة متقدمة إذا ما قارنّاها بالأساليب العنيفة الأولى، إلا أن أداة **ركن السكينة** هي خطوة متقدمة أخرى تتميز عن أداة "ركن العقاب" التقليدية.

ولنرَ أولًا دور الأداة التقليدية "ركن العقاب" في التربية. يُرسَل الطفل إلى مكان انفرادي ويُطلب منه ألا يتحرك حتى يُسمح له بذلك. وهذا الركن يسميه البعض "ركن التفكير"، لأنه يُفترض أن يفكر فيه الأطفال فيما فعلوه وعواقب ذلك. ومشكلة هذا العقاب التقليدي أنه أسلوب تربوي متسلط بكل ما تحمله الكلمة من معنى، فهو لا يقوم على حل المشكلة القائمة، بل هو وسيلة المربي للتحكم في سلوك الطفل الذي يتمرد في أحيان كثيرة على معاقبته بالبكاء والصراخ والصياح ورفض الذهاب إلى ركن العقاب، بل وفي بعض الأحيان يجرّ الأب، أو الأم، الطفل جرًّا إلى غرفته ويغلق الباب من فرط سخطه وقلة حيلته. وهكذا كنت أتصرف (نهى) مع أبنائي، وليتني كنت أعرف عن التربية الإيجابية آنذاك.

أما ركن السكينة، فهو أسلوب مختلف قائم على التفاعل بين الوالدين وطفلهما، فيحدد الأب/ الأم مع الطفل ركنًا بالبيت ليكون مكانًا لتسكين النفس وتهدئتها. وهذا هو جوهر فكرة ركن السكينة، فهو ليس مكانًا للعقاب وإنما لاستلهام الهدوء والسكينة لأي شخص يجد صعوبة في احتواء مشاعره (الحزن، الغيظ، الغضب، قلة الحيلة، التشوش، إلخ). ويتعاون الوالدان مع ابنهما بتبادل الأفكار لاقتراح اسم لهذا الركن وتحديد الأشياء التي يمكن وضعها فيه لتهيئة مكان يبعث على السلام والصفاء.

وفيما يلي اقتراحات بالأشياء التي يمكن أن نضعها في ركن السكينة:

- بطانية ملساء.

- دبب من الفرو.
- وسائد.
- كتب.
- كرة إسفنجية صغيرة.
- ألعاب البازل [Puzzles].
- ألعاب البورد جيمز [Board games] مثل الشطرنج، والطاولة وبنك الحظ.
- لعبة المكعبات.
- مسابح.
- سجادة صلاة.
- كتب مصورة.
- كراسات تلوين.

بعد الاشتراك في تهيئة المكان، يشرح الأب/ الأم للطفل أن هذا الركن سوف يستخدمه أي شخص في حالة انفعال، بل وفي بعض البيوت يهيئ كل فرد من أفراد الأسرة ركن السكينة الخاص به. ولا يُجبَر الطفل على الذهاب إلى هذا الركن، بل يُعرَض عليه في شكل اقتراح: "هل يفيدك أن تذهب إلى ركن السكينة؟"، أو قد يختار الذهاب إليه بمحض إرادته، وأيضًا هو الذي يقرر مغادرة المكان في الوقت الذي يختاره. وهكذا، لا يتطلب ذهاب الطفل إلى ركن السكينة أو مغادرته الإذن من الأبوين.

وفيما يلي مثال على كيفية استخدام ركن السكينة مع الطفل "خالد" البالغ من العمر أربع سنوات. في آخر اجتماع للأسرة، طُرحت فكرة ركن السكينة واشترك أفراد الأسرة في تحديد مكانه والأشياء التي ستوضع فيه. كان "خالد" متحمسًا للفكرة، ولكن في عصر أحد الأيام انتابته نوبة غضب لأن ماما قالت له إن "الوقت غير مناسب للعب بالخارج". انحنت ماما بهدوء لتكون في مستوى "خالد" نفسه ونظرت إلى عينيه وقالت: "أراك غاضبًا لأننا لن نخرج الآن. هل يفيدك الذهاب إلى ركن السكينة؟" قد يقول "خالد":

"نعم"، ويذهب لاستعادة هدوئه. في هذه الحالة، يكون "خالد" قد بدأ في ترويض نفسه على الانضباط الذاتي. وقد يقول بكل قوة "لا.. لا أريد الذهاب!"، وفي هذه الحالة تُربِّت ماما برفق على كتفه وتسأله: "هل تفضِّل أن أصطحبك إليه؟"، وإذا قال "خالد": "نعم"، تذهب ماما معه إلى ركن السكينة إلى أن يستعيد هدوءه. وهكذا لا تنخرط ماما في إعطائه محاضرة أو شرح الأمر أو الدفاع عن موقفها، ولكنها ببساطة تركز على توصيف مشاعر "خالد" وتوجيه انتباهه إلى كيفية استعادة هدوئه. وإذا قال "خالد": "لا.. لا أود الذهاب إلى هذا الركن الغبي"، تتبع ماما ببساطة خطوات التعامل مع نوبات الغضب.

يُستخدم ركن السكينة في سن يكون الطفل فيها قادرًا على اتخاذ القرارات والتعبير عنها، أي ما بين سنتين وثلاث سنوات. ولكن قد يبدأ بعض الآباء في استخدام أداة **ركن السكينة** في وقت مبكر عن طريق عرض كيفية تطبيقها للطفل. وفيما يلي هذا المثال التوضيحي: بينما يبكي الطفل الذي لم يبلغ سن التحدث بعد، يمسك الأب/ الأم بيده ويوجهه إلى ركن السكينة ويقول له: "أراك غاضبًا.. فلنذهب إلى.. (الاسم الذي اختاروه للمكان) حتى تستعيد هدوءك". وبعد أن يهدأ الطفل، يعبِّر الأب/ الأم عن ذلك ويوجه انتباه الطفل إلى ما يجب فعله بعدها. ويمكن أيضًا أن يلجأ الآباء إلى ركن السكينة عندما يحتاجون إلى استعادة هدوئهم حرصًا على عدم تفاقم الموقف. ومن خلال هذه المواقف يقدم الآباء نموذجًا يمكن أن يحتذي به الأبناء لكيفية تحمُّل مسؤولية مشاعرهم الخاصة، وذلك باستعادة الهدوء قبل معاودة التواصل مع الآخرين.

إن الهدف من هذه الأداة هو إعداد مكان لتهدئة النفس، لذا يجب أن تتجنبوا الأشياء التي تؤجج المشاعر والانفعالات وتعوق تأسيس عادات صحية تعين أبناءكم على تهدئة أنفسهم دون مساعدة أحد، ومنها الإلكترونيات مثل التليفزيون أو ألعاب الفيديو. وإن لم يتعلم الأطفال منذ نعومة أظفارهم كيف يتقبلون مشاعرهم السلبية وينجحون في تهدئة أنفسهم، فقد يلجؤون إلى السلوك الإدماني في مرحلة الرشد. وقد شاهدتُ (نهى) في مكتبي عملاء ينغمسون في

> **"الأشخاص الذين لا يعرفون الانضباط هم عبيد أمزجتهم وشهواتهم وأهوائهم"**
>
> **ستيفن كوفي**

سلوكيات إدمانية مدمِّرة (المخدرات، والمواد الإباحية، والعلاقات غير السوية، وما شابه ذلك) لأنهم لم يتعلموا في طفولتهم كيف يستعيدون هدوءهم بطريقة فعالة، بل تعلموا كبت مشاعرهم السلبية واللجوء إلى عادات غير صحية للهروب من عبء معاناتهم النفسية. وعندما أصبحت هذه العادات غير الصحية طريقتهم في التعامل مع الألم النفسي، ضاعت عليهم فرصة تعلُّم مواجهة مشاعرهم وتجاوزها. ولهذا السبب فإننا ندعوكم أن تمنحوا أبناءكم الفرصة للتحلي بنعمة تسكين أنفسهم بأنفسهم.

٤٠. شجعهم بدلًا من أن تمدحهم

حركة "تقدير الذات" التي ظهرت في الثمانينيات كانت تحث الآباء على توجيه كلمات المدح والثناء إلى الأبناء من أجل تعزيز ثقتهم بأنفسهم (كراري، ٢٠٠٧). ولا شك أن الغاية كانت نبيلة ولكن الوسيلة (الإفراط في المدح الفارغ) أدَّت إلى تكوين جيل من الشباب أناني ذي شخصية هشَّة، يعتقد أن العالم يدور في فلكه.

وتقدير الذات هو معرفة الفرد لقدراته الخاصة وكيفية الاستفادة منها. ومن المتفق عليه أن لتقدير الذات أهمية كبرى للإنسان كي يعيش حياة ناجحة ومثمرة، ولكنه ليس بالشيء الذي نستطيع تلقينه للطفل عبر المدح الأجوف. وإنما تقدير الذات ينبع من داخل الإنسان عندما يؤمن بأنه بالفعل قادر على الإنجاز، ويترسخ هذا الشعور من خلال اجتيازه لمصاعب الحياة والتعلُّم من أخطائه.

واليوم يدعو كلٌّ من التربويين والآباء إلى تبني الاعتقاد بأن "قدرات الطفل قابلة للنمو والتطور" من خلال التشجيع، بدلًا من اعتقاد حقبة الثمانينيات بأن "قدرات الطفل محدودة بما جُبِل عليه" التي تتغذى على المدح الأجوف. ويوضِّح الجدول التالي (نيلسن، ٢٠٠٧) الفرق بين التشجيع والمدح. وسوف تلاحظ عزيزنا القارئ أن الفرص المواتية للتشجيع أكثر بكثير من فرص توجيه المدح.

تعريف التشجيع: حَمَله على الشجاعة، حفَّزه، حثَّه، قوَّى عزيمته.
تعريف المدح: أثنى عليه، أشاد به، مجَّده، أغدق عليه كل الصفات والمزايا الحميدة.

التشجيع: موجَّه إلى شيء محدد. "إن تنظيفك للسيارة كان عملًا رائعًا".
المدح: يحمل معاني فضفاضة، غير محددة. "يا لك من ولدٍ رائع".

التشجيع: يبعث على الثقة بالنفس والاعتماد على الذات على المدى البعيد.
المدح: يعلِّم الفرد الاعتماد على الغير لاكتساب الأفكار، وطريقة التفكير، والشعور بقيمة الذات[1] على المدى البعيد.

التشجيع: يقدِّر الفعل: يركِّز على الهدف. "لقد أديت اليوم الصلوات الخمس كلها في أوقاتها".
المدح: يقدِّر الفاعل: يركِّز على الذات. "يا لك من مسلم صالح".

التشجيع: يُوجَّه في حالات النجاح والفشل على حد سواء. "من الواضح أنك تجتهد كثيرًا في المذاكرة، فلقد ارتفع إجمالي درجاتك هذا الشهر بنسبة ١٠٪، يا له من تقدم! أرى أن فكرتك بتغيير جدول المذاكرة قد أثبتت نجاحها".
المدح: يُوجَّه في حالات النجاح والإنجاز فقط. "أنا فخورة بك جدًّا! لقد نجحت بتفوق للمرة الثانية وأصبحت الأول على الفصل بلا منازع.

التشجيع: يُوجَّه في كل الأوقات، قبل المهمة وفي أثناء أدائها وبعد إنجازها. "أنت تجتهد كل يوم في حفظ القرآن الكريم. ما شاء الله التزمت بجدول الحفظ على مدار أسبوع كامل".
المدح: يُوجَّه عقب إنجاز المهمة فقط. "ممتاز، لقد انتهيت من حفظ جزء عم".

التشجيع: تظل قيمة الشخص محفوظة بصرف النظر عن تأييد الآخرين أو اعتراضهم. "أنت فخور بكدك واجتهادك".
المدح: ترتبط قيمة الذات باستحسان الآخرين ومعاييرهم الخاصة. "أنا فخور بك جدًّا".

---

[1] قيمة الذات هي القيمة المتأصلة في كل فرد بوصفه إنسانًا بصرف النظر عن إنجازاته أو نجاحاته.

التشجيع: يؤكد على أن الفرد جزء من الجماعة. "لقد ساعدت فريقك عندما قذفت الكرة إلى أحمد".
المدح: يؤكد على الانفراد بالمنافسة والوصول إلى الكمال، وما دون ذلك يعَد الفشل بعينه. "أنت أفضل لاعب. الفريق لا يساوي شيئًا دونك".

التشجيع: تدعيم إحساس الفرد بالرضا أيًا كان الوضع. "أنت تبذل جهدًا كبيرًا في مشروع مادة العلوم".
المدح: لا يشعر الفرد بالرضا إلا عقب النجاح. "لقد حصلت على الجائزة الأولى. أنا فخورة بك جدًّا".

التشجيع: يساعد الطفل على تأسيس دفة قيادة داخلية تمكِّنه من التحكُّم في حياته بنفسه. "لقد تمكنت من معرفة حل المشكلة بنفسك".
المدح: يدفع الطفل إلى الاعتماد على دفة قيادة خارجية تمكّن الآخرين من التحكُّم في حياته. "لقد فعلت ما قلته لك بالضبط".

التشجيع: ينبع من بذل الطفل أفضل ما بوسعه. "لقد لاحظت أن طريقة تحكمك في الكرة تحسنت كثيرًا في غضون بضعة أشهر فقط".
المدح: ينتج من كون الطفل هو الأفضل على الإطلاق. "إنك الأفضل في تمرير الكرة".

التشجيع: يتركَّز على الطفل. "حصولك على الدرجة النهائية يعكس كدّك ومثابرتك".
المدح: يتركَّز على من يوجِّه المديح. "أنا فخور بك لحصولك على الدرجة النهائية".

التشجيع: يدعو الطفل إلى أن يتغير من أجل نفسه. "ما هو رأيي؟"
المدح: يدعو الطفل إلى أن يتغير من أجل الآخرين. "ما هو رأي أمي/ أبي/ صديقي/ مدرستي؟"

٤١. عبِّر لهم عن حبك

كيف تعبِّرون عن محبتكم لأبنائكم؟ بل الأهم من ذلك، هل يدرك أبناؤكم أنكم تحبونهم؟ إن كلمة "أحبك" سمة من السمات المميزة لأحاديثنا وثقافتنا نحن المسلمين الأمريكيين، فلطالما طربت أذناي (منيرة) واغتبط قلبي برسائل الحب التي كان يغدق بها عليَّ والداي كل يوم، فقد كانت من العادات السائدة في تصرفاتنا البسيطة اليومية أن نقول لبعضنا بعضًا كلمة "أحبك" ونتعانق ونتبادل القبلات عند مغادرة البيت والعودة إليه، أو عند الخلود إلى النوم.

وتختلف طريقة التعبير عن الحب باختلاف ثقافة كل مجتمع. فلقد نشأتُ (نهى) في الشرق الأوسط، حيث لم يكن التعبير عن مشاعر الحب بالكلام جزءًا من عادات أسرتنا، غير أن الشك لم يساورني قط أن والداي يحبانني أنا وإخوتي حبًّا لا ينضب أبدًا. وكان حبهما لنا يتجلى في كل شيء يبذلانه من أجلنا: في دعمهما المستمر، والاستماع إلينا، وتشجيعنا، ووجودهما معنا قلبًا وقالبًا، والقائمة لا تنتهي. كنت متيقنة من حبهما لي، ولذا لم أكن بحاجة إلى أن أسمع كلمة "أحبك" للشعور بهذا الحب. ولكن في تنشئة أبنائي في الولايات المتحدة، كنت قطعًا أستعمل كلمة "أحبك" بالإضافة إلى كل طرق التعبير عن الحب التي تَشَرَّب بها وجداني واستقيتُها من والداي.

لذلك فإننا ندعوكم أن تفكروا مليًّا في الكيفية التي تعبِّرون بها عن الحب لأبنائكم. ومن المثالين اللذين عرضناهما عليكم يتبيَّن أن طريقة التعبير عن الحب ليس لها شكل محدد، لأن مشاعر الحب يمكن التعبير عنها بالقول والفعل. أما إذا أردتم أن تتعمقوا في معرفة الطرق المختلفة للتعبير عن الحب، فيمكنكم قراءة كتاب "جاري تشابمَن" [Gary Chapman] "لغات الحب الخمس" [The Five Love Languages].

٤٢. قليل من الاهتمام يكفي

لا يخفى على أحد أن الحياة باتت معقدة بتفاصيلها ومتطلباتها، ما يستنفر فينا نحن الآباء منتهى الهمة والإقدام للنهوض بمسؤولياتنا، وفي خضم هذه الأعباء قد لا نهتم

أحيانًا بما يقوله أبناؤنا، رغبةً منا في إنجاز المهام المطلوبة منا. وهذا هو حال كل أب وأم، وقصة تتكرر من وقت لآخر وتحدث لا شعوريًّا في كثير من الأحيان، خصوصًا إذا اعتقد الأبوان أن ما يتحدث عنه الطفل "غير مهم".

وأعطيكم مثالًا على ذلك (نهى) فقد كنت أعاني من تطبيق هذه الأداة لأنني اعتقدت أنه ما دام الأطفال يقولون شيئًا "غير مهم"، فيمكنني ببساطة مواصلة ما أقوم به والاستماع إليهم (أو الأحرى عدم الاستماع) حتى ينتهوا من حديثهم. ولأن الأطفال أذكياء، فقد كان أطفالي يعرفون متى كنت أستمع إليهم حقًّا ومتى كانت مهامي تشغلني عنهم. ولهذا السبب أدعوك عزيزنا القارئ أن تنتبه في المرة القادمة التي يتكلم فيها طفلك عن موضوع تراه "لا قيمة له"، وأن تتوقف تمامًا عن أي شيء تفعله وتنظر إلى عينَي طفلك وتستمع اليه. وأؤكد لك أن طفلك لن يحتاج إلى أكثر من ١٠ دقائق من اهتمامك، غير أن هذه الدقائق القليلة سوف تعود عليه بفائدة لا تُقدَّر بثمن وسوف يتجلَّى أثرها في ترسيخ شعوره بأن له مكانة متميزة في حياتك.

وتبقى نصيحة أخيرة نذكرها في هذا السياق، هي أننا يجب أن نتنبَّه إلى كيفية قضاء أوقاتنا في البيت. فبعد أن أصبحت الأجهزة التكنولوجية شريكًا أساسيًّا في حياة الإنسان ما بين أجهزة التابلت والهواتف الذكية، ينبغي أن نسأل أنفسنا، هل ننشغل باستخدام هذه الأجهزة عن وجودنا الفعلي مع أبنائنا؟ هل يوجه الأبناء حديثهم إلينا في حين لا نعيرهم انتباهنا لأننا نركز على الشاشات وندير ظهرنا إليهم؟ وما نعنيه بالاهتمام هو أن نكون حاضرين مع أبنائنا بكل كياننا دون الانشغال بالأجهزة الإلكترونية، أو بمهام الحياة اليومية، أو بالأصدقاء. وعلينا أيضًا أن ندرك أن وجودهم في حياتنا الخاصة لن يدوم طويلًا لأن المستقبل أمامهم، وسرعان ما سنجدهم قد بدؤوا

"بعد أن أصبحت الأجهزة التكنولوجية شريكًا أساسيًا في حياة الإنسان ينبغي أن نسأل أنفسنا: هل ننشغل باستخدام هذه الأجهزة عن وجودنا الفعلي مع أبنائنا؟"

رحلتهم المستقلة في الحياة بعيدًا عنا، لذا علينا أن نعتز بهذه اللحظات الثمينة التي يلجؤون فيها إلينا، فإنها لن تدوم.

٤٣. كرِّس لطفلك وقتًا خاصًّا

إن الغرض من هذه الأداة هو أن نستقطع كل أسبوع بعض الوقت لنقضيه مع كل ابن من أبنائنا على انفراد، وليس ضروريًّا أن تكون المدة طويلة، بل إننا نقترح عليكم أن تخصصوا 20 دقيقة لكل ابن في الأسبوع. ويمكن أن يختار الأبوان قضاء الوقت الخاص مع الطفل خارج المنزل على سبيل التغيير.

وإليكم بعض المعايير التي يجب أن تأخذوها في الاعتبار عند تكريس وقت خاص للأبناء:

- أوقات منتظمة: اليوم نفسه والساعة نفسها.
- يقرر الأب/ الأم الحد النقدي الملائم لهما في حالة قضاء الوقت خارج المنزل.
- يقرر الطفل كيفية تمضية هذا الوقت في الإطار الذي يحدده الأبوان.
- لا يُستخدم الوقت في إعطاء المحاضرات للطفل أو تأنيبه أو استجوابه.
- يركز الأب/ الأم على الاستماع للطفل والاستمتاع بقضاء وقت طيب معه.

وفي الأزمات والمواقف الصعبة تلعب هذه الأداة دورًا أساسيًّا في إصلاح العلاقة بين الأبوين والطفل. وقد تجد بعض الأسر صعوبة في استقطاع بعض الوقت كل أسبوع لكل طفل، وفي هذه الحالة يمكن أن تخصص الوقت مرة كل شهر أو شهرين، بل إن بعض الآباء يأتون بأفكار مبتكرة، مثلًا أن ينتهزوا الفرصة للتواصل مع طفلهما في الأيام التي تقرر فيها المدرسة تأخير بدء اليوم الدراسي.

ولنعرض عليكم مثالًا حيًّا من تجاربنا الفعلية مع أبنائنا ومحاولاتنا الابتكارية لتطويع هذه الأداة بما يتلاءم مع ظروفنا. لم أستطع (نهى) استعمال هذه الأداة بالصورة التي تتوافق تمامًا مع المعايير التي عرضناها عليكم، فلقد منَّ الله عليَّ ورزقني أربعة أطفال، ونظرًا إلى أعبائي المتعددة وانخراطي في أداء أكثر من مهمة في آن واحد، فإني لم أضع

هذه الأداة من بين أولوياتي. ولكني ابتكرت الطريقة التي تتناسب مع ظروفي الشخصية وتمكنني من تعيين وقت خاص عندما يلجأ إليّ ابن من أبنائي، وهي أن أدع كل شيء جانبًا وأكون حاضرة معه قلبًا وقالبًا وأستمع إلى ما يقوله. وهكذا تأتي الأوقات الخاصة في أسرتي على نحو غير محسوب ولكن وفق احتياجات كل طفل، ففي بعض الأحيان، يكون الوقت الخاص أن أساعد ابني في مشروع للمدرسة، أو أن أحضر الأنشطة والحفلات المدرسية التي يشترك ابني فيها، أو أن أرافقه في رحلة مدرسية، أو أن أنمِّي اهتماماته الشخصية الفريدة. وما نستخلصه مما ذكرناه هو أنكم إن كنتم حاضرين مع أبنائكم بكل جوارحكم، فإن فرص الأوقات الخاصة ستأتي على نحو تلقائي.

٤٤. كن مرآة لهم

يلعب الكبار دور المرآة العاكسة لمشاعر وتصرفات الطفل. وسواء كان هؤلاء الكبار والدَي الطفل أو مدرِّسيه فإنه يرى نفسه من خلال أعينهم (جلاسِر، ١٩٩٩ [Glasser]). فهذه الأداة ببساطة تتطلب منكم أن تكونوا المرآة العاكسة لمشاعر أبنائكم وتصرفاتهم، وذلك في كل تفاعل يحدث فيما بينكم. وتظهر الأهمية البالغة لأداة **كن مرآة لهم** في مجالين رئيسيين:

١. **توصيف المشاعر.**

"بلال، يبدو أنك حزين. ماذا حدث؟"

"زينب، تبدين متحمسة للغاية. كم أود معرفة السبب في هذا الحماس!"

"خالد، يبدو عليك الانزعاج الشديد. هل بوسعي التخفيف عنك؟"

٢. **توصيف المواهب والقدرات الفطرية.**

"ياه! ما شاء الله يا آدم، لقد أكملتَ مشروع العلوم كله دون مساعدة أحد، بل وقبل موعد التسليم بيومين! هذا يدل على مهاراتك في التنظيم والتخطيط".

"جزاكَ الله خيرًا يا يوسف لمساعدة خالتك في حمل حقائبها. كانت بادرة جميلة منك تنم عن الشعور بالمسؤولية تجاه الغير ومراعاة ظروفهمً".

"سارة، لاحظتُ أنكِ عندما تجدين شخصًا حزينًا أو وحيدًا تحرصين على الجلوس بجانبه والتحدث إليه. لديكِ بالفطرة حس مرهف يلتقط مشاعر الآخرين، وتتمتعين بقدرة على التعاطف معهم، وهذه المنح الربانية التي تحافظين عليها سوف تعينك على طريق النجاح في الحياة".

يتبيَّن لنا من هذين المثالين لاستعمال أداة **كن مرآة لهم** مدى أهميتها البالغة، لأننا نوجه من خلالها انتباه أبنائنا إلى ما لا يرونه في أنفسهم من مواهب وقدرات. وهذه هدية من الهدايا العديدة التي يمكن أن نمنحها إياهم وندعمهم بها، فكلما ازدادت معرفة الأطفال لأنفسهم، تنامت وسائلهم وتنوعت أدواتهم التي يتزودون بها للتعامل مع الحياة ومعطياتها. فعلى سبيل المثال، عندما يدرك الطفل ردود أفعاله العاطفية، يكون بمقدوره اتخاذ قرارات أفضل حول كيفية احتواء مشاعره. وكما يقول المثل الصيني: "تَحَكَّم في مشاعرك قبل أن تتحَكَّم فيك".

> **"كلما ازدادت معرفة الأطفال لأنفسهم، تنامت وسائلهم وتنوعت أدواتهم التي يتزودون بها للتعامل مع الحياة ومعطياتها"**

٤٥. *كن معهم قلبًا وقالبًا

هذه الأداة هي إحدى الأدوات المفضلة بالنسبة إلي (نهى)، ولقد لمست أثرها بمحض الصدفة خلال رحلتي الممتعة مع التربية، فهي ترتبط بواقعة حدثت لي في يوم عادي لا يختلف عن غيره من الأيام. كنت في ذلك اليوم أعد وجبة العشاء في المطبخ عندما جاء أحد أبنائي يفاتحني في موضوع يقلقه، وجرت بيننا محادثة ممتعة لم تتعدَّ الخمس عشرة دقيقة على الأكثر. ورغم أني لا أتذكَّر تفاصيل الموضوع كافة، فإني أتذكَّر جيدًا كيف كان شعوري وقتها وكيف فكَّرت بيني وبين نفسي في الفرصة التي كنت سأضيِّعها لو لم أكن

موجودة في تلك اللحظة لمساعدة ابني في مشكلته. وهكذا تجسَّد أمامي مفهوم "كن معهم قلبًا وقالبًا" بكل وضوح.

هناك كثير من الأحاديث فيما بين الآباء المقيمين في الغرب حول أهمية تكريس وقت خاص لكل ابن أو ابنة على حدة. والحقيقة بالنسبة إليَّ، كأم لأربعة أطفال أعمارهم متقاربة للغاية، تتحمَّل مسؤولية تسيير شؤون المنزل على أكتافها، كان تخصيص وقت لكل طفل يعَد فكرة حالمة لا أملك تنفيذها على أرض الواقع. ومن ثمَّ، استعضت عن ذلك باغتنام تلك اللحظات التي تطرأ على نحو عفوي وتلقائي كي "أكون مع أبنائي قلبًا وقالبًا". وأعتقد أنني قد نجحت في أن تكون كل لحظة منها ذات قيمة ومعنى.

ومعنى "كن معهم قلبًا وقالبًا" في نظري هو: منح الأولوية لقضاء الوقت مع أسرتي، وترك أي شيء أفعله عندما يريد أحد أطفالي التحدث معي، والتقليل من التزاماتي اليومية في أثناء وجود أطفالي في المنزل، وعدم تشغيل التليفزيون أو الكمبيوتر عند جلوس أطفالي معي، وأن أحرص على وجودي في غرفة المعيشة أو في المطبخ كي أسهِّل على أطفالي التحدث معي في أي وقت، وغير ذلك من الأمور التي تساعد على توفير مناخ مشجِّع لأبنائي. والآن وأنا أستعرض شريط السنوات الماضية، أجد أن السبب في عديد من أفضل الحوارات التي دارت بيننا بمحض الصدفة هو أني كنت موجودة بعقلي وقلبي. لك أن تتخيل، عزيزنا القارئ، النتائج المذهلة التي تحصدها عندما تعقد العزم على أن تكون مع أبنائك قلبًا وقالبًا.

وحتى يومنا هذا وحتى بعد أن كبر أبنائي واستقلوا بحياتهم ما زال "كن معهم قلبًا وقالبًا" أحد الشعارات التي أتمسك بها. وكلما حضروا للزيارة أبدأ في تفعيل الشعار على الفور وأغيِّر جدول مواعيدي وبرنامجي اليومي على هذا الأساس.

٤٦. لا تنسي نصيبكِ من الحياة

عزيزتي الأم، من أنتِ؟ هل هويتكِ تقتصر على قيامكِ بدور الأم فقط؟ أم أنكِ ترين نفسكِ في أدوار أخرى؟ إذا كانت حياتكِ تتمحور حول كونكِ أمًّا في المقام الأول، فإن النتيجة أن شعوركِ بذاتكِ سوف يرتبط ارتباطًا وثيقًا بما يحققه أبناؤك من نجاحات

وإخفاقات. وهذه ليست بالمعادلة التي تصلح أن تقوم عليها حياتكِ. والسبب ببساطة أن أبناءكِ يكبرون وقريبًا سينصرف كلٌّ منهم لشؤونه وتنفيذ خططه الخاصة به في الحياة التي لا تشكِّلين الجزء الأكبر من تفاصيلها، وحينئذٍ سوف تقعين فريسة للحزن والحسرة وخيبة الأمل إذا لم تحصِّني نفسكِ مسبقًا وتفصلي شعوركِ بذاتك عن حياة أبنائك.

وقد تعلّق بعض الأمهات "بالنسبة إلي، أنا أفضِّل البقاء في المنزل والتفرّغ لرعاية أبنائي، فمن الطبيعي أن يكونوا هم محور حياتي! وقطعًا لن أتمكن من رؤية نفسي في أي شيء خارج نطاق دوري كأم". مما لا شك فيه، عزيزتي الأم، أن نُبل رسالة الأمومة وتقدير دور الأم المتفرغة لرعاية أبنائها هو أمر جدير بالاعتزاز ويعد من أغلى النعم التي يمنّ الله بها على الأم وعلى الأبناء. ولكن ليس معنى ذلك أن تدور حياة الأم في فلك أبنائها فحسب، وأن تتخلى عن أي اهتمامات خاصة بها، وأن تنغمس لأذنيها في حياة أبنائها إلى أن تصبح شمعة تحرق ذاتها لتضيء لمن حولها. بل الأحرى بها، من أجل تحقيق رسالتها، أن تؤدي حق نفسها كي تستطيع أن تؤدي حقوق الآخرين، فتستثمر طاقتها في هوايات وأنشطة تعود عليها بالنفع وتحقق بها ذاتها.

لقد أنعم الله عليّ (نهى) بأن أكون أمًّا متفرغة لأداء رسالة التربية، وأعلم أن هذا ليس خيارًا متاحًا لكل الأمهات، لذا فأنا أحمد الله كثيرًا على هذه النعمة. كنت أقدّر قيمة كل لحظة أقضيها مع أبنائي، ولكني في الوقت نفسه تطوعت للعمل في مدرسة أولادي وفي المسجد وفي الجمعيات الأهلية. وعلاوة على ذلك، كنت أستمتع بقضاء بعض الوقت برفقة صديقاتي، وأحضر دروس تعلُّم الكمبيوتر، وأمارس مجموعة من الهوايات المختلفة. صحيح أن قيامي بواجبات الأمومة كان الدور الرئيسي الذي أضطلع به في تلك السنوات المبكرة، غير أنه لم يكن الدور الوحيد الذي يشكِّل هُويتي.

عزيزتي الأم، من البديهي أن دور الأم يتقلص تدريجيًا بمرور الوقت، لذلك أدعوكِ إلى البحث، خارج إطار دورك التربوي، عن مجالات تعبِّرين من خلالها عن نفسكِ. فلتكن حياتكِ بما تحتويه من اهتمامات وأنشطة متنوعة جنبًا إلى جنب مع التزاماتك الأسرية نموذجًا يقتدي به أبناؤكِ في المستقبل.

"عزيزتي الأم، فلتكن حياتكِ بما تحتويه من اهتمامات وأنشطة متنوعة جنبًا إلى جنب مع التزاماتك الأسرية نموذجًا يقتدي به أبناؤكِ في المستقبل"

٤٧. لغة العيون (التواصل البصري)

لغة العيون هي إحدى العناصر الأساسية في الاتصال مع الطفل منذ اللحظة التي يُولد فيها. احرص، عزيزنا القارئ، على التقاء عينيك بعينَي طفلك عندما تتحدث معه أو تطلب منه شيئًا. وذلك معناه أنَّ إذا كان طفلك لا يزال صغيرًا عليك أن تجلس على ركبتيك لتكون على مستواه البصري نفسه، وعندما يدخل في مرحلة المراهقة ويصبح أطول منك، عليك الجلوس أمامه على الكنبة أو على مائدة الطعام.

تعمل هذه الأداة على تخفيف حدة التفاوت في القوة البدنية بينك وبين أبنائك. وسوف تكتشف ذلك بنفسك عندما تجرب في المرة القادمة أن تتحدث مع طفلك وأنتما على المستوى البصري نفسه، ستجد حينئذٍ أنه من الصعب عليك، مهما حدث، أن يتملّكك الغضب أو الضيق.

٤٨. من الأخطاء يتعلم طفلك مهارات الحياة

هذه الأداة تعيد صياغة مفهومنا للأخطاء. ولنسأل أنفسنا كيف نرى الأخطاء؟ وما الرسائل التي تلقيناها في طفولتنا عندما كنا نخطئ؟ وما أنواع الرسائل التي نوجهها إلى أطفالنا؟ فعندما يخطئ الأبناء قد يترجمون الرسائل التي تصلهم من آبائهم على أنهم "سيئون"، أو أن "في شخصيتهم خلل ما"، وهكذا قد تشكِّل مثل هذه التفسيرات الخاطئة

وجدان الأطفال، فيصبح شعورهم بذاتهم في الكِبَر محصورًا في الإحساس بالخزي وانعدام قيمتهم في الحياة. ولهذا السبب، ندعوكم أن تكونوا مدركين للكلمات والأفعال التي تعبِّرون بها عن ردود أفعالكم حيال الأخطاء التي يقع فيها أبناؤكم.

ونسوق لكم مثالًا من السيرة النبوية العطرة التي تحكي لنا قصة البدوي الذي تبوَّل في المسجد الحرام بالمدينة المنورة. يرد في هذه القصة مثال لوقوع خطأ ما، ولكن في المقابل، كيف تصرف الرسول صلى الله عليه وسلم في هذه الواقعة؟ هل عاقب البدوي؟ هل نهره؟ هل قال له "كيف لك أن تأتي بمثل هذا الفعل الأحمق في أكثر الأماكن حرمة لدينا؟" هل قال له "أنت جاهل! يجب أن تزداد معرفةً بهذا الدين"؟ والإجابة على ذلك كما نعلم هي النفي، فلم يكن رد فعله بأي شكل من هذه الأشكال التي تركز على الخطأ ومدى فداحته، وإنما وجَّه اهتمامه إلى الحلول وأمر أصحابه أن يصبوا الماء على المنطقة التي تبول فيها لتطهيرها، وأن يعرِّفوا البدوي بآداب المسجد. وهكذا أصبح الخطأ فرصة للتعليم، لا للتوبيخ والإهانة.

وفي ما يتعلق بالأطفال، فإنهم يتعلمون من أخطائهم عندما يتحملون مسؤولية أفعالهم فيما نحرص نحن الآباء على صون احترامهم لذاتهم. أنا (منيرة) قدمتُ هذه الرسالة إلى أبنائي وهم في سن الثالثة، فقد كنت أدعوهم للتفكير في طرق علاج الخطأ الذي يقعون فيه وهم في هذه المرحلة من الطفولة المبكرة، ثم إطلاعي على ما تعلموه من أخطائهم. ومع تقدُّم أبنائي في السن، كانوا لا يخافون من أن يفصحوا عن أخطائهم، ثم ينصرفون مباشرةً للتركيز على الحلول. وكنت أتجنب أن يتسم رد فعلي بالغضب أو الخجل منهم، بل كنت أتجاوب معهم وأستمع إليهم وأقترح عليهم الحلول حينما يشق عليهم ذلك. وفي كثير من الأحيان لم يكن بمقدورهم معالجة الموقف، وعندئذٍ كنت أعكس شعورهم بالإحباط، وأترك العواقب الطبيعية تسير في مجراها، وأركز على ما تعلموه من التجربة.

وفي ما يلي مثال على أحد المواقف التي تعاملت فيها مع ابني عندما كان في الحادية عشرة من عمره، وكان مشتركًا في دورة دراسية على الإنترنت. في إحدى الليالي نسي تمامًا حضور حصته، وكان منزعجًا لأنه استعد لها ثم شغله عنها برنامج كان يتابعه على التليفزيون. وكانت قواعد الدورة تنص على أن تُحذف منه درجة من الدرجات المخصصة

للمشاركة إذا غاب عن الحصة، وهو ما يؤثر في درجاته الكلية. عندما رأيته مستاءً لأنه لا يحب أن يظهر في صورة الشخص غير المسؤول، استخدمت أداة **كن مرآة لهم** كي أعكس له مشاعره، ودعوتُه للتفكير فيما يمكن تغييره لتجنب هذه المشكلة في المستقبل. ومن ثمَّ، فكَّر في ضبط جهاز التنبيه بالكمبيوتر، وقرر أيضًا أن يطبع مواعيد الحصص على ورقة يعلقها على الحائط فوق مكتبه. أما أنا فقد اقترحت عليه أن يرسل بريدًا إلكترونيًّا لمدرِّسه، اعتذارًا عن غيابه واعترافًا بتحمله المسؤولية الشخصية عن خطئه. وعلى الرغم من الدرجات التي فقدها نتيجة لذلك، فإنه تعلم عدة دروس في الحياة من تجربة واحدة فقط، ولكنها كانت ثرية بما يكفي لتشمل: إدارة الوقت، والوفاء بالالتزامات، واحتواء مشاعر الإحباط، وتحمُّل المسؤولية الشخصية. وفيما يلي نقدم إليكم بعض الأمثلة التوضيحية للعلاقة بين الأساليب التربوية الرئيسية الثلاثة والرسائل التي نوجهها إلى أبنائنا بشأن الأخطاء التي يقعون فيها.

الأخطاء والأساليب التربوية

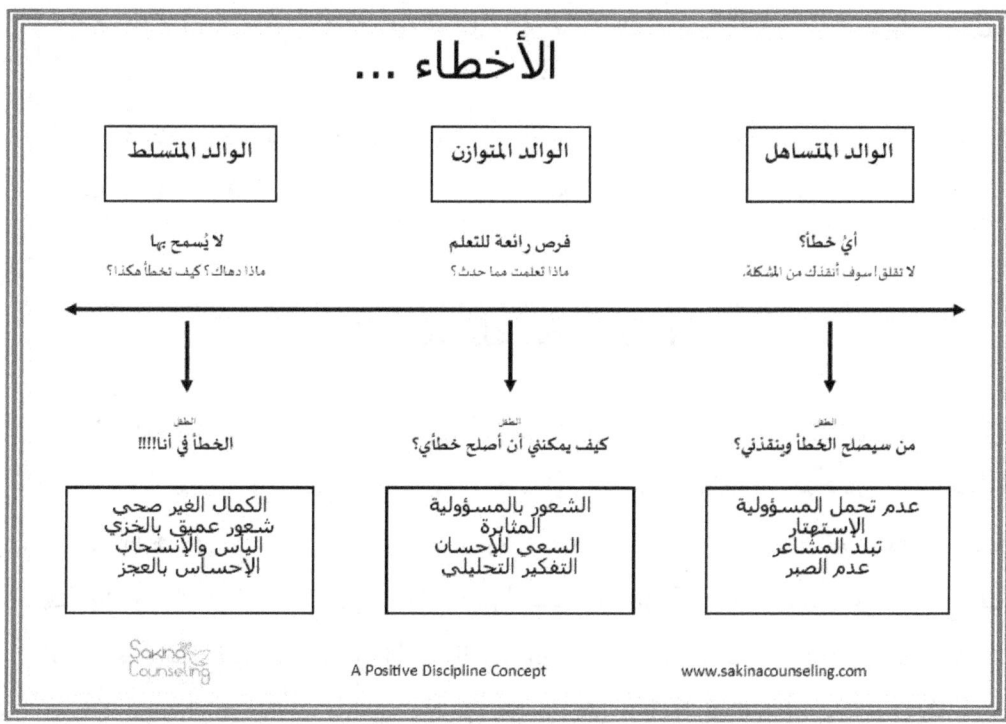

التعامل مع الأخطاء

ردود الأفعال التي تؤدي إلى طلب الكمال بصورة غير واقعية، أو تتسبب في الشعور بقلة الحيلة أو الخزي، أو الإحساس المعوِّق بالذنب	ردود الأفعال التي تغرس الشعور بتحمل المسؤولية والاعتراف بها، وتنمِّي مهارات التفكير التحليلي وحل المشكلات
"لا أصدق أنك كسرت الزهرية! يا لك من ولد أحمق!"	"خير إن شاء الله. قدَّر الله وما شاء فعل. من فضلك نظف المكان "
"ماذا دهاكِ؟ كيف اقترفتِ مثل هذا الخطأ السخيف في اختبارك؟"	"يا له من أمرٍ غريب! أنتِ تعرفين المادة جيدًا، وأنا واثقة من ذلك. تُرى ماذا حدث كي تقعي في هذا الخطأ؟"
"نسيت محفظتك في المتنزه! لا أصدق مدى استهتارك!"	"خير إن شاء الله. عليك الاتصال بالبنك لإيقاف بطاقتك الائتمانية. أقترح أن تقوم بذلك فورًا"
"الأخطاء غير مسموح بها في اختباراتكِ/ واجباتكِ!"	"ما عليكِ سوى التركيز في دراستكِ وبذل أقصى ما بوسعكِ"
"لقد وضعتني في موقف مُخجِل أمام عمك. كيف تجرؤ على فعل ذلك؟!"	"لقد شعرت بالحرج لما بدر منك. فماذا يمكنك عمله لإصلاح الموقف؟"

٤٩. يد الله مع الجماعة

عندما ينظر الطفل إلى الأسرة على أنها "فريق عمل"، فإنه يدرك أن كل عضو في الفريق يلعب دورًا مهمًّا، وأن كل شخص يقوم بمسؤولياته، فالأبوان مثلًا يذهبان إلى العمل، والأبناء يذهبون إلى المدرسة. وعندما تُوزع المهام على أفراد الأسرة، يشعر الطفل بقيم المشاركة والانتماء إلى "الفريق"، كما يتعلم العطاء بعد أن كان يأخذ فقط. ويمكن تكليف الطفل من سن الرابعة ببعض المهام البسيطة مثل تحضير مائدة الطعام وحمل طبقه للمطبخ بعد الانتهاء من تناول الطعام. وكلما يكبر الطفل في العمر، تصبح المهام أكثر

صعوبة، منها على سبيل المثال إخراج كيس القمامة، ووضع الملابس في الغسالة، وغسل الأطباق.

لقد بدأتُ (منيرة) توزيع المهام على أبنائي منذ سن الرابعة من عمرهم، وكنت أحرص على التجديد في عملية تحديد المهام باستمرار، إلى أن بدؤوا هم منذ سن السابعة من عمرهم يقترحون المهام التي يستطيعون أداءها، وكانوا يكتبون قائمة بالمهام اليومية التي عليهم أدائها ويضعون علامة "تم" أمام المهمة التي أُنجزت. وفي سن الثانية عشرة والثالثة عشرة بدؤوا يتشاورون حول توزيع المهام وكيفية تبادلها فيما بينهم من حينٍ إلى آخر. ولكن على مر السنوات تعددت شكواهم بطبيعة الحال من تأدية المهام التي كانوا يسعون بكل الطرق إلى تأجيلها أو التملص منها. وكنا عادةً، في مثل هذه المواقف، نعقد اجتماعًا للأسرة لمناقشة المشكلة وإيجاد حلول جديدة. لا تستسلم لليأس، عزيزنا القارئ، عندما يتقاعس الطفل عن أداء الأعمال المنزلية، ولا تنسَ أن حس المسؤولية في حد ذاته هو الهدف الأهم من إنجاز المهمة. لذلك، يُفضل مراجعة أهمية المهام المنزلية مع الطفل من حينٍ إلى آخر لتسليط الضوء على القيم التي تود غرسها فيه على المدى البعيد، ألا وهي المشاركة وتحمُّل المسؤولية. ولهذا السبب غيَّر زوجي كلمة **المهام** وأطلق عليها **المساهمات**، لأنها توصيف أدق لما يفعله الأبناء في المنزل. سوف يتضمن الجزء الثالث من هذا الكتاب اقتراحات للمهام المناسبة حسب كل فئة عمرية.

ومع انتهاء هذا الجزء من الكتاب نتمنى أن تكونوا قد اكتسبتم فهمًا أعمق للأدوات المتنوعة التي يمكنكم استعمالها في التربية الإيجابية. وسوف تجدون في الجزء التالي أننا نطبق هذه الأدوات لمعالجة التحديات الخاصة بكل مرحلة من المراحل العمرية المختلفة: الطفولة المبكرة والمتوسطة، وسنوات المراهقة، والمرحلة المبكرة من سن الرشد.

الجزء الثالث
الرحلة التربوية

الفصل الخامس

السنوات الأولى (من الولادة-٥ سنوات)

في هذه المرحلة المبكرة، بدءًا من سن الرضاعة ومرورًا بمرحلة الطفولة المبكرة ووصولًا إلى سن الخامسة، يمر الطفل بعملية نمو هائلة على المستويين الجسماني والعاطفي، يتعرف من خلالها إلى ذاته وإلى البيئة المحيطة به، أو بعبارة أخرى يتعلم كيف يؤثر في، ويتأثر بالبيئة المحيطة، وما الذي يتوقعه من القائمين على رعايته، ومدى قدرته على فعل الأشياء. وتمثل هذه السنوات الأولى اللبنة الأولى في بناء شخصية الطفل، لذا فإن طريقة تعامل الأبوين مع الطفل في أثناء هذه السنوات تترك بصمتها في تكوين شخصيته مدى الحياة. ولكنه من المؤسف والمحزن معًا أن كثيرًا من الناس لا يدرك أن هذه المرحلة من أخطر وأهم مراحل نمو الطفل. وفي هذا الجزء سنشرح بالتفصيل التحديات المشتركة التي تواجه الآباء، والتي تتمحور عادةً حول الأنشطة الحياتية اليومية.

النوم

منذ الولادة إلى عمر سنتين:

إذا تكلمنا مع الآباء، فإننا نسمع شكوى مشتركة بينهم جميعًا، هي معاناتهم من قلة نوم أطفالهم الرضَّع. وعندما نتكلم عن جدول تنظيم أوقات نوم الوليد، فلا بد لنا من الإشارة إلى مدرستين رئيسيتين: تدعو المدرسة الأولى إلى اتباع وتيرة الطفل دون تعديل أو تدخل من الأبوين (جرانجو وكيندي، ١٩٩٩ [Granju & Kennedy]). وعادةً ما يدفع قلق هؤلاء الآباء على نمو طفلهم إلى إرضاعه وقتما يشاء، بما في ذلك الرضاعة الليلية. ويشجع د. "ويليام سيرز" [William Sears]، رائد نظرية التربية الحميمية، الأبوين على النوم في الغرفة نفسها مع الرضيع، بل في السرير نفسه لتعزيز الترابط في ما بينهم.

أما المدرسة الثانية، فهي تنادي بالتدرج في التوقف عن إرضاع الطفل ليلًا، وهو منهج إذا اتَّبعه الآباء بصورة منتظمة، فإنه يهيئ الطفل للنوم طوال الليل. وأول من اقترح هذه الفكرة د. "ريتشارد فيربر" [Richard Ferber]، إذ يعتمد منهجه على تحجيم أشكال التفاعل مع الطفل الوليد لتكون على فترات متباعدة على نحو تدريجي، كي يتعود الطفل تهدئة نفسه عندما يستيقظ خلال الليل ومن ثمَّ يواصل نومه.

ونترك لك، عزيزنا القارئ، حرية اختيار الطريقة التي تراها ملائمة لتلبية احتياجات طفلك ولظروف أسرتك على حد سواء. أيًّا ما كانت الطريقة، كل ما نرجوه منك أن تلتزم بالثبات على المبدأ والبعد تمامًا عن التذبذب، فلا تنساق تارةً إلى الرضاعة الليلية وإلى منعها تارة أخرى.

وهنا نشير إلى دراسة حديثة (ورد ذكرها في كاودن [Cowden] عام ٢٠١٦) توصلت إلى أن استخدام استراتيجيات تدريب الأطفال الرضَّع على النوم لا يتسبب لهم في أي مشكلات عاطفية أو اضطرابات نفسية. وتبرز أهمية هذه الدراسة في طمأنة كثير من الآباء الذين يحجمون عن تطبيق أساليب التدريب على تنظيم النوم، خشية إصابة أطفالهم بصدمة نفسية لعدم تلبية احتياجاتهم في أثناء الليل. وقد ركزت الدراسة على رصد نتائج تأخير الاستجابة للطفل في أثناء الليل، وآثار تأخير موعد نومه بين الأطفال في سن 12 شهرًا. وجرى قياس مستويات هرمونات التوتر على مدار مدة الدراسة، بالتزامن مع تقييم مؤشرات التغيير في سلوك الأطفال ونفسياتهم ومدى ارتباطهم بالآباء.

وفي ما يلي نقدم لك عزيزنا القارئ بعض النصائح العامة لتدريب الطفل على النوم (سبوك وباركر، ١٩٩٨ [Spock & Parker]):

- خصص أوقاتًا منتظمة للعب مع طفلك في أثناء اليوم.
- أيقظ طفلك خلال اليوم إذا حان وقت رضاعته المعتاد.
- قلل التفاعل إلى أدنى الحدود بعد آخر رضاعة له قبل النوم.
- لا توقظ طفلك أبدًا للرضاعة الليلية إلا إذا كانت هناك أسباب صحية تستدعي ذلك.

- عوِّد الطفل النوم في سريره لا بين ذراعيك.
- يعتاد الطفل صخب البيت، فليس ضروريًّا أن نفرض الصمت على باقي أفراد الأسرة عندما يكون الطفل نائمًا.
- تجنب حمل الطفل من سريره عند أول حركة له أو سماع صوته في أثناء الليل. وامنحه الوقت اللازم للعودة إلى النوم دون مساعدة.
- ثبِّت بعض العادات التي تهيئ الطفل للخلود إلى النوم (مثلًا، تثبيت أوقات نومه واستحمامه ورضاعته وسماعه بعض القرآن ووضعه في السرير وإطفاء الأنوار).
- تذكر أن الأشياء التي ترتبط بذهن الطفل عندما يغلب عليه النعاس هي الأشياء نفسها التي يتوقعها عندما يستيقظ في أثناء الليل، لذا كلما تركت الطفل ينام وحده دون مساعدة، كان من السهل عليه أن يعود إلى النوم وحده إذا استيقظ في أثناء الليل.
- ضع سرير الطفل بحيث لا يراكما إذا استيقظ في أثناء الليل.

الأطفال من سن الثانية-الثالثة:

عندما يتجاوز الطفل سن الثانية فإنه عادةً يصبح قادرًا على النوم طوال الليل دون مساعدة أحد، ولكن يختلف كل طفل عن غيره. ومعارك النوم مع الطفل بعد سن الثانية تنشأ في أحيان كثيرة نتيجة لعدم انتظام روتين النوم الذي يعكس تراخي الآباء في اتِّباع نظام يومي. وفي حين يستطيع الكبار تحمل روتين عشوائي للنوم، فإن عدم انتظام النوم يجعل الطفل عصبيًّا وأكثر عرضة لنوبات الغضب. ومن ثم، نوصيك عزيزنا القارئ بأن تحافظ على روتين منتظم لنوم طفلك، لأنه حتى لو كان طفلك بطبيعته محبًّا للنوم، فإنه قد يبدأ في مواجهة صعوبات في النوم بسبب خوفه من الظلام، أو الوحوش أو الكوابيس، ولذلك لا بد في هذه الحالات من المواظبة على الروتين وفي الوقت نفسه طمأنة الطفل. ولعل من الأشياء التي تقوِّي اعتماد الطفل على نفسه في هذه الحالات

تدريبه على بعض العادات التي تُهدِّئه وتُدخل السكينة على نفسه، مثل احتضان دبدوبه أو دميته المفضلة، والقيام بتدريبات التنفس.
ومن أكثر الوسائل فعالية التي يمكنكم الاستعانة بها لتنظيم نوم الطفل بدءًا من بلوغه عامه الأول، الصور أو رسومات الحائط التي تشرح سير الروتين اليومي. وفي أثناء تنفيذ الجدول اليومي، يشير الأبوان إلى الصورة التي توضح للطفل كل خطوة من خطوات روتين النوم، ومع التكرار تترسخ في ذهنه خطوات نظامه اليومي. وكلما بدأ الأبوان الاستعانة بالرسوم مع الطفل في سن مبكرة مع المواظبة على الروتين، كان أسهل على الطفل أن يتَّبع الروتين بلا مقاومة.

وجدير بالإشارة هنا إلى أن روتين النوم بخطواته المختلفة يمتد أثره الإيجابي على الأطفال بدرجة تفوق تصوراتنا نحن الآباء، فقد وجد الباحثون (كما ورد في مقال وايتمان، ٢٠١٣ [Whiteman]) أن عدم انتظام أوقات النوم في مرحلة الطفولة المبكرة يترك أثرًا سلبيًّا على النمو الإدراكي للأطفال في مراحلهم العمرية اللاحقة، بالإضافة إلى أنهم يصبحون أيضًا أكثر عرضة للمشكلات السلوكية والعاطفية. ومع ذلك، فإن بوسعكم تغيير هذه الآثار المضرة إذا بادرتم باتباع الروتين؛ فالفرصة قائمة دائمًا أبدًا أمامكم للبدء في وضع نظام روتيني، وخاصةً في ما يتعلق بالنوم.

وتؤكد المؤسسة الوطنية للنوم (هيرشكوفيتز، ٢٠١٥ [Hirshkowitz])، أن حصول الإنسان على القدر الكافي من النوم أمر بالغ الأهمية يعينه على أداء مهامه على نحو جيد. وفي ما يلي التوصيات الجديدة للمؤسسة في ما يتعلق بعدد ساعات نوم الأطفال:

- حديثو الولادة (حتى ٣ شهور): من ١٤ إلى ١٧ ساعة يوميًّا.
- الرضَّع (٤ شهور إلى ١١ شهرًا): من ١٢ إلى ١٥ ساعة يوميًّا.
- مرحلة الطفولة المبكرة (سنة إلى سنتين): من ١١ إلى ١٤ساعة يوميًّا.
- مرحلة ما قبل المدرسة (٣ إلى ٥ سنوات): من ١٠ إلى ١٣ ساعة يوميًّا.

الأطفال الذين تجاوزوا الثالثة من العمر:

يكتشف الآباء الذين يعانون من مشكلات النوم أنها تُحل تدريجيًّا عندما يبلغ طفلهم سن الثالثة أو يتجاوزها- وهي بداية دخول الطفل المدرسة، لأن الذهاب إلى المدرسة يجبر الطفل على الاستيقاظ في وقت مبكر، ما يعني الخلود إلى النوم في وقت مبكر نسبيًّا، إلا إذا نام الطفل في أثناء النهار لمدة طويلة. ونود هنا أن نذكركم بأن استخدام الرسومات والصور التي تعبر عن الروتين اليومي سيوفر عليكم معارك كثيرة وقت النوم. وعندما يصل الطفل إلى المرحلة التي يستطيع فيها الكلام، يمكنك عزيزنا القارئ إشراكه في إعداد لائحة الروتين، مثلًا بأن تلتقط صورًا له وهو يقوم بالمهام المختلفة وقت الاستعداد للنوم، ثم تقومان بلصق الصور معًا على الحائط حسب التسلسل المطلوب. ونود أن نركز هنا على أهمية التعاون المشترك في ما بين الأم/ الأب والطفل، والأخذ بأكبر قدر من أفكار الطفل وآرائه بما في ذلك اختيار ترتيب خطوات الروتين أو تحديد أوقاتها. لا تستهِن عزيزنا القارئ بأثر هذه التجربة، فهذه الممارسات، على بساطتها، تغرس في طفلك مهارات وقيم أساسية لا تُقدَّر بثمن، مثل المشاركة، واحترام الرأي الآخر، والشعور بقيمته الذاتية.

جدول الروتين اليومي

جدول الروتين من أكثر الوسائل الفعالة للحصول على يوم هادئ نوعًا ما، وتجنب المشاحنات في أوقات الصباح قبل الذهاب إلى المدرسة وبعد العودة منها وفي المساء وقبل النوم. ولا شك عزيزنا القارئ أن العنصر الأساسي في نجاح النظام الروتيني يتمثل في قدرتك على **الثبات على الكلمة**. أما إذا طبقت الروتين على طفلك بطريقة عشوائية فإنه سيدرك هذا التناقض في مواقفك، ومن ثم سوف يرفع راية التمرد والمعارضة كل يوم. ذلك لأن الطفل عندما لا يكون على بينة من كيفية سير الأمور وتسلسل الأحداث، فإنه يعاني من التوتر والتشتت، وبناءً عليه يلجأ إلى أساليب التذمر والشكوى والنواح، في حين أن الطفل الذي تُدار حياته في إطار من الروتين اليومي المنضبط يشعر بالأمان والاستقرار والتوازن النفسي، ومن ثم يكون أكثر تعاونًا في اتباع نظام الأسرة. (رجاء مراجعة أداة **النظام الروتيني الأمن والأمان**-الفصل الرابع).

نوبات الغضب

نوبات الغضب هي الطريقة المأساوية التي يستخدمها الطفل لاستكشاف العالم من حوله. وقد تتساءل عزيزنا القارئ "ما الذي يقوم طفلي باستكشافه عندما يصيح ويصرخ ويركل ويضعني في مواقف محرجة؟" والإجابة عن ذلك أن الأطفال يستكشفون بالفعل مدى قدرتهم على التأثير في البيئة المحيطة بهم، بما في ذلك أنتم أيها الآباء، فيتساءل الطفل "هل بوسعي التأثير في البيئة المحيطة بي كي أحصل على ما أريد؟" ومع ذلك، قلَّما يلتقط الآباء إشارات هذه الرسالة، لاستغراقهم في مشاعر الإحباط وقلة الحيلة والغضب، التي عادةً ما تكون رد الفعل التلقائي إزاء نوبات غضب أبنائهم، غير مدركين الأثر البالغ لردود فعلهم التي تعد من أوائل الدروس التي يتعرف الطفل من خلالها إلى مكانته في العالم. ومن المحزن أن الرسالة التي يوجهها الأبوان للطفل قد تتسبب في بعض الأحيان في الإضرار -عن غير قصد- بشعوره بذاته. وفي ما يلي عزيزنا القارئ بعض الرسائل التي قد يتلقاها الأطفال من خلال الأساليب التربوية التي يتَّبعها الآباء.

الأساليب التربوية ونوبات الغضب

الأسلوب المتسلط

ردود فعل الآباء: العقاب، والضرب الخفيف، والصياح، وحبس الطفل في غرفته، وإرساله إلى ركن العقاب.

الرسائل التي قد يفهمها الطفل وتستقر في وجدانه: "أنا سيئ"، أو "أنا بي عيب"، أو "لا يحبني أحد"، أو "انتصروا عليَّ هذه المرة ولكني سأحصل على ما أريد دون علمهم".

الأسلوب المتساهل

ردود فعل الآباء: الاستسلام لمطالب الطفل، ورشوته، وإقناعه بالملاطفة والمحايلة والإغراء، وتهدئته، واستعمال المنطق لإقناعه.

الرسائل التي يمكن أن يفهمها الطفل وتستقر في وجدانه: "أنا الآمر الناهي هنا"، أو "ما عليَّ سوى البكاء كي أحصل على ما أريد"، أو "كل ما عليَّ فعله أن أزعجهما حتى يستسلما لطلباتي"، أو "بابا لا يحب أن يراني متضايقًا، وسيعطيني أي شيء أطلبه منه".

الأسلوب المتوازن

ردود فعل الآباء: استعمال أداة توصيف المشاعر، وسؤال الطفل عما يمكن عمله كي يستعيد هدوءه، ومعانقته، وتركه يبكي (في حال أنه لم يستجِب لمحاولات الأب والأم)، مع دعوته لأن يتواصل مع أمه وأبيه بعد أن يهدأ، واستخدام **ركن السكينة**.

الرسائل التي يمكن أن يفهمها الطفل وتستقر في وجدانه: "أشعر بالغضب عندما لا أحصل على ما أريد"، أو "ماما تحبني حتى وأنا غاضب"، أو "أستطيع التحكم في عواطفي"، أو "عندما أحضن بطانيتي أشعر بأني على ما يرام"، أو "لن أحصل على ما أريد في كل الأوقات"، أو "من الطبيعي أن أغضب، ولكن يجب أن أجد طريقة لتهدئة نفسي".

ونود أن نوضح هنا أن الفكرة التي يكوِّنها الطفل عن العالم هي نتاج ملايين المرات من التجارب وردود أفعال الأشخاص المحيطين به، والتي تشترك مجتمعةً في تحديد الرسائل التي تترسخ بداخله في نهاية المطاف. ومن ثم، إذا رأيت عزيزنا القارئ في ردود فعل الأسلوب المتسلط والأسلوب المتساهل ما ينطبق على طريقة تعاملك مع طفلك حين تنتابه نوبات الغضب، فلا ينبغي أن تجزع وتشعر أنك قد "دمرت حياة طفلك للأبد". هوِّن على نفسك، فالفرصة دائمًا متاحة للتغيير والعودة إلى المسار الصحيح، لأنك تملك القدرة على الشروع فورًا في تغيير ردود فعلك، وفي الوقت ذاته تصويب التصورات الخاطئة التي تكونت في ذهن طفلك.

ونقدم لك في ما يلي بعض الاقتراحات للتعامل مع نوبات الغضب:

- ابدأ في ملاحظة الأسباب التي تدفع ابنك/ ابنتك إلى اللجوء إلى نوبات الغضب على مدار الأسبوع القادم. ونذكِّرك أن القدرة على التحكم في مشاعر الغضب تتفاوت من طفل إلى آخر، لا سيما عندما يتملكه الجوع أو يحل عليه التعب. فعليك أن تلاحظ وأن تحلل وأن تفكر في الحلول التي تقلل من العوامل المسببة لهذه النوبات.

- قم بإعداد خطة لردود الأفعال الملائمة لكل موقف من المواقف التي تلاحظ ارتباطها بنوبات الغضب. فعندما تكون لديك خطة مسبقة ستتفاجأ مفاجأة سارة بأن رد فعلك أكثر هدوءًا وثباتًا.

- تجنب التحدث مع الطفل بطريقة منطقية في أثناء نوبة الغضب، لأن الجزء العقلاني من المخ لا يعمل في هذه الأوقات، لذا فالكلام عادةً لا يحل المشكلة بل يفاقمها.

- تجنب الاستسلام لمطالب طفلك عندما تتملكه نوبة غضب. فكلما أدرك الطفل في وقت مبكر أن نوبات الغضب ليست وسيلة فعالة للتأثير فيك، سيتوقف عن استخدامها بصورة أسرع. وكن صبورًا وحازمًا وثابتًا على موقفك، ففي نهاية المطاف، سيفهم طفلك الرسالة.

- كل طفل يختلف عن الآخر في الطباع والاحتياجات ودرجة تحمل المؤثرات الخارجية حتى في ما بين الإخوة والأخوات، فقد يكون في الأسرة الواحدة طفل لا يلجأ إلى نوبات الغضب، في حين يستعملها أخوه أو أخته طوال الوقت.

عندما تحدث نوبة الغضب التي لا مفر منها في الأماكن العامة، حافظ على هدوئك واصطحب طفلك إلى ركن بعيد عن الأنظار، وقل له مثلًا: "ألاحظ أنك مستاء الآن بسبب كذا وكذا، سوف نعود إلى مكاننا حالما تهدأ قليلًا". وقد تضطر في بعض الأحيان إلى أن تغادر المكان كليةً.

أما عندما تحدث نوبات الغضب في البيت، فيمكنك عمل ما يلي:

- ابدأ دائمًا بأداة **توصيف المشاعر**: "أراك متضايقًا جدًّا بسبب كذا".

- استخدم أداة **احضنهم حتى لو زعلان منهم**: "أتود أن أحضنك؟"

- استخدام أداة **الإلهاء بدلًا من التعنيف** له مفعول السحر في القضاء على نوبة الغضب، من خلال صرف انتباه طفلك عن سبب غضبه وتوجيه تركيزه نحو شيء آخر: "هيا نلعب معًا لعبتك المفضلة".

- ادعُ طفلك إلى استخدام أداة **ركن السكينة** على طريقة "جين نيلسن"Nelsen:
  - "هل الذهاب إلى ركن السكينة سوف يساعد على التخفيف من غضبك؟" وإذا رفض الطفل، فلتسأله "هل تُحب أن أذهب معك؟"

- اسأل الطفل "ما الذي يمكن أن يساعدك الآن على أن تهدأ؟" استخدم أداة **دائرة الاختيارات**.

- إذا نفدت حيلك فقل له "أرى أنك متضايق جدًّا الآن، لا بأس فالضيق شعور طبيعي ينتابنا جميعًا من حينٍ إلى آخر. عندما تهدأ وترغب في أن تكون في صحبتي، لا تتردد في أن تجدني". ثم انصرف عنه وواصل عملك، فهذا لا شك سيكون فرصة لك كي تستعيد هدوءك إذا كنت أنت مستاءً أيضًا.

الرغبة في لمس كل شيء

من الأمور الطبيعية في هذه المرحلة شغف الأطفال الفطري باكتشاف البيئة المحيطة بهم، فالأطفال مولعون في هذه المرحلة العمرية بالعبث بكل شيء أيًّا كان، مثل فتح دواليب المطبخ واللعب بأواني الطهو، أو فتحات الكهرباء أو اللعب بالسيفون وفتح ماء الدُش، وبالطبع لا تستطيع أناملهم الصغيرة مقاومة إغراء تفحُّص التحف الكريستال الأنيقة التي تزين غرفة الصالون. ويختبر الأطفال في مرحلة ما قبل المدرسة حدود قدراتهم الجسمانية والعقلية بالتفنُّن في إيجاد طرق جديدة لتسيير أمورهم، مثل الصعود على الكرسي لإحضار الشوكولاتة أو الرقائق المقرمشة من خزانة المطبخ، أو الصعود على المائدة للوصول إلى موبايل ماما أو بابا.

وبطبيعة الحال يعاني الآباء بصفة يومية من استنزاف طاقتهم في الحفاظ على سلامة أطفالهم الصغار وحمايتهم من المخاطر بسبب فضولهم ونشاطهم الدائم. وقد ذكر لي - (نهى)- العديد من الآباء أنهم يلجؤون إلى استخدام أسلوب الضرب الخفيف على أمل أن ينبِّهوا أطفالهم للخطر المصاحب لمغامراتهم الاستكشافية. ثم يقولون لي: "ومع ذلك، يستمرون في عمل الشيء نفسه، ولا يفهمون تحذيراتنا! فما العمل؟" وهذا حقيقي؛ فالأطفال الصغار لا يربطون بين الضرب والرسالة التي يود الآباء إيصالها لهم، ولذلك فإننا ندعوك عزيزنا القارئ إلى توجيه طاقتك نحو الحيلولة دون وصول الطفل من الأساس إلى الأماكن والأشياء التي قد تتعرض للتلف أو التي تلحق به الأذى، من خلال وضع التجهيزات الوقائية ضد عبث الأطفال، التي قد تحتاج منك إلى بعض الجهد في

البداية، ولكنها سوف توفر عليك الكثير من مشاعر التوتر والإحباط والغضب. (انظر أداة **تحكَّم في البيئة المنزلية**).

معارك الطعام

يشكو كثير من الآباء أن أطفالهم يرفضون تناول الطعام الذي يعدونه لهم، أو يأكلون صنفًا واحدًا منه فقط. إن الأطفال مثلما يستكشفون البيئة المحيطة، فإنهم يستطلعون أيضًا ما يحبون وما لا يحبون من نكهات الأطعمة وقوامها وما إلى ذلك. ويتعلم الأطفال من خلال الآباء نمط الأسرة المتبع في التعامل مع الطعام، فهل يمثل لهم الطعام مثلًا فرصة لتجمُّع أفراد الأسرة على مائدة الغداء أو العشاء؟ أم أنه مجرد وسيلة لسد الجوع بوجبات خفيفة وسريعة على مدار اليوم؟ أم أنه وسيلة للهروب من مشاعر الضيق والتوتر؟ وما إلى ذلك من أمثلة.

يدرك الآباء أنهم لا يستطيعون إكراه الطفل في مرحلة الرضاعة على الطعام، فسرعان ما يبصق الطفل أي نوع من الطعام لا يعجبه، وإذا لم يعجبه، فما من شيء سيجعله يتقبله، وعادةً ما يتوقف الآباء عن إطعامه هذا النوع تحديدًا. غير أن الآباء يتبعون استراتيجيات مختلفة في مرحلة الطفولة المبكرة، من خلال الاستعانة بمحفزات خارجية لتشجيع الطفل على تناول الطعام، مثل إغرائه بالشوكولاتة أو الحلوى، أو تهديده بالحرمان من مشاهدة التلفزيون أو الذهاب إلى النادي، أو إطعامه خلال مشاهدة برنامجه المفضل، أو ملاحقته في أثناء اللعب، أو إعداد الأطباق الخاصة له، وما إلى ذلك من تصرفات. كل هذه التصرفات تنبع من اعتقاد الآباء أنهم أدرى بمصلحة أطفالهم، لذا يجب عليهم إجبارهم على الأكل. ولكن تذكر عزيزنا القارئ أن الأطفال لن يتركوا أنفسهم يتضورون جوعًا، لأن الشعور بالجوع نداء فطري ينبِّه الطفل إلى أن جسمه بحاجة إلى الطعام. ولكن عندما يلجأ الأبوان إلى إطعام الطفل بالإكراه، فإن ذلك يفقده الإحساس بإشارات الجوع الداخلية، ومن ثمَّ يعتمد عليهما كليةً في تحديد متى وماذا يأكل. وهذه في حد ذاتها مأساة!

إذا تعلم الأطفال أن الطعام عبارة عن معركة مع الآباء، فإنهم سيُفضلون الشعور بالجوع لمجرد الانتصار عليهم (مثلًا أن يرفضوا الأكل قبل الحصول أولًا على قطعة من الحلوى). وحتى في هذه الحالة، يفوز الأطفال عادةً على الآباء الذين يخضعون لمطالبهم خوفًا على صحة أطفالهم من عدم الأكل، ليجدوا أنفسهم يدورون في حلقة مفرغة. وما يفاقم الإحساس بالقلق العواقب التي تخلِّفها معارك الطعام الأولى على المدى البعيد. وكما يذكر "ويليام جلاسِر" [William Glasser] في كتابه: "إذا دخلت في معارك طعام لا داعي لها في السنين الأولى من حياة الطفل، فإنك في الغالب تمهد الطريق لمرض فقدان الشهية في مراحل لاحقة من حياة الطفل" (جلاسِر، ١٩٩٩، صفحة ٢١٥). لذا فإننا ندعوكم إلى تجنب الدخول في معارك الطعام من البداية، وأن تكونوا على ثقة من أن أطفالكم سيأكلون عندما يشعرون بالجوع.

وفي مقدمة الأدوات التي يمكن استخدامها أداة **احسم الأمور التي تملك السيطرة عليها** من أجل الحد من معارك الطعام. كما أنكم إذا تخليتم عن فكرة أن "ابني لا بد أن يأكل وإلا لن ينعم بصحة جيدة"، وتبنيتم بدلًا منها فكرة "سأقوم بدوري وأترك الجوع يقوم بدوره"، فإنكم ستتخلصون من القلق الذي لا طائل من ورائه. وكذلك إذا قمتم بهذا التغيير في سن مبكرة (في مرحلة الطفولة المبكرة)، فإن الأطفال سيتعلمون عادات الطعام السليمة.

ونعرض عليك عزيزنا القارئ في ما يلي بعض الأمثلة التي يمكنك تطبيقها باستعمال أداة **احسم الأمور التي تملك السيطرة عليها**:

- عرض الوجبات الصحية على الطفل وعدم الضغط عليه لتناولها.
- الحرص على مشاركة الطفل في إعداد قائمة الوجبات الأسبوعية.
- في حالة ضيق الوقت المتاح لتحضير الطعام، يتخذ الآباء القرار لتحديد أصناف الطعام دون استشارة الأبناء.
- الحد من شراء الأطعمة غير الصحية مثل المأكولات الجاهزة أو الوجبات السريعة، والملبس، والشوكولاتة، والمياه الغازية، والبسكويت، والشيبس.

- توفير الوجبات الخفيفة الصحية في متناول اليد (الجزر، والفواكه، والفول السوداني، وما إلى ذلك).
- إتاحة الفرصة للطفل كي يقرر إذا كان جائعًا أم لا.

أما في ما يتعلق بأداة **خيِّرهم بين أمرين**، فإننا نقدم لكم بعض الأمثلة التالية:

- يقرر الأب/ الأم أي الأصناف مناسبة من الناحية العملية لإدراجها في قائمة طعام الإفطار/ الغداء.
- يكتب قائمة بهذه الأصناف.
- يقرر كل يوم الأصناف الثلاثة التي ستقدَّم في ذلك اليوم.
- يطلب من الطفل بهدوء أن ينتقي الأصناف التي يفضلها من الاختيارات اليومية.
- إذا قال الطفل "أريد..." ولم يكن هذا ضمن الخيارات المطروحة، فيرد الأب/ الأم عليه بهدوء "للأسف هذا الصنف ليس موجودًا ضمن خيارات اليوم. ربما يمكن تحضيره في نهاية الأسبوع، أما اليوم فمن غير الممكن. والآن ماذا تريد أن تأكل، هذا أم ذاك؟"

وهنا يجب أن نحذرك عزيزنا القارئ مجددًا بأن أداة **خيِّرهم بين أمرين** تصبح أقل فعالية مع نمو طفلك عبر المراحل العمرية اللاحقة، فهو يبدأ في المعاندة ورفض أي خيار من خيارات الطعام المقدَّمة إليه، لذلك، عندما تلاحظ أن أداة **خيِّرهم بين أمرين** لا تحقق الأثر المطلوب منها، فعليك اختيار أداة أخرى من أدوات التربية الإيجابية. فعلى سبيل المثال، إذا وقع خلاف حول اختيارات الإفطار أو الغداء، تمكن الاستعانة بأداة **اجعل أمركم شورى بينكم** من خلال طرح المشكلة ضمن جدول أعمال اجتماع الأسرة. قد يكون الحل أن تحدد الأم/ الأب أي صنف من الطعام سيتم تحضيره (احسم الأمور التي تستطيع السيطرة عليها)، وإتاحة الفرصة للطفل للقبول أو الرفض، أو إعطاؤه مسؤولية تحضير وجبة الإفطار/ الغداء.

ويمكن استبعاد معارك الطعام المرتبطة برغبة الطفل في الحصول على الملبِّس والشوكولاتة باستخدام أداة **تحكم في البيئة المنزلية**. فإننا نلاحظ اليوم أن العديد من الآباء ينتابهم قلق شديد من كمية السكر التي يحصل عليها الأطفال في ما يأكلونه من حلوى، فنجدهم مصممون على عدم شراء أي حلوى أو شوكولاتة حرصًا منهم على أن يتبع أطفالهم نظامًا غذائيًا يحتوي على كمية قليلة من السكر، ولا سيما في ضوء ما يرد في دراسات التغذية الصحية عن ارتباط كميات السكر الكبيرة بارتفاع مستويات النشاط لدى الأطفال، وبأمراض السمنة والسكر. وعلى الجانب الآخر، نجد آباء آخرين لا يمانعون أن يأكل أطفالهم الملبِّس والشوكولاتة ما دامت في حدود معقولة. وفي كل الأحوال، تجدر بنا الإشارة إلى أنه من الصعب على الأطفال صغار السن أن يفهموا لماذا لا يمكنهم الحصول على الحلوى في كل الأوقات أو قبل تناول وجبات الطعام، لذا قد يكون منع وصولهم إليها هو الحل الأبسط (مثلًا إخفاء الحلوى في خزانة عالية أو في غرفة نوم الأبوين). ومن الضروري أن تضعوا قاعدة واضحة لأوقات تناول الطفل الحلوى. أنا -(نهى)-كنت لا أشتري سوى أنواع الشوكولاتة أو الحلوى التي أوافق عليها، وكان أطفالي يعلمون أنهم لن يحصلوا على أي نوع من أنواع الحلوى إلا بعد العشاء، وكانوا يعرفون أيضًا الكمية التي يمكنهم الحصول عليها. لذا عليك أن تفكر مليًا عزيزنا القارئ في كيفية تناول موضوع الحلوى أولًا، ثم ضع القاعدة التي تراها مناسبة وأخبر طفلك بها، وأخيرًا احرص على الثبات على كلمتك.

سلوك العض والضرب

يختلف الأطفال في معدل سرعة اكتسابهم اللغة للتعبير عن مشاعرهم. ونظرًا إلى أن الطفل، الذي لم يكتمل نموه اللغوي بعد، يعجز عن التعبير عن نفسه، فإنه عادةً لا يجد أمامه سوى هذه الوسيلة البدائية من وسائل التواصل مع الآخرين، ألا وهي العض أو الضرب. فإذا تفهمت عزيزنا القارئ شعور ابنك بالإحباط الذي يتوارى خلف العض والضرب، ستكتشف مدى احتياجه إلى تعاطفك ومساندتك وليس تعنيفك. لذا ندعوك إلى استخدام أداة **التواصل قبل التأديب**، عندما يضرب طفلك أحد الأطفال أو يعضه. على سبيل المثال: "أستطيع أن أرى أنك تشعر بالإحباط. لك الحق في أن تشعر بالضيق

والغضب، ولكن إيذاء الآخرين ليس من حقك مهما كانت الأسباب". ثم تشجعه على التعاطف مع الطفل الآخر، بالقول مثلًا: "انظر إلى وجهها. إنها حزينة لأنك ضربتها. كيف يمكنك التخفيف عنها؟" الهدف أن يتعلَّم الطفل كيفية التكفير عن خطئه في مثل هذه المواقف، من خلال تدريبه على ترويض نفسه على التحكم في مشاعره (التعرُّف إلى مشاعره، والتحكم في اندفاعه لإيذاء الآخرين، وتهدئة نفسه بنفسه) وعلى تحمُّل مسؤولية أفعاله من خلال الاعتذار والتواصل مع الآخرين. عندما يكون الطفل قادرًا على الاعتراف بمسؤوليته تجاه تصرفاته، سوف يتمكن حينئذٍ من التوصل إلى الحلول. ولكن هذه العملية تتطلب الوقت، لذا علينا أن نتحلى بالصبر لأن الطفل قد يكرر هذا السلوك إلى أن يحين الوقت الذي يتمكن فيه من التحكم في انفعالاته. وكلما نمَّى الطفل لغته ومهاراته الاجتماعية، قلَّت احتمالات معاودته لسلوك العض والضرب، لأنه سوف يستعيض عنه بالكلمات للتعبير عن احتياجاته.

سلوك التذمر والإلحاح

لعل أكثر سلوكيات الأطفال التي تثير حنق الآباء كثرة "الزنّ" أو الإلحاح والتذمر والنواح، الذي يعد من السلوكيات المكتسبة التي يتخذها الطفل وسيلة إما لجذب الانتباه أو للحصول على ما يريد، وإذا لم نعلمه كيفية التعبير عن نفسه بطريقة أنسب، فقد يصبح هذا السلوك-للأسف-عادة تلازمه حتى في سنوات المراهقة وما بعدها.

يمكنك -عزيزنا القارئ-الحد من هذا السلوك عن طريق لفت انتباه طفلك بدايةً إلى أن الطريقة التي يتصرف بها تُسمى "تذمُّرًا"، لأن الأطفال في هذه المرحلة لا يدركون كنه تصرفاتهم، فتقول له مثلًا: "أنت تكلمني بلهجة مزعجة". ثم تسأله: "من فضلك اسألني مرة ثانية ولكن بصوتك الطبيعي". وفي كل مرة يتكلم الطفل بنبرة تذمُّر، يجب أن ترد عليه بالطريقة نفسها حتى يتعلم الطفل أن يعبر عما يريده بطريقة لائقة. ونكرر أن الثبات هنا مطلوب، إذ أن الذبذبة في ردود الأفعال التي تميل للإذعان لمطالبه تارة ورفضها تارة أخرى تشجع الطفل على التمادي في أساليب التذمر، لأنه يجدها تنجح في بعض الأحيان. وبالمثل، عندما يتكلم الطفل بطريقة متزنة، من المهم أن تشجعه حتى

يعرف أنك تلاحظ جهوده وتقدِّرها، كأن تقول له مثلًا: "ألاحظ أنك تتكلم بصوتك الطبيعي الآن! شكرًا وأنا مقدِّر ذلك".

وعندما تكون إجابتك على طلب الطفل "لا"، ويستمر الطفل في الإلحاح، يمكن أن تستعمل أداة **أخبرهم الواقع دون مجاملة أو تجميل** للرد عليه بدلًا من أن تلقنه درسًا أو أن تكرر ما تقوله. ونؤكد مجددًا أن المفتاح لتحقيق الأثر المنشود من هذه الأداة هو **الثبات على الكلمة** وعدم الاستسلام لمطالبه. فتقول له مثلًا: "هل سألتني هذا السؤال من قبل؟" سيرد بنعم، ثم اسأله: "هل أجبتك عن سؤالك؟" قد يرد الطفل بالقول "نعم، ولكن أرجوك..."، ويبدأ في سرد الأسباب والحجج، في هذه الحالة يجب استعمال الحزم والحنان في آنٍ واحد وأن تقاطعه قائلًا: "هل تتصور أني سأغير رأيي إن أعدت عليَّ السؤال مرة أخرى؟ أنت سألت وكانت إجابتي لا، ولن أغيرها مهما كررت طلبك مرات عديدة". وكلما داومت على الاستجابة بالأسلوب نفسه، يدرك الطفل سريعًا أن الزنّ والإلحاح لن يجديا نفعًا.

اشترِ لي هذه اللعبة!

من المشاهد المعتادة في محلات لعب الأطفال أن نرى هذا الحوار بين الأب/ الأم وطفلهما:

الأب/ الأم: لا، لن أشتري هذه اللعبة. من فضلك ضعها في مكانها.
الطفل: [يجذب اللعبة من فوق الرف] أنا أريدها!
الأب/ الأم: قلت لك لا. ضعها في مكانها.
الطفل: [يبدأ اللعب بها]: ولكني أريدها حقًّا! من فضلك اشتريها لي!

ثم تنهمر دموع الطفل وينتهي المشهد عادةً بأحد الاحتمالين: إما أن تصيح الأم (أو الأب) في الطفل الذي تنتابه نوبة غضب، أو أن ترضخ لطلبه وتشتري اللعبة. وهذا مشهد شائع الحدوث، إذ أنه يعكس السلوك الطبيعي للطفل الصغير الذي لا يعرف سوى اللحظة الراهنة، أما المستقبل فلا يعني له شيئًا، لذلك لا يفهم معنى الصبر والانتظار والتأجيل. من الطبيعي أن هذا الكم الهائل من الألعاب المتنوعة والمتطورة يأسر انتباه

الأطفال ويبهرهم، ومن ثم يتلهفون على اقتنائه. وفي الوقت نفسه يدرك الأطفال أن المفتاح لاقتناء ما يريدونه هو آباؤهم. وفي حين يتعلم بعض الأطفال أنهم إذا استعطفوا أبويهم بالإلحاح والبكاء، فإنهم سيحصلون في النهاية على ما يريدون، فإن هناك آخرين لا يدركون بعد مفهوم النقود، وبالتالي لا يفهمون لماذا لا يمكنهم ببساطة شراء ما يرغبون فيه، وإنما ما يدركونه فقط أن آباءهم يقفون حائلًا دون حصولهم على ما يريدون، وهو أمر محبط وغير عادل من وجهة نظرهم.

أما بالنسبة إلى أصحاب المحلات، فهم على دراية تامة بردود فعل الأطفال، لذا يعلمون أن مهمتهم لا تتعدَّى وضع اللعب في مستوى نظر الأطفال الذين سيتكفلون بتحقيق النتيجة المنشودة على أحسن ما يرام. وفي ضوء ذلك، كيف يمكن أن يتصرف الآباء؟ من المهم قبل أي تصرف -عزيزنا القارئ- أن تتوقع أنه من الطبيعي أن ينبهر طفلك بما يراه في المحلات، وبناءً على ذلك، يمكنك استغلال هذه المواقف لتعليمه القيم العائلية المتعلقة بالإنفاق، فمن المهم تدريب الطفل على مهارة إدارة المال منذ الطفولة المبكرة. وفيما يلي بعض المفاهيم التي من المهم تعليمها لطفلك:

- النقود (العملات، والشيكات، وبطاقات الائتمان).
- تبسيط مفهوم الاحتياجات الضرورية والفرق بينها وبين الرغبات.
- النقود تُستخدم لأغراض الإنفاق والادخار والعطاء.
- مَلَكة الصبر لترويض النفس على التحكم في الرغبات الفورية وتأجيل إشباعها.

وهذه بعض النصائح الملائمة للأطفال حتى سن الثالثة:

- تجنب اصطحاب الأطفال إلى مشاوير التسوق. أنا -(نهى)- ظللت لبضع سنوات أقوم بمشتريات البقالة بعد خلود الأطفال إلى النوم، وهكذا كنت أتجنب المعارك معهم.
- قبل الذهاب إلى التسوق، يمكنك أن توضح للطفل الغرض من هذه الرحلة وما يمكنه توقعه، بالقول مثلًا: "سنذهب الآن إلى السوبر ماركت، ولن أشتري اليوم

أي أنواع من الحلوى". أو ربما تقول: "اليوم يمكنك أن تشتري قطعة شوكولاتة واحدة فقط، على ألا يزيد سعرها على ٥ جنيهات مثلًا".

- إذا انتابت طفلك نوبة غضب، قل له "لا" ببساطة، ووصِّف مشاعره، ولكن كن حازمًا. على سبيل المثال: "أعرف أنك متضايق جدًّا لأنك تريد الحصول على هذه اللعبة. ولكنك تعلم أن اليوم ليس يوم شراء اللعب".

- إذا زادت حدة نوبة الغضب، احمل طفلك واخرج من المكان حتى لو لم تنتهِ من شراء احتياجاتك.

- من المتوقع أن ترضخ في بعض الأحيان لما يطلبه طفلك وتشتريه له، ولكننا نأمل ألا يتحول الاستثناء إلى قاعدة، فيصبح رضوخك لرغباته أمرًا مسلمًا به، لأنك سوف ترسخ لدى الطفل الاعتقاد بأنه محور الكون وأن الجميع مسخَّر لتلبية رغباته. وفي حال أنك تنوي الاستجابة لطلبه، فعليك الموافقة فور طلبه ما يرغب في شرائه، ولا تنتظر حتى يبدأ في الإلحاح والتذمر.

- يمكنك أن تشتت انتباه الطفل بالإشارة إلى شيء آخر مثير للاهتمام في المحل، مثل أنغام الموسيقى التي تتردد في أرجاء المكان، أو الديكور أو نباتات الزينة، أو ما شابه ذلك.

وهذه بعض النصائح الملائمة للأطفال من سن ٣-٦:

ابدأ في تخصيص مصروف شهري لطفلك، مع تحديد مبلغ معين وثابت من البداية يوضع في ظرف مخصص لذلك. نظرًا إلى صعوبة احتفاظ الطفل بالنقود، فمن الأفضل الاحتفاظ بالظرف معك. وعندما يطلب الطفل شيئًا ما، تحقق من وجود ما يكفي من النقود في الظرف لشرائه. وتذكر عزيزنا القارئ أنك ما دمت حريصًا على الالتزام بكلمتك، فإن طفلك سوف يتعلم بسرعة، فإذا به يسألك قبل طلب ما يريده: "بابا، هل لدي من النقود ما يكفي لشراء كذا؟" وهكذا فإن البدء في تطبيق نظام المصروف في سن مبكرة يعلم الطفل درسًا قيِّمًا من دروس الحياة، وهو شراء ما هو في حدود إمكانياته المادية. وبإذن الله سيكون هذا الدرس هو الأساس المتين الذي يعين الطفل على اتخاذ قرارات مدروسة في أثناء مرحلة المراهقة.

التدريب على التواليت

قد يكون تدريب الأطفال على استخدام التواليت من أكثر الفترات العصيبة التي يمر بها الآباء في رحلتهم التربوية المبكرة. تشكل مسألة استخدام التواليت علامة من علامات استقلال الطفل واكتمال نموه الجسماني. ونظرًا إلى أنها تتطلب تدريب الطفل على أن يصبح واعيًا بوظيفة من وظائف جسمه لم يكن بوسعه التحكم فيها من قبل، فإنها تعتمد كليةً على مدى استعداد الطفل. ولكننا نلاحظ أن كثيرًا من الآباء يختارون الوقت الذي يكونون فيه **هم** مستعدين لتدريب الطفل على استعمال التواليت (مثلًا عندما يضيقون ذرعًا بمسألة تغيير الحفاضات، أو عندما تصبح الأم حاملًا في طفل آخر، وما إلى ذلك من أسباب)، بدلًا من التريث حتى تظهر العلامات التي تدل على استعداد الطفل لاستعمال التواليت. وقد لاحظ هؤلاء الآباء أن التعجل في تدريب الأطفال أدى إلى استغراق وقت أطول في عملية التدريب، وإلى زيادة عدد حالات التبول والتبرز العارضة، فضلًا عن زيادة المشاحنات لمحاولة كل طرف فرض سلطته.

عادةً ما تظهر على الطفل من سن الثانية إلى الثالثة علامات القدرة على التحكم في عملية إخراج الفضلات، ومن أمثلة هذه العلامات: وعي الطفل بنفسه خلال التبرز في حفاضته أو انزعاجه بعد اتساخها، وجفاف حفاضته لفترات أطول في المساء، وإبداء رغبته في الجلوس على التواليت، وفي ارتداء الملابس الداخلية بدلًا من الحفاضات، وقدرته على النطق بالكلمات الدالة على البول والبراز. لذلك من السهل على الآباء -الذين يتسمون بقوة الملاحظة-تحديد الوقت المناسب للبدء في تدريب أطفالهم على استعمال التواليت.

ولا أخفي عليك -عزيزي القارئ-لطالما كانت عملية التدريب على استعمال التواليت بالنسبة إليَّ -(منيرة)-مهمة مخيفة دون سائر المهام التربوية الأخرى. عندما قررت تدريب طفلي الأول، لم يكن لديَّ أدنى فكرة عن الموضوع، واستشرتُ غيري من الآباء الذين مروا بهذه التجربة، وكانت المعلومات التي حصلتُ عليها متضاربة إلى حد كبير، لدرجة أنها لم تضف لي سوى مزيد من القلق والحيرة. وهذا بالإضافة إلى أن والديَّ

ووالدَي زوجي كانوا يضغطون عليَّ لتدريب ابني على استعمال التواليت من سن مبكرة، لأنه -وفقًا لمعاييرهم الثقافية- قد "كبر جدًّا" على ارتداء الحفاضات. وكانت المحاولة الأولى عندما بلغ ابني الثانية من عمره، لكنها باءت بالفشل الذريع. ثم جددت المحاولة مرة أخرى عندما بلغ سن الثانية والنصف، ولكنها للأسف لم تثمر عن شيء سوى نوبات العصبية والغضب التي كانت تنتابنا نحن الاثنين، فضلًا عن النزاع من أجل فرض كلٍّ منا سيطرته على الموقف. لكن قبل أن يبلغ ابني عامه الثالث بشهر واحد، وفي خلال ثلاثة أيام فقط، استطعنا أنا وزوجي أن ندرب ابننا على استعمال التواليت على أكمل وجه.

والدرس الذي تعلمته من هذه التجربة أن قلقي الشديد ورد فعلي العاطفي كان لهما أثر كبير على الطريقة التي تعامل بها ابني مع عملية التدريب على التواليت. فعلى الرغم من صغر سنه، الذي لم يتجاوز حينئذٍ السنتين، فإن عصبيتي كانت تنتقل إليه على الفور. وفي كل مرة كنت أعجز فيها عن جعله يتعاون معي، كنت أركز على تأديبه بدلًا من التواصل معه، وفي نهاية الأمر لم أجنِ سوى الإحباط ومشاحنات فرض السيطرة، ومن ثم، كان لا بد أن تبوء التجربة بالفشل. فقط عندما تحليت بالصبر والهدوء بدأ ابني التجاوب في عمليات التدريب. كان زوجي، على النقيض مني تمامًا، خير نموذج للثقة ورباطة الجأش. كم أدهشتني طريقة تعامله مع ابننا بهدوء ومرح وخفة ظل، وكان مردودها واضحًا في شعور ابننا بالفخر لتمكنه من الاعتماد على نفسه. استخدم زوجي أداة **بالصبر والتدريب تعلمهم كل ما هو جديد**، فكان يصطحب ابننا إلى الحمام عندما يريد قضاء حاجته لتشجيعه على استخدام التواليت، ويذكره بلطف من حينٍ إلى آخر أن يذهب إلى الحمام لقضاء حاجته، ولم يتوانَ عن مساعدته أحيانًا على تنظيف آثار الحوادث غير السارة، وكان يهلل فرحًا عندما يتم الخطوات بنجاح. وهكذا، عندما تناولت المسألة من منظور مختلف، اقتداءً بزوجي، كانت النتيجة أنني تحررت من مشاعر القلق والتوتر وقلة الحيلة واستعدت هدوئي وكامل طاقتي.

لقد علمتني هذه التجربة المزيد عن طباع ابني وعن أفضل الطرق التي تؤتي ثمارها في تعليمه، كما أتاحت لي الفرصة أن أتكئ على زوجي، وأتعرَّف عن قرب إلى دور كلٍّ منا في تربية أطفالنا ومدى أهمية التكامل والتعاون بيننا. واستمر زوجي في أداء دور "سوبر

بابا" أو الأب الخارق، ونجح باقتدار في تدريب طفلينا الآخرَين على استخدام التواليت، وكان دائمًا على أهبة الاستعداد لمساعدة أبنائنا وتهيئة الطريق لهم نحو الاستقلال والاعتماد على النفس، فبدأ أولًا بتدريبهم على استخدام التواليت، ثم علمهم فيما بعد كيفية ربط أحذيتهم، والاستحمام، وكتابة أسمائهم، وغيرها من المهام. وهكذا كانت عملية التدريب على استخدام التواليت نقطة الانطلاق نحو استقلالهم ونمو شخصياتهم. ولكنها كانت -ولا تزال حتى كتابة هذه السطور-لا تستهويني، لذا لا يسعني سوى التعاطف مع الآباء الذين على وشك الدخول في هذه المرحلة. وفي الوقت نفسه، قد يجدون العزاء في ما قالته لي إحدى صديقاتي ذات يوم: "سيتعلم الأطفال عاجلًا أم آجلًا استعمال التواليت كلٌّ حسب إيقاعه وقدراته الخاصة، والدليل على ذلك أننا لم نرَ حتى يومنا هذا فتى أو فتاة في سن المراهقة يرتدي الحفاضات، أليس كذلك؟"

قلق الانفصال عن الآباء عند بدء مرحلة المدرسة

لا شك أن الالتحاق بالمدرسة حدث بالغ الأهمية في حياة الطفل والأبوين على حد سواء، إذ يخرج الطفل للمرة الأولى من البيت لقضاء ساعات طويلة بعيدًا عن كنف أبويه والبيئة الآمنة التي ألفها منذ ولادته. لذلك، من الطبيعي أن يصاب الطفل بالقلق سواء عند الذهاب إلى المدرسة للمرة الأولى أو عند العودة إليها بعد انقضاء العطلة الصيفية. نقدم لك، عزيزنا القارئ، الخطوات التالية التي تساعد طفلك على اجتياز هذه المرحلة الانتقالية بسلام:

- بث الطمأنينة في نفس الطفل، من خلال استقبال هذه المرحلة بتفاؤل وحماس وإبداء الثقة بقدراته على التكيف مع مجتمعه الجديد في المدرسة.

- وضع نظام يومي لفترة الدراسة مثل روتين الصباح، وتحضير الزي المدرسي من الليلة السابقة، وتجهيز الساندويتشات معًا.

- اصطحاب الطفل في زيارة إلى المدرسة قبل بدء العام الدراسي، والتعرف إلى معلِّمة الفصل.

- عدم الانصراف خلسة بعد توصيل الطفل إلى المدرسة، بل يجب توديعه وداعًا سريعًا يجمع بين الحزم والحب، لتعزيز إحساس الطفل بأن كل شيء سوف يسير على ما يرام وبأن الأم/ الأب يضعان ثقتهما في المعلِّمة والمدرسة.
- مواساة الطفل إذا استمر في استيائه عن طريق احتضانه وطمأنته بعبارات من قبيل: "لا شك أنه من الصعب عليك أن تفارقني وتودعني وأنت في مكان جديد عليك لم تألفه بعد"، "أنت تعلم كم أحبك، وأنا متأكدة من أن يومك سوف يمضي على ما يرام، وأتشوق من الآن إلى سماع تفاصيله منك عندما أحضر لاصطحابك إلى المنزل".

على الرغم من أن قلق الانفصال شعور طبيعي يمر به الأطفال، ومعظمهم يتغلب عليه بمرور الوقت، فإنه يستمر عند بعض الأطفال إلى فترات طويلة ويأخذ شكلًا أكثر شدة وحدية، يتجلى في رفض الذهاب إلى المدرسة، والشكوى من التعب والآلام العضوية، والإصابة بنوبات شديدة من الغضب والهلع، والالتصاق بالأم أو الأب طوال الوقت. ومن ثم، تؤثر هذه الحالة على نحو سلبي في حياة الطفل، وتحول دون تكيُّفه مع مجتمعه الجديد في المدرسة. في هذه الحالة تجب الاستعانة باختصاصي الإرشاد النفسي، لتوجيه الأبوين إلى كيفية مساعدة الطفل على ترويض نفسه على التحكم في مشاعره والتأقلم خلال الانتقال من مرحلة إلى أخرى.

حزام الأمان بالسيارة

حل هذه المسألة في منتهى البساطة، فكل ما عليك فعله عزيزنا القارئ ألا تقود السيارة حتى يربط طفلك حزام الأمان. فلا حاجة للصراخ والصياح، ولا ضرورة للتهديد بالعقاب أو الترغيب بالمكافأة. كل ما في الأمر ببساطة أنك يجب أن تضع القاعدة وتصر على ألا تقود السيارة حتى يربط طفلك حزام الأمان، وهو ما قد يترتب عليه تأخرك أحيانًا على عملك أو مواعيدك، لذا فعليك أن تفكر في التبكير في مغادرة البيت كي تعطي نفسك الوقت اللازم للتعامل مع نوبات الغضب والتمرد والجدال. وندعوك إلى أن تجلس في

مقعدك مرتديًا حزام الأمان وأن تنتظر، لا سيما عندما يكون طفلك قادرًا على ربط الحزام بنفسه، ولتقرأ أو تقوم بأي شيء في هدوء حتى يربط حزام الأمان.

وإذا قرر الطفل فك حزام الأمان وأنت تقود السيارة، فلتبحث عن مكان آمن وتوقف السيارة، ثم تقول له إنك لن تقود السيارة حتى يعاود ربط حزام الأمان، وكرر هذا الأمر في كل مرة إن لزم ذلك، فالوقت الذي تقضيه في استعمال أداة **الثبات على الكلمة** أقل كثيرًا من الوقت الذي تهدره في الجدال والشجار، كما أن هذا سيؤكد على رسالة مهمة: أنك تعني ما تقوله.

يلجأ بعض الآباء، عندما يرفض الأطفال ربط حزام الأمان، إلى تخويفهم برجل الشرطة أو "البعبع"، ذلك الكائن الوهمي المرعب الذي يستحضره الأهل عندما تضيق بهم السبل لتقويم سلوك أطفالهم فلا يجدون إلا الترهيب. يهدد الأبوان الطفل بارتداء حزام الأمان وإلا سوف يقبض عليه رجل الشرطة، وهذه نقطة جديرة بالوقوف عندها لما تترتب عليها من عواقب وخيمة قد يغفل عنها الكثير من الآباء، إذ أن تربية ابنك على الخوف، عزيزنا القارئ، تعلمه ألا يفعل أي شيء ولا يحترم القواعد إلا إذا صاحب ذلك التهديد بالعقاب، ومن ثمَّ سوف يتعود الإتيان بأي سلوك ليس بهدف فعل الصواب وقيمته الجوهرية في حد ذاتها، وإنما هربًا أو خوفًا من العقاب، ويصبح شغله الشاغل: "تُرى ماذا سيحدث إذا لم أفعل كذا؟". وهكذا، عندما تعلِّم طفلك أن الغرض من ربط حزام الأمان الخوف من رجل الشرطة، فإنك تصرف انتباهه بعيدًا عن الغرض الأصلي منه، ألا وهو الحفاظ على سلامته، فتتحول المسألة من أهمية ارتداء الحزام من أجل حمايته إلى جدال الطفل حول ما إذا كان رجل الشرطة موجودًا بالقرب من السيارة ويستطيع أن يراه أم لا. وهذا الأسلوب يؤدي إلى زعزعة ثقة الطفل بك، لأنه سرعان ما سيكتشف عندما يكبر أن رجل الشرطة لا يقبض على الطفل الذي لا يرتدي حزام الأمان، بل يحرر مخالفة لأبويه، ومن ثمَّ، سوف تدور في ذهنه تساؤلات عما إذا كانت هنالك حقائق أخرى قد أخفيتها عنه. وعندما يفقد طفلك ثقته بك، فإنه يفقد معها قدرته على فتح قلبه لك والتواصل معك. وأخيرًا، لا بد أن نؤكد على أن الشرطة موجودة لخدمة المجتمع

ومساعدته، أما استخدامها في دور "الوحش المرعب" فإنه سيُثني الأطفال عن طلب مساعدة الشرطة عند الضرورة.

اللعب في حياة الطفل

اللعب طبيعة فطرية في الطفل، لذا فإن حاجته إلى اللعب كحاجته إلى الطعام، والشراب، والحب والحنان. ونوع اللعب الذي ينخرط فيه الطفل يتغير باستمرار مع تغير مراحل نموه، ففي مرحلة الرضاعة يتمثل لعب الأطفال في استكشاف البيئة المحيطة بهم من خلال تفحص الأشياء بوضعها في أفواههم، وتسلُّق قطع الأثاث، ومراقبة ما يفعله ويقوله الآخرون. وتنحصر حياة الطفل اليومية في هذه الأنشطة الحركية الاعتيادية التي قد يراها الآباء مجرد أفعال ساذجة بل وربما عبثية، ولكنها في حقيقة الأمر تسهم بدور بالغ الأهمية في تنمية مهارات الطفل وخبراته. في مرحلة الطفولة المبكرة، يصبح اللعب أشبه ما يكون بـ"العمل الجديّ"، لأنه ينمي لدى الطفل حس الابتكار والإبداع، وإثراء ملكة التخيل، ويوفر له فرصة تفريغ ما يدور في ذهنه من خواطر وأفكار، من خلال أنواع مختلفة من الألعاب من ضمنها بناء الأشكال بالمكعبات، ورسم الصور، ولعبة تمثيل الأدوار مثل دور الأم أو الأب أو القطة. وفي مرحلة ما قبل المدرسة ينتقل الطفل من اللعب الفردي إلى اللعب الجماعي، فيتعلم من خلاله التعاون والعمل بروح الفريق والمهارات الاجتماعية والقدرة على قراءة المشاعر. لذا، عندما تقرر، عزيزنا القارئ، أن يلتحق طفلك بدور الحضانة، فإننا نوصيك بأن تستفسر عن نوع الألعاب والأنشطة المتوافرة بها، وعن كيفية توظيفها في تنمية قدرات الطفل ومهاراته بوصفها أهم وسائل التعلُّم في هذه السنوات الأولى من عمر الطفل.

استخدام الأجهزة الإلكترونية

بطبيعة الحال يمثل كلٌّ من الأم والأب القدوة التي يحتذي بها الطفل في مختلف جوانب الحياة، بما في ذلك استخدام الأجهزة الإلكترونية. فلتسأل نفسك عزيزنا القارئ، كيف تستخدم الأجهزة الإلكترونية بالمنزل؟ هل يُترك التليفزيون عادةً (شغال عمّال على بطّال؟) هل تستخدم تليفونك المحمول على مائدة العشاء؟ هل تستخدم الأجهزة

الإلكترونية بشكل مقنَّن؟ لا أحد ينكر فوائد الأجهزة الإلكترونية ودورها الحيوي في حياتنا اليومية، لكن الإفراط في استخدامها يحول دون التفاعل الإيجابي مع الأطفال، وعندئذٍ تصبح مشكلة تلقي بظلالها على الأسرة بكاملها.

ونظرًا إلى سرعة التطور التكنولوجي، تعجز البحوث عن رصد آثارها طويلة الأمد إلا في نطاق الفترة الزمنية التي أُجريت فيها فحسب. بالإضافة إلى ذلك، فإن البحوث المتعلقة بآثار استخدام الأجهزة الإلكترونية على الرضَّع ومن هم في مرحلة الطفولة المبكرة ذات طبيعة معقدة ومتعددة الأبعاد (كما هو مذكور في فيرجُسُن، ٢٠١٥ [Ferguson])، ولذلك غالبًا ما تكون نتائجها متباينة وغير متسقة. فعلى سبيل المثال، توصلت الجمعية الأمريكية لعلم النفس إلى أن مشاركة الآباء أبناءهم في مرحلة الطفولة المبكرة في مشاهدة وسائل الإعلام الإلكترونية أمر بالغ الأهمية لتنمية المهارات اللغوية للطفل، في حين أن الأكاديمية الأمريكية لطب الأطفال تنصح بألا يجلس الأطفال في هذه المرحلة أمام شاشات الأجهزة الإلكترونية على الإطلاق. وعلى الرغم من اختلاف الآراء والتوصيات، فإن معظم الباحثين ينصحون بالاعتدال في استخدام الأطفال للأجهزة الإلكترونية، وبأن يكون ذلك في حضور آبائهم فقط، أو بمعنى آخر ألا يستخدم الآباء التلفزيون، وشرائط الفيديو، والألعاب الإلكترونية، وهواتفهم المحمولة بوصفها البديل لدور "جليسة الأطفال". ومن الأهمية بمكان أن يضع الأبوان القوانين والضوابط لاستخدام الأجهزة الإلكترونية تحت إشرافهما على نحو منظم ومقنن، حتى يتعود الطفل الالتزام بها ويستمر في تطبيقها مع تقدمه في العمر.

ولكنك سوف تكتشف، عزيزنا القارئ، أن مسألة الأجهزة الإلكترونية ليست من المسائل التي يمكن حسمها على نحو قاطع ونهائي، وإنما تحتاج إلى إعادة النظر فيها مرارًا وتكرارًا على مدار رحلتك التربوية. وهذا ما حدث معي -(منيرة)-عندما وجدتُ أن مسألة الامتناع عن استخدام الأجهزة الإلكترونية بعد ولادة طفلَيَّ الثاني والثالث تزداد صعوبة، فقد رُزقت بطفلي الأول قبل اختراع الهواتف الذكية وأجهزة التابلت، لذا كان من السهل نوعًا ما الحد من مشاهدة التلفزيون في السنتين الأوليين من عمره، وعندما رُزقنا بأخيه عند بلوغه 18 شهرًا، كان قد بدأ مشاهدة البرامج التعليمية لفترة محدودة يوميًّا، وترتب

على ذلك تعرُّض أخيه الأصغر للتلفزيون في سن أصغر. ولأن الفجوة العمرية بينهما لم تكن كبيرة، كنت قادرة على التحكم في محتوى ما يشاهدانه، ليكون ملائمًا ومتماشيًا مع قيمنا الأسرية. وعندما أنجبت ابني الثالث بعد سنوات عديدة، كان أخواه قد بدآ ممارسة الألعاب الإلكترونية على أجهزة التابلت والهواتف الذكية، الأمر الذي جعل عزله عن هذه الأجهزة الإلكترونية أو حتى التلفزيون مهمة شبه مستحيلة. وفي كل مرة نجد فيها أنا وزوجي أن الأمور خرجت عن السيطرة، كنا نتناقش مع أطفالنا ونستخدم أداة **ابحث معهم عن حل المشكلة**، ونعيد النظر في الحدود التي وضعناها، وما بوسع كل فرد من أفراد الأسرة أن يغيره. صحيح أننا لم نتمكن من التوصل إلى الحل الأمثل في كل مرة، ولكننا نجحنا في ما هو أهم ألا وهو التواصل المستمر، والمداومة على النقاش، وتعزيز قيم الأسرة ومبادئها، والعمل معًا بروح الفريق. وهكذا يتضح لك، عزيزنا القارئ، أن كل طفل يولد في بيئة وظروف مختلفة، ومع ازدياد حجم الأسرة ستكون هناك حتمًا تغييرات، لذا من الضروري أن تتحلى بالمرونة، وأن تعمل بإمعان على تعديل الحدود والقوانين من أجل التكيف مع مقتضيات الأوضاع الجديدة لكل مرحلة عمرية.

التنافس بين الإخوة

على عكس ما يتصوره كثير من الآباء، فإن مشاجرات الأبناء، مهما كانت مزعجة، تؤدي دورًا أساسيًا في تدريبهم على فن التفاوض والمرونة وإيجاد حلول وسط. من منا لم يتشاجر يومًا مع إخوته؟ من منا لم يتذوق حلاوة الصلح والوئام بعد المناقرة والخصام؟ ما أجمل تلك الذكريات المليئة بالضحك واللعب والبكاء التي نسترجعها من حين إلى آخر بابتسامة عريضة على وجوهنا، وحنين جارف ومشاعر حب فياضة. ولكن من المحزن أن بعض الناس يسترجعون ذكريات الطفولة بمشاعر مشحونة بالغيرة والتنافس المحتدم، بل وأحيانًا الكراهية البحتة لإخوتهم. وهنا تبرز أهمية دور الآباء في كيفية التعامل مع مشاحنات الأبناء، إذ أن حياد الأبوين هو السبيل إلى إرساء علاقات أخوية صحية بوصفها أساسًا لتعلُّم المهارات الاجتماعية مثل المشاركة واحترام الرأي الآخر.

ومن ثم، من الأهمية بمكان، عزيزنا القارئ، أن تبدأ الالتزام بالحياد في مشاجرات أبنائك منذ مرحلة الطفولة المبكرة، فليس المطلوب منك أن تقوم بدور الحَكَم أو حمامة السلام، وإنما يكفي أن تراقب الموقف فحسب. ومثال على ذلك ما حدث معي -(نهى)-عندما بدأت المشاجرات على الألعاب بين ابني الكبير الذي كان دون سن الرابعة وأخيه الأصغر منه بعام، وكنت قد قرأت مقالًا في مجلة "الآباء" [Parents] حول أهمية ترك الأطفال يحلون مشاكلهم بأنفسهم، ويقترح المقال أن يضع الأب/ الأم كل طفل في ركن من أركان الغرفة أحدهما في مواجهة الآخر، وأن يطلب منهما التفاوض لتسوية الخلاف في ما بينهما، وعندما يتفقان على حل، يمكنهما مغادرة ركنيهما ومعاودة اللعب. وكان لهذه الطريقة مفعول السحر، لأني بدأت في اتباعها معهما في هذه السن المبكرة، ولم أكن مضطرة إلى أن أراقبهما أو حتى أن أقرر متى يمكنهما مغادرة الركن.

أما الطفل الذي يهرع إليك لحل مشكلاته (أو لمعاقبة أحد إخوته على ما اقترفه في حقه)، فإن أفضل طريقة للتعامل في هذه الحالة استعمال أداة **الحوار البنَّاء**، مع تجنب إبداء رأيك أو الانحياز إلى طرف ضد الآخر حتى لو كنت تعلم أنه على حق، فالهدف، عزيزنا القارئ، ليس معرفة "مَن الذي فعل ماذا بِمَنْ"، وإنما يجب أن يكون هدفك إتاحة الفرصة لهما للتفاوض من أجل التوصل إلى حلول بمفردهما، وأن تظل قنوات الاتصال بينهما مفتوحة. وبعد أن يتبادلا الكلام عن مشاعرهما وأفكارهما بشأن الموقف الذي حدث بينهما، يمكنك استخدام أداة **اسألهم بدلًا من أن تأمرهم** من خلال طرح أسئلة الاستفسار من قبيل: "ما الحلول التي تساعد على حل هذا الموقف؟" ونؤكد مرة أخرى على أهمية تمكين الأطفال من التوصل إلى الحلول بأنفسهم. وإذا كان الأطفال يتشاجرون على شيء ما، ولم يصلوا إلى حلٍ مجدٍ، فعليك، عزيزنا القارئ، الاحتفاظ بهذا الشيء حتى يتوصلوا إلى خطة للحل. أما إذا تطور الشجار إلى التشابك بالأيدي، فعليك الفصل بين الطفلين وإرسال كل منهما إلى غرفة منفصلة، إلى أن يستعيدا هدوءهما ويكونا مستعدين للحوار العقلاني، يمكنك حينئذٍ إدارة النقاش بينهما كما ذكرنا في السابق.

وإذا لاحظت تكرار نمط الشجار بين أبنائك، قد يقتضي الأمر وضع قواعد للأسرة أو تعديل القواعد القائمة. على سبيل المثال، لاحظ زوجي -(نهى)-أن أطفالنا يلعبون أحيانًا لعبة

المصارعة الحرة، ولكنها تتحول في نهاية الأمر إلى شجار. وبعد مراقبة ما يحدث مرارًا، طلب زوجي منهم في مرة من المرات أن يرفعوا أيديهم ويقول كل منهم: "توقف. لا أريد الاستمرار في اللعب". وعندما أفكر الآن في ما فعله حينئذٍ ولكن من خلال منظور المعالجة النفسية، فإني أدرك مدى جمال هذه القاعدة التي وضعها. فمن خلال هذا الاقتراح البسيط، ضرب زوجي عدة عصافير بحجر واحد، فقد أقر حب الأطفال للعب المصارعة ولم يمنعهم منه، وفي الوقت نفسه مكَّن الطرف المغلوب على أمره من التعبير عن نفسه، ومن إيقاف ما يحدث، وعلَّم الطرف الأقوى أن يستمع إلى الطرف الآخر ويحترم رغبته على الفور. ومما لا شك فيه أن هذه الرسالة ضرورية في عالمنا الذي عادةً ما ينصر القوي على الضعيف.

يد الله مع الجماعة

من الذي قال إن مسؤولية تدبير شؤون المنزل حكر على الراشدين في الأسرة؟ بل هي مسؤولية جماعية يشترك فيها الأطفال أيضًا منذ بلوغهم مرحلة الطفولة المبكرة. فإن مشاركة الطفل في أداء الأعمال المنزلية تعزز شعوره بالانتماء إلى الأسرة، وتساعده على اكتشاف قدراته، وتنمي في نفسه مشاعر الرضا ومتعة العطاء لقدرته على مساعدة الآخرين.

ويمكن أن يساعد الأطفال في مرحلة الطفولة المبكرة في مهام بسيطة مثل:

- وضع اللعب في أماكنها المخصصة.
- فرز الجوارب وتوفيق كل زوجين.
- إزالة الأتربة من على قطع الأثاث.
- وضع أدوات المطبخ في أماكنها، مثل العلب البلاستيك، والملاعق الخشب، والأكواب، وما إلى ذلك.
- وضع الملابس في الأدراج والسلال المخصصة.
- تشغيل الأجهزة الكهربائية وإطفائها.

- تنظيف ما يُسكب منهم على الأرض أو على الأثاث.
- وضع الطعام للقطة أو الكلب أو أي حيوانات أليفة بالمنزل.

وعندما يبلغ الطفل سن ما قبل المدرسة، يمكن أن تتضمن المسؤوليات ما يلي:

- تحضير مائدة الطعام بوضع الأطباق والملاعق وفوط المائدة.
- إخراج الملابس من الغسالة ووضعها في آلة تجفيف الملابس.
- وضع الملابس المتسخة في سلة الغسيل.
- طي الملابس المغسولة ووضعها في السلال المخصصة.
- مسح الطاولات وأسطح خزانات المطبخ.
- مسح الغبار.
- فرز القمامة لفصل المواد القابلة لإعادة التدوير مثل الورق والبلاستيك، إلخ.
- تفريغ سلال القمامة الصغيرة.
- تحميل الأطباق في غسالة الأطباق وتفريغها.
- وضع الصابون في غسالة الأطباق/ الملابس.
- تفريغ أكياس البقالة.
- تقشير الخضراوات.
- سقي النباتات.
- تمشيط الحديقة من ورق الشجر وتنظيفها.

وسط دوامة الإجهاد

إن تجربة الأمومة والأبوة للمرة الأولى هي تجربة مشوقة ومرهقة في آنٍ واحد. لا شك أن لقب الأم أو الأب من أحب الألقاب التي نكتسبها في الحياة، لا سيما عندما يمنُّ الله علينا بهذا الخبر السعيد للمرة الأولى. لكن غالبية الآباء لا يعيشون الجانب الممتع لهذه

التجربة، لأن تلبية احتياجات الطفل تستنفد كامل طاقتهم، الأمر الذي يؤدي بطبيعة الحال إلى استنزافهم جسديًّا ونفسيًّا. وفي أحيان كثيرة يتجاهل كلٌّ من الأم والأب احتياجاتهما الفردية و/ أو متطلبات العلاقة الزوجية، بل قد يصل الأمر إلى شعور بعض الآباء "بالذنب" إذا حدث واستمتعوا بقضاء أوقات سعيدة دون أطفالهم، فيؤثرون التضحية برغباتهم وسعادتهم في سبيل أطفالهم. وفي هذه البيئة التي تتمحور حول الطفل يسود مناخ أسري غير صحي، حيث يتعود الطفل الأخذ فقط، ومن ثم يرى أنه محور الكون والكل مسخر لتلبية رغباته، ويفتقر إلى القدرة على الإحساس بمشاعر الآخرين والتعاطف معهم. لذا يجب أن يضع الأبوان علاقتهما الزوجية نصب أعينهما على مدار رحلة التربية، على النحو الذي يحقق التوازن بين احتياجاتهما من جهة بوصفهما زوجين وكذلك بوصفهما فردين، واحتياجات أبنائهما من جهة أخرى.

كثير من الآباء تتملكهم مشاعر التوتر والإجهاد بسبب صعوبة تنظيم الوقت بين مسؤولية رعاية الأبناء، والعمل، والواجبات الاجتماعية. ولعل الأم في مجتمعاتنا العربية تعاني بصفة خاصة من تراكم الضغوط والأعباء، في ظل الأدوار المتعددة التي تحاول جاهدة القيام بها على أكمل وجه، لتجد نفسها في دوامة لا تنتهي من التوتر والتشتت. والطريق الوحيد للحيلولة دون هذه الحالة، عزيزتنا الأم، يكمن في الاعتناء بنفسِك (رجاء قراءة "لا تنسي نصيبك من الحياة" في فصل أدوات التربية الإيجابية) من جميع النواحي الروحية والجسدية والعاطفية والعقلية، إذ كيف يتسنى لكِ، عزيزتنا الأم، أن تكوني النبع الذي يغذي الأسرة بالاهتمام والدعم والطاقة وأنتِ تهملين حق نفسكِ في الأساس؟ لذا فإن اهتمامكِ بنفسكِ ليس ترفًا ولكنه من صميم واجباتك، وجزء لا يتجزأ من أداء رسالتك في تربية أبنائِك.

وفي ما يلي بعض الأمثلة على أنشطة الاهتمام بالذات والترويح عن النفس:

- تخصيص الوقت للقراءة أو الاستماع إلى الموسيقى أو ممارسة الهوايات.
- تخصيص الوقت للتأمل واستعادة الهدوء والسكينة.
- الحرص على قضاء بعض الوقت بصفة منتظمة مع الزوج.

- التواصل مع الأصدقاء.
- التواصل مع أمهات أصدقاء الأبناء.
- الصلاة في المسجد والمشاركة في أنشطته.
- قضاء بعض الوقت وسط الطبيعة.
- الحفاظ على الصلة بالله.
- الأنشطة البدنية مثل التمرينات الرياضية والمشي.

ندعوكِ عزيزتنا الأم إلى اختيار ما تحبين من الأنشطة والهوايات التي تعينك على استعادة طاقتك وتجديد حيويتك، واحرصي على تخصيص وقت لها ولو نصف ساعة يوميًا، فإن أحب الأعمال إلى الله أدومها وإن قلَّ. وهكذا بالمواظبة على قضاء وقت خاص بكِ سوف تسعدين ومن ثم تسعدين أسرتك، عندئذٍ سوف تمنحين اهتمامك بنفسك الأولوية مثله مثل اهتمامك بأطفالك.

آباء يتملكهم الغضب والإحباط

من ضمن تعريفات التربية أنها فن صناعة الإنسان، لذا فهي أدق الصناعات وأصعبها وبالطبع أكثرها احتياجًا إلى التحلي بالصبر. لكن الآباء في النهاية بشر لا بد أن يشعروا بالضيق والانزعاج والغضب من حين إلى آخر لأسباب شتَّى، منها: الشعور بفقدان السيطرة على الأمور، والشعور بالتعب، وتزايد أعباء الحياة، والشعور بالعجز تحت وطأة الضغوط، والتعرض للنقد، والتشكك في قدراتهم، إلخ. ومهما اختلفت الأسباب، عزيزنا القارئ، فإن الشيء الأكيد أن الغضب يتملك منك عندما تستنزف طاقتك بكاملها، وحينها تغيب عن بالك أربعة مبادئ أساسية، ألا وهي:

١. أبناؤك لا يزالون صغارًا.
٢. أبناؤك لا يزالون في طور التعليم.
٣. أبناؤك يبذلون أفضل ما بوسعهم.
٤. أبناؤك على ثقة بأنك شخص راشد وناضج بما فيه الكفاية لتولي زمام الأمور.

أتذكر -(منيرة)-جيدًا كيف كنت في بداية عهدي بالأمومة ضيقة الخلق وقليلة الصبر وسريعة الغضب لأتفه الأسباب. وفي يوم من الأيام تنبهت إلى ما آل إليه حالي وكيف تبدل طبعي، واستنكرت أن ترتبط سيرتي في أذهان أبنائي بوصف الأم الغاضبة، ومن ثم، قررت على الفور أن أغير من نفسي، فعملت جاهدةً على "الترفُّع عن صغائر الأمور" من أجل توطين نفسي على الصبر والانتقال بها إلى مرحلة النضج العاطفي. استغرق مني الأمر سنوات كثيرة كي أغير نظرتي إلى الأمور وطريقتي في التعامل معها. صحيح أني تغيرت إلى الأفضل الحمد لله، ولكن الكمال لله تعالى وحده، فما زلت أبالغ في ردود أفعالي من حينٍ إلى آخر، لكنني تعلمت أن أسامح نفسي وأتصالح معها في سبيل تدارك الأخطاء واستعادة عافيتي، كي أقدم لأسرتي نموذجًا حقيقيًا للتواصل الفعَّال وحسن إدارة المواقف الصعبة.

هناك العديد من الوسائل الفعالة للتغلب على مشاعر الإحباط والغضب، منها أداة **ركن السكينة**، فقد يقول الأب/ الأم لطفله "أشعر بالضيق الشديد الآن وسأذهب إلى ركن السكينة لاستعادة هدوئي"، أو "أشعر بالغضب الآن لذا أحتاج إلى أن أفكر قليلًا بدلًا من التفوه بأشياء قد أندم عليها فيما بعد". وأيضًا القيام بأي نشاط من الأنشطة التي تساعد على تهدئة النفس واستعادة التوازن (القراءة، أو المشي، أو الطهو، أو غسل الأطباق، أو التمرينات الرياضية، أو الصلاة)، بالإضافة إلى اتباع القواعد الأربع لتصحيح الأخطاء (نيلسن، ٢٠٠٦):

١. استعادة رباطة الجأش ("أحتاج إلى بعض الوقت كي أستعيد هدوئي").
٢. الاعتراف بالخطأ ("يا إلهي! لقد بالغت في رد فعلي!").
٣. التصالح ("آسف أني جرحت مشاعرك").
٤. إيجاد الحلول ("ما الذي يمكننا فعله كي نمنع حدوث ذلك مرة أخرى؟").

إن اتباع هذه الخطوات يساعد الآباء على التخفيف من الآثار السلبية للمصادمات مع أبنائهم، وتجعلهم، في الوقت نفسه، يتحملون مسؤوليتهم الشخصية عما يصدر منهم من مشاعر وأفعال، وهكذا يتعلم الأبناء منهم بالقدوة كيف يتعاملون مع أخطائهم

ويستعيدون توازنهم وقواهم بعد فورات الانفعال التي تنتابهم في أي مرحلة من مراحل نموهم.

الإسلام بحكم العادة

نظرًا إلى مرونة طبع الطفل وقوة تأثره بالتقليد والمحاكاة في هذه المرحلة، فإنه من السهل على الأبوين تعويده العبادات والآداب الإسلامية حتى تصبح عادات متأصلة في نفسه. فنجد أن الطفل يتشرَّب كل ما يصدر عن أبويه من أفعال وأقوال، ومنها على سبيل المثال: أداء الصلاة، والصوم، والذهاب إلى المسجد، والإحسان إلى الجار، وصلة الأرحام، وعدم تناول لحم الخنزير، وقول "الحمد لله" و"الله أكبر" و"سبحان الله" و"لا حول ولا قوة إلا بالله"، وهكذا، تتشكل صورة الإسلام في ذهن الطفل في هذه السلوكيات اليومية التي يقوم بها الأبوان، لأنهما النافذة التي يطل منها على العالم الخارجي. لا شك أن القدوة الحسنة أهم وسائل التربية، فالناس -كما قال الإمام الغزالي رحمه الله-لا يتعلمون بآذانهم بل بعيونهم، لذا يجب عليك عزيزنا القارئ أن تبدأ بنفسك أولًا قبل أن تُلزم أبناءك بأي توجيهات، فإذا وجدت أن أفعالك لا تطابق أقوالك فعليك أن تسارع بإعادة تقييم نظرتك إلى الحياة وإلى الدين وطريقتك في ممارسته، إلى أن تتوصل إلى القيم والمبادئ والعبادات التي تعتز بها ثم تبدأ في تطبيقها عمليًّا، وتأكد حينئذٍ أنها سوف تنتقل تلقائيًّا إلى أبنائك سلوكًا وعملًا.

تذكَّر عزيزنا القارئ أن السنوات السبع الأولى من عمر الطفل **ليست مرحلة تكليف** وإنما هي مرحلة إعداد وتدريب وتعويد على الأحكام والتكاليف الشرعية، لاستقبال سن التكليف دون أي مشقة أو عناء. لكن بعض الآباء -في غمرة حماسهم للالتزام بالدين- يطالبون أطفالهم بأداء العبادات والفرائض قبل سن السابعة (مثلًا أمر الطفل بأداء الصلاة، أو إجبار الابنة على ارتداء الحجاب، وما إلى ذلك)، ونحن نهيب بك عزيزنا القارئ ألَّا تقع في هذا الخطأ، لأن تحميل الطفل ما لا طاقة له به في هذه المرحلة المبكرة قد يؤدي إلى نفوره من الدين، كما حذرنا الرسول صلى الله عليه وسلم فقال: "لَنْ يُشَادَّ الدِّينَ أَحَدٌ إِلاَّ غَلَبَهُ" (رواه البخاري ومسلم). إذ أن الإيمان لا يتأتى عن طريق الإكراه أو

الاستعجال أو حشو كل المعلومات دفعة واحدة، بل هو رحلة طويلة من تراكم القيم والمعاني والعِبر والممارسة الفعلية تستغرق العمر كله. ومن ثمَّ، ندعوك إلى التمهل والترفق بطفلك ومنحه الوقت الكافي لاستيعاب الطاعات والعبادات والتدرب عليها، امتثالًا لحكمة الخالق عز وجل الذي رفع قلم التكليف عن الطفل خلال السنوات السبع الأولى من عمره.

يجب أن يتعرف الطفل في هذه المرحلة المبكرة إلى بعض المبادئ الأساسية في الإسلام، وعلى رأسها الصلة بالله سبحانه وتعالى. من الأهمية بمكان في هذه السن أن تكون هذه الصلة قائمة على حب الله بعيدًا عن مشاعر الخوف والرهبة، عن طريق تعريف الطفل إلى الله على أنه الودود اللطيف الحنَّان المنَّان، فالمحب لمن يحب مطيع عن طيب خاطر ورحابة صدر. ومن ثم، احرص عزيزنا القارئ على غرس حب الله في قلب طفلك، من خلال تسليط الضوء على الأعمال والصفات المحمودة التي يحبها الله تعالى. فعلى سبيل المثال إذا أردت تعليم ابنك خُلُق الصدق، بدلًا من أن تقول له "يجب أن تقول الحقيقة وإلا سوف يعاقبك الله إذا كذبت"، يمكنك أن تقول له "الله يحبك ويحب من يقول الحقيقة، وإذا أحب الله إنسانًا فإنه يحفظه ويرعاه"، وهكذا سوف تصله الرسالة نفسها، لكن مع الفارق أنها في المرة الأولى مشبعة بالخوف، وفي الثانية مغلفة بالحب. لا تتعجل بالله عليك، فسوف يأتي ذلك اليوم لا محالة للتحدث مع طفلك عن الخوف من الله والشيطان وجهنم بما يتناسب مع سنه وقدرته الذهنية على استيعاب هذه المعاني المجردة، إذ أن التربية التي تقتصر على الخوف من الله في هذه المرحلة المبكرة لها عواقب وخيمة على الطفل قد تلازمه مدى الحياة. وكم يحزنني -(نهى)-أن أرى يوميًّا خلال ممارسة مهنتي معاناة الأطفال والراشدين على السواء من جراء هذا الخوف، الذي حوَّل حياتهم إلى قائمة عريضة من الممنوعات والمحرمات والقيود تشكل المعيار الأساسي لتحديد قيمة ذواتهم، ورسَّخ بداخلهم مشاعر غامرة بالخزي مخلفةً وراءها جراحًا غائرة في النفسية يصعب استئصالها (وإن كان يمكن التخفيف من حدتها عن طريق العلاج النفسي). ومع الأسف، سوف تكشف عن آثارها المدمرة كلما انخفض منسوب طاقتهم العاطفية. بناءً على ذلك، ندعوك عزيزنا القارئ إلى أن تكون هديتك إلى طفلك في هذه السنوات السبع الأولى حب الله، لا الخوف من الله.

من المبادئ الأساسية أيضًا التي يجب زرعها في الطفل في هذه المرحلة المبكرة شكر الله تعالى وحمده على نعمه الوفيرة من خلال أبسط وأسهل وسيلة، ألا وهي المواظبة على ترديد "الحمد لله" بعد كل نعمة، على سبيل المثال بعد الأكل والشرب وعند شراء لعبة أو ملابس جديدة، وغيرها من النعم التي وهبها الله له. وتأتي القدوة كالعادة في المرتبة الأولى، بأن يقدم له أبواه النموذج على حمد الله تعالى في كل الأحوال، في فترات الرخاء والشدة على حد سواء، كي يتعلم الطفل أن الحياة لا تسير على وتيرة واحدة، وإنما هي متقلبة بين النجاح والفشل، والفرح والحزن، والحلو والمر. وهذه النقطة بالغة الأهمية، إذ أن كثيرًا من الآباء يشجعون أبناءهم على السلوكيات المحمودة من خلال الجملة الشهيرة "افعل الخير كي يمنحك الله أشياء جميلة". احذر-أيها القارئ العزيز-الوقوع في هذا المطب، لا ترسِّخ في ذهن ابنك اقتران المكافأة بأداء ما هو واجب عليه، فليكن خطابك له من قبيل "افعل الخير ثناءً واعترافًا بفضل الكريم المنَّان ونعمه التي لا تعد ولا تحصى. حتى عندما لا تسير الأمور على ما يرام، فإنك لا تزال في نعمة لأن كل ما يأتي من الله خير". فإن الله عز وجل لم يعد عباده بحياة ملؤها النجاح والرغد والازدهار المادي، وإنما وعدهم حياة طيبة كما قال تعالى ﴿مَنْ عَمِلَ صَالِحًا مِنْ ذَكَرٍ أَوْ أُنْثَى وَهُوَ مُؤْمِنٌ فَلَنُحْيِيَنَّهُ حَيَاةً طَيِّبَةً﴾ [النحل: ٩٧]، يتمتعون فيها بصفاء النفس والرضا وراحة البال مهما تعثرت بهم الحياة وضاقت بهم السبل، إذ تكفيهم السعادة التي يجنونها من رضا الله سبحانه وتعالى عنهم. من المحزن أن كثيرًا من الشباب الذين نشؤوا منذ الصغر على فكرة أن لكل شيء ثمنًا ماديًا، وأن المكاسب الدنيوية من مقتضيات الاستقامة والالتزام بشرع الله، ينتهي بهم المطاف إلى عيادات العلاج النفسي نتيجةً لتسلط مشاعر الغضب والسخط عليهم لأن الله لم يمنحهم ما يرغبون فيه. وعليه يتضح لك عزيزنا القارئ دلالة الرسائل التي تبثها وأثرها البالغ في توجيه طفلك إما إلى الشعور بأنه محور الكون وأن تلبية رغباته حق مكتسب له، أو إلى تذوق لذة عبادة الله عز وجلَّ التي تتجلَّى معانيها في الشعور بالرضا والسكينة.

أما بالنسبة إلى المشاعر السلبية التي توسوس للطفل عند مواجهة الصعاب ولسان حاله يقول "لماذا يفعل الله بي ذلك؟"، فلا بد أن نحذر من مغبَّة تصوير المحن على أنها النتيجة

الطبيعية للذنوب، لأننا إذا قلنا للطفل إن الأحداث السيئة التي تصيبه نتاج ما صدر منه من أقوال أو أفعال، فإن الشعور بتدني قيمة ذاته يترسخ بداخله، فيعيش بقية عمره مكبلًا بمشاعر الخزي والذنب. وإنما يجب عليك عزيزنا القارئ أن تغرس في طفلك ركنًا أساسيًّا من أركان العقيدة، أن الابتلاءات سنة إلهية يختبر بها الله تعالى عباده، وأن الحياة لا يمكن أن تخلو من الألم والمعاناة مصداقًا لقول الله تعالى ﴿لقد خلقنا الإنسان في كبد﴾ [البلد: ٤] كي يسير في الحياة وفق حقائق العلم الإلهي، وأن البلاء علامة على حب الله سبحانه وتعالى كما ورد في الحديث الشريف "إنَّ عِظم الجزاء مع عِظم البلاء، وإنَّ الله عز وجل إذا أحب قومًا ابتلاهم، فمن رضي فله الرضا، ومن سخط فله السخط" (رواه الترمذي). وفي الوقت نفسه يجب أن تعلمه كيفية مواجهة المحن والتغلب عليها عن طريق تزكية النفس والتسامي الروحي عبر التسلح بالصبر والمثابرة والأخذ بالأسباب.

وفي ما يلي نقدم لك عزيزنا القارئ بعض الممارسات المفيدة التي تعلمها لطفلك قبل سن السابعة:

- عرِّف طفلك بالله ورسله.
- علِّمه قول "بسم الله" قبل تناول الطعام و"الحمد لله" بعد الانتهاء منه.
- علِّمه دعاء ما قبل الطعام.
- عرِّفه أن المسلم لا يأكل لحم الخنزير ولا يشرب الخمر.
- علِّمه آداب قضاء الحاجة وأحكام الطهارة البسيطة (كيفية الجلوس على التواليت، وتجنب تلويث مقعد التواليت أو الملابس، والاستنجاء بعد التبول أو التبرز، وغسل اليدين بالماء والصابون بعد الانتهاء).
- احكِ له قصصًا من القرآن الكريم والسنة المشرفة، واحرص على استماعه للأغاني الإسلامية.
- تقويم لسان الطفل بالتركيز على إجادة النطق السليم للغة العربية وتعلُّم قواعدها كي يتقن قراءة القرآن الكريم. هذه المسألة في غاية الأهمية في ظل ما

تواجهه اللغة العربية من تحديات، منها اهتمام الأسر بتعزيز اللغات الأجنبية في نفوس أبنائها على حساب اللغة الأم، وهيمنة اللغات الأجنبية في المدارس الخاصة، واستشراء الكلمات الأجنبية في حياتنا اليومية.

- علمه حفظ قصار السور، وخاصةً سورة الفاتحة لأنها ركن أساسي من أركان الصلاة. يجب مراعاة تفاوت القدرة على الحفظ بين الأطفال، فعليك تشجيع طفلك على الحفظ ولكن دون تجريحه أو تعييره، واحرص على اختيار المعلِّم الذي يتعامل معه بحب واحترام وليس الذي يستخدم أساليب الخوف والعقاب. يجب أن يكون الهدف ليس إتقان التلاوة والحفظ فحسب، وإنما الفهم والتطبيق أيضًا.

- احرص على قضاء بعض الوقت مع طفلك في أحضان الطبيعة لتوثيق صلته بالله وإدراك وحدة الكون وترابط أجزائه، من خلال تأمل جمال الإبداع الرباني الذي ينطق بعظمة الخالق عز وجل في الكون بما فيه من شمس وقمر وجبال وصحارٍ وبحار وأنهار وأشجار وحيوانات، وعلمه ترديد "سبحان الله" إجلالًا وتعظيمًا.

- إذا أبدى طفلك رغبته في أداء فريضة من الفرائض، شجعه على أداء جزء يسير منها مع التأكيد على أنه لم يبلغ مرحلة التكليف بعد. وفي ما يلي نقدم لك عزيزنا القارئ تجربتين لاثنتين من الأمهات في كيفية التعامل مع طفليهما في ما يتعلق بصوم رمضان قبل سن التكليف.

تجارب من حياة الأمهات

تقول فرح ركن الدين: ينهض ابني البالغ من العمر خمس سنوات وقت السحور كل يوم ويقرر مشاركتنا في الصوم حتى موعد إفطاره الساعة الثامنة والنصف صباحًا. وبعد تناول إفطاره، يقرر استكمال الصوم حتى وقت الغداء في الساعة الثانية عشرة ظهرًا. منذ بضعة أيام سبحان الله أشار إلى ضرورة تقديم كميات كبيرة من الطعام إلى الفقراء كي لا توجعهم بطونهم مثلما حدث له ما بين الإفطار والغداء، ولم يكتفِ بالقول، بل نفذ

على الفور ما شاء الله لا قوة إلا بالله، فإذا به يقرر وضع جنيه في حصالته كل يوم، ليقدم إلى الفقراء ٣٠ جنيهًا في نهاية شهر رمضان. كم أحمد الله على هذه النعمة.

تقول هوساي موجاديدي: بالأمس قال لي ابني البالغ من العمر ست سنوات: "ماما، أود أن أصوم كي يرضى الله عني". وتأثرت بالطبع من كلامه وقلت له إن الله راضٍ عنه بالفعل، والأطفال غير مفروض عليهم الصوم، ولكن إذا كانت تلك رغبته فيمكنه الصوم مدة محددة من اليوم. ثم سألته كم ساعة يود أن يصومها، فقال ثلاث ساعات. فقررنا أن أفضل وقت الفترة من الساعة الخامسة إلى الثامنة مساءً، كي يُفطر معنا وقت أذان المغرب. وطلبت منه أن ينتبه إلى ما يرسله جسمه من إشارات فيخبرني إن شعر بالتعب أو الجوع أو العطش بما يفوق قدرته على الاحتمال. ولكنه أكد لي أنه قادر على تحمل الصيام.

في الساعة السادسة والنصف مساءً، جاء إليَّ عابس الوجه، وعندما سألته عن السبب، قال لي إن أباه أعطى أخاه الأصغر طبقًا من المكرونة، وبما أنها وجبته المفضلة، فقد شعر برغبة شديدة في تناول بعض منها، ولكنه امتنع لإحساسه بالذنب إذا كسر صيامه. ثم بدأت الدموع تتجمع في عينيه وبدا عليه الشعور بالفشل. فقلت له إنه أبلى بلاءً حسنًا وإنه أثبت بعدم استسلامه لرغبته أن لديه إرادة قوية. ولما وجدنا أنه أتم صيام ساعتين من اليوم، والتي تعد فترة طويلة بالنسبة إلى أول مرة يصوم فيها، اقترحت عليه أن يتدرج في الصيام لفترات أطول وفقًا لقدرته. فمسح دموعه وارتسمت على وجهه ابتسامة عريضة، ثم انطلق مسرعًا إلى المطبخ كي يستمتع بتناول وجبته المفضلة!

إن السنوات الخمس الأولى من حياة الطفل حافلة بالتغيرات المتلاحقة والنمو السريع. والأسرة التي تتمسك بالنظام والروتين في حياة الطفل اليومية في هذه المرحلة، عادةً ما تستمتع بما يسمَّى "العصر الذهبي" للطفولة في المرحلة التالية ألا وهي مرحلة الطفولة

المتأخرة، والتي تظهر فيها بوضوح القدرات الفطرية للطفل. إلى اللقاء في الفصل التالي مع مجموعة واسعة من الأفكار التي تساعد على توفير البيئة المواتية لرعاية هذه القدرات وتنميتها.

الفصل السادس

مرحلة الطفولة المتأخرة (٦-١٢)

مرحبًا عزيزنا القارئ القادم من مرحلة الطفولة المبكرة.. قد آن لك أن تلتقط أنفاسك بعد عناء السنوات الماضية، وأن تستمتع في هذه المحطة من رحلة التربية بما يُسمَّى "العصر الذهبي" للطفولة، حيث تصبح العلاقة مع طفلك أكثر سلاسة والحياة أكثر هدوءًا وأقل توترًا. في هذه المرحلة العمرية من النمو يزداد إدراك الطفل لذاته، نظرًا إلى اتساع نطاق محيطه الاجتماعي واحتكاكه بالمعلمين والمدربين والأقران والأصدقاء، لذلك تجب إعادة النظر في الوسائل والأدوات التي كنت تستخدمها في المرحلة السابقة وتنقيحها. وعلى الرغم من أن حياة الطفل صارت تتمحور حول المدرسة والأصدقاء، فإن دور كلٍّ من الأم والأب يظل له التأثير الأكبر في ما يكتسبه من عادات وقيم، وسيستمر الطفل في اللجوء إليهما سعيًا إلى الحصول على توجيهاتهما ونيل رضاهما. وفيما يلي نسلط الضوء على المصاعب والتحديات المعتادة في هذه المرحلة وكيفية التغلب عليها.

عدم الاحترام والوقاحة في الردود

من أصعب المواقف التي يواجهها الآباء سلاطة لسان الأبناء وإبداء عدم احترامهم عندما يحتدم النقاش أو الحوار معهم. من الطبيعي عزيزنا القارئ -مثلك مثل أي أب وأم- أن تُصدم عندما يتطاول عليك ابنك للمرة الأولى ويرد عليك بوقاحة، ولكننا نهيب بك ألا تسكب الزيت على النار مثلما يفعل كثير من الآباء الذين لا يتمالكون أنفسهم ويصبون جام غضبهم على أبنائهم، فيتسببون بذلك في زيادة حدة المشاحنات بينهم لمحاولة كل طرف فرض سلطته، ما يترتب عليه تدهور العلاقات بينهم وانهيارها بمرور الوقت. ومن ثم، فإنه من الأهمية بمكان فهم الأسباب الشائعة وراء تجاوز الأطفال حدود الأدب وردودهم الفظة، ومعرفة الأسلوب الأمثل للتعامل مع هذا السلوك.

الأسباب الشائعة وراء وقاحة الطفل مع أبويه:

- تقليد أسلوب الكبار في الحديث.
- محاولة الحصول على رد فعل من الآباء.
- لفت الانتباه.
- الشعور بالإحباط وقلة الحيلة.
- اختبار حجم نفوذه في العلاقة مع والديه.

يبدأ الطفل في تعلُّم آداب الاستماع والحديث من خلال النموذج الذي يقدمه والداه في التعامل مع بعضهما بعضًا، ومع الأصدقاء، والجيران، وزملاء العمل، والعاملين في المطاعم والمحلات التجارية، وغيرهم من الأشخاص الموجودين في محيطهما الاجتماعي. ونظرًا إلى أن الخلايا العصبية المعروفة باسم "خلايا المرآة" تحفز الطفل على التعلُّم عن طريق المحاكاة والتقليد، فإنه من البديهي أن يتشرب كل ما يصدر عن والديه من سلوكيات، بما في ذلك أدق التفاصيل مثل لهجة الحديث والألفاظ المستخدمة في الحوار مع الآخرين، التي يخزنها في عقله ثم يكررها فيما بعد. وبناءً عليه، عزيزنا القارئ إذا تجاوز طفلك حدود الأدب في التحدث معك، فعليك أولًا أن تسأل نفسك: هل تقدم لطفلك القدوة الحسنة التي يحتذي بها في التعامل معك ومع الآخرين؟ هل تتحدث معه باحترام؟ أم بسخرية؟ أم تخاطبه بلهجة استعلاء؟ (انظر "الحوار البنَّاء" في الفصل الرابع).

ولعل المحك الرئيسي لترسيخ أدب الحوار يكمن في كيفية تحكمك في مشاعرك وأقوالك في أثناء الأوقات التي تعاني فيها من التوتر أو الإحباط. على سبيل المثال، عندما تكون على عجلة من أمرك قد تقول لطفلك: "أسرع! لا أصدق أننا سنتأخر مرة ثانية! ماذا تفعل؟ أنت سبب تأخيرنا كل يوم!" قد تؤدي هذه اللهجة في الحديث إلى رد فعل مماثل من جانب الطفل، فيخاطبك باللهجة نفسها في موقف لاحق: "لا أصدق أنك نسيت إحضار الحليب اليوم! ماذا سأتناول على الإفطار إذًا؟" في حين أنك إذا اتبعت منهج التربية الإيجابية في هذا الموقف، ستخاطبه بلهجة مختلفة تمامًا من قبل: "أحتاج منك إلى أن تتعاون معي بسرعة لأن ليس لدينا متسع من الوقت. أعرف كم هو مزعج أن

يستعجلك أحد، وأعتذر على هذا، ولكني أرجوك أن تساعدني حتى لا نتأخر". ولنستعرض المثالين والفرق بينهما. في المثال الأول، أنت تُسقط إحباطك الشخصي على الطفل باللوم والاتهام. أما في المثال الثاني، أنت تسلِّم بالأمر الواقع وتطلب من طفلك أن يتحالف معك للمساعدة في تدارك الموقف قدر الإمكان. (انظر أداة **احترم طفلك كي يحترمك** في الفصل الرابع).

وهكذا فإن أمامك خيارين عزيزنا القارئ للتعامل مع طفلك عندما يحتدم النقاش بينكما: إما الرد بأسلوبه الجارح نفسه، وإما وضع الحدود للتوصل إلى الأسلوب اللائق في الحديث. إذ أنك عندما تأخذ الأمر على محمل شخصي، وتتعامل مع كلمات طفلك على أنها إساءة شخصية لك أو هجوم عليك، ستقع حينئذٍ فريسة للغضب وترد عليه بعبارات من قبيل: "كيف تجرؤ على الحديث معي بهذه الطريقة! حسنًا! لا تساعدني. سوف تدفع ثمن تصرفك هذا!" ولن تجدي هذه الطريقة أيًّا منكما نفعًا. في حين أنك عندما تفصل مشاعرك عن تعليقات طفلك، ستحافظ على رباطة جأشك بما يتيح لك النظر إلى الموقف على نحو موضوعي، ومن ثم تصبح أقدر على فهم "الرسالة الضمنية" التي يعبر عنها طفلك من خلال ردوده الفظة، والتعامل مع الموقف بفعالية (انظر أداة **افهم ما وراء السلوك** في الفصل الرابع).

خلاصة القول عزيزنا القارئ أن الأسلوب الأمثل للتعامل مع ردود طفلك الفظة يتمثل في توصيف المشاعر ووضع الحدود. فعلى سبيل المثال يمكنك أن تقول له: "أرى أنك مستاء للغاية الآن، ولكني أشعر بعدم الاحترام عندما تتحدث معي بهذه الطريقة، لذا سوف أمهلك بعض الوقت لتهدأ، على أن نستأنف الحديث فيما بعد". وبهذه الطريقة تكون قد سيطرت على الموقف باختيارك عدم الدخول في مشاحنات فرض السيطرة، وقدمت لطفلك مثالًا حيًّا على كيفية ترويض مشاعره، وفي الوقت نفسه تعلَّم طفلك أنه لن ينال مراده عن طريق المراوغة والغضب وإنما بالتعاون والاحترام. وبعد أن يهدأ طفلك، يمكنك الاشتراك معه في إيجاد حلول للمشكلة.

التواكل

تعد مرحلة الطفولة المتأخرة فرصة ذهبية لتسليح الطفل بالمهارات اللازمة لخوض معترك الحياة فيما بعد. ولكن من المؤسف أن بعض الآباء يحرمون أطفالهم من تلك الفرصة من خلال عزلهم عن واقع الحياة، فيزيلون من أمامهم العقبات ويؤدون عنهم المسؤوليات والمهام، ومن ثم يتعود الطفل الاعتماد على الآخرين والتكاسل وعدم تحمل المسؤولية، وهذا هو السبب في ظاهرة التواكل التي نراها في كثير من الشباب حولنا. هل يعني ذلك أن الآباء يفعلون ذلك عن عمد بهدف إضعاف قدرة أطفالهم على التحمل والمثابرة؟ بالطبع كلا، بل هم في حقيقة الأمر يؤمنون بأنهم يفعلون ما يخدم مصلحة أبنائهم، لكن النتيجة مع الأسف تأتي عكس ما يتوقعون تمامًا، ذلك لأن المياه الهادئة لا تصنع بحارًا محنكًا، فسرعان ما سيكتشف الطفل عندما يكبر أن الدنيا ليست الحضن الدافئ الذي كان ينعم به في كنف أبويه، عندما يُصدم، في مواجهة أول عقبة أو محنة، بأن الحياة ليست كلها وردية كما صور له أبواه، وإنما مليئة بالمنغصات والتحديات والصعوبات، التي يجد نفسه عاجزًا عن التعامل معها لأنه لم يتدرب منذ الصغر على الاجتهاد والمثابرة وتحمل المسؤولية.

وتختلف أسباب ودوافع الآباء، فمنهم من يجد في أداء مسؤوليات الأبناء خير وسيلة للتعبير عن مدى حبهم لهم واستعدادهم للتضحية من أجلهم، ومنهم من يقوم بمهام الأبناء نيابةً عنهم لأنهم يستطيعون إنجازها على نحو أسرع، أو أفضل، أو أسهل، وفي هذه الحالة تحظى الكفاءة في نظرهم بالأولوية على حساب تعليم أطفالهم وتوجيههم. وبعض الآباء يسلكون هذا المسلك حرصًا منهم على ظهور أطفالهم أمام الآخرين بمظهر لائق، فيعتقدون أن قيامهم بمسؤوليات أبنائهم السبيل الوحيد لأن يكونوا في مستوى توقعات المجتمع من حولهم. وأحيانًا أخرى يكون السبب ببساطة تجنب الأبوين الدخول في "معارك" مع الطفل. وفي هذا المناخ الأسري، عادةً ما يكون الطفل صاحب الكلمة العليا، نتيجةً لحرص أبويه على إرضائه بطرق شتى، والتعامل معه بمنتهى الحذر خوفًا من تصاعد النزاعات، أو إصابته بنوبات الغضب، أو كراهيته لهما، حتى إن كان ذلك على حساب توجيهه وتعليمه تحمل المسؤولية.

وعلى الجانب الآخر، بعض الآباء، بدافع سعيهم لإحراز أبنائهم النجاح في عالم تشتد فيه المنافسة، يحرصون على تسويق أبنائهم في أبهى صورة ممكنة، عن طريق إظهارهم بمظهر جاذب وبراق بصرف النظر إن كان الداخل، مع الأسف، معاقًا. ومن ثم، يصبح الطفل مجرد "وسام شرف" يرتديه الأبوان للتباهي به أمام الناس. وفي المقابل، نجد أن بعض الآباء، يذلِّلون العقبات أمام أبنائهم، ويحلون لهم المشكلات، اعتقادًا منهم بأن أبناءهم لا يزالون صغارًا أو لا قِبل لهم بالتعامل مع التحديات، لذا فإنهم يعملون على حمايتهم من التعرض لأي نوع من أنواع الأذى، أو الألم أو خيبة الأمل، ولكنهم لا يدركون أنهم في حقيقة الأمر "يقصون أجنحة أطفالهم" فلا يقدرون على التحليق في الحياة.

ولعل أبلغ قصة تعبر عن هذه الحالة، ذلك الشاب الذي ظل يراقب فراشة صغيرة لساعات طويلة وهي تحاول جاهدةً الخروج من ذلك الثقب الصغير الموجود في الشرنقة، وقرر مساعدتها، فأحضر مقصًا وقص بقية الشرنقة، وبالفعل خرجت الفراشة بسهولة ولكن بجسم ضعيف وجناحين منكمشين. فرح الشاب بخروج الفراشة دون عناء، وانتظرها تطير مثل باقي الفراشات ولكنها بقيت في مكانها لا تستطيع التحرك، لأن المعافرة والجهد للخروج من الشرنقة، من إبداع الله وحكمته عز وجل، كانا السبيل الوحيد لتقوية جناحيها كي تتمكن من الطيران. وهكذا، كان الشاب، على الرغم من حسن نيته، السبب في إعاقة الفراشة عن الطيران طيلة حياتها. وهذا ما يحدث بالضبط،

عزيزنا القارئ، عندما تذلِّل لطفلك العقبات وتؤدي عنه المهام والمسؤوليات، ظنًّا منك أنك تساعده وتحميه في حين أنك تبتر قدراته وتحرمه فرصة خوض التجارب واكتساب الخبرات الحياتية، فتعطل مسيرة نموه الطبيعية نحو الاستقلال وتحقيق الذات، ومن ثم، حتى بعد بلوغه مرحلة الرشد، سيظل "محلك سر" عاجزًا عن تولي زمام حياته والتقدم في الحياة. ومن المحزن، عزيزنا القارئ، أنك ستجد نفسك حينئذٍ ملزمًا بالاستمرار في رعايته ماديًّا وعاطفيًّا، ألست أنت أساسًا الذي صنعت منه شخصًا تابعًا واتكاليًّا؟ وهذه سنة من سنن الله في خلقه، فإن كل ما نتعرض له من مصاعب وتحديات في الصغر يجعلنا ننطلق في الحياة بأجنحة قوية تزيد من صقلها الشدائد والتجارب والابتلاءات.

الطفل صاحب الجلالة

من تحديات القرن الحادي والعشرين، التي تواجهها أسر عديدة في المجتمعات العربية والغربية على حد سواء، شعور الأطفال بأنهم محور الكون وأن الآخرين مسخرون لخدمتهم. فحسب استفتاء أجرته مجلة "تايم" وقناة "سي إن إن" الأمريكيتان، يرى ثلثا الآباء الأمريكيين أن أولادهم مدللون (كما ورد في كولبرت، ٢٠١٢ [Kolbert])؛ ومن المحزن أن كثيراً منهم قد أعلنوا هزيمتهم واستسلامهم للأمر الواقع بسبب شعورهم بالإحباط واليأس من إيجاد حل لهذه المشكلة.

وشعور الطفل بأنه محور الكون يتمثل في قناعة راسخة بحقه في الحصول على معاملة تفضيلية والامتثال التلقائي لرغباته، لا لشيء إلا لأنه "يستحق" أفضل معاملة وأفضل الأشياء، بصرف النظر عن كونه سعى واجتهد من أجل الحصول عليها أم لا. وقد أسهم مزيج من التغيرات في الأوضاع الاجتماعية-الاقتصادية، والأدوار، والقيم في تفشي هذا السلوك في وقتنا الراهن. ففي هذا الزمن الذي تفشت فيه ظواهر شراهة الاستهلاك، وهوس التسوق، والإسراف، والبذخ، والترف، انقلبت موازين القيم، ولم تعد قيم كثيرة مثل إتقان العمل والإنتاج والإبداع لها وزن أمام سطوة الماديات والمظاهر واللهو والترفيه، وصار الإنسان يكتسب قيمته بمدى شهرته وثرائه، ليس بمدى تفانيه في عمله، أو علمه، أو ما يقدمه لخدمة المجتمع، فأصبح "آيدول العرب" يمثل القدوة ورمز النجاح للأطفال والشباب، يتطلعون بانبهار إلى نجومه ويتابعون "إنجازاتهم" وثراءهم السريع على مواقع التواصل الاجتماعي.

وفي ظل هذه التغيرات، اعتاد كثير من الآباء حياة الراحة والرفاهية والتخمة من وسائل التحكم عن بعد، وتحول دورهم من التوجيه والإرشاد إلى مجرد ماكينات صرف آلي تغدق على الأبناء بكل ما لذ وطاب، ومن ثمَّ، غابت قيم المشاركة والتعاطف والعطاء عن النسيج الأسري. المحصلة النهائية أن هذه المعايير الجديدة صارت الوصفة السحرية للسعادة والنجاح.

الطفل صاحب الجلالة هو النتيجة المباشرة للحب الزائد عن الحد الذي يغدقه الآباء، إذ أنهم يعتقدون خطأً أن من صميم مسؤوليتهم تجاه أبنائهم أداء كل المهام نيابةً عنهم، وحمايتهم من أبسط الصعاب وأتفه الآلام، وتلبية كل طلباتهم ورغباتهم، ومن ثم، يترسخ في ذهن الطفل أنه يستحق هذه المعاملة، ويتوقع الحصول عليها دومًا وتحت أي ظرف كأنها حق مكتسب من كل الأشخاص المحيطين به عندما يخرج إلى المجتمع في المستقبل. ويترتب على ذلك مع الأسف فشله في بناء علاقات اجتماعية صحية، وحرمانه من فرصة اكتساب الدروس والعبر المهمة في الحياة.

وفيما يلي أمثلة لمعتقدات الأطفال الذين يشعرون بأنهم محور الكون:

- سيحميني الآخرون من الألم وخيبة الأمل.
- يجب أن يهتم الآخرون بي وباحتياجاتي.
- كل ما عليَّ فعله أن أطلب ما أريد ممن حولي، وسيحققون رغباتي لأنه لا أحد يريد أن يقول لي "لا".
- على كل من حولي أن يجعلوني سعيدًا وراضيًا طوال الوقت.
- أستحق أن أكون سعيدًا طوال الوقت.
- سينقذني والداي من هذا الموقف.

ونشير هنا عزيزنا القارئ إلى العديد من الأدوات المهمة في التربية الإيجابية التي يمكنك الاستعانة بها لتحصين طفلك من سيطرة هذه الاعتقادات عليه، فيما يلي:

- دعهم يعتمدون على أنفسهم.
- شجعهم بدلًا من أن تمدحهم
- اعقلها وتوكل على الله.
- يد الله مع الجماعة.
- المصروف.
- العواقب المنطقية.

- العواقب الطبيعية: دعهم يتحمّلون نتائج أفعالهم.
- من الأخطاء يتعلم طفلك مهارات الحياة.
- اجعل أمركم شورى بينكم.

وبالمداومة على تطبيق هذه الأدوات سوف تساعد طفلك على تنمية قدراته الجسدية والعاطفية للتعامل مع واقع الحياة، وعلى إدراك أن النجاح لا يتأتى إلا بالاعتماد على النفس وتحمل مسؤولية حياته وقراراته، وخوض التجارب التي تصقل خبرته وتمده بالصبر والجَلَد على تحمل مشقة الحياة ومصاعبها. ولعل أغلى إرث يمكن أن تقدمه لطفلك عزيزنا القارئ أن تعينه على تحقيق أهم انتصار في معركة الحياة: الانتصار على نفسه، بأن يقاوم ما يحب ويتحمل ما يكره، الشعار الذي لخص به الدكتور مصطفى محمود رحمه الله حياتنا في هذه الدنيا.

يد الله مع الجماعة

عند بدء مرحلة المدرسة، يمكن أن يتولى الطفل مهامًّا ومسؤوليات أكبر في المنزل، منها على سبيل المثال:

- إعداد المائدة.
- تجهيز وجبة من وجبات الطعام.
- تقشير الخضراوات.
- تنظيف الطاولات والأسطح.
- غسل الأطباق.
- ملء/ تفريغ غسالة الأطباق.
- تفريغ أكياس المشتريات المنزلية.
- إعداد ساندويتشات المدرسة.
- وضع الملابس في سلة الغسيل.

- وضع الملابس في الغسالة.
- نقل الملابس من الغسالة إلى المجفف.
- طي الملابس المغسولة ووضعها في مكانها.
- تغيير ملاءة السرير ومناشف الحمام.
- إخراج القمامة.
- إزالة الغبار عن أسطح الأثاث.
- التنظيف بالمكنسة الكهربائية.
- مسح الأرضيات.
- ري النباتات.
- إزالة الحشائش، وترتيب الحديقة.
- تنظيف الشبابيك والمرايا.
- غسل السيارة.
- إطعام الحيوانات الأليفة.
- تنظيف أقفاص/ صناديق/ أماكن نوم الحيوانات الأليفة.

عالم التكنولوجيا: ما بين طفولة الأمس واليوم

عندما نتطرق إلى موضوع التكنولوجيا، لا تكاد تخلو أحاديثنا من التحسُّر على زمن الطفولة البريئة وأوقات المرح في الهواء الطلق، واللعب في فناء المنزل مع أولاد الجيران، والاستمتاع بالألعاب البسيطة والتلقائية، وفي الوقت ذاته، نشكو من هذا الكم الهائل من الأجهزة الذكية والألعاب الإلكترونية المتاحة اليوم، التي أصبح الأطفال أسرى لها. وبما لها من فوائد وما عليها من مآخذ، كثير من الآباء يتساءل بأسى: هل انتزعت التكنولوجيا براءة أطفالنا؟ يمكننا القول إنكم، أعزاءنا الآباء، تملكون البتّ في هذه المسألة، لأن بإمكانكم تحقيق التوازن بين مواكبة وسائل التكنولوجيا والحفاظ على فطرة أطفالكم

النقية كما سنوضح في السطور التالية. منذ عشرين عامًا، كانت مشاهدة الأطفال للتليفزيون بإفراط بدلًا من اللعب خارج المنزل مسألة تقلق الآباء. ولكن مع التطور التكنولوجي الهائل، لم يعد الأمر يقتصر على مشاهدة التليفزيون فقط، بل أصبح يشمل التابلت والكومبيوتر والهواتف الذكية وأجهزة ألعاب الفيديو والإنترنت، التي يتسمر الأطفال أمام شاشاتها معظم الوقت، ونادرًا ما يلعبون خارج البيت أو يندمجون في علاقات اجتماعية خارج إطار العالم الإلكتروني. وأتى هذا التقدم التكنولوجي الكبير بنتائج إيجابية وسلبية، ومن الآثار الإيجابية التي وجدها الباحثون لاستخدام الأطفال التكنولوجيا (كما يذكر تايلور، ٢٠١٢ [Taylor])، تطور مهارات التوافق بين اليدين والعينين، ومهارات حل المشكلات، وتنمية القدرة على الإبداع وابتكار أفكار جديدة.

ولكن على الجانب الآخر تؤثر التكنولوجيا تأثيرًا سلبيًا في تطور المهارات المعرفية والإدراكية للطفل ومنها مدة التركيز، والقدرة على اتخاذ القرارات، والتذكُّر والتعلُّم. فقد وجد الباحثون (كما ورد في سَمِرْز، ٢٠١٤ [Summers]) في جامعة كاليفورنيا-لوس أنجلوس أن الأطفال الذين مُنعوا من استخدام الأجهزة الإلكترونية لمدة خمسة أيام كانوا أكثر قدرة على قراءة تعابير الوجه والإشارات غير اللفظية، مقارنةً بالأطفال الملتصقين بأجهزتهم طوال الوقت. كما أظهرت الدراسة أن الأطفال يحتاجون إلى التفاعل المباشر مع الآخرين لبناء قدرتهم على التواصل والتعاطف.

ونظرًا إلى أن الأجهزة الإلكترونية أصبحت جزءًا لا يتجزأ من حياتنا، فإن فصل الأطفال تمامًا عنها لم يعد خيارًا عمليًا أو ممكنًا. والحل الذي نراه مجديًا هو التوازن؛ فعلى كل أسرة أن تنظم استخدامها للأجهزة الإلكترونية بطريقة صحية. تتيح اجتماعات الأسرة، من واقع تجربتي العملية -(منيرة)-مع أسرتي، فرصًا رائعة للنقاش واتخاذ القرارات حول مقدار الوقت المسموح بقضائه في استخدام الإلكترونيات. لقد دأبنا على تبادل الأفكار ووجهات النظر حول قواعد استخدام الأجهزة الإلكترونية وتعديلها كلما اقتضى الأمر. فعلى سبيل المثال، عندما وجدنا أن استخدام الكومبيوتر لإنجاز الواجبات المدرسية كان دائمًا ما يؤول في النهاية إلى ممارسة ألعاب الفيديو، راجعنا القواعد وأجرينا التعديلات التي تكفل تلافي حدوث ذلك، وكنا نركز دائمًا في قراراتنا النهائية على تحقيق التوازن بين

الوقت المكرَّس لاستخدام الإلكترونيات والوقت المخصص للأنشطة المدرسية، ووقت اللعب الحر. وأولًا وأخيرًا كنا، أنا وزوجي، قدوة عملية لما ننصح به أطفالنا، فحرصنا على توخي الاعتدال في استخدام الأجهزة الإلكترونية بأنواعها كافة. وهكذا فإن على كل أسرة وضع القواعد التي تحقق التوازن الملائم لها.

ندعوك -عزيزنا القارئ- إلى تخصيص مكان مفتوح في المنزل لاستخدام الأجهزة الإلكترونية كي تكون دائمًا على دراية بما يشاهده طفلك، أو يستمع إليه، أو بنوعية الألعاب التي يمارسها. إذ أن استخدام التكنولوجيا "على الملأ" يسد على الطفل الطريق إذا سوَّلت له نفسه الاطلاع على مواد غير لائقة. وهذه القاعدة التي طبقناها في أسرتنا، فكان استخدام أجهزة الكومبيوتر والهواتف المحمولة مقصورًا على غرفة المعيشة ومحظورًا بأي حال من الأحوال في غرف النوم. وقد وجد الباحثون (كما ورد في وايتمان، ٢٠١٣ [Whiteman]) أن الأطفال الذين يستخدمون أجهزة الكومبيوتر والتليفزيون في غرف النوم يسهرون إلى وقت متأخر من الليل، ويعتادون النوم ساعات أقل من المعدل الطبيعي، ما يؤثر سلبًا في أدائهم المدرسي ونموهم النفسي. كما يجب تخصيص مكان معين لترك الأجهزة الإلكترونية خلال تناول الوجبات، واجتماعات الأسرة، والأمسيات العائلية، والزيارات.

ونختم حديثنا بنصيحة نهمس بها في أذن قارئنا الكريم: تدرَّج في تعريف طفلك بالتكنولوجيا. فلتشترِ له في البداية أجهزة الهاتف والكمبيوتر البسيطة في الصنع والإمكانيات، إلى حين أن يتعلم تحمل مسؤولية الحفاظ عليها واستخدامها على نحو سليم، ثم يمكنه عندئذٍ اقتناء الأجهزة الأحدث والأكثر تطورًا. وفي مرحلة عمرية متقدمة عندما يزداد إحساس طفلك بالمسؤولية، تمكنه المساهمة من مصروفه في شراء ما يريد من أجهزة أغلى سعرًا مسترشدًا بمشورتك وتوجيهاتك.

الإنترنت: سبل توعية الطفل وسلامته

في ظل التقدم المتسارع في تكنولوجيا المعلومات والاتصالات، أصبحت الإنترنت أهم أدوات عالمنا المعاصر بما تقدمه من محتوى متنوع وخدمات لا حصر لها، مثل استقاء

المعلومات، والترفيه، والتواصل، وزيادة الكفاءة في إنجاز الأعمال. وبما أن الإنترنت -بما تحمله من إيجابيات وسلبيات-باتت، وستظل، جزءًا لا يتجزأ من حياة كل أسرة، فعلينا أن نتعامل مع هذا الواقع بوعي وتدبُّر لتحقيق أقصى استفادة منه لأطفالنا وحمايتهم من أضراره في الوقت نفسه.

إن الإنترنت، شأنها شأن السباحة أو ركوب الدراجة أو ركوب الخيل أو قيادة السيارة، تتطلب تدريب الطفل على استخدامها على نحو سليم وآمن ووقايته من مخاطرها.

نصائح مفيدة حول الاستخدام الواعي للإنترنت والوقاية من مخاطرها:

- استخدام برامج وتطبيقات الرقابة التي تتيح للآباء حجب المواقع الضارة والمواد المسيئة.
- توعية الطفل بأن المعلومات الموجودة على الإنترنت ليست كلها صحيحة أو موثوقًا بها أو مفيدة.
- تعليم الطفل كيفية استخدام مهارات التفكير التحليلي في التعامل مع محركات البحث.
- تحذير الطفل من مخاطر الضغط على نوافذ الإعلانات التي تظهر على بعض مواقع الإنترنت.
- إرشاد الطفل إلى كيفية التصرف عند رؤية الصور غير اللائقة التي تنبثق تلقائيًّا على بعض المواقع بدلًا من إشعاره بالذنب والخزي.
- تشجيع الطفل على طلب المساعدة عندما يكون غير متأكد من التصرف الصحيح.
- نهي الطفل عن مشاركة المعلومات الشخصية (السن، وعنوان السكن، وعنوان المدرسة) مع الآخرين على الإنترنت.

- التشديد بحزم على عدم الثقة بأي شخص يتعرَّف إليه الطفل عبر الإنترنت، فليس بالضرورة أن يكون الشخصية التي يدَّعيها، ومن الصعب التأكد من هويته الحقيقية.
- إرشاد الطفل إلى اختيار "اسم مستخدم" لا يكشف عن هويته للحفاظ على خصوصية معلوماته الشخصية.
- اشرح لطفلك طريقة استخدام البريد الإلكتروني ولماذا يوضع بعض الرسائل تلقائيًّا في صندوق المهملات [junk mail]، أو يُصنَّف على أنه بريد متطفِّل [spam]، وحذره من فتحه بأي حال من الأحوال.
- حث الطفل على رفض طلبات الصداقة من أشخاص لا يعرفهم.
- توعية الطفل بعواقب نشر صور أو تعليقات على مواقع التواصل الاجتماعي.
- اشرح لطفلك ما المقصود بـتعبير "البصمة الإلكترونية" وكيف يمكن أن تؤثر في القرارات المصيرية التي يتخذها في حياته.

من المؤكد أن جيل اليوم الذي تفتحت أعينه على هذا التطور التكنولوجي المتسارع، سوف يظل ينهل من كل التقنيات الحديثة، ولن يتوقف شغفه لتجربة كل ما هو جديد من بين وابل من الخيارات المتنوعة المتاحة أمامه من ألعاب الكمبيوتر، وتطبيقات الهواتف الذكية، ومواقع الإنترنت، والمواد الإعلامية الإلكترونية، وغيرها. وبما أننا نعيش هذا الواقع، فإنه تتحتم علينا مواكبة العصر قدر المستطاع، كي نتمكن من مشاركة أبنائنا اهتماماتهم، والدخول إلى عالمهم، وتبادل الخبرات والمعلومات، والتواصل معهم بما يتناسب مع مداركهم.

من الضروري عزيزنا القارئ أن يعرف أبناؤك قيمك ورؤيتك لاستخدام الإلكترونيات، لذلك احرص على أن يكون هناك حوار مستمر (ليس محاضرات وتقريعًا) معهم حول مخاطر الإنترنت والمواقع غير المسموح له بدخولها، مثل تلك التي تحتوي موادًّا إباحية أو التي تحرض على العنف، لأنها تتنافى مع الدين ومع قيم الأسرة ومبادئها. كما يمكن للعائلة أن تحرص على التحاور حول ما يتعلمه كل منهم مما يشاهدونه أو يقرؤونه.

وبهذا عزيزنا القارئ تصبح أنت نقطة الالتقاء بين الماضي برونقه وعبق موروثه الثقافي والحاضر بصخبه وقفزاته السريعة المتلاحقة. الحوار المفتوح والبناء هو الذي سيدعم غرس الوازع الداخلي في طفلك، وتنمية الرقابة الذاتية التي تقوده نحو اتخاذ القرارات السليمة كلما تقدم في العمر دون الحاجة إلى مراقبتك له أو إلى وجود رادع خارجي.

مشكلات الطفل في المدرسة

يقضي الطفل نحو سبع ساعات يوميًا في المدرسة، لذا لا عجب أن يطلق عليها بيته الثاني. تسهم المدرسة في هذه السنوات المبكرة بدور بالغ الأهمية في بناء شخصية الطفل وتنمية قدراته وثقته بنفسه. ويعد التواصل والتعاون الوثيق بين الأبوين والمدرسة من العوامل الأساسية، كما تشير الدراسات (أولسن وفولر، ٢٠١١ [Olsen & Fuller])، التي تسهم في ارتفاع مستوى الأداء الدراسي للطفل وفي تمتعه بتجربة مدرسية مثمرة. وتتفاوت الصعوبات أو المشكلات التي يواجهها الطفل في حدتها ما بين مشكلات بسيطة وشديدة، وأيضًا في مداها الزمني فقد تكون قصيرة الأمد أو طويلة الأمد.

ومن المشكلات الشائعة التي يعاني منها الطفل في المدرسة:

- تدني مستوى التحصيل الدراسي.
- انعدام الحافز للتعلم.
- السلوك المثير للشغب والمشاكسة.
- سوء العلاقة مع الزملاء أو المدرسين.

هنالك العديد من العوامل المختلفة التي تؤثر في أداء الطفل وفي حياته المدرسية، منها ما يتعلق بالطفل نفسه (عوامل شخصية)، ومنها ما يتعلق بالمدرسة، نعرض أمثلة عليها فيما يلي:

العوامل الشخصية:

- اضطرابات النمو (متلازمة داون، والشلل الدماغي، وما إلى ذلك).

- اضطرابات في الإدراك (عسر القراءة (الديسلكسيا)، واضطراب نقص الانتباه، ومرض التوحد، وما إلى ذلك).
- مشكلات نفسية واجتماعية (الفقر، والهجرة، والخلافات الأسرية ونزاعات الطلاق، وتعاطي المخدرات، وما إلى ذلك).
- الأمراض المزمنة (السرطان، والحمى الروماتيزمية، والسكري، وما إلى ذلك).
- الصدمات النفسية (الحروب، والكوارث الطبيعية، ووفاة أحد أفراد الأسرة، وسوء المعاملة، وما إلى ذلك).

عوامل تتعلق بالمدرسة:

- الاستقواء أو التنمر.
- عدم الانسجام مع الزملاء والمدرسين أو مع مجتمع المدرسة بوجه عام.
- عدم ملائمة المناهج الدراسية لمستوى الطفل، إما بما يفوق إمكاناته وقدراته أو يقل عنها.
- عدم توافر مجموعات تقوية لمساعدة التلاميذ على تحسين تحصيلهم الدراسي.
- صعوبة التوفيق بين الأنشطة الترويحية (سواء رياضية أو ثقافية أو فنية) والواجبات المدرسية.
- كثرة الواجبات المدرسية.

وإذا لم تُعالج هذه المشكلات مبكرًا، فإنها تؤدي مع الأسف إلى انخفاض تقدير الطفل لذاته، وفقدان الثقة بالآخرين، وفقدان الرغبة في التعلُّم. ومن المحزن أيضًا أن بعض الآباء والمعلمين لا يدركون أن معاناة الطفل من مشكلات في السلوك أو في التحصيل الدراسي تعني أنه يحتاج إلى دعمهم وعونهم، ومن ثم يستسهلون إلقاء اللوم كله على الطفل وتسميته بألقاب من قبيل: طفل "مشاغب، أو "بليد"، أو "فاقد التركيز"، وغيرها من الصفات التي ترسِّخ بداخله مشاعر النقص والخزي.

كل طفل يستحق بلا شك أن يستمتع بحياته المدرسية التي عادةً ما نطلق عليها أجمل سنين العمر. ولتحقيق ذلك، يجب أن يحرص الأبوان على دعم الطفل للتعبير عن أفكاره ومشاعره على أساس أنه كائن متفرد بقدراته وطباعه، ومساعدته على اكتشاف مواطن القوة الكامنة فيه وتنميتها، والتنبه لأي علامات تنذر بوجود مشكلة يعاني منها، والإسراع بمواجهتها وحلها بالتعاون مع إدارة المدرسة، والمدرسين، والمشرف الاجتماعي، والاختصاصي النفسي إن لزم الأمر.

معارك الواجبات المدرسية

تمثل الواجبات المدرسية عبئًا ثقيلًا للآباء قد يحول حياتهم إلى معاناة يومية تبدأ منذ عودة أطفالهم من المدرسة، فيتحول المنزل إلى ساحة معركة حامية الوطيس من أجل إنجاز الواجب واستذكار الدروس. ويعتقد كثير من الآباء أن تدخلهم في أداء الواجب المدرسي أو أداءه بالنيابة عن أبنائهم هو الحل لإنجاز هذه المهمة الثقيلة، في حين أن العكس هو الصحيح، وهذا بيت القصيد. لذلك، إذا كنت ترغب أيها القارئ العزيز في تغيير هذه الأجواء المشحونة بالتوتر، فعليك أن تبدأ بإعادة الأمور إلى نصابها، تذكَّر دائمًا أن الواجب المدرسي أولًا وأخيرًا مسؤولية طفلك، في حين أن مسؤوليتك تقتصر على تهيئة الظروف الملائمة التي تعينه على تحمل المسؤولية والاعتماد على نفسه.

كيف تجعل من الواجب المدرسي نشاطًا محببًا ومفيدًا للطفل:

- **النظام الروتيني الأمن والأمان:** وضع روتين يومي وكتابته في شكل جدول ينظم الوقت بين أداء الواجب المدرسي وممارسة الهوايات والأنشطة الأخرى.
- الالتزام بروتين النوم في الموعد المحدد <u>حتى</u> لو لم ينتهِ الطفل من الواجب. ويمكنك اغتنام هذه الفرصة لتعويد الطفل تحمل مسؤولية نتائج قراراته (انظر أداة **العواقب الطبيعية**)، من خلال التعليق قائلًا: "يبدو أن تنظيمك للوقت اليوم لم يكن موفقًا، لا بأس، غدًا إن شاء الله يمكنك أن تقرر ما الأفضل عمله للانتهاء من واجبك المدرسي في الموعد المحدد. وإذا أردت، يمكنك الاستيقاظ مبكرًا للانتهاء من الواجب، أما الآن فقد حان موعد النوم".

- تحديد وقت ثابت لأداء الواجب المدرسي بالاتفاق مع الطفل. فبعض الأطفال يفضلون إنجاز الواجب فور عودتهم من المدرسة، في حين يحتاج بعضهم الآخر إلى الراحة وتناول وجبة خفيفة عند العودة إلى المنزل.

- **تحكَّم في البيئة المنزلية:** تخصيص مكان ثابت لأداء الواجب المدرسي يتسم بالهدوء والراحة ومجهز بالأدوات كافة التي تمكِّن الطفل من إنجاز ما عليه من مهام بمفرده.

- استخدام المنبه ليتعلم الطفل إدارة وقته بنجاح واختيار الوقت المناسب للحصول على استراحة.

- وضع قواعد واضحة وحازمة حول استخدام الأجهزة الإلكترونية. فمثلًا يحظر بعض الآباء استخدام الهاتف المحمول في أثناء أوقات الواجب المدرسي، في حين يسمح بعضهم الآخر باستخدامه في فترات الاستراحة.

- لا تصحح الواجب لطفلك أو تطلب منه إعادته. إذا كنت غير راضٍ عن جودة عمله فاكتفِ بسؤاله: "هل أنت راضٍ عن أدائك للواجب؟" كي تمنحه فرصة إعادة التفكير في المعايير التي يستند إليها في تقييم مستوى أدائه، واتخاذ القرارات بناء على القيم التي تتشكل لديه.

- امتنع تمامًا عن تذكير الطفل بأداء الواجب المدرسي.

- دورك يقتصر على شرح ما المطلوب عمله وتوضيح أي استفسارات لدى طفلك، ثم اتركه يؤدي الواجب بمفرده وادعمه من خلال إظهار ثقتك في مقدرته على إنجازه بنفسه.

- في حالة عدم استيعاب الطفل للدرس أو لموضوع ما، يمكنك أن تتطوع بالشرح له، أو أن تكتب ملحوظة للمدرس أن يتولى هو المهمة. والأفضل أن تشجع طفلك على أن يطلب ذلك من مدرسه من أجل فتح قنوات التواصل بين البيت والمدرسة.

- استخدام الأدوات: **افهم ما وراء السلوك، ودعهم يعتمدون على أنفسهم.**

مشكلة النسيان

يكتسب الطفل العديد من المهارات الحياتية والمسؤوليات المهمة في هذه المرحلة، من بينها القدرة على التركيز، والوفاء بالالتزامات وترتيب الأفكار والأولويات، والتي تتبلور وتزداد مع كل سنة دراسية. نظرًا إلى أن الطفل صار يتولى مسؤولية الاستعداد ليومه الدراسي، فإن ذلك يتطلب منه التركيز والاهتمام بتذكُّر التفاصيل كافة، من إنجاز الواجب المدرسي، وتحضير حقيبة المدرسة بوضع الكتب والكراسات وفقًا للجدول المدرسي اليومي، والأدوات المكتبية والسندويتشات وما إلى ذلك. ولكن النسيان أمر لا مفر منه، فلا بد من أن طفلك سوف ينسى ذات مرة أحد هذه الأشياء، والأغلب، عزيزنا القارئ، أنك سوف تسرع حينئذٍ لحل المشكلة إما بأن تهرع إلى المنزل لإحضار ما نسيه طفلك، أو أن تعتذر للمعلم بالنيابة عنه.. ولا بأس من ذلك في حالات النسيان العارضة، أما إذا تكررت هذه المواقف بصورة ملحوظة، فإن استمرارك في مساعدة طفلك لن يحل المشكلة، بل سيؤدي إلى تفاقمها، لأن طفلك سيتعود اللا مبالاة والاتكالية، وبالطبع سوف تشعر عندئذٍ بالألم والإحباط. ولكن إذا تذكرت أن "من الأخطاء يتعلم طفلك مهارات الحياة"، فإنك ستتعامل مع مشكلة نسيان طفلك بطريقة مختلفة تمامًا، ومن ثم، ستجدها فرصة رائعة لتعليم طفلك تحمل مسؤولياته ونتائج أفعاله.

وهكذا عزيزنا القارئ إذا نسي طفلك للمرة الثانية الواجب المدرسي على سبيل المثال، عليك **التركيز على الحلول** من خلال التفكير معه في كيفية تجنب تكرار حدوث ذلك، وفي **العواقب الطبيعية** التي سيواجهها نتيجة نسيانه الواجب المدرسي. لقد عانيتُ كثيرًا -(منيرة)-من مشكلة النسيان مع أبنائي التي فاقت الحدود، إلى درجة أن أحدهم نسي ذات مرة ارتداء حذائه، والأدهى أنه لم يدرك أنه من دون حذاء إلا عندما وصلنا بالسيارة أمام المدرسة. يا لها من لحظة، لم أكن أدري وقتها هل أصرخ أم أبكي أم أضحك؟ وفي طريق العودة إلى المنزل لإحضار الحذاء، تناقشت معه حول ما يمكن أن يفعله في الصباح كي يتذكر ارتداء حذائه. صحيح أنه لم ينسَ حذاءه مطلقًا بعد ذلك، غير أنه، هو وإخوته، استمروا في نسيان أشياء كثيرة أخرى، منها على سبيل المثال الساندويتشات، والواجب المدرسي، والكتب، والجاكيتات، وما إلى ذلك. وكان الاتفاق الذي عقدته معهم كالتالي: في

المرة الأولى التي ينسون فيها شيئًا ما، أحضره لهم، ولكن عندما يتكرر الأمر، عليهم البحث عن حل بأنفسهم. وأخبرتُهم أنني أثق بقدرتهم على إيجاد حل للمشكلة وتحمل المسؤولية.

واستعمال أداة **الثبات على الكلمة** مهم في هذه المواقف، لأن من السهل الاتفاق مع الطفل على أمر ما، في حين أن الالتزام به ليس بالقدر نفسه من السهولة. ولتسأل نفسك، عزيزي القارئ، ماذا ستفعل إذا وصلت إلى مكان عملك، وفوجئت وأنت تغادر السيارة بأن ابنك قد نسي ساندويتشاته على المقعد الخلفي؟ أو ماذا ستفعل عندما تتصل بك ابنتك من المدرسة لتخبرك أنها نسيت المشروع الذي كان ينبغي لها تسليمه اليوم في البيت؟ في حالة ثباتك على الكلمة، فإنك ستذكرهم بالاتفاق الذي عقدته معهم، وتتعاطف معهم لصعوبة الموقف، وتبدي لهم ثقتك بقدرتهم على حل المشكلة. ومن ثم، تترك **العواقب الطبيعية** تسير في مجراها، فقد يعاني طفلك من الجوع في المدرسة في هذا اليوم، وقد تحصل طفلتك على درجات سيئة أو قد يصيبها الحرج، ولكن أليس المغزى من هذه المواقف أن تتركهم يتحملون نتائج أفعالهم كي يتحملوا المسؤولية ويواجهوا مشكلات الحياة فيما بعد؟ وقد تعلم أطفالي المسؤولية بعد تجارب مماثلة عديدة، لدرجة أن ابني في مرحلة الإعدادية كان قد نسي شيئًا وهو في المدرسة، وعندما طلب منه المعلم أن يتصل بي كي أحضره من البيت، كان رده قاطعًا: "إنها لن تأتي، لأني أنا المسؤول عما حدث".

الصداقة

الصداقة ضرورة من ضروريات الحياة لكل إنسان، والصحبة الصالحة نعمة من نعم الله التي تضفي على حياتنا السعادة وتمدنا بالطاقة الإيجابية والراحة النفسية. قال الفاروق عمر بن الخطاب رضى الله عنه: "ما أُعطِي العبد بعد الإسلام نعمة خيرًا من أخ صالح، فإذا وجد أحدكم ودًا من أخيه فليتمسك به". لذا من الأهمية بمكان أيها القارئ العزيز أن تساعد طفلك على فهم معنى الصداقة الحقيقية وتقدير قيمتها وأهميتها في الحياة. فقد وجد الباحثون (بيرندت، ٢٠٠٢ [Brendt]) أن للصداقات المدرسية دورًا كبيرًا في نمو

الطفل النفسي والاجتماعي وفي تكيفه مع مجتمع المدرسة، ومن ثمَّ لها تأثير بالغ الأهمية في صحته النفسية. وتتطور الصداقة لدى الطفل من مجرد اللعب واللهو مع الأقران في إطار البيئة الاجتماعية للأسرة في مرحلة الطفولة المبكرة، إلى البدء في تكوين صداقات يختارها بنفسه في مرحلة المدرسة. وهنا تتجلى ملامح شخصية كل طفل، فنجد الطفل الاجتماعي يُقبِل على تكوين صداقات كثيرة بسهولة، ويتألق في الألعاب الجماعية، في حين قد يكتفي الطفل الانطوائي بمصاحبة صديق واحد والانزواء معه في ركن بعيد عن الآخرين. ويختلف عدد الأصدقاء ونوعيتهم من طفل إلى آخر، وعادةً ما تكون اختيارات الأصدقاء انعكاسًا لميول الطفل وطريقة تفكيره في كل مرحلة من مراحل نموه.

وقد يدفعك القلق على طفلك من أثر سوء اختيار الأصدقاء إلى التدخل في اختياراته أو انتقادها، ولكنه سيفهم عندئذٍ أنك لا تثق بحكمه على الأمور ولا بقدرته على اتخاذ قرارات سليمة بمفرده، ومن ثم، تهتز ثقته بنفسه. لذا، عليك، بدلًا من ذلك، أن تنظر إلى صداقات طفلك، حتى تلك التي لا تلقى قبولك، على أنها دروس قيمة تساهم في نضجه، وتوسيع آفاقه، واكتسابه الخبرة عن العلاقات الاجتماعية، وأن دورك يتمثل في الإرشاد وإسداء النصح والمشورة. وكلما كانت علاقتك مع طفلك وطيدة، كان تأثيرك فيه أقوى من أصدقائه، بل إن علاقتكما سوف تتوطد أكثر من خلال النقاش والتحاور ومشاركة التجارب حول مسألة الصداقة.

فعلى سبيل المثال يمكنك البدء مبكرًا في فتح النقاش مع طفلك حول مفهوم الصداقة: أهمية الصداقة في حياتنا، ومواصفات الصديق الجيد، وكيفية معاملة الصديق، وأن الإسلام حث على أهمية اختيار الصحبة الصالحة كما ورد في الهدي النبوي: "إِنَّمَا مَثَلُ الجَلِيسِ الصَّالحِ والجَلِيسِ السّوءِ كَحَامِلِ الْمِسْكِ وَنَافِخِ الْكِيرِ، فَحَامِلُ الْمِسْكِ إِمَّا أنْ يُحْذِيَكَ، وَإِمَّا أنْ تَبْتَاعَ مِنْهُ، وَإِمَّا أَنْ تَجِدَ مِنْهُ رِيحًا طَيِّبَةً، وَنَافِخُ الكِيرِ إِمَّا أَنْ يُحْرِقَ ثِيَابَكَ، وَإِمَّا أَنْ تَجِدَ مِنْهُ رِيحًا خَبِيثَةً" (رواه البخاري ومسلم).

من المفيد أيضًا أن تحكي لطفلك عن أصدقائك، وكيفية تعارفكم، والأمور المشتركة بينكم، والمواقف التي كانت السبب في توطيد علاقتكم واستمرار الصداقة على مر السنوات.

ومن خلال هذه الحوارات سوف تعلِّم طفلك القيم الأخلاقية التي تتبناها الأسرة في العلاقات الاجتماعية، وكيفية التمييز ما بين الخصال الحميدة والذميمة، والأسس التي تُبنى عليها الصداقة مثل الاحترام المتبادل، والوفاء، والصدق، والأمانة، والمشاركة، والتآلف، والترويح عن النفس.

كيف تساعد طفلك على تكوين صداقات صحية:

- **الثقة:** إبداء الثقة بشخصية طفلك وبقدراته بعبارات من قبيل:
  - "أعلم أنك تصاحب الأطفال الذين يشاركونك القيم نفسها".
  - "أستطيع أن أرى كيف صرتما صديقين، فإن بينكما الكثير من الأمور المشتركة".
  - "يمكن أن يوثر كل منكما في الآخر تأثيرًا إيجابيًّا".
- **التواصل:** اسأل طفلك ماذا يعجبه بالتحديد في أصدقائه، حتى تتفهم الاحتياجات التي تشبعها هذه العلاقة. والتواصل الصريح والمنفتح وغير الهجومي مع الطفل سيعزز من الاحترام والثقة بينكما.
- **الدعم:** أظهر الاهتمام بأصدقاء طفلك وشجعه على دعوتهم إلى المنزل حتى تتمكن من بناء علاقات إيجابية معهم، ووفر بيئة منزلية تشجع الطفل على دعوة أصدقائه إلى المنزل بأريحية.
- **الاستماع:** عندما تحدث خلافات بين طفلك وأصدقائه، استخدم مهارات الاستماع للإنصات إلى شكواه ومخاوفه والمشكلة التي تواجهه. لا تتدخل لحل المشكلة بالنيابة عنه، بل ثق بقدرته على التعامل مع الخلافات بنفسه، وأنه سيطلب نصيحتك إذا احتاج إليها. كن مرآة عاكسة لمخاوفه وشكاواه من خلال عبارات مثل:
  - "أنت تشعر بالانزعاج الشديد أن أحمد قال لك ذلك".
  - "أنتِ خائفة من أن عائشة لن تكون صديقتك بعد الآن".
  - "أنت متألم من الطريقة التي عاملك بها بلال".

- "في رأيك، ماذا سيحدث الآن؟"
- "ماذا ستفعل غدًا؟"

التنمُّر أو (الاستقواء)

في حين أن ظاهرة الاستقواء في المدارس تمثل، منذ عقود طويلة، مشكلة ملحة في الدول الغربية، التي أفردت لها الأبحاث والدراسات الإحصائية للوقوف على أسبابها، وآثارها، وسبل القضاء عليها، فإنها لم تحظَ بالاهتمام في الدول العربية إلا مؤخرًا. وقد يُعزى ذلك إلى عدم وجود مرادف في اللغة العربية لمصطلح [Bullying]، إلى أن ظهر الكثير من المصطلحات على رأسها "التنمُّر"، تشبهًا بالنمر في غضبه وشراسته، ولكننا نميل أكثر في هذا الكتاب إلى استخدام لفظ "الاستقواء". الاستقواء هو أحد أشكال العنف الذي يمارسه طفل ضد طفل آخر بصورة متعمدة ومتكررة، نتيجة لاختلال القوة بين المعتدي والضحية. ويتجسد الاستقواء في أشكال متعددة منها الأذى الجسدي (الضرب والدفع)، أو الأذى اللفظي (الشتائم والألفاظ المهينة)، أو الأذى النفسي (السخرية والترهيب)، أو الأذى الاجتماعي عن طريق الإقصاء أو التحقير أو نشر الإشاعات عبر منصات التواصل الاجتماعي والرسائل النصية.

ومما لا شك فيه أن الاستقواء بجميع أشكاله له آثار بالغة الضرر على صحة الطفل النفسية وسلامته وتقديره لذاته. تشير نتائج المسح الصحي العالمي لطلبة المدارس [GHSH] التابع لمنظمة الصحة العالمية[١] إلى أن ٦٠% من الطلاب في مصر، وما يقرب من ثلثهم في ليبيا والمغرب وتونس، قد أفادوا بأنهم تعرضوا للاستقواء من قِبل أقرانهم بمعدل مرة على الأقل في الشهر المنصرم. ومع انتشار الوعي بخطورة هذه الظاهرة، بدأ العديد من البلاد العربية في اتخاذ الإجراءات والتدابير اللازمة للقضاء على الاستقواء في المدارس، وتوفير بيئة تعليمية آمنة لكل طفل، ومنها مصر التي أطلقت أول حملة قومية تحت شعار "أنا ضد التنمُّر" في عام ٢٠١٨ تحت رعاية المجلس القومي للطفولة والأمومة

---

[١] تقرير منظمة اليونسكو ٢٠١٩

بالشراكة مع وزارة التربية والتعليم، وبالتعاون مع منظمة الأمم المتحدة للطفولة (يونيسف)، وبتمويل من الاتحاد الأوروبي.

وقد لا يكتشف الأبوان أن طفلهما يتعرض للاستقواء إلا عند رؤية جروح في جسده، أو إذا حكى لهما عن الواقعة. ولكن قد تشير أي من الأعراض التالية إلى أن الطفل يعاني من الاستقواء: التوتر الشديد، أو قلة النوم وفقدان الشهية، أو العزوف عن الأنشطة المختلفة، أو تجنب أشخاص أو مواقف بعينها.

ونظرًا إلى أن الاستقواء يختلف في أشكاله وفي درجة حدته، فإنه لا يوجد أسلوب موحد يصلح للتعامل مع مختلف الحالات. ولكن هنالك بعض العوامل التي تساعدك عزيزنا القارئ في تحديد الأسلوب الأفضل لعلاج مشكلة طفلك؛ وأهمها، مرحلته العمرية، ومهاراته اللغوية، ونوعية سلوك الاستقواء الذي يتعرض له، ومدى خطورة الموقف.

ونقدم إليك عزيزنا القارئ بعض النصائح للتعامل مع الاستقواء، كما يلي:

- **اسأل طفلك**: انتهز أي فرصة للتطرق إلى موضوع الاستقواء؛ على سبيل المثال، عندما تصادف واقعة استقواء في برنامج أو فيلم تشاهده مع طفلك أو في كتاب تقرؤه معه، يمكنك استخدام هذه الفرصة لمناقشة الموضوع، بأن تطرح مثل هذه الأسئلة:
  - "ما رأيك في هذا الموقف؟"
  - "هل رأيت أحدًا يتعرض للاستقواء في المدرسة؟"
  - "كيف حدثت الواقعة؟"
  - "في رأيك، ماذا يمكن أن يفعله الشخص الذي يتعرض للاستقواء؟"
- **علِّم طفلك كيف يتصرف**: اسأل الطفل كيف سيتصرف إذا تعرض للاستقواء، أو إذا شاهد طفلًا آخر يتعرض للاستقواء. وشجعه على ضرورة إبلاغ أحد الكبار في كلتا الحالتين.

- **استمع له:** إذا أخبرك طفلك أنه تعرض للاستقواء، استمع إليه بهدوء وهدئ من روعه وادعمه. فقد يشعر الطفل بالإحراج والخزي والقلق من أنك سوف تنزعج أو تشعر بخيبة الأمل أو تغضب مما حدث له، لذلك عليك أن تتحلى بالهدوء وأن تطبق أداة **الاستماع المتجاوب**.

- **توصيف مشاعر الطفل:** الطفل الذي يبوح بأنه تعرض للاستقواء عادةً ما يشعر بالضعف وأنه عرضة للخطر، أو أنه المسؤول عما حدث، أو قد ينتابه الخوف من أن يكتشف المعتدي أنه أفصح عن الواقعة، أو قد يخشى ردود فعلك (لن تصدقه، أو لن تفعل شيئًا حيال الموضوع، أو سوف تطلب منه رد الاعتداء بالمثل). ومن ثمَّ، تجب طمأنته، والتعاطف معه، وتفهُّم مشاعره.

- **شجعه:** عبِّر لطفلك عن شكرك وتقديرك لصراحته وتحدُّثه معك عن تفاصيل الواقعة، وذكِّره أنه لا ذنب له في ما حدث، وإنما يقع اللوم على الطفل الذي يمارس الاستقواء، وتجنب الضغط عليه من خلال عبارات من قبيل "كن قويًّا"، بل الأفضل أن تقول له مثلًا: "من الطبيعي أن تشعر بالخوف. والشجاعة هي أن تكون صادقًا مع نفسك وتواجه مخاوفك".

- **ابحث معه عن حل للمشكلة:** ناقش الطفل حول ما يمكن أن تفعله لمساعدته على الشعور بالأمان في المدرسة، واتركه يقرر ما إذا كان يرغب في إبلاغ مدرسه بالواقعة، أو يفضل أن تذهب معه إلى المدرسة وتساعده في فتح الموضوع مع المدرس. عندما تشجع طفلك على التحدث بنفسه مع المدرس أو إدارة المدرسة، فإنك تترك له دفة القيادة، ومن ثمَّ سوف يشعر أنك تثق به، وبقدرته على التصدي للموقف.

- **ادعمه:** عندما تسلح طفلك بالمهارات اللازمة للتعامل مع الاستقواء، فإنه سيشعر حينئذٍ أنه في موقع القيادة وسوف يتمكن من اتخاذ ردود الفعل السليمة. ومن بين الأمثلة على ذلك: تجنب الطفل الذي يمارس الاستقواء، وملازمة دائرة الزملاء الودودين والداعمين له؛ والانصراف بعيدًا عن المعتدي وتطبيق أساليب تسكين النفس وتهدئتها عند الشعور بالغضب؛ والتحلي

بالثبات والشجاعة دون إعارة أي اهتمام للمتنمر؛ واستخدام خاصية الحظر لمنع المتنمر من الدخول إلى حسابه على الفيسبوك ومواقع التواصل الاجتماعي الأخرى والرسائل النصية؛ وطلب المساعدة من الكبار.

- **احسم الأمور التي تملك السيطرة عليها:** استمر في متابعة طفلك بانتظام، لمعرفة مدى تأثير الاستقواء على حياته الدراسية والاجتماعية في المدرسة. في حالة استمرار المشكلة دون وجود حل فعال، عليك أن تفكر في حل بعيد المدى يقضي على المشكلة من جذورها، والذي قد يتمثل في تغيير المدرسة.

الإسلام بحكم العادة

كل طفل يولد على الفطرة، والفطرة إقامة الوجه لله تعالى، كما قال في محكم تنزيله: ﴿فَأَقِمْ وَجْهَكَ لِلدِّينِ حَنِيفًا فِطْرَتَ اللَّهِ الَّتِي فَطَرَ النَّاسَ عَلَيْهَا لَا تَبْدِيلَ لِخَلْقِ اللَّهِ ذَلِكَ الدِّينُ الْقَيِّمُ وَلَكِنَّ أَكْثَرَ النَّاسِ لَا يَعْلَمُونَ﴾ [الروم: ٣٠]. تستوي الفطرة أو تحيد عن الطريق المستقيم وفقًا للبيئة التي ينشأ فيها الطفل والتربية التي يتلقاها، كما ورد في حديث الحبيب المصطفى صلى الله عليه وسلم: "ما من مولود إلا يولد على الفطرة. فأبواه يُهودانه أو يُنصرانه أو يُمجّسانه". من هنا كانت تربية الأبناء مهمة جليلة، وأمانة عظمى سنُسأل عنها بين يدي الله عز وجل، توجب استفراغ الوسع في رعاية هذه الفطرة وتنميتها بالتوجيه السليم والقدوة الحسنة. الطفل في الإسلام تظل صحيفة أعماله بيضاء إلى أن يصل إلى سن البلوغ، فتبدأ أعماله، الحسنة منها والسيئة، تُسجل لأنه صار مكلفًا بأداء كل الفرائض التي أوجبها الله تعالى وترك نواهيه.

ولكن تحمُّل مسؤولية التكليف لا يحدث بين عشيةٍ وضحاها عزيزنا القارئ، وإنما تسبقه مرحلة إعداد وتوجيه وتدريب الطفل على أن يصبح الإسلام عادة في حياته منذ السنوات المبكرة من طفولته، كما وضحنا في الفصل السابق، كي يكون مهيأً لهذه المحطة الحاسمة، التي تقول فيها لطفلك: "إن واجباتك الدينية أصبحت الآن مسؤولية حقيقية تقع على عاتقك وحدك. تذكَّر أن التكليف أمانة عظيمة تحتاج إلى الهمة والعزيمة، أعانك الله

على رعايتها وأدائها على أكمل وجه. واعلم أني أحبك وسوف أظل دائمًا بجوارك، أنصحك وأدعمك وأقدم لك المشورة كلما احتجت إليّ".

ونستكمل فيما يلي، عزيزنا القارئ، ما بدأناه في الفصل السابق من خطوات تأسيس الطفل على الإسلام بحكم العادة، ولكن تذكَّر دائمًا أن التوفيق أولًا وأخيرًا من الحق سبحانه، فليس عليك سوى تأدية أمانة الرسالة، ثم التوكل على الله في تحقيق النتائج ﴿إِنَّكَ لَا تَهْدِي مَنْ أَحْبَبْتَ ولكنَّ اللَّهَ يَهْدِي مَن يَشَاءُ﴾ [البقرة: ٥٦]. يتحول الإسلام بمرور السنين في حياة الطفل من إسلام بحكم العادة إلى إسلام بحكم الإرادة في مرحلة المراهقة أو ما بعدها، لكن لا أحد يستطيع تخمين اللحظة التي يحدث فيها هذا التحول على وجه التحديد. (المزيد من التفاصيل في الفصل السابع).

بعض الخطوات العملية لتدريب طفلك على الإسلام بحكم العادة:

إن الصلاة والصيام فريضتان يُكلف بهما الطفل عند البلوغ. يحث الفقهاء الآباء على تعويد أبنائهم عليهما بدءًا من سن السابعة. ودعوة الأبناء إلى الصلاة والصيام لا تعني استخدام أساليب الضغط والإكراه والعقاب، لأن هذه الأساليب من شأنها أن تأتي بنتائج عكسية. وإنما الهدف في هذه المرحلة تعريف الطفل بالفرائض في إطار من الحب والاحترام، وتنمية الوازع الديني بداخله عن طريق ترسيخ القيم الروحية التي يراها واقعًا معاشًا في المنزل، وربط قلبه وروحه بالله سبحانه وتعالى والرسول صلى الله عليه وسلم.

الصلاة

تعمل الصلاة، مثل سائر العبادات، على تزكية النفس وتغذية الروح، ومن ثم يظهر أثرها في حياة المسلم سلوكًا وعملًا. يميل الطفل بفطرته التي فطره الله عليها إلى التقليد والمحاكاة، فنجد الطفل يقلد أبويه في حركات الصلاة حتى قبل أن يستطيع الكلام. ولما كانت التربية بالحال أبلغ من التربية بالمقال، فاحرص عزيزنا القارئ على تقديم القدوة الصالحة لطفلك، فلا يُعقل أن تحثه على أداء الصلاة، وأنت لا تصلي. كي لا تصبح الشعائر الدينية مجرد طقوس فارغة من الجوهر والمضمون، يجب أن تشرح له بطريقة مبسطة

ما تحمله الصلاة من معانٍ روحانية سامية من خلال التحدث معه عن أنها أعظم العبادات التي تصل العبد بخالقه، وعن أهميتها، ومقاصدها، وقصة الإسراء والمعراج، وما إلى ذلك. ومع تقدم الطفل في العمر، والمواظبة على أداء الصلاة، سوف يستشعر تدريجيًّا لذة الوقوف بين يدي الله سبحانه وتعالى، ومن ثم يُقبل عليها بحضور قلب وعندئذٍ تتحول الصلاة من عادة إلى عبادة.

تجربتي مع الصلاة (منيرة): عندما يحين وقت الصلاة كنت أخيِّر أطفالي ما بين أداء الصلاة معنا أو الالتزام بالجلوس في هدوء للتأمل والتفكر في النعم التي تشعرهم بالامتنان، في سبيل تعزيز نموهم الروحي. وكنت أذكرهم أن صلاتهم لن تنفعني في شيء، وإنما هي لمصلحتهم، فهم في حاجة إلى مناجاة الله وتقوية صلتهم به عز وجلَّ كي ينعموا بالصفاء الروحي والتوازن النفسي، ويصبح لحياتهم معنى وهدف.

بعض الأساليب التي ترسخ عادة الصلاة:

- ابدأ بنفسك، أي كن أنت أولًا كما تريد طفلك أن يكون. طفلك سوف يتعلم منك بالقدوة ما لم يتعلمه باللسان.
- علم طفلك كيف يصلي. عرِّفه أركان الصلاة: الوضوء، والفاتحة، والتحيات، والتسبيح، وعدد الصلوات، وعدد الركعات. امنحه الفرصة للتدريب على الخطوات بتأدية الصلاة بصوت مرتفع، أو بأن يؤم إخوته في الصلاة.
- اتخذ مسجدًا في المنزل. لا يتطلب الأمر تخصيص مساحة كبيرة أو غرفة بكاملها لهذا الغرض، وإنما يكفي تخصيص زاوية لإقامة الصلاة تتسم بالجمال والنظافة، وتحتوي على لوازم العبادة مثل ملابس الصلاة، والسجادات، والسبح، والمصاحف، لاستشعار الأجواء الروحانية للمسجد. ولقد لمستُ -(نهى)-بنفسي أن الصلاة في الزاوية المخصصة للصلاة في بيتي لها وقع خاص في النفس بخلاف أي مكان آخر في البيت، كما شعرت ابنة أختي أيضًا الفرق في أثناء الفترة التي أقامتها معنا.

- استخدم تطبيقًا لسماع الأذان في البيت. فمع تطور التكنولوجيا، تظهر أفكار جديدة كل يوم. اختر ما يناسبك منها ليتردد صوت الأذان في البيت كل صلاة.

- ركز جهودك على الصلوات المفروضة، وهي الصلوات الخمس. لا بأس أن تعلم طفلك صلاة السنَّة وتوضح له قيمة أثرها في التقرب إلى الله تعالى، لكننا نهيب بك أن تتجنب الضغط عليه لأداء السنن. ذلك لأننا لاحظنا أن تحميل الأطفال ما لا طاقة بهم يدفع بعضهم إلى النفور ومع الأسف إلى ترك الصلاة كليةً بما في ذلك الفروض الخمسة.

- احرص على سنّ صلاة الجماعة في الأسرة. ناقش في اجتماع الأسرة ما يتعلق بتفاصيل صلاة الجماعة، مثل من الذي يقيم الصلاة، ومكان الصلاة، إلخ. ندعوك إلى تطبيق القاعدة المتبعة في المساجد بأن تبدأ في الصلاة فور إقامتها دون انتظار حضور جميع أفراد الأسرة. سوف تندهش بعدئذٍ من أن الجميع يأتي مسرعًا في موعد الصلاة، وأن هذه الطريقة تؤتي ثمارها أكثر بكثير من محاولات التذكير والمحايلة.

- حافظ على صلتك بالمسجد. احرص على صلاة الجماعة في المسجد كلما أمكن، كي يرتبط طفلك بالمجتمع الإسلامي.

- حافظ على الصلاة أينما كنت. كن قدوة يحتذي بها طفلك في المحافظة على أداء الصلاة في أوقاتها، سواء خلال أوقات التنزه، أو التسوق، أو في السفر.

- شجع طفلك بعد أداء الصلاة: على سبيل المثال من خلال احتضانه وتقبيله بعد إتمام الصلاة، قائلًا: "الله يرضى عنك يا ابني مثلما أنا راضٍ عنك". أو أثنِ عليه عندما يتذكر ميعاد الصلاة من تلقاء نفسه بكلمات من قبيل: "قلبي ينشرح فرحًا حينما أراكِ ملتزمة بأداء الصلاة في وقتها، جزاكِ الله خيرًا في الدنيا والآخرة".

- تجنب انتقاد طريقة تأدية طفلك للصلاة، فإن دورك يقتصر على غرس عادة الصلاة في سن مبكرة حتى تصبح جزءًا أصيلًا في حياته، أما إتقان خطواتها والتجويد فيها فهي مهمة شخصية، تحتاج بلا شك إلى وقت وتتفاوت من طفل إلى آخر. إذا ارتكب طفلك خطأ ما في أثناء الصلاة، فإننا نرجوك ألا تطلب منه

إعادة الصلاة، مثلما يفعل بعض الآباء. وإنما نقترح عليك أن تسأله: "هل عندك استعداد لتستمع إلى ملحوظة مني بخصوص صلاتك؟" إذا أجاب بالنفي، احترم رغبته. وإذا أجاب بنعم، أكمل كلامك، على سبيل المثال: "لاحظت أنك تسجد قبل الإمام، لذا أردت أن أوضح لك أننا في الصلاة نتَّبع الإمام، ويجب ألا نسبقه في أي حركة من حركات الصلاة. هل لديك أي أسئلة عن هذا الأمر؟ هل لديك أي أسئلة أخرى عن الصلاة؟".

- تجنب استخدام المكافآت بأنواعها كافة لتحفيز الطفل على الصلاة. فعلى سبيل المثال، يطبق بعض الآباء أسلوب المكافأة المالية عن كل صلاة يؤديها الطفل، في حين يستخدم بعضهم الآخر جدول متابعة انتظام الطفل في الصلاة، وعندما يؤدي الطفل عددًا محددًا من الصلوات كل أسبوع، يحصل على هدية. لا شك أن هؤلاء الآباء يتصرفون بدافع الحب، ولكنهم قد لا يدركون خطورة اقتران المكافأة أو العائد المادي بالواجبات والمسؤوليات في ذهن الطفل. فمن الطبيعي أن اهتمامه حينئذٍ سوف ينصب على المكافأة بدلًا من الصلاة ذاتها، ومن ثمَّ، يجتهد في الحفاظ على صلواته بهدف الحصول على المكافأة أو الهدية، وإن لم تنل إعجابه، فالأرجح أنه سيمتنع عن المواظبة على الصلاة. لذا يجب من البداية، عزيزنا القارئ، ربط الصلاة بنية التقرب إلى الله تعالى فقط لا غير. وهكذا تنمي بداخل طفلك الوازع المستمدَ من صلته مع الله كي يبلغ مقام الرضا، رضا الله عن العبد ورضا العبد عن ربه في جميع الأحوال، ومن ثم يفوز بإذن الله بسعادة الدارين، كما يقول الله عز وجل:﴿رَضِيَ اللَّهُ عَنْهُمْ وَرَضُوا عَنْهُ، ذَلِكَ الْفَوْزُ الْعَظِيمُ﴾ [المائدة: ١١٩].

- إذا كان طفلك يفضل الاستعانة بأداة مرئية لمتابعة ما أحرزه من تقدم في المواظبة على الصلاة، فلا بأس من استخدام جدول من جداول متابعة أداء الصلاة، شريطة ألا يقترن بأي نوع من أنواع المكافآت، وأن يكون طفلك المسؤول عن تسجيل الفروض التي أدَّاها، أو لم يؤدها، على مدار الأسبوع.

- تجنب التجريح أو إلقاء المحاضرات إذا لاحظت عدم انتظام طفلك في الصلاة. حاول أن تفهم الأسباب من خلال التحاور معه. فعلى سبيل المثال، يمكنك أن تقول له: "لقد لاحظت مؤخرًا أنك تجد مشقة في الانتظام في الصلاة. يا ترى ما المشكلة؟ إن الصلاة أهم العبادات التي تصلنا بالله، وأكثر ما يسعد قلبي أن أراك دائم التعلق بالله تعالى. ولكني أعلم أن المواظبة عليها تحتاج إلى صبر ومجاهدة، لذا أخبرني ما الذي يمكن أن يساعدك على الانتظام في الصلاة؟ كيف يمكننا تجاوز هذه الصعوبة؟ كيف تريدني أن أدعمك؟". تجب مراعاة أن بعض الأطفال يواظب على أداء الصلاة بسهولة، في حين أن بعضهم الآخر قد يشق عليه الحفاظ على أدائها طيلة حياته. تذكَّر أن دورنا ليس أن نجبرهم، ولكن أن نعلمهم، ونرشدهم، وندعمهم.

نود أن نسلط الضوء على ملحوظة مهمة في حالة عدم التزام أحد الوالدين بالصلاة، سواء الأم أو الأب، فإننا ندعو الطرف الآخر إلى أن يتولى مسؤولية تدريب الطفل على الصلاة، وأن يتجنب تمامًا الضغط على الطرف المقصر في الصلاة لتولي تلك المهمة، إذ أن ذلك لن يؤدي، كما رأيت -(نهى)-من واقع تجربتي العملية مع كثير من الآباء والأمهات، إلا إلى إشاعة جو من التوتر والاحتقان في الأسرة، فضلًا عن الأثر السلبي على الطفل الذي سوف يلاحظ حتمًا التناقض بين الأقوال والأفعال من قِبل الأم/ الأب المقصِّر في أداء الصلاة. لذلك، ينبغي للطرف الملتزم بالصلاة تجنُّب إطلاق صفات ذميمة على الطرف الآخر وانتقاده، خاصةً أمام الطفل، بل يجب عليه أن يخفف من الآثار السلبية لهذا الموقف على الطفل بأن يركز على مفهوم مجاهدة النفس وفضلها في المواظبة على العبادات. على سبيل المثال، إذا كان المقصر في أداء الصلاة هو الأب، فبدلًا من أن تقول الأم للطفل: "والدك ليس نموذجًا للمسلم الحق لأنه لا يحافظ على الصلاة"، تقول له: "انظر كيف يجاهد والدك كي تصبح الصلاة الأولوية الأولى في حياته! لذا علينا أن ندعو الله بتيسير الأمر عليه، أليس كذلك؟".

الصيام

الصيام فرض من الفروض الدينية التي يحرص الآباء على ترسيخها في أطفالهم. وقد يمثل الصيام صعوبة كبيرة لكثير من الأطفال، فمعظمهم لا يتصور الامتناع عن الطعام والماء لساعات طويلة من اليوم. وقد جرت العادة في البلاد العربية على تدريب الأطفال على الصوم من خلال زيادة عدد ساعات الصيام تدريجيًّا وصولًا إلى صوم اليوم بكامله في سن البلوغ، مع اختلاف مسميات هذه الطريقة من بلدٍ إلى آخر، منها "صيام العصفورة"، أو "صيام الغزلان"، أو "درجات المئذنة" كناية عن التدرج في صعود سلم الصيام كالصعود إلى مئذنة المسجد. وقد وجدتُ -(منيرة)-أن تشجيع أبنائي على الصيام بعد وجبة الغداء (بدلًا من وجبة الإفطار في الصباح) حتى موعد الإفطار في المغرب كانت تجربة مثمرة ومشبعة نفسيًّا، تُدخل عليهم السرور للاجتماع معنا على مائدة الإفطار والشعور بأنهم صاموا مثل الكبار. قد يختار بعض الأطفال الصوم في العطلات الأسبوعية فقط، في حين يختار بعضهم الآخر الامتناع عن الطعام، والاكتفاء بشرب الماء.

من المحبَّذ عزيزنا القارئ تشجيع طفلك ما بين سن السابعة والعاشرة على صيام جزء من اليوم أو بضعة أيام من الشهر، حسب استعداده النفسي وقدرته البدنية. ولكن لا تنسَ أن دورك يقتصر على التوجيه والتدريب والتشجيع، وأن أسلوب الضغط والإجبار لن يجدي بل سيتسبب في عواقب غير حميدة، مثل بغض طفلك للصيام أو لجوئه إلى الكذب أو الإضرار بصحته. ومع تقدم الطفل في العمر، اترك له الحرية في تحديد متى يستطيع صيام اليوم بكامله.

بعض الطرق المقترحة لتشجيع الطفل على الصيام:

- اشرح لطفلك مفهوم الصيام الحقيقي، الذي لا يتحقق بالامتناع عن الطعام والشراب فحسب، وإنما بالصيام عن كل ما حرَّم الله تعالى من أقوال وأفعال.
- اشرح لطفلك أن الصيام عبادة سرية بينه وبين الله، لا يطلع عليها إلا الخالق سبحانه وتعالى، لذلك اختص الله الصيام عن سائر العبادات بأنه له عز وجل وأن أجره عظيم لا يُحصى، كما أخبرنا النبي صلى الله عليه وسلم: "قال الله تعالى: كُلُّ عَمَلِ ابْنِ آدَمَ لَهُ إِلَّا الصَّوْمَ فَإِنَّهُ لِي وَأَنَا أَجْزِي بِهِ" (رواه البخاري).

- تجنَّب الربط بين الصيام وأي نوع من أنواع المكافآت. لا تحرم طفلك من معرفة المتعة الروحية في الإنجاز في حد ذاته التي تضفي على النفس سعادة تبقى وتدوم، في مقابل الفرحة بالمكافأة التي مهما كان بريقها، فهي عابرة وزائلة. وهكذا ترتبط العبادة في نفس الطفل بما هو عند الله، فما عند الله خيرٌ وأبقى، كما يقول الله تعالى: ﴿فَمَا أُوتِيتُمْ مِنْ شَيْءٍ فَمَتَاعُ الْحَيَاةِ الدُّنْيَا وَمَا عِنْدَ اللَّهِ خَيْرٌ وَأَبْقَى لِلَّذِينَ آمَنُوا وَعَلَى رَبِّهِمْ يَتَوَكَّلُونَ﴾ [الشورى: ٣٦]. ولقد لمست ذلك بنفسي (نهى)، فقد حدث أن صام أحد أبنائي شهر رمضان بكامله بمحض اختياره وهو في السابعة من عمره، ولا يزال يشعر بالفخر إلى يومنا هذا، ويتذكر بسعادة غامرة كيف كان يشعر في نهاية رمضان بأنه كان أهلًا له وأتم الصيام على أكمل وجه.
- إذا رغب الطفل في كسر صيامه، أو شعر بالوهن، تجنَّب اللوم والتجريح أو إشعاره بالخزي أو الاستهانة بمشاعره، وإنما عليك أن تشد من أزره وتخفف عنه مقرًّا بمشقة الصيام، وفي الوقت نفسه حاول إلهاءه باللعب أو مشاهدة أفلام الكارتون الدينية أو أي طرق أخرى تشغل وقته وتعينه على التحمُّل حتى نهاية اليوم. ولكن إذا تأكدت أنه غير قادر على إكمال اليوم، فلا يجب الإلحاح عليه.
- إشراك الطفل في الاحتفال بشهر رمضان: تعليق الزينة في المنزل، وشراء فانوس رمضان، وشراء مستلزمات البيت، واختيار أصناف الطعام، وتبادل الأطباق الرمضانية مع الجيران، وتبادل الزيارات مع الأهل والأصدقاء، وما إلى ذلك من الطقوس المحببة، كي يقترن الصوم في نفسه بذكريات مبهجة.
- الاهتمام بالأجواء الروحانية: الصلاة في جماعة، وقراءة ورد يومي من القرآن مع شرح معاني الآيات، والإكثار من أعمال الخير والتصدق على الفقراء، ودفع زكاة الفطر.
- تعليق إمساكية رمضان على الحائط.
- تخصيص حصالة لجمع الصدقات.

- تخصيص دفتر لتسجيل ما يقوم به الطفل من أعمال الخير.
- تحفيز الطفل على تناول وجبة السحور أسوةً بالرسول صلى الله عليه وسلم عن طريق سرد الحديث الشريف "تسحَّروا فإن في السَّحور بركة"، دون إلحاح ومحاضرات، مع شرح أهمية السحور وفوائده.
- تعليمه دعاء الإفطار وغيره من الأدعية المحببة في الشهر الكريم.
- دعوة الأصدقاء غير المسلمين إلى الإفطار، لترسيخ ما يحث عليه الإسلام من محبة وتسامح.
- اصطحابه لأداء العمرة إن أمكن.
- اشتراك الأسرة في إعداد كعك العيد.

الحياء

الحياء في اللغة يعني الاحتشام، واصطلاحًا هو خُلُق يبعث في النفس حب الفضائل وبغض الرذائل. قال ابن القيم -رحمه الله: "الحياءُ مشتقٌّ من الحياة، فإن القلبَ الحيَّ يكونُ صاحبُه حيًّا فيه حياءٌ، يمنعُه عنِ القبائح، فإن حياةَ القلبِ هي المانعةُ من القبائحِ التي تفسدُ القلبَ". من تحلى بخُلُق الحياء من الله، والحياء من النفس، والحياء من الناس، استطاع أن يتحلى بسائر الأخلاق الفاضلة، فلا عجب أن يقترن بالإيمان كما قال الرسول صلى الله عليه وسلم: "الإيمان بِضعٌ وستُّون شُعبة والحياء شُعبة من الإيمان". (رواه البخاري). ومن ثمَّ، هنيئًا لك أيها القارئ العزيز عندما ترعى نبتة الحياء في قلب طفلك، وتراه ينعم بثمارها في أقواله وأفعاله ولباسه.

الحمد لله ترعرعتُ -(منيرة)- في أسرة تحض على الحياء في كل جوانب الحياة. كان والديَّ يحثانني دائمًا على التحلي بالشجاعة الأدبية في التمسك بمبادئي في جميع تعاملاتي مع الآخرين. من المبادئ التي كانا يركزان عليها، عفة اللسان عن البذاءة والشتائم، وتوخي الوقار والاحترام في الحديث، وتجنب الخضوع بالقول. على الرغم من أن الحجاب، سواء بوصفه أمرًا ملزمًا أم لا، لم يكن ضمن أولويات والديَّ، فإن الاحتشام في الملبس كان أمرًا

مفروغًا منه، فكانا يتركان لي اختيار الملابس التي تحفظ احترامي لنفسي وتصون كرامتي، دون التدخل في نوعيتها أو شكلها. وعندما التحقت بالجامعة، أثار إعجابي ما رأيته من أشكال الاحتشام في ملابس صديقاتي المسلمات، وأثَّرت في نفسي إلى درجة أني بدأت تدريجيًّا في ارتداء الملابس الأكثر طولًا، إلى أن قررت في النهاية ارتداء الحجاب.

بطبيعة الحال حرصت بدوري في تربية أولادي -وكلهم ذكور-على إعلاء قيمة الحياء في قلوبهم، ساعيةً إلى أن يصبح سجيتهم وطبعًا يلزمونه في سلوكهم تلقائيًّا وليس عناءً وتكلُّفًا. كان تركيزي على أهمية مراعاة آداب التعامل مع الآخرين، منها على سبيل المثال، توقير الكبير والعطف على الصغير، وحسن الخُلُق واللباقة في الحديث، وبشاشة الوجه، واختيار الكلمات الطيبة بعيدًا عن الفظاظة والبذاءة. كي يكتمل المظهر مع السلوك، كنت حريصة أيضًا على توعيتهم بأهمية احترام أجسامهم وحمايتها، فعلى سبيل المثال، كنت أصر على ارتدائهم ملابس السباحة الطويلة التي تغطي الركبة وجزءًا كبيرًا من الذراعين، لحمايتهم من الشمس، والأهم لغرس مفهوم الاحتشام والمراقبة الذاتية التي تنبع من احترامهم لذواتهم، باختيار اللباس الذي يحفظ للجسد كرامته ولا يخدش الحياء. أحد أبنائي كان يحب دومًا لبس البنطال القصير. احترمت رغبته، ولكني أكدت عليه لبس البنطلون الذي يغطي ركبتيه من أجل الصلاة. كان هدفي دائمًا أن أعلمهم أن الحياء سلوك ينبع من القلب كما هو لباس ساتر للجسد.

وما دمنا نتحدث عن الحياء والحشمة، فلا بد من أن نتطرق إلى قضية الحجاب التي ما زالت مثار كثير من الجدل واختلاف الآراء حتى كتابة هذه السطور. ويمكن تقسيم موقف النساء من الحجاب إلى أربع فئات رئيسية (شباس، ٢٠٠٦ Shabbas):

الفئة الأولى: تؤمن بأن الحجاب فرض على كل امرأة مسلمة، وتلتزم بارتدائه.

الفئة الثانية: تؤمن بأن الحجاب فرض على كل امرأة مسلمة، لكن تقرر عدم ارتدائه لأسباب مختلفة.

الفئة الثالثة: ترتدي الحجاب تماشيًا مع العرف السائد والعادات والتقاليد الاجتماعية، وليس عن قناعة التزامًا بالشرع.

الفئة الرابعة: لا تؤمن بأن الحجاب فرض وترفض ارتداءه، سواء لأسباب اجتماعية أو دينية.

أود أن أخاطب -(نهى)-في السطور التالية الفئة الأولى، أولئك الأمهات اللاتي يؤمنَّ بفريضة الحجاب ويسعين إلى تدريب بناتهن على ارتدائه. أنا أنتمي إلى هذه الفئة، والحمد لله اتخذت قرار ارتداء الحجاب في سن الثانية عشرة، ولكن القرار لم يلقَ قبولًا من أسرتي، لأن الحجاب، من وجهة نظر العادات والتقاليد في أسرتي وأيضًا الثقافة السائدة في المجتمع العربي في ذلك الوقت، كان مجرد موروث ثقافي وليس فريضة أمر بها الله تعالى. لقد استغرق مني الأمر عامين لإقناع أسرتي بقراري وبصفة خاصة أمي (حفظها الله في الدنيا والآخرة)، التي كانت تخشى من أن يحرمني من الاستمتاع بحياتي ويقيد حريتي. وأحمد الله أنني تمسكت بقراري وارتديت الحجاب أخيرًا في سن الرابعة عشرة، وبفضل الله ونعمته عليَّ لم أندم لحظة واحدة على هذا القرار طوال حياتي، بل على العكس، فأنا على قناعة تامة بأن ارتداء الحجاب مبكرًا لم يقيدني وإنما حررني من سيطرة الشكل والمظاهر على تفكيري، ومن الانشغال برأي الآخرين والسعي إلى لفت أنظارهم ونيل استحسانهم، ومن ثمَّ، استطعت أن أكرِّس كل طاقتي للاهتمام بالجوهر، والتصالح مع نفسي، وترسيخ شعوري بالسكينة والسلام الداخلي.

كانت هذه رحلتي الشخصية مع الحجاب. وعندما رزقني الله بابنتيَّ الرائعتين، كان عليَّ أن أفكر في كيفية التعامل معهما في مسألة الحجاب. كان كل ما يهمني أن أبدأ ترسيخ الحجاب في حياتهما بوصفه عادة، دون ضغط أو إجبار، فكنت أشير في معرض الحديث خلال حواراتي معهما إلى أنهما سوف ترتديان الحجاب عند مرحلة البلوغ. وبهذه الطريقة بدأت صورتهما بالحجاب ترتسم في ذهنيهما وصارت رويدًا رويدًا أمرًا مألوفًا، وفي الوقت نفسه أصبحت لديهما فكرة واضحة عما أتوقعه في هذه المسألة. كما كان لوجود صديقاتي المحجبات في دائرتنا الاجتماعية دور كبير في تقديم نماذج أخرى تقتديان بها في مسألة الحجاب. وعندما كان يأتي ذكر النساء اللاتي لا يرتدين الحجاب، كنت أعلق بأن بعض النساء يجدن صعوبة كبيرة في ارتداء الحجاب، وأن هذا لا ينتقص من قدرهن، فالله وحده صاحب الحق في الحكم على البشر، هو الخبير العليم بسرائرهن وظروفهن ومجاهدتهن لأنفسهن.

لم أكن من مشجعي فكرة ارتداء الحجاب قبل البلوغ بغرض التدريب عليه قبل سن التكليف. ولكن عند اقتراب حلول سن البلوغ الذي تزامن مع بدء العام الدراسي، اقترحت على ابنتيَّ ارتداء الحجاب في المدرسة فقط، حتى إذا حدث وبلغتا في أي وقت خلال العام الدراسي يكون مجتمع المدرسة قد اعتاد مظهرهما بالحجاب. هذا على الرغم من أن كثيرًا من الفتيات في دائرة معارفنا قررن خوض التجربة وارتداء الحجاب بعد البلوغ حتى إن حدث ذلك في وسط العام الدراسي، ولم يصادفن أي مشكلات.

كان تركيزي كله على القواعد الأساسية للحجاب، بمعنى أنني لم أصر على أن تتقيدا بنوع أو نمط معين للملابس، بل أفسحت لهما المجال لاختيار شكل الحجاب وفقًا لراحتهما. ففي حين أميل إلى ارتداء الفساتين والتنورات، اختارت ابنتيَّ ارتداء البلوزات والبنطلونات. صحيح أني كنت أعترض أحيانًا على بعض الاختيارات، ولكن بوجه عام كان منهجي يعتمد على تدريبهما ومنحهما الفرصة لتحديد الطريق الذي تسلكانه في رحلة السير إلى الله.

ذات يوم سألتني (منيرة) ونحن في طريقنا إلى الفصل: "يا ترى كيف تتعامل الأمهات مع بناتهن فيما يخص مسألة الحجاب، خاصةً في ظل الأجواء الحالية التي يتعرض فيها الإسلام للتشويه من قِبل جهات عديدة؟". بعد أن حكيتُ لها تجربتي مع ابنتيَّ، تساءلت عما إذا كان ما فعلته يعد إجبارًا لهما على الحجاب، نظرًا إلى أنهما لم تبادرا بإبداء رغبتهما في ارتدائه من جهة، وأني، من جهة أخرى، لم أطرح الحجاب بوصفه مسألة اختيارية يمكنهما قبوله أو رفضه. والحقيقة أني لم أفكر في منهجي من هذا المنطلق من قبل، وعندما أعدت التفكير في الأمر من جديد، أدركت أن ما فعلته هو وضع توقعات لم تعترض عليها ابنتيَّ بحكم أسلوب حياتنا الذي كان الحجاب جزءًا طبيعيًّا فيه. ولا أرى أن ذلك يعد إجبارًا على ارتدائه، وإنما حضّ على اختياره. ذلك لأن الإجبار أو الإكراه يعني إرغام البنت على ارتداء الحجاب، بصرف النظر عن إبداء عدم رغبتها فيه صراحةً. لا أدعِّي أن ابنتيَّ أحبتا ارتداء الحجاب في البداية، لكن الأمر كان يتطلب منهما مجاهدة النفس التي تقبلاها الحمد لله بصدر رحب. وفي نهاية حديثي مع (منيرة) قلت لها إني على قناعة تامة أنني أديت واجبي تجاه ابنتيَّ، مثلي مثل أي أم تحرص على توجيه بناتها

وتدريبهن على فروض دينهن ومن بينها الحجاب، وأدرك تمامًا أنه لا توجد ضمانات لما ستؤول إليه الأمور في المستقبل، فسواء ثبتتا على حجابهما أم لا، هذا قرار كل منهما الشخصي لا أملك السيطرة عليه. لم أدرك حينها أن هذه الكلمات ستطاردني وتتحقق فيما بعد، فقد قررت ابنتي الصغرى أن تخلع الحجاب في عامها الأول بالجامعة. ولا أنكر أن وقع الخبر عليَّ كان مؤلمًا وأني مررت بفترة عصيبة، ولكني اجتزتها الحمد لله بفضل معرفتي الفرق بين مسؤولياتي (التعليم والتشجيع) ومسؤوليات ابنتي (اختيار أفعالها)، ومن ثمَّ استطعت أن أتقبل حقيقة أنني أديت دوري، ومن الآن فصاعدًا ابنتي هي التي عليها أن تقرر كيف تواصل رحلتها الوجدانية نحو الارتقاء والسمو الروحي.

عزيزتي الأم... هذا كان منهجي في مسألة الحجاب، لكنه ليس بالضرورة المنهج الذي سوف ينجح مع ابنتك أو أسرتك، لأن كل فتاة تختلف عن غيرها، كما أن لكل أسرة خصوصيتها ومناخها الأسري المتمثل في السمات السلوكية والنفسية والاجتماعية والثقافية التي تحدد شكل وطبيعة العلاقات بين أفرادها، لذا عليكِ اختيار الأسلوب الذي يتناسب مع أسرتك. لقد لاحظت خلال الفترة ما بين تأليف هذا الكتاب (٢٠١٣) ونشر نسخته الإنجليزية (٢٠١٦)، حدوث تغير جوهري في المواقف المختلفة إزاء مسألة الحجاب في المجتمعات المسلمة بوجه عام، بما في ذلك المسلمون المقيمون في أمريكا. يتمثل هذا التغير في انتشار موجة خلع الحجاب بين الفتيات من جهة، ومن جهة أخرى في طريقة طرح الآباء لمسألة الحجاب لبناتهم على أنها اختيار شخصي، وليست بوصفها مسألة تقتضي منهن الالتزام بها.

نقدم لك عزيزتنا الأم بعض الإرشادات العامة في ما يتعلق بتناول مسألة الحجاب:

- ابدئي بالتفكير مليًّا في رؤيتك للحجاب وموقفك منه.
- أمعني النظر في الرسالة التي تريدين إيصالها إلى ابنتك.
- تفكري في ردود فعلك الإيجابية أو السلبية إزاء الأعراف السائدة في مجتمعك فيما يتعلق بالحجاب.

- اسألي معارفك الذين تحترمين آراءهم عن الطريقة التي تناولوا بها مسألة الحجاب مع بناتهم.
- ابدئي بوضع خطة مبكرًا لتناول مسألة الحجاب مع ابنتك قبل فترة البلوغ.

تجدر الإشارة عزيزتي الأم إلى أنه ينبغي التمييز بين الحض على الحجاب والإجبار عليه. فإن حض ابنتكِ على الحجاب معناه أنكِ توضحين لها توقعاتك، وفي الوقت نفسه تحرصين على الاستماع إليها واحتواء مشاعرها، ومناقشة كل ما يقلقها، والتعاون معها من أجل التوصل إلى أفضل الحلول. في حين أن الإجبار هو عندما تفرضين عليها الحجاب بالقوة مع رفض الاستماع إليها أو مناقشتها أو محاولة إيجاد حل وسط، وربما تهديدها إذا أفصحت بوضوح عن عدم رغبتها في ارتدائه. باختصار الإجبار هو إيصال رسالة مفادها: "كلامي سوف يُنفَّذ، ومن لا يعجبه فليضرب رأسه في الحائط".

يخشى بعض الآباء من حض بناتهم على ارتداء الحجاب، خوفًا من أن يخلعنه في مرحلة لاحقة من حياتهن، اعتقادًا منهم أن ارتداءه ثم خلعه أسوأ من عدم ارتدائه على الإطلاق، وأنا لست من أنصار هذا الرأي. يحضرني في هذا السياق الوعد الذي قطعته على نفسي أمام أمي قبل موافقتها على ارتدائي للحجاب: ألا أتردد أبدًا في خلعه إذا قررت ذلك في أي مرحلة لاحقة في حياتي. وهكذا حررتني أمي الغالية من قيود الخوف من كلام الناس، وشجعتني على أن أكون صادقة مع نفسي ومع الله. عزيزتي الأم، إن الله يفيض على الإنسان بنسائم من النفحات الروحانية من حينٍ إلى آخر، فإذا لم يغتنمها، أو لم يكن قلبه مهيأ لاستقبالها، كانت خسارته كبيرة، إذ ربما لا يحظى بهذه الفتوحات الربانية مرة أخرى في حياته. لذلك، عندما تبدي ابنتكِ رغبتها في ارتداء الحجاب، فمن باب أولى أن تشجعيها وتحتفلي معها بهذا الفيض الروحاني، بدلًا من تثبيط عزيمتها ومطالبتها بالتأكد أولًا من أنها لن تخلعه طوال حياتها. فإن الغيب بيد الله وحده، وما علينا سوى السعي والأخذ بالأسباب ثم التوكل على الله والدعاء له عز وجل بأن يثبتنا ويثبت أبناءنا، والله ولي التوفيق!

الإسلام منهج حياة

يولي كثير من الآباء العناية القصوى للشعائر فقط دون مقاصدها وأهدافها. فما فائدة الصلاة والزكاة والصيام والحجاب دون الطاقة الروحية المستمدة من حب الله ووصاله؟ إنها تتحول حينئذٍ إلى طقوس فارغة من الجوهر والمضمون، ولن تؤتي ثمارها في تزكية النفس والسمو بالروح. لذلك، فإننا ندعوك عزيزنا القارئ إلى تكريس طاقتك وجهدك لترسيخ جذور العقيدة وأركان الإيمان في نفس طفلك، التي تقوده إلى فهم كنه الوجود ومغزى الحياة، كي ينعم بحياة مشبعة روحيًّا تحرره من الخوف والقلق والتوتر وتحقق له السكينة والأمان النفسي. ومن الوسائل التي تساعد على إرساء هذه المعاني الإيمانية في نفس طفلك المداومة على قراءة الكتب الدينية المخصصة للأطفال، والاشتراك في المحاضرات الدينية بالمسجد، ومشاهدة البرامج والحلقات الدينية، والاستعانة بمدرس خصوصي بالمنزل لتعليمه القرآن، وما إلى ذلك. ولكن في النهاية لا شك أنك -عزيزنا القارئ- تظل المعلم الأساسي والأقوى تأثيراً في طفلك، فأنت مثله الأعلى في كيفية تطبيق الإسلام في مناحي حياتك كافة. بناءً على ملاحظاتنا لكيفية فهم الأطفال للإسلام وطريقة تعاملهم معه، ندعوك إلى التركيز على جوهر الدين من خلال إشراقات من العقيدة الإسلامية نقدمها بإيجاز فيما يلي:

- حب الله ﴿ وَالَّذِينَ آمَنُوا أَشَدُّ حُبًّا لِلَّهِ﴾[البقرة: ١٦٥].
- حب الرسول صلى الله عليه وسلم، والاقتداء به وقراءة سيرته المطهرة. قال الرسول صلى الله عليه وسلم: "لَا يُؤْمِنُ أَحَدُكُمْ، حتَّى أكُونَ أحَبَّ إلَيْهِ مِن والِدِهِ ووَلَدِهِ والنَّاسِ أجْمَعِينَ" (رواه البخاري).
- الغرض من الخلق والحياة﴿وَمَا خَلَقْتُ الْجِنَّ وَالْإِنْسَ إِلَّا لِيَعْبُدُونِ﴾ [الذاريات: ٥٦]، ﴿هُوَ أَنشَأَكُم مِّنَ الْأَرْضِ وَاسْتَعْمَرَكُمْ فِيهَا﴾[هود: ٦١].

تقدم العقيدة الإسلامية الرد الشافي على الأسئلة الوجودية: من الله؟ وما صفاته؟

- التعريف بسمات الشخصية الإسلامية، وما تتميز به من خُلُق وقيم.

- المحبة وحس المسؤولية تجاه الآخرين: العائلة، والأصدقاء، والجيران، والمجتمع، والإنسانية جمعاء. "لا يؤمن أحدكم حتى يحب لأخيه ما يحب لنفسه" (رواه البخاري ومسلم).
- مبدأ المساواة والإخاء والتراحم الإنساني مع البشر كافة على اختلاف دياناتهم، وأصولهم، وأجناسهم، وطبقاتهم الاجتماعية.﴿يَا أَيُّهَا النَّاسُ إِنَّا خَلَقْنَاكُمْ مِنْ ذَكَرٍ وَأُنْثَى وَجَعَلْنَاكُمْ شُعُوبًا وَقَبَائِلَ لِتَعَارَفُوا إِنَّ أَكْرَمَكُمْ عِنْدَ اللَّهِ أَتْقَاكُمْ إِنَّ اللَّهَ عَلِيمٌ خَبِيرٌ﴾[الحجرات: ١٣]
- الوازع الداخلي الذي يقود النفس إلى الحق والصواب.
- قيمة الإنسان ومنزلته مستمدة من صلته بالله تبارك وتعالى.
- الإيمان بالقضاء والقدر بخيره وشره.
- قراءة قصص الأنبياء صلوات الله عليهم.
- قراءة قصص الصحابة والسلف الصالح رضوان الله عليهم.
- الإيمان بالملائكة.
- الإيمان بالكتب السماوية.
- تلاوة القرآن الكريم والتدبر في معانيه.
- الموت في ديننا الحنيف هو الانتقال إلى الحياة الحقيقية في الآخرة.
- الابتلاء والمحن من سنن الله في خلقه﴿وَلَنَبْلُوَنَّكُمْ بِشَيْءٍ مِنَ الْخَوْفِ وَالْجُوعِ وَنَقْصٍ مِنَ الْأَمْوَالِ وَالْأَنْفُسِ وَالثَّمَرَاتِ﴾[البقرة: ١٥٥]
- النية هي مقياس وزن الأعمال."إنما الأَعمال بِالنِّيات وإنما لِكل امْرِئ ما نوى" (رواه البخاري ومسلم).
- إصلاح القلب وتطهيره."فإنَّ الله لا ينظر إلى صوركم وأموالكم، ولكن ينظر

إلى قلوبكم وأعمالكم" (صحيح مسلم).

- الكرم والبذل والعطاء بصوره شتى. ﴿لَنْ تَنَالُوا الْبِرَّ حَتَّى تُنْفِقُوا مِمَّا تُحِبُّونَ﴾ [آل عمران: ٩٢]
- الرأفة والرفق بسائر مخلوقات الله.
- التفاؤل وحسن الظن بالله. يقول الله تعالى: "أنا عند ظن عبدي بي" (حديث قدسي رواه البخاري ومسلم).
- التوازن بين الماديات والروحانيات هو صمام الأمان في الحياة.
- حمد الله والرضا في السرَّاء والضَّرَّاء دون استخفاف بالنعم أو استثقال المحن.

في حين تعد مرحلة الطفولة المتأخرة "العصر الذهبي" في رحلة التربية، تُعرف المرحلة التالية بما يسمَّى "السنوات العاصفة" أو "سنوات الفريق الأسري" حسب طبيعة المناخ الأسري. ذلك لأن بعض الآباء يصابون بالانزعاج والتوتر لعدم تقبلهم فكرة استقلال الطفل في مرحلة المراهقة، وشعوره بالفردية، بيد أن بعضهم الآخر يقدم في أثناء هذه السنوات نموذجًا رائعًا للتلاحم الأسري والعمل بروح الفريق الواحد. وفي الفصل التالي، نتناول أهم أوجه الصراع في تلك المرحلة، ونقدم اقتراحاتنا لتغيير المفاهيم المتعلقة بها، ونطرح أفكارًا خاصة بكيفية اجتياز هذه السنوات الحرجة بسلام.

الفصل السابع

مرحلة المراهقة (١٣-١٨)

تعد المراهقة المرحلة الانتقالية بين الطفولة وسن الرشد، وتتصف بالعديد من التغيرات الجذرية على الصعيدين البيولوجي والعاطفي، فمن الطبيعي أن نرى تقلبات المزاج المفاجئة وتغيرات السلوك السريعة التي تطرأ على المراهق دون مبررات واضحة، نتيجة لسرعة تكاثر المسارات العصبية في المخ. يبدأ المراهق في الانتقال من حالة "التبعية للأهل" إلى الاستقلال والشعور بالفردية، وهو يسعى في الوقت ذاته إلى التعمق في فهم حقيقة كينونته وحقيقة العالم من حوله.

في الأسر المترابطة، يصبح دور كلٍّ من الأب والأم في هذه المرحلة أشبه بدور الموجِّه الذي يقدم الدعم والتشجيع للطفل، دون المساس بحقه في استقلاله الشخصي وفي استكشاف ما حوله وخوض تجارب الحياة والتعلم منها. ذلك لأن العلاقة القوية التي تكونت مع الطفل على مر السنوات السابقة تمثل الآن الدعامة المتينة التي يستند إليها في انطلاقه نحو العالم الخارجي لإقامة علاقات اجتماعية واتخاذ قراراته المستقلة. في حين يستمر الأبوان في دعم ابنهما المراهق وتقديم العون له في أي وقت، فإنهما يشرعان في تسليمه زمام المسؤولية ويفسحان له المجال كي يشق طريقه بنفسه نحو مرحلة الرشد.

في مرحلة المراهقة، سوف يرى الأبوان نتاج الأسلوب التربوي الذي اتبعاه على مر السنوات السابقة واقعًا حيًّا أمام أعينهما، ومن ثمَّ، فإن الآثار السلبية للعلاقات الأسرية المضطربة (نتيجة لاستخدام الأسلوب المتساهل أو الأسلوب المتسلط في التربية) سوف تفرض نفسها بقوة، ما يدفع بالكثير من الأسر إلى اللجوء إلى الأخصائيين النفسيين لطلب المساعدة في حل مشكلاتهم. وفي المقابل نجد أن الأسلوب المتوازن في التربية يعمل على ترسيخ الترابط الوجداني وتقوية الأواصر بين أفراد الأسرة، ما يُمكِّنها من اجتياز التحديات المعتادة في هذه المرحلة بنجاح.

عزيزنا القارئ، بطبيعة الحال لا سبيل لنا لأن نعرف طبيعة العلاقة بينك وبين ابنك أو ابنتك في هذه المرحلة العمرية، لذا ربما تجد أن بعض الاقتراحات التي نستعرضها في هذا الفصل مستحيلة التطبيق، أو مثيرة للسخرية، أو عقيمة، أو غير منطقية. صحيح أن هذه الاقتراحات سوف تكون أسهل بالنسبة إلى الآباء الذين يطبقون الأسلوب المتوازن (أسلوب التربية الإيجابية) في تنشئة أبنائهم، غير أن ذلك لا يعني أن غيرهم من الآباء الذين اتبعوا الأساليب الأخرى يفقدون الأمل في التغيير. ولهؤلاء الآباء نقول: لم يفُت الأوان بعد، فالفرصة لا زالت سانحة أمامكم لتغيير المسار واتباع أسلوب تربية مختلف. في الواقع، هذا هو الخيار الوحيد أمام أي مربٍّ يرغب في إزالة الشوائب التي تعكر صفو المناخ الأسري.

في بيتنا مراهق

دعونا نستعرض معكم طريقة تعامل أساليب التربية المختلفة مع مرحلة المراهقة:

- **الأسلوب المتوازن في التربية**: ينظر الأبوان إلى طفلهما في سن المراهقة على أنه شخص مستقل وليس مجرد امتداد لهما. فقد ساعدت السنوات السابقة على توطيد أواصر العلاقة بينهما وبين طفلهما، وفي الوقت نفسه أفسحت المجال أمامهما للبدء في تسليم المسؤولية لطفلهما رويدًا رويدًا وعلى نحو سلس إلى أن يصبح مسؤولًا بشكل كامل عن حياته في مرحلة الرشد المبكر. على عكس الصورة الشائعة لمرحلة المراهقة بوصفها فترة الشقاء والتعاسة، يرى الكثير من الآباء المتوازنين أن سنوات المراهقة رائعة. يشعر الأبوان المتوازنان بالفخر والسرور لرؤية ابنهما، الذي كان بالأمس القريب طفلًا، قد أصبح شخصًا مستقلًا يعتمد على نفسه، متسقًا مع ذاته ومع أفكاره ومعتقداته، ويدرك مسؤولياته ويتحمل نتيجة قراراته وتصرفاته. يحصد هؤلاء الآباء ثمرة جهودهم على مدار السنوات السابقة لتكوين أسرة مترابطة تتمتع بالتكاتف والاحترام المتبادَل والعمل بروح الفريق الواحد. وليس معنى ذلك أن المراهق في الأسرة المتوازنة شخص "مثالي" أو لا يعاني من المشكلات، فهو، أولًا وأخيرًا، مراهق، ولكننا نعني أن ما تتسم به

الأسرة المتوازنة من ترابط واحترام متبادل وتركيز على الحلول، يمكّنها من تخطي صعوبات مرحلة المراهقة بأقل قدر ممكن من المعاناة.

- **الأسلوب المتسلط في التربية**: يؤمن الآباء المتسلطون بأن أبناءهم في مرحلة المراهقة سوف يصبحون نسخًا مصغرة منهم، فهم يعتقدون أنه من البديهي أن تكون سلوكيات الأبناء وطريقة تفكيرهم على نهج الآباء نفسه. كلما توافقت نظرة الابن للعالم مع نظرة الأبوين، حظي برضاهما وأصبح في أعينهما "الابن المثالي"، أما إذا اختلفت وجهة نظره قليلًا، أو الأدهى والأمرّ، كانت في تعارض تام معهما، تقوم الدنيا ولا تقعد في المنزل، إيذانًا ببدء "السنوات العاصفة" طبقًا للوصف الشائع لمرحلة المراهقة.

- **الأسلوب المتساهل في التربية**: لا يتطلع الأبوان المتساهلان إلى أن يكون ابنهما المراهق نسخة طبق الأصل منهما، ولكنهما حتمًا ينتظران منه الطاعة مقابل الحب. فهما يتصوران أن ما أغدقاه من حب على ابنهما في طفولته، دون أي قيود أو ضوابط، كفيل بكسب طاعته في مرحلة المراهقة. لذلك يشعران بالصدمة عندما يتجاهل الابن توجيهاتهما ويسلك مساره الخاص في الحياة، حتى إن كان ذلك يضر بمصلحته. صحيح أن أواصر المحبة قد تكون وطيدة فيما بين أفراد الأسرة المتساهلة في أثناء مرحلة المراهقة، إلا أن سلطة الآباء تكاد تكون معدومة الأثر. ومن الصعوبات التي تواجهها هذه الأسر مع الأبناء في مرحلة المراهقة السلوكيات المدمرة للذات، والاندفاع في القرارات والتصرفات، وتدني مستوى المهارات الاجتماعية.

ومن خلال ممارسة مهنتي (نهى) في مجال الإرشاد النفسي، وجدت أن الآباء المتسلطين أو المتساهلين يعانون على نحو أكبر مع أبنائهم في مرحلة المراهقة. ذلك لأن بالإضافة إلى حساسية هذه المرحلة العمرية الحافلة بالاضطرابات والتغيرات الجسدية والنفسية والاجتماعية، تساهم تصرفات الآباء غير الفعالة وتطلعاتهم غير الواقعية -المذكورة أعلاه- في تحويل فترة المراهقة إلى حالة من البلبلة والفوضى العارمة. أما الآباء المتوازنون، على الجانب الآخر، فقد ساعدتهم المهارات الإيجابية -التي اكتسبوها وطبقوها على مدار

رحلتهم مع التربية-على اجتياز هذه الفترة بفعالية. فعلى سبيل المثال لا الحصر، الآباء الذين تعلموا ودربوا أبناءهم على كيفية ترويض مشاعرهم بأنفسهم، سوف ينجحون في التعامل مع التقلبات المزاجية التي تصيب الأبناء عادةً خلال مرحلة المراهقة.

الأولويات الثلاث في التعامل مع المراهق

لقد لاحظنا، من واقع تجاربنا مع الأسر التي لديها أبناء في سن المراهقة، أن الآباء الذين يكرسون جهودهم ووقتهم في التركيز على الأولويات الثلاث التالية، يصبحون أكثر قدرة على معالجة ما يطرأ من تحديات، سواء أكانت طفيفة (مثل مشكلة الوقاحة في الردود) أم عويصة (مثل مشكلة تعاطي المخدرات).

١. تواصل معهم في السرّاء والضرّاء

حافظ على التواصل مع ابنك، عزيزنا القارئ، في جميع الأوقات، سواء وأنت راضٍ عنه أو وأنت غاضب منه. فلا سبيل لأن يكون لك أي تأثير ولو ضئيل في ابنك/ ابنتك دون وجود ركيزة من التواصل، فالنفس جُبلت على حب من أحسن إليها، لذلك بإمكانك أن تفتح عقل ابنك لكلامك إذا فتحت قلبه بإحسانك طبقًا للقاعدة الأساسية في الدين "الإحسان قبل البيان". التواصل الحقيقي هو أن يعلم ابنك أن حبك له غير مشروط بأن يكون الابن "المثالي"، بل إنك تحبه لشخصه، تحبه كما هو جملةً وتفصيلًا، بمميزاته وعيوبه وحتى بأطواره الغريبة. ينمو التواصل عندما تفصل تقويم السلوك عن قيمة ابنك الجوهرية بوصفه إنسانًا، كما يتضح من الأساليب التالية على سبيل المثال: "عن نفسي لا تعجبني هذه البلوزة، ولكن بما أنها تعجبكِ وما دامت لا تتنافى مع تعاليم الإسلام، فلا مانع من أن ترتديها"، "أشعر بالقلق عليك، فإن درجاتك لا تعكس قدراتك الحقيقية". التواصل معناه الحب ولكن مع وضع الحدود: "أرى مدى أهمية شراء هذه اللعبة بالنسبة إليك، لذلك عليك الادخار من مصروفك لشرائها، فأنت تعلم جيدًا الضوابط الخاصة بإقراضك النقود". وفي الوقت نفسه الحب دون شروط: ""أنا أحبكِ، ولكني لا أوافق على الطريقة التي تصرفتِ بها في هذا الموقف"، "أنا أحبك، ولكني حزين على القرار الذي اتخذته بشأن..."

٢. لا تضع المشكلات كلها في سلة واحدة

في أثناء رحلة المراهق للبحث عن ذاته وتحديد هويته، قد يجنح بتصرفاته بعيدًا عن تقاليد الأسرة، ما يتسبب في خلق العديد من المشكلات، التي تختلف من حيث حجمها ونوعيتها من مراهق إلى آخر، حتى لو كانوا إخوة وأخوات نشأوا في كنف أسرة واحدة. وإذا حاولت، عزيزنا القارئ، معالجة كل المشكلات التي تواجه ابنك/ ابنتك في آنٍ واحد، فاعلم أنك سوف تهدر طاقتكما معًا ولن تحصد سوى قلة الحيلة وخلق المزيد من المسافة بينكما. لذلك، من الأهمية بمكان أن تتناول كل مشكلة على حدة بناءً على مدى خطورتها.

ومن ثمَّ، ندعوك إلى أن تكتب كل التحديات التي تواجهها حاليًّا مع ابنك/ ابنتك، على أن ترتبها ترتيبًا تنازليًّا وفقًا لمدى خطورة المشكلة. فعلى سبيل المثال، مشكلة تعاطي ابنك للمخدرات، يجب أن تكون لها الأولوية على مشكلة تدني مستواه الدراسي. وبعد أن ترتب جميع التحديات على هذا المنوال، ابدأ بمعالجة مشكلة أو اثنتين على الأكثر على حدة، إلى أن تنجح في حلها، ثم انتقل إلى المشكلة التي تليها، وهلم جرًّا. وبهذه الطريقة سوف تتمكن من تقنين طاقتك العاطفية وتوجيهها نحو معالجة مشكلة بعينها، وفي الوقت نفسه الحفاظ على مد جسور التواصل داخل الأسرة.

٣. لا تحارب طواحين الهواء

كثيرًا ما يبذل الآباء جهودًا لا طائل لها على الأمور التي لا يملكون السيطرة عليها، تاركين عن غير قصد ما يقع تحت سيطرتهم بالفعل. على سبيل المثال، تعاني الأسرة من استخدام الابن المفرط للهاتف المحمول الذي يجعله يسهر إلى وقت متأخر في الليل، ولا يستطيع الاستيقاظ في موعد المدرسة، والنتيجة، أنه تأخر ٧ مرات عن موعد المدرسة خلال الأسابيع الثلاثة الماضية. لم تفلح محاولات والديه بالتحدث إليه، أو بتهديده بسحب الهاتف منه نهائيًّا، أو إعطائه مبلغ ١٠ جنيهات عن كل ليلة ينام فيها مبكرًا. لماذا باءت كل المحاولات بالفشل؟ لأن والديه لم يركزا على ما يقع تحت سيطرتهما.

إذًا، ما الأسلوب الأمثل لحسم المشكلة في هذا المثال؟ بعد أن يشرح له الأبوان **(دون توبيخ)** فوائد النوم المبكر ووضع الحد الأقصى لعدد مرات الاعتذار للمدرسة على تأخره،

يبدآن التعاون معه في وضع حظر على استخدام الهاتف المحمول ليلًا. ويوضح الأبوان لابنهما أن التليفون سوف يوضع في حجرتهما طيلة فترة الليل، على أن يلتزم الأبوان **بالثبات على الكلمة** في حالة عدم التزام الابن. فعندما يحين موعد الحظر، يذهب أحدهما إلى حجرة الابن ويبسط يديه كإشارة إلى تسليم الهاتف المحمول. وإذا استمر الابن في عدم الالتزام، يلجأ الأبوان إلى الحد من استخدام شبكة الإنترنت عن طريق إغلاق جهاز الراوتر في الموعد المحدد. وهكذا، يركز الأبوان على ما يستطيعان اتخاذه من إجراءات بدلًا من انتظار الابن أن ينصاع لأوامرهما. هذا الأسلوب من أكثر الأساليب أهمية في التعامل مع الأبناء في مرحلة المراهقة.

من التبعية إلى الاستقلال والمسؤولية

فرحة كبيرة تغمر قلوبنا بقدوم المولود الجديد، ومسؤولية كبيرة أيضًا تغير حياتنا رأسًا على عقب. فهذا الكائن الصغير يعتمد علينا في كل صغيرة وكبيرة، في طعامه وشرابه، في نومه وقضاء حاجته وملابسه، وفي كل ما يتعلق بحياته. وبمرور الأيام والشهور، كلما يكبر المولود تتناقص مسؤوليتنا تجاهه، وتزداد مسؤوليته عن نفسه. من هنا تتضح أهمية دورنا كآباء في إعداد أبنائنا وتدريبهم على الاعتماد على النفس، وتسليمهم المسؤولية تدريجيًّا بما يتناسب مع كل مرحلة عمرية. وتعدُّ سنوات المراهقة "مرحلة تدريب" الأبناء على اكتساب مهارات الحياة بتوجيه الآباء، بهدف تهيئتهم لتولي زمام أمورهم، وتحمل المسؤولية الكاملة عن حياتهم مع نهاية مرحلة المراهقة. والشكل ٨،١ يوضح كيفية تسليم المسؤولية من الآباء إلى الأبناء على نحو تدريجي على مدار الرحلة التربوية.

أما الآباء الذين لا يدركون أن هذه سنة من سنن الحياة ويرفضون خروج أبنائهم من عباءتهم، فإنهم يتفاجؤون على حين غِرَّة عندما يطالب أبناؤهم بالحصول على استقلالهم في مرحلة المراهقة. ومن ثمَّ، يدخلون في دائرة لا تنتهي من المشاحنات والنزاعات على السلطة.

ولعلني لا أبالغ (منيرة) إذا قلت إن أبلغ مثال يوضح هذه النقطة هو ذلك الذي سمعته من أحد أبنائي، عندما كنا نتناقش أنا وزوجي معه حول دورنا في حياته بعد أن أصبح في

سن المراهقة. فقد وصف حال العلاقة بيننا وبينه بهذا التشبيه الرائع قائلًا: "أنتما مثل المدرب الذي يقف على أطراف الملعب يتابع اللاعبين، ويؤجل ملاحظاته ونصائحه إلى حين الانفراد بهم في غرفة الملابس. أما إذا حاول توجيههم في أثناء اللعب فلن يفيدهم في شيء بل سيشتت انتباههم فحسب، ومما يزيد الطين بلة الصياح فيهم بغضب عند ارتكابهم الأخطاء". يا له من وصفٍ دقيق، فالمراهقة هي الفترة التي نترك فيها الابن ينزل إلى ملعب الحياة، يستكشف ويتعلم ويخوض تجاربه بنفسه مسترشدًا بالتوجيهات التي تلقاها في السنوات السابقة من أبويه. ويقتصر دور الأبوين على متابعته وتشجيعه، وإن لزم الأمر، تقويمه على انفراد عند ارتكاب الأخطاء، ثم تركه ينطلق في الحياة مرة أخرى لخوض تجارب جديدة. هو يعلم أن أبويه يتابعانه ويدعمانه، ولكنه يدرك في الوقت نفسه أنه يملك زمام حياته، وبناءً عليه، هو الذي يجب أن يقرر كيف يعيشها.

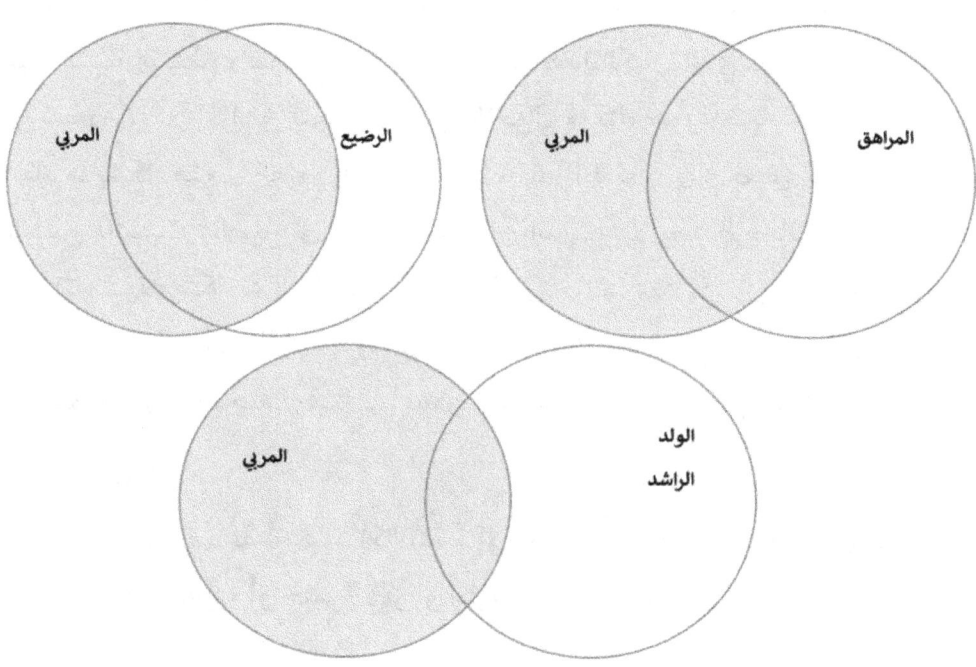

تكوين الهُوِيَّة

يبدأ المراهق رحلة الغوص في أعماقه للتعرف إلى ذاته، فتدور في ذهنه تساؤلات من قبيل: "من أنا؟"، "هل أنا شخص طبيعي، كفؤ، محبوب؟"، "إلى أين أتوجه؟" ويستمر المراهق في البحث عن إجابات تلك الأسئلة إلى أن يصل إلى سن الرشد، وهي المرحلة التي تتبلور فيها معالم هويته. في بداية مرحلة المراهقة، يصنِّف الطفل نفسه من حيث الخصائص المادية أو الملموسة مثل: لون الشعر، والطول، والأشياء المفضلة. ثم يصبح، بمرور الوقت، قادرًا على وصف ذاته من حيث السمات المعنوية والمفاهيم المجرَّدة مثل الكرم، والقلق، والغضب والذكاء.

يرى "إريك إريكسون" [Erik Erikson] (نيومان & نيومان ٢٠٠٣)، صاحب نظرية النمو النفسي الاجتماعي، أن مفهوم الذات[١] ما هو إلا جزء طبيعي من النمو النفسي الاجتماعي للفرد، الذي يبدأ الاستكشاف وطرح الأسئلة والبحث عن الإجابات، ثم تتجمع الإجابات شيئًا فشيئًا وتنتظم وصولًا في نهاية المطاف إلى هذا الكيان الذي نسميه الهوية. يشير إريكسون إلى أن المراهق ينجح في أغلب الأحوال في بناء هوية متماسكة والتصالح مع ذاته، ما يشكل مدخل العبور إلى مرحلة الرشد. غير أنه يرى أن في بعض الحالات يتعرض المراهق للتشتت والضياع في أثناء البحث عن الذات، ولا يجد الإجابات التي تساعده على بناء هوية متكاملة إلا في مرحلة متأخرة من حياته. وقد أكد إريكسون على أن نمو الشخصية يتأثر بدور الأسرة، والخبرات الماضية في حياة الفرد، وبالعوامل الثقافية والاجتماعية والبيولوجية. وفيما يلي بعض الأسئلة التي تحدد معالم بناء الهوية:

- من أنا؟
- إلى أي جماعة أنتمي؟ (كالانتماء إلى عرق، أو شريحة اجتماعية، أو ديانة، أو قومية معينة أو جنس/ ذكر أو أنثى).

[١] مفهوم الذات: الصورة التي يدركها الفرد عن نفسه، والتي تتضمن صفاته الجسمية والعقلية والنفسية والاجتماعية نتيجة لخبراته التراكمية وردود أفعال الآخرين.

- ما معتقداتي؟ (الدينية، الروحية، الاقتصادية، الاجتماعية).
- ما المغزى من حياتي؟
- ما أهدافي وآمالي؟
- ما نوعية الحياة التي أود أن أعيشها؟
- ما الذي يجلب لي السعادة؟

تشكِّل الأسئلة الثلاثة الأولى الأساس الذي تقوم عليه بقية الأسئلة الأخرى. على مدار مرحلة المراهقة (من سن ١٣-١٨) عادةً ما يصل المراهق إلى إجابات عن الأسئلة المتعلقة بالانتماء إلى الجماعة، مثل: من أصدقائي؟ ما جنسيتي؟ ما أصولي العرقية؟ ما المجتمع الذي أنتمي إليه؟ في حين يواجه الشاب في مرحلة الرشد (من سن ١٩-٢٥) صعوبات في أثناء سعيه إلى تحديد القيم والمعتقدات التي يؤمن بها: هل أنا مؤمن بوجود الله؟ هل توجد في الإسلام إجابة لأسئلتي عن معنى وجودي في الحياة؟ هل أرغب في تطبيق الإسلام بأسلوب والديَّ نفسه؟

من المحتم أن تكون الخطوة الأولى في رحلة تكوين الهوية هي عقد مقارنة بين هوية الأبوين وهويات الآباء الآخرين الموجودين في دائرة المراهق الاجتماعية. فمن الطبيعي أن يقارن المراهق أبويه بأصدقائهما، وبأعمامه وعماته، وأخواله وخالاته، ومدرسيه، وغيرهم من الناس المحيطين به. وتشمل هذه المقارنة مختلف جوانب الحياة من قيم، ومعتقدات، وأفكار، وتصرفات، وسلوكيات، وآداب التعامل مع الغير. وفي البداية، يشكل الأبوان المعيار الوحيد الذي يسترشد به المراهق -وهذا أمر طبيعي- في تقييم الأمور. لكن هذا الوضع لا يستمر إلا في الأسر المترابطة حيث يظل الآباء النموذج الذي يحتذي به الأبناء، نظرًا إلى تأثيرهم الكبير الذي يدوم عادةً مدى الحياة. في المقابل، يفقد الآباء في الأسر المفككة مكانتهم ويتلاشى تأثيرهم، حيث يختار الأبناء نماذج أخرى يقتدون بها من الأشخاص الموجودين في دائرة علاقاتهم الاجتماعية.

وفي أثناء البحث عن القدوة والمقارنة بين قدوة وأخرى، يدخل المراهق عادةً في عملية فرز وتحليل وتمحيص نماذج السلوك والأفكار والقيم التي يراها في محيطه الاجتماعي،

وقد يرفضها أو يقبلها بغرض التوصل إلى ما يتلاءم مع قناعته الشخصية. يبدأ المراهق في استكشاف وتجربة أنماط جديدة من الحياة، بدءًا من المظهر الخارجي: التقاليع ونوعية الأزياء، وصولًا إلى السلوكيات، والمعتقدات، والآراء، سعيًا إلى إثبات وجوده وتميزه عن أسرته. فكل المراهقين يشتركون في الرغبة في تكوين هوية مختلفة ومستقلة عن ذويهم بطريقة أو بأخرى، إلا أن هذا الاختلاف يظهر بنسب متفاوتة، ففي حين يتجه البعض إلى تكوين هوية مختلفة وبعيدة تمام البعد عن جذورهم العائلية، يختار بعضهم الآخر هوية متقاربة من أسرهم مع فروق طفيفة تكاد تكون غير ملحوظة.

من أهم ما تدركه عزيزنا القارئ في هذه الفترة هو قبول فكرة أن ابنك سوف تكون له هوية مستقلة ومتفرِّدة. لذلك، إذا اتخذ مسارًا مختلفًا، فإننا ندعوك إلى أن تأخذ بعين الاعتبار أن ذلك هو قراره الذي اتخذه بمحض اختياره. من المهم أن تتقبل وتسلِّم بأن تأثيرك في طريقة تفكيره وحياته له حدود، ولكن من المفارقة أن كلما كانت الروابط بينكما قوية قبل مرحلة التحول هذه، زاد حجم تأثيرك في ابنك.

ومن خلال عملي (نهى) أسمع من الآباء هذه التساؤلات مرارًا وتكرارًا: "لماذا لا يستمع ابني لنصائحي؟"، "هل تصدقين أن ابني يريد الذهاب إلى المسجد بالشورت؟"، "لا أستطيع أن أفهم لِم تريد ابنتي أن تصبغ شعرها باللون البنفسجي؟"، "كانت الأمور مختلفة على أيامنا عندما كنا في مرحلة المراهقة، فقد كنا نستمع لنصائح آبائنا، ونهتم بكلامهم، لكن أبناءنا لا يلقون بالًا لما نقوله لهم. ما الذي حدث؟"، لماذا لا يلتزم أبناؤنا بالمثل والقيم والمبادئ التي نشأنا عليها؟". وبعد أن فكرت مليًا في هذه التساؤلات، خرجت ببعض الخواطر التي أود، عزيزي القارئ، أن أشاركك إياها.

- بالنسبة إلى الآباء الذين تمردوا على عادات وتقاليد أهاليهم، فإن سلوكيات أبنائهم المختلفة تكون في هذه الحالة أمرًا مفهومًا لا لبس فيه، حتى إن كان مؤلمًا. أما الآباء الذين كانوا ملتزمين في مرحلة المراهقة، ولم يحيدوا عن نهج أهاليهم، فهم لا يستطيعون استيعاب احتياج أبنائهم إلى أن يكونوا مختلفين ومتميزين. وهم، في الأغلب، يميلون إلى لوم أنفسهم على طريقة تصرفات أبنائهم، وتتملكهم كلمة "لو": "لو كنا فعلنا كذا وكذا.."، وندعو هؤلاء الآباء إلى

أن يتفهموا أن عدم التزام أبنائهم بقيم الأسرة وتقاليدها يشكِّل مرحلة من المسيرة الطبيعية للنمو، لذا فالأجدى تقبُّلها والتفاعل معها بدلًا من إنكارها أو محاربتها.

- في هذا الزمن، أصبحت "**النسبية**" العنصر الحاكم في تفسير كل شيء، بما في ذلك الصواب والخطأ، فأطاحت "**بالثوابت**" والقيم المطلقة، واختفت فرضية اللونين الأبيض والأسود ليحِلَّ محلها اللون الرمادي بمختلف درجاته. أصبح العالم يشجع على كل ما هو جديد وما هو غير مألوف، ويعطي صفة الشرعية لأي أفكار أو مفاهيم غير تقليدية يأتي بها الإنسان ما دامت تروق له، ويرغب في اعتناقها، ما دام لا يتسبب في ضرر أو أذى للآخرين، فأصبح شعار "**كل شيء مباح**" المحرِّض الأساسي على ظاهرة انسلاخ الإنسان من جذوره وتراثه المنتشرة في العالم أجمع. في الأجيال السابقة، كان المراهق -تحت وطأة الضغوط الاجتماعية-مدفوعًا إلى الالتزام بالتقاليد السائدة أمام الناس، حتى إن كان يخالفها سرًّا. أما اليوم، فإن الأعراف الثقافية العالمية الناشئة تصدِّر رسالة مختلفة إلى الشباب: "تَشكَّك في كل شيء حولك. ارفض ما لا يعجبك. قرر بنفسك ما تريد فعله. لا بأس إذا تحديت الأوضاع القائمة. ستكون على ما يرام حتى لو تمردت على قيم ومبادئ أبويك". ومن ثمَّ، فإن الالتزام بالتراث والأصول لم يعد في وقتنا الحاضر فضيلة مُحتَفَى بها. (رجاء قراءة مقال البرّ الأعمى).

- يبدو أننا نسينا أن المراهقة لم تتغير عبر التاريخ، فمنذ قديم الزمان يسعى المراهق إلى التميز وغالبًا ما يختار هوية مختلفة عن هوية أهله. ولذلك هذا الاتجاه ليس بالغريب علينا، بل هو موجود في صميم التراث الإسلامي. فعلى سبيل المثال، الإمام علي بن أبي طالب رضي الله عنه، ابن عم الرسول صلى الله عليه وسلم، عندما دخل الإسلام وهو لا زال طفلًا، لا شك أنه قد اختار مسارًا مختلفًا كل الاختلاف عن عشيرته. فالإسلام لم يكن، آنذاك، دين الله الحق كما نؤمن به الآن، بل كانت الدعوة لا تزال في مهدها يحيط بها الكفار من كل جانب. وأيضًا قصة إسلام الصحابي الجليل سلمان الفارسي، الذي اشتُهر بلقب

"الباحث عن الحقيقة"، عندما غادر بلاد فارس وهو في مرحلة المراهقة متجهًا إلى الشام، ثم إلى المدينة بحثًا عن الدين الحق تاركًا دين آبائه وأجداده.

- في المجتمعات ذات الأغلبية غير المسلمة، يعاني المراهقون المسلمون من صعوبة التمسك بقيم آبائهم وعاداتهم وتقاليدهم. في الكثير من الأحيان، عندما يكون المراهق هو المسلم الوحيد في مدرسته أو في المجتمع الذي يعيش فيه، فإن الالتزام بتعاليم ومبادئ دينه يشكل أحد التحديات المستمرة التي تواجهه. فكل مظاهر السلوك التي تنبعث من هويته المسلمة تثير تساؤلات أقرانه ليجد نفسه مطالبًا بتقديم تعليل لتصرفاته، وطريقة ملبسه، والشعائر الدينية التي يمارسها، والتي تحتاج بدورها إلى أماكن مناسبة يتعذر توافرها في الغرب. لا شك أن المراهقين المسلمين في المجتمعات الغربية يواجهون العديد من الضغوط الاجتماعية والنفسية، لا سيما بالمقارنة مع نظرائهم في المجتمعات الإسلامية حيث يتمتعون بالقدرة على تطبيق تعاليم دينهم دون الحاجة إلى تقديم تفسيرات أو ترتيبات خاصة لأداء العبادات. وأملًا في التخفيف من حدة هذه الضغوط الشديدة، يذوب بعض المراهقين المغتربين في المجتمعات التي يعيشون فيها ويتطبَّعون بالسلوكيات والعادات والتقاليد السائدة فيها، التي تتعارض مع ثقافة أسرهم ومبادئها.

- كما جرى العرف في المجتمعات الغربية، ينفصل الشباب عن الأسرة في مرحلة مبكرة من العمر، ما يشجعهم على التمادي في التخلي عن العادات والتقاليد التي لا تروقهم. فمثلًا في أمريكا، يحق للأبناء عند بلوغهم سن الثامنة عشرة الانتقال للعيش في مسكن خاص بهم وفقًا للقانون والموروث الثقافي. أما المراهقون في الشرق الأوسط وآسيا، فلا يستطيعون الانفصال عن أسرهم إلا في مرحلة الرشد أو بعد الزواج، بسبب المعوقات المالية والأعراف الاجتماعية السائدة.

عندما كان أبنائي في مرحلة المراهقة، تمكنتُ (نهى) من تخطي الكثير من التحديات من خلال اتباع الاستراتيجيات التالية:

- تقبلت حقيقة أن كل ابن من أبنائي هو فرد قائم بذاته له شخصيته المستقلة وأفكاره ومعتقداته الخاصة. كنت أذكِّر نفسي دومًا بأن مسؤوليتي تتمثل في إرشادهم وتعليمهم وليس في قهرهم والتحكم فيهم، بل لهم كامل الحرية في الأخذ بإرشاداتي أو رفضها. وبناءً عليه، فإن أسلوبي في لفت نظر ابنتي مثلًا: "أعتقد أنه من المهم تناول وجبة الإفطار في الصباح، ولكني أرى أنكِ لا تتفقين معي في الرأي. على أي حال، أنا واثقة بقدرتك على تبيُّن ما هو الأصلح لكِ".
- فيما يتعلق بتطبيق تعاليم الإسلام، آثرت الاستفادة من ثراء الأحكام الفقهية وتنوعها بدلًا من التقيُّد بمذهب محدد. لم أطلب من أبنائي اتباع أسلوبي المحافظ نفسه في الالتزام بالدين ما داموا لا يخرجون عن النطاق المسموح به، ذلك لأنني أدركت أن مسألة الالتزام بالدين وتطبيق تعاليمه لا تخضع لنمط موحَّد وإنما تتفاوت من شخص إلى آخر، فكلٌّ منا له طريقته الخاصة. بالإضافة إلى أني تعلمت، من واقع تجاربي في الحياة، أن مسألة تطبيق الإسلام ليست غاية يبلغها الإنسان في وقت محدد، بل هي رحلة تستمر طوال حياته.
- تفهمت أن بعض العادات التي اكتسبتها من الموروث الثقافي في البيئة التي نشأت فيها قد عفا عليها الزمن وينبغي تعديلها. ومنها مثلًا أن الرجال لا يساعدون النساء في أعمال المنزل، فركزت على أن يشارك أبنائي -مثلهم مثل البنات- في الأعمال المنزلية، بما في ذلك طهو الطعام.
- لم أنظر إلى أفكار أبنائي وتصرفاتهم وعاداتهم المختلفة على أنها انعكاس لفشلي في التربية. بل أدركت أنهم أمانة وضعها الخالق عز وجل بين أيدينا نحن الآباء من أجل أن نحسن رعايتهم وتوجيههم، وليس من أجل أن نضعهم في قوالب متحجرة بما ينافي سنن الله في الحياة الدنيا، سنن التغير والتطور والتقدم.

ضغوط الأقران

تأثير الأقران يعد أحد العوامل الأساسية والطبيعية التي تؤثر في النمو النفسي الاجتماعي للطفل. وتنشأ المشكلة عادةً عندما يؤدي تأثير الأقران إلى لجوء المراهق إلى السلوكيات

السلبية بدلًا من السلوكيات الإيجابية. وتعدُّ العلاقة الإيجابية مع الأبوين من أهم سبل الوقاية التي تحدُّ من ضغوط الأقران السلبية على المراهق، لأنها تعزز ثقته بنفسه وشعوره بقيمته.

لا شك أن **الشعور بالانتماء** يتطلب الاندماج في المجتمع، والذي يعدُّ أحد الاحتياجات الطبيعية لأي إنسان، غير أنه قد يصبح مشكلة ملحَّة في حالة افتقار المراهق إلى الشعور بالانتماء، سواء في بيته أو في مجتمعه. لذلك، قد يجاري المراهق مجموعة من الأقران من أجل إشباع الحاجة إلى الانتماء، حتى لو كانت تخالف القيم التي نشأ عليها في أسرته، ويُذعن للضغوط التي تُمارسها عليه مدفوعًا برغبته الملحة في أن يكون محبوبًا، وأيضًا بسبب خوفه من التعرض للسخرية. وفي حالات أخرى، قد ينساق المراهق وراء مجموعة من الأقران بدافع الفضول لتجربة أشياء جديدة، متجاهلًا ما تمليه عليه "الفطرة السليمة" في الحكم على الأمور. وفي بعض الأحيان، قد يكون الدافع الذي يحفِّز المراهق للانضمام إلى مجموعة بعينها وتقليد أفرادها هو الانبهار بما حققته من إنجازات.

في كثير من الأحيان لا يكون هدف المراهق بالضرورة التمرد على قيم أسرته ومبادئها، وإنما كل ما يتطلع إليه هو الاندماج في مجتمعه. ومن الوسائل التي تتيح للآباء فهمًا أعمق لأسباب خضوع أبنائهم لضغوط أقرانهم استخدام أداة **اسألهم بدلًا من أن تأمرهم**، من خلال طرح الأسئلة من قبيل: "ساعدني على فهم حقيقة الأمر. ما الشيء المميز الذي يجعلك متعلقًا بهذه المجموعة؟ متى تتقابلون؟ بماذا تشعر وأنت بصحبتهم؟ ما تقييمك لما حدث؟". يمكنك، عزيزنا القارئ، تدعيم ابنك في مواجهة ضغوط أقرانه من خلال:

- دعوته إلى تحكيم حسه الفطري أو بوصلته الداخلية في التمييز بين الصواب والخطأ، وإعطاء الأولوية لمشاعره ومعتقداته.
- تشجيعه على اتخاذ أفضل القرارات الممكنة عن طريق مناقشة الموقف: هل بإمكانه قول "لا" وترك المجموعة؟ هل لديه أصدقاء يستطيعون مساعدته؟ كيف يطلب منك المساعدة؟

- مشاركة تجاربك عندما كنت في مرحلة المراهقة أو حتى في موقعك الحالي كأب/ أم، في كيفية التعامل مع ضغوط الأقران. مثال: "لقد شعرت بهذه الضغوط عندما كنت في المرحلة الثانوية. لا شك أنه من الصعب عليك أن تكون الشخص الوحيد الذي يرفض هذه التصرفات، في حين أن كل من حولك يوافق عليها". مشاركة ابنك المراهق تجاربك تجعله يطمئن ويتأكد من أن التجارب التي يتعرض لها من أمور الحياة الطبيعية.
- في حالة حدوث عواقب سلبية لضغوط الأقران، فإن استخدام أداة **من الأخطاء يتعلَّم طفلك مهارات الحياة** كفيل بتحويل أي نتيجة سلبية إلى درس من دروس الحياة القيِّمة. يمكنك مساعدة ابنك على التفكُّر في التجربة وكيفية التعلُّم منها، وكيفية اتباع نهج مختلف في المرات القادمة، مثل اتخاذ أصدقاء جدد، أو أن يكون أكثر حزمًا وقوة في اعتداده بآرائه وقناعاته الشخصية.

السلوكيات المحفوفة بالمخاطر

يتعرض المراهق لتغيرات شديدة على الصعيدين العقلي والعاطفي في أثناء اكتشافه لذاته وعلاقته بالعالم من حوله. وخلال رحلته للتعرُّف إلى ذاته، قد ينخرط المراهق في سلوكيات غير محمودة بدءًا من ممارسة ألعاب خطرة وصبغ الشعر بألوان جريئة، وصولًا إلى تعاطي المخدرات وممارسة الجنس. وتختلف أسباب الإقدام على المخاطر من مراهق لآخر، ومنها الإذعان لضغوط الأقران، أو البحث عن أقصى درجات الإثارة والمتعة الحسية، أو المشكلات العاطفية (النفسية). وعادةً لا يبالي المراهق بما يترتب على مغامراته من عواقب وخيمة، نظرًا إلى أن الجزء المسؤول في المخ عن كبح الاندفاع في السلوك لا يكتمل نموه قبل سن الخامسة والعشرين. وفي ضوء ذلك، كيف يتصرف الآباء؟

توصلت الدراسات (سالافيتش، ٢٠١٢ [Szalavitz]) إلى أن الوسائل التالية تؤدي إلى الحد من سلوكيات الأبناء المحفوفة بالمخاطر:

- حفاظ الآباء على العلاقة مع أبنائهم من خلال استخدام أداة **التواصل قبل التأديب** التي تجعلهم أقدر على التأثير في أبنائهم على نحو فعال.

- على الآباء تحديد الأولويات التي ينبغي التركيز عليها، فهنالك سلوكيات قد لا تعجب الآباء، ولكنها ليست بالضرورة ضارة أو هدامة ومن ثمَّ يمكن التغاضي عنها، مثل ارتداء الملابس غير المتناسقة، أو الولع بالتقاط صور "السيلفي"، أو السهر إلى وقت متأخر. يحتاج الآباء في مثل هذه الحالات إلى استخدام أداة **اعقلها وتوكل على الله** وترك **العواقب الطبيعية** تأخذ مجراها.
- مناقشة العواقب الوخيمة المحتمل حدوثها مع الأبناء تقلل من احتمالات انخراطهم في السلوكيات غير المحمودة، خاصةً عندما تكون العلاقة معهم إيجابية. فإن عدم معرفتهم بالمخاطر المحتملة يجعلهم ميالين لتجربة هذه السلوكيات، ذلك لأن المراهقين أكثر إقدامًا من الكبار على اكتشاف كل ما هو غامض ومجهول.
- مناقشة النتائج المتوقعة تساعد الأبناء على اتخاذ قرارات أفضل من خلال إلقاء أسئلة من قبيل: "ما نسبة احتمالات النتائج الإيجابية مقارنةً بالنتائج السلبية؟"، "ما الذي تتوقع حدوثه إذا قررت القيام بهذا الأمر؟"
- التمسك بالحدود المُتَّفَق عليها سالفًا عقب الاستماع إلى الأبناء. "أعلم مدى أهمية قضائكِ السهرة مع أصدقائكِ حتى الصباح بالنسبة إليكِ، ولكنكِ تعلمين أن موعد الرجوع إلى المنزل هو الساعة ١١ مساءً، لذا فأنا أتوقع منكِ الالتزام بذلك". "لقد شرحت لي أن سيجارة المخدرات التي وجدتها في حجرتك كانت على سبيل التجربة فقط ولن تكررها مرة أخرى. ولكن لا بد أن تعلم أني سوف أستمر في تفتيش غرفتك بانتظام لأن مسألة تعاطيك للمخدرات تثير قلقي".

الثقة

الثقة من المسائل التي تثير قلق كثير من الآباء في مرحلة المراهقة، فهم في حيرة من أمرهم: هل يا ترى بإمكانهم، أم يجب عليهم، منح الثقة لأبنائهم؟ بصفة عامة، يلاحظ الآباء الذين يفسحون المجال لأبنائهم لخوض التجارب واستكشاف العالم من حولهم، أن أبناءهم لا يلجؤون إلى الخداع والتمرد. في حين أن المراهقين الذين لا يتمتعون بقدر من

الاستقلالية يتخذون من الغش والخداع وسيلة للتحرر من سلطة الآباء، بهدف صيانة كبريائهم والحفاظ على استقلالهم وحريتهم. بناء الثقة المتبادلة يتطلب التعاون بين الطرفين، فيكتسب الآباء ثقة الأبناء من خلال التمسك بالحدود والاتفاقات، ويحظى الأبناء بثقة الآباء من خلال الارتقاء إلى مستوى التوقعات والتصرف على نحو مسؤول.

تبدأ تنشئة الأبناء على القيم والمبادئ منذ مرحلة الطفولة المبكرة من خلال التربية بالقدوة، فكما هو معروف أن التربية بالحال أبلغ من المقال. يتتبع المراهق سلوكيات أبويه والمحيطين به في أثناء التعامل معهم، ومن ثمَّ، يتشبه بهم ويحذو حذوهم. فإذا كنت تطمح، عزيزنا القارئ، إلى أن يتحلى ابنك بقيم الصدق والأمانة، كن أنت النموذج العملي الذي يقتدي به من خلال تصرفاتك.

عندما تكون قدوة لابنك، عزيزنا القارئ، صادقًا معه في أقوالك وأفعالك، وفيًّا في وعودك، ملتزمًا باتفاقاتك، فإنك ستكون محط ثقته، وحينئذٍ سوف تشجعه على أن يشاركك مشاعره وأفكاره ويطلعك على تصرفاته بكل صراحة وصدق. هذا هو حال الأسر التي تنظر إلى الأخطاء على أنها فرص لاكتساب دروس مفيدة في الحياة (رجاء مراجعة أداة **من الأخطاء يتعلم طفلك مهارات الحياة**)، ومن ثمَّ ترتكز فيها العلاقة مع الأبناء على الصدق والثقة. وعلى الجانب الأخر، تتسبب الأسر التي يكون فيها العقاب والتعيير هما النتيجة التلقائية للأخطاء، في دفع أبنائها إلى الكذب والخداع (رجاء مراجعة أداة **افهم ما وراء السلوك** في الفصل الرابع).

يمكنك، عزيزنا القارئ، تأسيس علاقة مبنية على الثقة المتبادلة مع ابنك المراهق من خلال توفير بيئة محفزة على الاحترام، والمصارحة، وحل المشكلات. ومن أهم العناصر الحاسمة في بناء هذه الثقة أن تكون مدركًا أنك لا تستطيع السيطرة على اختيارات ابنك وقراراته. وقد يبدو لك الأمر مخيفًا أن تترك لابنك القرار خشية أن يسيء الاختيار أو يرتكب أخطاء تتسبب في أضرار لا يمكن تداركها. وإنما الأولى أن تركز على التواصل معه، وتقديم النصح والإرشاد، ومناقشة الموضوعات التي تطرأ في واقع الحياة، وتعليمه التفكير التحليلي، وإبداء الثقة به، وإشعاره بالاطمئنان لطلب النصيحة أو المساعدة. وبما

أنك قد أخذت بالأسباب، فما عليك سوى التوكل على رب الأرباب ومنح ابنك زمام القيادة لاتخاذ قراراته.

على سبيل المثال، كانت مسألة تناول القصَّر المشروبات الكحولية في المناسبات والحفلات الاجتماعية موضع مناقشات مستفيضة بين أحمد وأبويه. قرر أحمد بمحض اختياره الامتناع عن شرب الخمور امتثالًا لتعاليم الدين وأبويه على حد سواء. وقد حدث ذات مرة أن ذهب أحمد إلى حفل أحد أصدقائه بعد أخذ الإذن من والديه، ولكنه وجد أن أصدقاءه يشربون الخمر. يمكننا تصور عدة سيناريوهات مختلفة لما قد يفعله أحمد: هل يخفي عن والديه وجود خمور في الحفل؟ ما دام لا يشرب، فما الضرر من بقائه في الحفل؟ أحمد يشعر بعدم الارتياح، وقرر مغادرة الحفل ولكنه يحتاج إلى من يقله إلى المنزل بالسيارة. عرض عليه أحد أصدقائه الذي كان يشرب الخمر أن يوصله إلى المنزل، فهل يوافق؟ هل يرى أحمد أن قيادة السيارة تحت تأثير الكحول أمر مأمون؟ هل الأفضل أن يتصل بوالديه لاصطحابه إلى المنزل؟ هل يشعر بالراحة حيال قول الحقيقة لوالديه؟ إذا اتصل بوالديه، هل سيوبخانه لحضوره حفلًا به خمور، أم سيكونان سعيدين لأنه اتصل بهما ليضمن عودته سالـمًا إلى المنزل؟ ما العواقب التي يستطيع تحملها؟ هو الذي يملك قرار اختيار أحد هذه البدائل، والذي سوف يتوقف على تقييمه للمخاطر المحتملة لكل اختيار والموازنة بينها. أما مسألة الصدق في القول فإنها تعتمد على العلاقة التي تربطه بوالديه.

الأداء الدراسي

توصل الباحثون (مسعود، وثوراسامي، وأحمد ٢٠١٤) إلى أن الأسلوب المتوازن في التربية هو أكثر الأساليب فعالية في تعزيز مستوى أداء الطفل في التحصيل الدراسي. ولكن هنالك العديد من العوامل المختلفة التي تؤثر في نجاح أو فشل الأبناء في التحصيل الدراسي، ألا وهي عوامل بيولوجية، وسلوكية، وعاطفية، واجتماعية، وبيئية.

ومن المشكلات الشائعة التي تؤثر في الأداء الدراسي في مرحلة المراهقة عدم الحصول على القدر الكافي من النوم، فالكثير من المراهقين يعانون من صعوبة الحفاظ على عادات

نوم صحية. توصلت الأبحاث (أسارنو وهارفي، ٢٠١٣ [Asarnow & Havey]) في جامعة كاليفورنيا-بيركلي [UC Berkely] إلى وجود صلة مباشرة بين النوم في وقت متأخر من الليل وتدهور مستوى الأداء الدراسي والمعاناة النفسية. لا شك أن النوم له دور بالغ الأهمية للإنسان في كل مراحل عمره، ولا سيما في مرحلة المراهقة التي يتعلَّم فيها المراهق كيفية الموازنة بين الواجبات المدرسية والأنشطة المختلفة، وفي الوقت نفسه التكيُّف مع التغييرات التي تطرأ على جسمه ومشاعره. وفقًا للمؤسسة الوطنية للنوم[1] (هيرشكوفيتز، ٢٠١٥ [Hirshkowitz])، يحتاج المراهق من ٨ إلى ١٠ ساعات نوم في اليوم. وتوصلت الأبحاث بجامعة كاليفورنيا-لوس أنجلوس [UCLA] (الواردة في مقالات سيفرلين، ٢٠١٢ [Sifferlin]) إلى أن التفريط في النوم من أجل المذاكرة يأتي بنتائج عكسية، إذ يسوء أداء الطلاب في الامتحانات والاختبارات السريعة والواجبات المدرسية.

كما أن الطُّلَّاب الذين لا يتَّبعون عادات دراسية جيدة، ويفتقرون إلى مهارات إدارة الوقت وتنظيمه، يواجهون أيضًا صعوبات في التحصيل الدراسي. ذلك لأن المتطلبات المدرسية تشكل لهم ضغوطًا تثقل كاهلهم وتتسبب في إشعارهم بالفشل والعجز. ومن أجل التخلص من هذه الضغوط، يتهرب بعض الطُّلَّاب من أداء الواجبات المدرسية أو استذكار دروسهم استنادًا إلى اعتقادهم بأنهم غير قادرين على إنجازها.

النظام الروتيني بالغ الأهمية في مساعدة الأبناء على اتباع نمط صحي للنوم، والالتزام بإنهاء ما يقومون به من مهام، والتركيز، وحسن إدارة الوقت. وبناءً عليه، يمكن للآباء المساعدة من خلال تهيئة البيئة في المنزل بحيث يتسنى للأبناء أداء الواجبات المدرسية في مكان مخصص لذلك، وممارسة الأنشطة الأخرى (مثل الألعاب الرياضية والأنشطة الخيرية والمناسبات الاجتماعية)، والالتزام باستخدام الأجهزة الإلكترونية في المواعيد المحددة في الجدول اليومي.

---

[1] **National Sleep Foundation**

وإن اقتضى الأمر، يمكن للآباء تبادل الأفكار مع الأبناء لتقديم المزيد من الدعم، مثل الانضمام إلى المجموعات الدراسية، أو الحصول على دروس خصوصية، أو الاستعانة بمساعدة المدرسين في المدرسة.

من العوامل المؤثرة في الأداء الدراسي أيضًا مشكلات الصحة النفسية مثل الاكتئاب والقلق، التي تعوق القدرة على التركيز وأداء الواجبات المدرسية، فبعض المراهقين يشعرون بالعزلة والاكتئاب نتيجة تعرُّضهم للضغوط الاجتماعية (مثل التعرض للتنمُّر أو الفَتوَنة)، وبعضهم الآخر قد يشعرون بعدم الكفاءة والغباء والإحباط بسبب معاناتهم من الإعاقات التعليمية أو صعوبات التعلُّم التي لم تُشخَّص من قِبل أسرهم أو مدرِّسيهم.

في هذه الحالات، على الآباء تكوين فريق دعم نفسي للأبناء بالتعاون مع جميع الأطراف المعنيَّة، بمن فيهم المدرِّسين والأخصائيين النفسيين بالمدرسة والأطباء النفسيين. وفي بعض الأحيان، قد يكون من الضروري التفكير في خيارات التعليم البديل التي يمكن أن تلبي احتياجات المراهق على نحو أفضل من المدارس التقليدية.

بالإضافة إلى ذلك، تؤثر العوامل الاجتماعية في التحصيل الدراسي للمراهق ومدى اهتمامه بالعملية التعليمية. ومنها على سبيل المثال أن تكون ثقافة الأسرة لا تعطي للتعليم قيمة، أو حدوث أزمات طارئة للأسرة (مثل مرض الأب، أو صعوبات مالية، أو وفاة أحد الأقارب)، أو موقف مجموعة الأقران من التعليم.

في كل الأحوال، عزيزنا القارئ، وأيًّا كانت المشكلة التي يعاني منها ابنك، يجب أن تحافظ على تعاملك معه على نحو إيجابي وبنَّاء. لا أحد ينكر أهمية التعليم وقيمته، ولكن الحفاظ على علاقتك بابنك هي رمَّانة الميزان لإحراز أي تقدم في حل المشكلة أو في مسيرته التعليمية بوجه عام. يجب أن يشعر ابنك أن قيمته عندك أكبر من مجرد درجات أو شهادة يحصل عليها في نهاية العام الدراسي. من المعروف أن الفشل جزء لا يتجزَّأ من مسيرة التعلُّم، وعلى عكس ما يتصور الكثير من الآباء، فإن المراهق الذي لا يخاف من الفشل يكون أكثر إقدامًا على مواجهة ما يستجدّ من تحديات في الدراسة وأقل استعدادًا لإهدار ما بذله من جهد.

عندما تركز، عزيزنا القارئ، على ما يمتلكه ابنك المراهق من قدرات فطرية (رجاء مراجعة الفصل الثالث "القدرات الفطرية") سوف تتمكن من التعرُّف عن كثب على شخصيته واهتماماته. ولن يتأتَّى ذلك إلا من خلال التواصل البنَّاء القائم على أساس من الصدق والاحترام المتبادل. أتعلم عزيزنا القارئ ما أفضل وسيلة للتقرب من ابنك والتعرف عليه؟ الدردشة. نعم، فإن تلك الحوارات التلقائية خلال تناول الطعام، أو قضاء المشاوير، أو التسوق، وغيرها من المعاملات اليومية من أهم العوامل التي تساعد على توطيد العلاقة مع ابنك.

إن أسلوب النقاش والحوار الذي يرتكز على احترام استقلالية الأبناء، وحسن الإنصات مع تقديم النصح والإرشاد، سوف يشجعهم على التعبير عن ذواتهم ورغباتهم، واستكشاف اهتماماتهم دون خوف أو تردد، ويتيح لهم حرية اختيار المسار الدراسي الذي يوافق ميولهم وطموحاتهم المهنية. في حين أن اتباع أسلوب السيطرة على الأبناء والتحكم في رغباتهم، وإلقاء المحاضرات، سوف يدفعهم حتمًا إلى النفور والانعزال.

يمكنك، عزيزنا القارئ، الاستعانة بأدوات التربية الإيجابية (انظر الفصل الرابع) مثل **الإنصات المتجاوب**، واسألهم **بدلًا من أن تأمرهم** من أجل بناء علاقة إيجابية مع ابنك تبث في نفسه الثقة وتشجعه على استكشاف أهدافه بشأن المستقبل مسترشدًا بنصائحك وتوجيهاتك. وإذا لاحظت أن تصرفاته لا تتوافق مع أهدافه، يمكنك الاستعانة بأداة **ابحث معهم عن حل المشكلة**.

ومن أمثلة الأسئلة التي يمكنك طرحها على ابنك:

- كيف تقيِّم أداءك الدراسي؟
- في رأيك، ما نقاط قوتك ونقاط ضعفك في المدرسة؟
- ما خططك بعد الانتهاء من المرحلة الثانوية؟
- ما الخطة التي وضعتها لتحقيق أهدافك؟
- كيف تسبب أداؤك الدراسي الحالي في وقوعك في المشكلات؟

- ما مدى أهمية تحسين أدائك الدراسي بالنسبة إليك؟
- إذا كانت إجابات الابن/ الابنة: "لا أعلم"، أو "لا أكترث"، يمكنك الرد بعبارات من قبيل: "يبدو أنك غير مستعد لإجراء هذه المناقشة الآن، لكنني أريد مساعدتك لذا أرى أن نحدد موعدًا آخر، فأنا على أتم ثقة بقدرتنا على العمل معًا لفهم أصل المشكلة".

المرحلة الجامعية

مما لا شك فيه أن المسار الدراسي الذي يختاره صغار الشباب له دور بالغ الأهمية في حياتهم. يبدأ المراهق خلال المرحلة الثانوية في التعرف إلى المسارات المهنية المختلفة، والوقوف على التخصصات الدراسية التي توافق اهتماماته، ومسار التعليم العالي الذي سوف يتبعه. تُعدُّ هذه السنوات بداية مرحلة النضج، إذ يزداد وعي المراهق بذاته وتتبلور معالم هويته الذاتية وهويته المهنية.

غير أن بعض الآباء لا يتركون للأبناء حق تقرير مصائرهم، إذ يتدخلون في رسم خريطة مستقبلهم ويحاولون الانفراد باختيار ما يرتؤونه مناسبًا -في وجهة نظرهم- من كليات أو تخصصات. فعلى سبيل المثال يضغط الكثير من الآباء على أبنائهم للالتحاق بكليات الطب والهندسة -أو كليات القمة كما شاعت تسميتها في مصر- على أساس أنها الأفضل بما تحمله من آفاق مهنية واعدة، بصرف النظر عن اهتمامات أبنائهم، وقدراتهم، وميولهم. لذلك، فهم يشعرون بالإحباط الشديد عندما يختار الأبناء مجالات أخرى لا تتفق مع تلك الرؤى والآمال، وهنا ينشأ النزاع بين الطرفين.

ومن الملاحظ أن الآباء الذين يجدون صعوبة في تقبل فكرة استقلالية أبنائهم وحريتهم في الاختيار يكونون أشَّد تعنُّتًا في آرائهم في هذه المرحلة. فقد يلجأ بعض الآباء -سعيًا إلى استعادة سيطرتهم على أبنائهم-إلى تقليص الخيارات المتاحة إلى عدد محدود من الجامعات، إما لأنها تنال قبولهم أو لقربها من المنزل. إضافة إلى ذلك، قد يهددون أبناءهم بعدم دفع المصروفات الجامعية إلا في حالة حصولهم على الدرجات التي تحوز على رضاهم. ويضطر بعض المراهقين-بسبب قلة مواردهم المالية-إلى الرضوخ لمطالب

آبائهم، والنتيجة تدهور العلاقة بينهم نتيجة شعورهم بالقهر وبأنهم أسرى أحلام آبائهم. في حين يصمم بعضهم الآخر على عدم الاستسلام لمطالب آبائهم وشق طريقهم وفق رؤيتهم الخاصة للمستقبل، فمنهم من يقرر الانتقال للعيش في مسكن آخر، وإعالة أنفسهم من خلال الحصول على قرض، أو الحصول على عمل.

في المقابل، يتعامل الآباء في الأسر المترابطة مع أبنائهم في هذه المرحلة من منظور آخر، لأنهم أقدر على تفهم حق أبنائهم الطبيعي والمشروع في أن تكون لديهم ميولهم واهتماماتهم وأحلامهم الخاصة. ومن ثمَّ، تمثل هذه الأسر بيئة خصبة للأبناء يجدون فيها متنفسًا لرغباتهم وخططهم للمستقبل، من خلال طرحها على مائدة الحوار والنقاش، بهدف تمكين الأبناء ودعمهم لاختيار المسار التعليمي والمهني الأفضل لهم بما يتلاءم مع قدراتهم وأهدافهم. كما تحترم الأسر المترابطة قرارات أبنائها بعد التخرج في الجامعة، فمنهم من يقرر الخروج إلى سوق العمل على الفور، ومنهم من يفضل التريُّث والتفرغ لمواصلة الدراسات العليا؛ بما يتوافق مع الصورة التي يحملها كلٌّ منهم عن ذاته وعن موقعه في المسار التعليمي.

وفي ظل استمرار ارتفاع المصروفات الدراسية، ينبغي للأسرة مناقشة الإمكانيات المالية بوضوح وصراحة، ذلك لأنها قد تكون العامل الحاسم في اختيار الكلية أو المهنة. ومن النقاط الرئيسية التي يجب طرحها:

- ميزانية الأسرة
- خطة تغطية تكاليف التعليم الجامعي
- متطلبات الحصول على المعونة المالية التي تمنحها الجامعات
- فرص الحصول على قرض لتمويل المصروفات الدراسية
- مساهمة الأبناء في الخطة المالية

لقد رأيت (منيرة) خلال ممارسة مهنتي العديد من الأسر التي تجبر أبناءها على الالتحاق بجامعة بعينها أو كلية من كليات "القمة"، لمجرد التفاخر على حساب مصلحة أبنائهم. ومن ثم، يقضي الأبناء أحلى سنوات من عمرهم في جامعة لا تعبِّر عن انتماءاتهم

التعليمية، أو الاجتماعية، أو الثقافية، ليجدوا أنفسهم مثقلين بأعباء إضافية فوق عبء الدراسة في سبيل اجتياز المرحلة الجامعية بنجاح.

ومجمل القول -عزيزنا القارئ- أنه من الأهمية بمكان أن تناقش جميع الاحتمالات مع ابنك في هذه المرحلة الحرجة، وفي النهاية تترك له الفرصة لاختيار الجامعة التي تناسبه. وحتى لو أخطأ في اختياره، فإنه قد يكتسب من التجربة الفاشلة الدروس والعِبر التي لا يدركها من التجربة الناجحة، ما يتيح له إعادة تقييم أهدافه بعيدة المدى بمزيد من الدقة والوضوح.

الإنترنت: سلاح ذو حدين

لقد تبيَّن من استطلاع الرأي الذي أجراه مركز بيو للأبحاث، ٢٠١٥ [Pew Research Center] عن المراهقين ومواقع التواصل الاجتماعي والتكنولوجيا، أن "نسبة ٩٢% من المراهقين يدخلون على شبكة الإنترنت بصفة يومية، و٢٤% منهم موجودون على الإنترنت بصفة شبه دائمة". وليس في ذلك ما يدعو إلى الدهشة، بما أن نسبة ٨٨% من المراهقين يستخدمون الهواتف الذكية، و٩١% منهم يدخلون شبكة الإنترنت من حين إلى آخر عبر الهواتف المحمولة. وتحتل مواقع التواصل الاجتماعي الصدارة بين المراهقين، إذ تبلغ نسبة المشتركين بها ٧٦%. وعلى الرغم من أن معظم مواقع التواصل الاجتماعي تشترط ألا يقل عمر المستخدم عن ١٣ عامًا، فإن الكثير من المراهقين دون هذه السن ينشؤون حسابات على هذه المواقع. لذلك، يجب أن تبدأ توعية الأبناء منذ الطفولة المبكرة بكيفية استخدام الإنترنت على نحو مسؤول، من أجل تنمية قدرتهم على الانضباط الذاتي عند بلوغهم مرحلة المراهقة.

الإنترنت -هذا العالم المفتوح، واسع الأفق- أصبح جزءًا لا يتجزأ من حياتنا بما يحمله من إيجابيات وسلبيات، لذا هو سلاح ذو حدين. ولكن الأبناء في مرحلة المراهقة لا يشغل تفكيرهم سوى الاستمتاع والتسلية على صفحات الشبكات الاجتماعية، دون الالتفات إلى الأبعاد السلبية التي يمكن أن تؤثر فيما بعد في مستقبلهم. توصلت دراسة قامت بها شركة مكافي [McAfee] إلى أن ٤٩% من المراهقين ينشرون تعليقات غير محمودة

العواقب. أمام هذا الطوفان من تكنولوجيا المعلومات والاتصالات، يجد المراهق حياته بكل تفاصيلها تحت الميكروسكوب، بما في ذلك الأشياء التي يعتز بها والأخطاء التي يندم عليها. كل شيء يُوثَّق ويُحفَظ على هذه الشبكة العنكبوتية ليصبح في متناول جمهور عريض لا يقتصر على أصدقائه فحسب، وإنما يشمل أهله وأصدقاءهم ومعارفهم، ومدرسيه، وأرباب عمله في المستقبل، وغيرهم كثيرون، يطَّلعون على ما يكتبه ويشاركه على صفحته، وبناءً عليه يكونون انطباعاتهم عن شخصيته. بالطبع هذه مسؤولية كبرى على عاتق المراهق، ولكن مع الأسف هذا هو الوجه الآخر للتكنولوجيا شئنا أم أبينا. وبما أن التكنولوجيا أصبحت من ضروريات الحياة التي لا يمكن الاستغناء عنها، على المراهق أن يفكر في كيفية التعامل معها بمزيد من الوعي وبأقل ضرر ممكن.

ودورنا -كآباء- يتمثل في أن نكون على دراية بنشاط أبنائنا في هذا العالم الإلكتروني، مع مراعاة احترام استقلالهم وخصوصياتهم، وتجنب استخدام أساليب التحكم والسيطرة، بل يجب علينا توجيههم وتوعيتهم من خلال مناقشتهم بشأن الأسلوب الأمثل لاستخدام الإنترنت بطريقة آمنة تعود عليهم بالنفع، وكيفية مراعاة العواقب بعيدة المدى، والأهم من ذلك أن نكون قدوة يحتذون بها.

إليك -عزيزنا القارئ- بعض الاقتراحات لضوابط استخدام الإنترنت:

- وضع الأجهزة الإلكترونية في غرفة المعيشة أو في أماكن واضحة في المنزل مشتركة فيما بين أفراد الأسرة، وليس في غرف النوم، ما يحد من دخول المراهق على أي موقع غير لائق خشية أن يراه أحد أفراد الأسرة.
- اطلب من ابنك استخدام هاتفه المحمول أو الكمبيوتر الخاص به من حين إلى آخر، ليعلم أن في إمكانك الاطلاع على نشاطه على الإنترنت في أي وقت.
- حظر استخدام الأجهزة الإلكترونية في المساء. بحلول الموعد المتفق عليه، توضع جميع الأجهزة في مكان مخصص بالمنزل حتى صباح اليوم التالي. إذا اكتشفت أن ابنك يتسلل لاستخدامها بعد ذهابك للنوم، ضع الأجهزة في حجرة نومك.
- فصل الوايفاي في ميعاد محدد يوميًا، في الساعة ١٠ مساءً مثلًا.

- ناقش مع ابنك مقدار الوقت الذي يقضيه على الإنترنت من خلال استخدام أداة **ابحث معهم عن حل المشكلة**، بغرض تقسيم الوقت بين استخدام الإنترنت وممارسة الأنشطة والمهام الأخرى.
- ناقش مع ابنك المواقع الآمنة التي يمكنه زيارتها.
- استخدم برامج الرقابة التي تتيح للآباء حجب المواقع غير اللائقة.
- اتفق مع ابنك على ما يمكن نشره على الإنترنت من معلومات لا تضره أو تسيء إليه.
- خصص أوقاتًا محددة تقضيها الأسرة بلا تكنولوجيا، مثل ساعة في اليوم، أو يوم في الأسبوع، أو في أثناء تناول الغداء، أو خلال التجمعات العائلية.

الرسائل الجنسية والأفلام الإباحية

تشير الدراسة التي قامت بها الباحثتان (مارتينيز براثر وفانيديفير، ٢٠١٤ Martinez] [Prather&Vandiver) إلى أن فردًا من بين كل خمسة أفراد من طلبة وطالبات المرحلة الثانوية قد أرسل رسائل نصية جنسية أو صورًا شخصية فاضحة، وأن الرسائل الإباحية تعدُّ المدخل إلى الانخراط في السلوكيات الجنسية فيما بين المراهقين. لقد أصبح تداول الرسائل الإباحية أمرًا عاديًّا في كثير من المدارس الثانوية، وعادةً ما يكون الغرض منها إما جذب الانتباه، أو اكتساب الشعبية، أو المغازلة، أو إقامة علاقة جنسية، أو مجرد الدعابة، أو ربما بسبب الخضوع لضغط الأقران. نظرًا إلى ما تتسم به مرحلة المراهقة من اندفاع في التصرفات والافتقار إلى بُعد النظر، لا يستوعب المراهق عادةً الآثار بعيدة المدى لمثل تلك السلوكيات، بالإضافة إلى أن المراهق لا يقدِّر الحرمة الشخصية حق قدرها.

وبناءً على ذلك، تتضح أهمية وضع إرشادات توجيهية للمراهق فيما يتعلق باستخدام الوسائل الإلكترونية، من خلال توعيته بالمسؤولية الشخصية، وبالاستخدام الآمن للإنترنت، مع التشديد على أن الرسائل أو الصور أو الفيديوهات الفاضحة تصبح على المشاع ومعلومة المصدر بمجرد خروجها من هاتفه. وتعد مراجعة النفس مفتاح النجاة

من الانزلاق في تلك التصرفات، فيسأل المراهق نفسه أسئلة من قبيل: "كيف سينظر إليَّ الناس إذا نُشرت هذه الرسالة على الملأ؟"، "هل أحب أن يرى جدي وجدَّتي هذه الرسالة؟". كما أن معرفة المراهق بالعواقب الوخيمة التي يمكن أن تترتب على إرسال الرسائل الإباحية -مثل تجريم القانون لمثل هذه الأفعال، ما يعرضه للمساءلة القانونية- قد تجعله يعيد النظر في المسألة بجدية.

مما يدعو للأسف أن شبكة الإنترنت قد أتاحت انتشار المواقع الإباحية وجعلتها سهلة المنال، سواء عبر أجهزة الكمبيوتر أو الهواتف المحمولة. تشير الدراسة التي أجرتها شركة مكافي عام ٢٠١٢ إلى أن ١٢% فقط من الآباء يعتقدون أن أبناءهم يدخلون على المواقع الإباحية، في حين أن ٣٢% من المراهقين يزورون بالفعل المواقع الإباحية، ونسبة ٤٣% منهم يفعلون ذلك بواقع مرة أسبوعيًّا. هذه النتائج تسلط الضوء على مدى التناقض بين ما يعلمه الآباء وما يفعله الأبناء. يبدو أننا اكتفينا بأن نقول لأبنائنا: "مشاهدة الأفلام الإباحية حرام"، كأن لسان حالنا يقول: اللهم بلَّغنا، اللهم فاشهد. ولكن المسألة أبعد من ذلك بكثير، إذ لا بد أن نطرح موضوع المواد الإباحية للنقاش، بمعنى أن نسمع وجهات نظر أبنائنا، ونتحدث معهم عن قيم الأسرة ومبادئها، ونشرح لهم ما تترتب على مشاهدة الأفلام الإباحية من آثار سلبية على صحة الإنسان البدنية، والاجتماعية، والنفسية، والروحية.

النقاط التي يمكنك التركيز عليها -عزيزنا القارئ- في أثناء مناقشة مسألة الأفلام الإباحية (الأمثلة تخاطب الابن، ولكن الكلام بالطبع موجَّه إلى الابنة أيضًا):

- اشرح لابنك أن أجسادنا قد ترغب في أمور لا ترضى عنها عقولنا. ثم تسترسل قائلًا: "إن رؤية الأفلام الإباحية قد تثير الشهوة، ولكنها في الوقت نفسه تنفِّر العقل الذي يميز بين الحق والباطل، لذلك أخشى عليك من أن تقع ضحية الصراع بين ما يرغب فيه جسدك وما يدعو إليه عقلك".
- اشرح لابنك أن في هذه المرحلة تتواصل الخلايا العصبية في مخه من خلال ملايين الوصلات بسرعة مذهلة، لتشكل مسارات عصبية جديدة، وكلما اكتسب عادة جديدة، تتكون دائرة وصلات عصبية جديدة، فإذا تكوَّن مسار عصبي جديد

يقرن المتعة بمشاهدة الأفلام الإباحية، وقع أسيرًا لها وكان من الصعب عليه التحرر منها، ومن ثمَّ يصبح عرضة للإدمان. ويجب أن تلفت نظره إلى أن هذه العادة سوف تؤثر تأثيرًا سلبيًّا في علاقته الجنسية بزوجته في المستقبل.

- اشرح له الفرق بين الجنس والأفلام الإباحية: «المفترض في العلاقة الجنسية الطبيعية أن تتسم بالحميمية والدفء في إطار الزواج، فيُطلَق عليها في الإسلام جماعًا ومعاشرة، كناية عن الارتقاء بهذه العلاقة التي أراد لها الله أن تجمع بين الرجل والمرأة في مودة ورحمة. في حين أن الأفلام الإباحية تعرض الوجه القبيح للجنس الذي يعتمد على امتهان الكرامة الإنسانية. الأفلام الإباحية إنما هي مجرد تجارة يجني القائمون عليها أرباحًا طائلة من استغلال الأشخاص وتصويرهم في مشاهد مهينة ومبتذلة، وهذا يتنافى مع مبادئ أسرتنا وقيمها».
- وضح له الآثار الضارة للأفلام الإباحية على الجانب الروحاني في شخصيته، بأن تقول له مثلًا: "هل تعلم أنك تدنِّس عينيك عندما تنظر إلى تلك المشاهد البذيئة؟ هذه الصور سوف تهز صورتك أمام نفسك، وستؤثر في علاقتك الزوجية في المستقبل. اعلم، يا بني، أن الانغماس في الملذات يؤدي إلى طغيان الجانب المادي على الجانب الروحي المتمثل في صلتك بالله تعالى. وفي النهاية، لن تجني سوى الحسرة وفساد القلب والبعد عن الله".

مما لا شك فيه أن هذا الموضوع يتطلب، على غرار سائر الموضوعات الحرجة، أن تحرص على استمرارية النقاش مع ابنك في سبيل ضمان حصوله على المعلومات الصحيحة، ومنحه فرصة الحوار المفتوح، ومساعدته على بناء الوعي الذاتي، وتعزيز إدراكه بالسلامة الشخصية. أما إذا سبق السيف العذل، وأصبح ابنك مدمنًا على مشاهدة الأفلام الإباحية، فلا بد من استشارة أخصائي نفسي.

العلاقات العاطفية والجنسية

تتحدد منظومة قيم كل أسرة بناءً على معتقداتها الدينية ومفاهيمها الثقافية ومكانتها الاجتماعية. ومن ثمَّ، تتفاوت القيم الأخلاقية التي تضبط العلاقة بين الجنسين تفاوتًا

كبيرًا من أسرة إلى أخرى. ففي حين تفصل بعض الأسر الأولاد عن البنات فصلًا تامًّا، تسمح أسر أخرى بالاختلاط بين الجنسين، وتؤيد أخرى العلاقات العاطفية بين الشبَّان والشابَّات. لذلك، يجب أن تناقش كل أسرة مع أبنائها القيم الخاصة بالعلاقة بين الجنسين، من أجل توضيح الإطار الذي يلتزمون به في تصرفاتهم وعلاقاتهم مع الآخرين.

الجوانب الهامة التي تجب مناقشتها:

- حدود الألفة والحميمية في العلاقة بين الرجل والمرأة
- قيم الأسرة بخصوص المصافحة والقبلات والعناق
- قيم الأسرة بخصوص حضور الحفلات الراقصة التي تقيمها المدرسة
- الأنشطة الاجتماعية في المدرسة وكيف أن كلًّا منا مسؤول عن احترام ذاته والآخرين.
- قيم الأسرة بخصوص المواعدة
- مناقشة الأسباب التي تجعل الناس يقررون المواعدة وما الهدف منها
- الطرق الصحية في التفاعل الاجتماعي مع الجنس الآخر
- الشعور بقيمة الذات في إطار العلاقة مع الجنس الآخر
- العلاقات التي تنشأ بين مجموعة من الأصدقاء مقابل العلاقة العاطفية بين الشاب والفتاة
- الآثار المترتبة على إقامة علاقة جنسية أو عاطفية مع الجنس الآخر
- قيمة التعفُّف قبل الزواج
- قيم الأسرة بشأن ممارسة العادة السرية
- قيم الأسرة فيما يتعلق بكيفية وتوقيت اختيار شريك/ شريكة الحياة
- قيم الأسرة بخصوص الهوية الدينية
- قيم الأسرة بخصوص الهوية الثقافية

يعتقد بعض الآباء المسلمين أن المراهقين المسلمين لا يقيمون علاقات جنسية قبل الزواج. ولكن للأسف هذا غير صحيح، فقد توصلت الدراسة التي أجراها معهد "الأسرة والشباب" [The Family and Youth Institute]، (٢٠١٤)، إلى أن ما يقرب من نصف عدد طلبة المرحلة الثانوية المسلمين (من الذكور والإناث) الذين شملتهم الدراسة قد أقاموا علاقات جنسية قبل الزواج. كما توصلت الدراسة (٢٠١٤) التي أجرتها جمعية "هارت للنساء والفتيات[HEART Women and Girls] ، إلى أن الإعلام والأصدقاء يمثلان أكثر المصادر شيوعًا لثقافة المراهقين الجنسية، في حين جاء ترتيب الآباء في المرتبة الدنيا كمصدر للمعلومات. من المؤكد أن الآباء الذين يتجاهلون فضول أبنائهم واستفساراتهم حول الأمور الجنسية، ويقررون تأجيل مناقشتها إلى مرحلة الزواج، يدفعون أبناءهم إما إلى استقاء المعلومات من مصادر أخرى غير موثوق بها، أو إلى تشكيل مفاهيم خاطئة خاصة بهم، ومن ثمَّ يضرون بأبنائهم أشد الضرر.

لذلك، ما من سبيل إلى تحصين أبنائنا من الانفلات والوقوع في المحظور سوى التربية الجنسية التي أصبحت ضرورة ملحة في ظل هذا الانفتاح التكنولوجي، إذ يجب علينا نحن الآباء أن نكون المرجعية الصحيحة لأبنائنا، من خلال فتح باب الحوار الذي يتسم بالود والمشاركة الوجدانية من أجل تبصيرهم بالمعلومات المتعلقة بالجنس بكل ما تشتمل عليه من أبعاد صحية، واجتماعية، ونفسية، ودينية، ومنها على سبيل المثال ما يتعلق بالصحة الجنسية، والوعي بالجسد وخصوصيته وما تطرأ عليه من تغييرات، وتزكية الجانب الروحي، وقدسية الزواج. وهكذا، عندما نفتح قنوات التواصل مع أبنائنا ونغرس فيهم القيم التي تمكنهم من فهم المسائل الجنسية بطريقة صحيحة، فإننا نساعدهم على تعزيز جهاز المناعة الأخلاقي بداخلهم، الذي يوجه سلوكياتهم وقراراتهم الوجهة الصحيحة على مدار مراحل عمرهم.

قد يختلف الآباء في مواقفهم من موضوع الجنس، لكن من المتفق عليه بوجه عام أن الإسلام قد وضع القيم والضوابط التي تحث الإنسان على الاستعفاف، ﴿وَلْيَسْتَعْفِفِ

الَّذِينَ لَا يَجِدُونَ نِكَاحًا﴾ (النور: ٣٣). لذا ندعوك عزيزنا القارئ إلى مناقشتها مع ابنك/ ابنتك:

- الشعور بالرغبة الجنسية شيء طبيعي جُبل عليه الإنسان، فهي غريزة من الغرائز التي خلقها الله سبحانه وتعالي في كل إنسان، لذا ليس هناك ما يدعو للخجل أو للخوف.
- إشباع الرغبة الجنسية ضمن الإطار الشرعي للزواج، يحوِّلها إلى عبادة يتقرب بها الإنسان من الله ويؤجر عليها، مصداقًا لحديث الرسول صلى الله عليه وسلم: "وَفِي بُضْعِ[1] أَحَدِكُمْ صَدَقَةٌ، قَالُوا: يَا رَسُولَ اللَّهِ، أَيَأتِي أَحَدُنَا شَهْوَتَهُ وَيَكُونُ لَهُ فِيهَا أَجْرٌ؟ قَالَ: أَرَأَيْتُمْ لَوْ وَضَعَهَا فِي حَرَامٍ أَكَانَ عَلَيْهِ فِيهَا وِزْرٌ؟ فَكَذَلِكَ إِذَا وَضَعَهَا فِي الْحَلَالِ كَانَ لَهُ أَجْرٌ" (صحيح مسلم).
- الغريزة الجنسية من أقوى الغرائز لدى الإنسان لا سيما في فترة الشباب، غير أن إشباعها خارج إطار العلاقة الزوجية المقدسة يؤدي إلى عواقب جسيمة، منها حدوث حالات الحمل غير المرغوب فيه، والإصابة بالأمراض التي تنتقل عن طريق العلاقات الجنسية، والشعور بالاستياء وعدم الرضا عن النفس، والمعاناة النفسية.
- مناقشة اعتقادهم بأنهم محصَّنون ضد أي عواقب وخيمة: "من المستحيل أن يحدث هذا لي".
- في حالة تعذُّر الزواج، يساعد الصيام على كسر حدة الشهوة كما أخبرنا الرسول صلى الله عليه وسلم: "يَا مَعْشَرَ الشَّبَابِ، مَنِ اسْتَطَاعَ مِنْكُمُ البَاءَةَ فَلْيَتَزَوَّجْ، فَإِنَّهُ أَغَضُّ لِلْبَصَرِ وَأَحْصَنُ لِلْفَرْجِ، وَمَنْ لَمْ يَسْتَطِعْ فَعَلَيْهِ بِالصَّوْمِ، فَإِنَّهُ لَهُ وِجَاءٌ" (صحيح البخاري).

---

[1] بُضْع: يُطلق على الجماع وعلى الفرج نفسه

- لا ينبغي لأحد بأي حال من الأحوال الخضوع لأي ضغوط تجبره على ممارسة الجنس، كلمة "لا" ينبغي أن تكون كافية في حد ذاتها لحسم الموقف.

مما يؤسف له أننا نعاني في المجتمعات الإسلامية من آفة "ازدواجية المعايير" في الحكم على الذكر والأنثى فيما يتعلق بالعلاقات الجنسية، فلقد تعودنا أن ننظر إلى العلاقات الجنسية للشاب على أنها أمر طبيعي، على أساس أن من حقه الاستكشاف وخوض التجارب، في حين أننا نطالب البنت بوجوب الحفاظ على سمعتها وصيانة عفتها. الكيل بمكيالين على هذا النحو لا يراعي أي منطق أو عدل في الحقوق الإنسانية. هذه الازدواجية التي نحملها على أكتافنا على مر الزمن تدمر مصداقيتنا في عيون أبنائنا، لأنها مبنية على موروثات ثقافية تفتقر تمامًا إلى الموضوعية في الحكم على الأمور، وقد عبر المفكر الكبير عن هذه الازدواجية أبلغ تعبير عندما قال: "يخافون على البنت من الدنيا ولا يخافون على الولد من الآخرة، إذًا هو مجتمع يخاف كلام الناس أكثر من خوفه من الله". يجب أن يكون خطاب التربية الجنسية موحَّدًا بالنسبة إلى الأبناء، على أساس أنه يتناول في المقام الأول أخلاق الفرد وسلوكه بصفته إنسانًا ذكرًا كان أم أنثى. ومن جهة أخرى، فإن التفرقة في المعاملة بينهما يمكن أن تولِّد أشكالًا مختلفة من التحيُّز الذكوري ضد المرأة، ما يزيد من نفور الفتاة في مرحلة المراهقة وشعورها بالعزلة، ومن ثمَّ، يؤثر سلبًا فيما تختاره مستقبلًا من قيم ومعتقدات.

إنه لمن المؤلم أشد الألم أن بعض الأطفال يقعون ضحايا للاعتداء الجنسي. عندما يتعرض الطفل لهذه الجريمة البشعة، فإنه يعاني من العديد من المشاعر والاعتقادات المتضاربة، منها الإحساس بالذنب، والاعتقاد أنه هو السبب فيما حدث، أو الخوف من المعتدي، أو الخجل، أو القلق من عدم تصديق أبويه له. لذلك، فإن دور الأبوين بالغ الأهمية في دعم الطفل ومساعدته على التعافي من آثار هذه التجربة المؤلمة، من خلال احتوائه بكل حب وحنان، والاستماع إليه بهدوء، مع التأكيد على تفهم مشاعره والتعاطف معها. بالإضافة إلى ذلك، فإن اتخاذ الإجراءات اللازمة لعقاب الجاني يؤكد للطفل أن ما حدث غير مقبول بالمرة، ويبث في نفسه الطمأنينة، ويعزز ثقته بنفسه وبأبويه. ويُحبَّذ أن

تستعين الأسرة باستشارة الطبيب النفسي من أجل تخفيف حدة الآثار النفسية التي يخلفها الاعتداء الجنسي لدى الطفل.

الميول الجنسية

الميل الجنسي أحد مظاهر النمو في مرحلة المراهقة. في حين أن غالبية المراهقين يشعرون بالانجذاب نحو الجنس الآخر، فإن البعض منهم يشعر برغبة جنسية نحو أشخاص من الجنس المماثل، وهم يشملون: المثليَّات، والمثليِّين، ومزدوجي الميول الجنسية (الذين/ اللاتي يميلون/ لن إلى الرجال والنساء على حد سواء)، والمتحولين/ لات (الذين/ اللاتي لا ينتمون/ مين إلى الجنس الذي حُدد لهم/ لهن عند الولادة)، والمتشككين/ ات في هويتهم/ هن وميولهم/ هن الجنسية (ما زالوا في طور الاستكشاف ويرفضون/ ضن إدراجهم/ ن ضمن الفئات السابقة)، وكل هؤلاء يُطلق عليهم مجتمع الميم [1][LGBTQ]. تبرز العديد من الدراسات (الواردة في الموقع الإلكتروني لمراكز مكافحة الأمراض والوقاية منها التابعة لوزارة الصحة والخدمات الإنسانية بالولايات المتحدة الأمريكية [CDC]) ضعف وضع مجتمع الميم بالمقارنة مع الأشخاص ذوي الميول الجنسية الغيريَّة، إذ يتعرض أفراده لمخاطر العنف، والاكتئاب، وإيذاء الذات، ومحاولة الانتحار أو التفكير فيه. وتوصلت هذه الدراسات إلى أن الارتباط الأسري هو الدرع الواقية من الإصابة بالأمراض النفسية المحتملة.

إن مقصدنا في هذا المقام ليس تفسير أسباب الميول الجنسية المثليَّة، أو الدفاع عن موقف الإسلام تجاه السلوكيات الجنسية المثليَّة، وإنما نسعى إلى مساعدة الآباء على اتخاذ أفضل ردود الفعل المناسبة في حالة إفصاح أبنائهم عن ميولهم الجنسية المثليَّة. وبما أن نبذ الآباء يُعَدُّ أكثر ما يخشاه الأبناء عادةً في تلك المواقف، فإن أول -بل وأهم- رد فعل يركز عليه الأبوان هو تأكيد حبهما للابن أو الابنة، ثم توضيح رأيهما وموقفهما من تلك الميول والسلوكيات. وفي موقف من المواقف التي صادفتني في عملي (نهى) سأل الابن المراهق

---

[1] **Lesbian, gay, bisexual, transgender & questioning youth**

أمه إذا كانت قد كرهته بعد أن أفصح لها عن ميوله الجنسية المزدوجة. والحمد لله تمكنت الأم -إدراكًا منها بتمييز الإسلام بين الميل والسلوك الجنسي والضغوط النفسية التي يتعرض لها ابنها- من احتواء صدمتها وتأكيد حبها له، وقيمته الجوهرية بوصفه إنسانًا بصرف النظر عن ميوله الجنسية. وبعد أن اطمأنت إلى أنه استشعر حبها وقيمته عندها، أعربت له عن رأيها في هذا الموضوع.

والنقطة المهمة الثانية التي يجب أن يركز عليها الآباء توضيح الفرق بين الميل الجنسي الذي لم يتخطَّ مرحلة الانجذاب والمشاعر، والوقوع في الفعل. ذلك لأني (نهى) لاحظت أن عدم وضوح هذا الفارق بين الحالتين يجعل بعض الشباب يعتقد خطأً أنه مدان في نظر الإسلام لمجرد ميوله الجنسية، ومن ثمَّ، يشعر بأنه منبوذ من الدين. وما بين شقي رحى ما بداخلهم من مشاعر وما يتردد على مسامعهم بأن هذه **المشاعر** آثمة، يخوض هؤلاء الشباب معركة خاسرة. وفي سبيل الخروج من هذا المأزق، يجد بعضهم أن الحل الوحيد هو التبرُّؤ من الإسلام، في حين يستسلم بعضهم الآخر لمشاعر الخزي واحتقار الذات طوال حياته. وعليه، فإنه من الأهمية بمكان أن يؤكد الآباء لأبنائهم الذين ينتمون إلى مجتمع الميم أن ميولهم الجنسية -وفقًا للشريعة الإسلامية- ليست مدعاة في حد ذاتها لشعورهم بالخزي أو لتعرضهم للإدانة، وإنما الوقوع في الفعل هو الذي يحرِّمه الدين.

ولعل أفضل طريقة لتناول هذه المسألة أن يشرح الآباء لأبنائهم آداب التعامل في الإسلام فيما يتعلق بالسلوك الجنسي، لإبراز الفرق بين موقف الإسلام والأعراف الثقافية السائدة. وفيما يلي أهم النقاط التي يمكن التركيز عليها:

- خلق الله الإنسان في أحسن تقويم وكرَّمه غاية التكريم، قال تعالى: ﴿وَلَقَدْ كَرَّمْنَا بَنِي آدَمَ﴾ [الإسراء: ٧٠]. تنص الشريعة الإسلامية على أن جميع الناس متساوون في الاحترام والكرامة الإنسانية دون تمييز لأي أسباب. يولد الإنسان حرًّا، ولا يجوز لأحد أن يقهره أو يحط من شأنه.

- جعل الله حياة الإنسان الخاصة لها حرمة شرعية لا يجوز انتهاكها، بما في ذلك سلوكياته الجنسية. لذلك، تنهى الشريعة الإسلامية عن اقتحام خصوصيات الآخرين وتتبُّع عيوبهم وعوراتهم. قال رسول الله صلى الله عليه وسلم: "لا تغتابوا المسلمين، ولا تتبعوا عوراتهم، فإنه من تتبَّع عورة أخيه المسلم، تتبَّع الله عورته، ومن تتبَّع الله عورته، يفضحه ولو في جوف بيته" (صحيح الجامع).
- الحياة الجنسية جزء لا يتجزأ من شخصية الإنسان، لكنها ليست العنصر الوحيد الذي يحدد هويته ولا المعيار الذي يحدد قيمته.
- أحلَّ الإسلام العلاقة الجنسية بين الرجل والمرأة في إطار رباط الزواج المقدس، الذي غلفه الله تعالى بإطارٍ من المودة والرحمة، قال الله تعالى: ﴿وَمِنْ آيَاتِهِ أَنْ خَلَقَ لَكُمْ مِنْ أَنْفُسِكُمْ أَزْوَاجًا لِتَسْكُنُوا إِلَيْهَا وَجَعَلَ بَيْنَكُمْ مَوَدَّةً وَرَحْمَةً إِنَّ فِي ذَلِكَ لَآيَاتٍ لِقَوْمٍ يَتَفَكَّرُونَ﴾ [الروم:٢١]
- اتِّباع أحكام الشريعة الإسلامية فيما يتعلق بالسلوك الجنسي هو اتباع للحق الذي قرره الله عز وجل والخضوع له تعالى والامتثال لأوامره. فالإنسان الذي يراقب الله يتسامى فوق شهواته ولا يفرغها فيما حرم الله كما يبين الله تعالى لنا في وصفه للمؤمنين في كتابه الكريم: ﴿وَالَّذِينَ هُمْ لِفُرُوجِهِمْ حَافِظُونَ إِلَّا عَلَى أَزْوَاجِهِمْ أَوْ مَا مَلَكَتْ أَيْمَانُهُمْ فَإِنَّهُمْ غَيْرُ مَلُومِينَ﴾ [المؤمنون:٥-٦].

بطبيعة الحال، تحتاج المسألة إلى مناقشتها مرات عديدة، مع مراعاة تحيُّن الفرصة الملائمة، بمعنى عدم إجبار الأبناء على التحدث عندما لا يرغبون في ذلك، بل الأفضل تشجيعهم بطريقة ودية: "أريدك أن تعلم أنني موجود في أي وقت تحتاج إليَّ فيه. مهما كانت المشكلة صعبة، سأفعل كل ما بوسعي لمساعدتك. عندما تشعر برغبة في التحدث معي، ستجدني حينها كلي آذان صاغية".

لا شك أنها مشكلة ليست بالهينة بالنسبة إلى الآباء، لذلك يقعون في دائرة لا تنتهي من التساؤلات، فمنهم من يحاول معرفة السبب في حدوث ذلك لأبنائهم باستعراض أيام الطفولة لعلهم يجدون الإجابة فيها، ومنهم من يلقون باللوم على أنفسهم بسبب ما فعلوه أو ما قصروا في فعله. وعلى الرغم من أننا لم نتوصل بعد إلى فهم أسباب حدوث الميول الجنسية المثلية على نحو كامل، غير أني (نهى)، من واقع ما صادفته من حالات خلال ممارسة مهنتي، أستطيع أن أؤكد أن لا علاقة لها بما فعله الآباء أو ما قصروا في فعله. ومن ثمَّ وإلى حين معرفة الأسباب، ندعوكم إلى التركيز على دعم أبنائكم بدلًا من إهدار طاقتكم على مشاعر تأنيب النفس أو محاولات اجترار الماضي التي لا طائل منها.

ولا بد هنا أن نؤكد على أهمية دورنا كآباء في توجيه النصح والإرشاد إلى أبنائنا، وبناءً على ذلك، ندعو الآباء إلى التركيز على ما يملكون السيطرة عليه في حالة ما إذا اختار أبناؤهم التصرف وفقًا لميولهم الجنسية المثلية. لقد رأيت (نهى)، خلال ممارسة مهنتي، مدى التفاوت في ردود فعل الآباء في مثل هذا الموقف، بدءًا من طرد الأبناء من المنزل وانتهاءً بقبول علاقاتهم الجنسية قبولًا تامًا. لا نستطيع أن ننكر أن هذه المسألة من أصعب التحديات التي قد تواجه الآباء، لذا فإن قرار البت فيها يخص كل أسرة على حدة، رغم أننا نرى أنه من الأفضل استشارة أخصائي نفسي مسلم. (رجاء مراجعة الفصل السابع لمزيد من التوضيح).

في هذا الزمان الذي تفرض فيه العلمانية نفسها بقوة على جميع مناحي الحياة، لا يخفى على أحد أن التمسك بالقيم الإسلامية والضوابط الشرعية الخاصة بالغريزة الجنسية بات أصعب من أي وقت مضى. فتلك معركة مستمرة تتطلب من الإنسان أن يداوم فيها على مجاهدة نفسه مدى الحياة، ولا سبيل إلى الفوز فيها سوى بالتقرب إلى الله عز وجل، سبحانه وتعالى المعين الذي يسلحنا بنعمة الصبر ويعيننا على تهذيب نفوسنا وكبح جماحها. وأولًا وأخيرًا الدعاء لأبنائنا: اللهم اجعلهم في حفظك وكنفك، واجعلهم ممن تقرب إليك فقربته، وتواضع لك فرفعته، واستكان لهيبتك فأحببته.

قضية الإيمان

عادةً ما يبدأ المراهقون في تقييم مسائل الإيمان والعقيدة خلال المرحلة الجامعية. غير أن بعضهم -ممن لديهم شغف بالمعرفة وإعمال الفكر- يبدؤون في انتقاد عقائد أسرهم في وقت مبكر عن ذلك. وبوجه عام، يسلك المراهقون أحد المسارات الأربعة التالية:

١. يتبعون طريقة أسرهم في تطبيق تعاليم الإسلام، بما لا يدع مجالًا للخلاف بين المراهق وأسرته.

ردود فعل الآباء: يشعرون بالرضا والسرور لرؤية أبنائهم يسيرون على دربهم. ونقول لكم أعزاءنا الآباء: احذرُنَّ الاستهانة بهذه النعمة كأنها أمر مسلَّم به، والانشغال بها عن المُنعِم، فهي أولًا وأخيرًا فضل من الله سبحانه وتعالى، لذا وجب علينا شكر الله عزَّ وجلَّ وحمده كما ينبغي على كريم عطائه كي نحافظ على هذه النعمة العظيمة.

٢. يحافظون على أداء الفرائض الأساسية من صلاة وصوم، ولكن بعض تصرفاتهم لا يلقى قبول الآباء.

ردود فعل الآباء: يبالغون في الاهتمام "بصغائر الأمور" على حساب الحقيقة الأهم، ألا وهي أن الإيمان عبارة عن رحلة يمر فيها الإنسان بالعديد من المراحل والمحطات. ندعوكم أعزاءنا الآباء إلى استشعار نعمة محافظة أبنائكم على الفروض الأساسية التي توجب الامتنان بدلًا من ملاحقتهم بالشكوى والتذمر من تصرفاتهم البسيطة التي لا تسبب ضررًا. بالطبع لا مانع من التعبير عن موقفكم ولكن بكل حب واحترام، وتجنُّب استخدام أساليب التجريح والتحقير والغضب للسيطرة على تصرفاتهم وتوجيهها وفقًا لرغباتكم. فعلى سبيل المثال إذا كانت ابنتكِ، عزيزتنا الأم، -التي تصلي وتصوم-تحب سماع الموسيقى، في حين أنكِ ترين أن الموسيقى حرام، فيمكنكِ توضيح موقفك قائلةً: "لاحظت أنكِ تحبين الاستماع إلى الموسيقى التي أعلم أن بعض المذاهب الفقهية يبيحها. وبما أنني أنتمي إلى المذهب الذي يحرِّمها، فإني أطلب منكِ احترام موقفي منها بوضع السماعات عند الاستماع إلى الموسيقى".

٣. تظهر عليهم علامات فتور الإيمان، مثل تفويت الصلاة، والامتناع عن قراءة القرآن، ورفض حضور الدروس الدينية، أو -في بعض الحالات القصوى-نبذ الإسلام كليةً.

في هذه الحالة ندعوكم، أعزاءنا الآباء، إلى التعامل مع أبنائكم على أساس قاعدتين من أهم القواعد الجوهرية في الإسلام:

- ﴿لَا إِكْرَاهَ فِي الدِّينِ قَد تَّبَيَّنَ الرُّشْدُ مِنَ الْغَيِّ﴾ [البقرة: ٢٥٦]
- ﴿وَلَا تَزِرُ وَازِرَةٌ وِزْرَ أُخْرَىٰ﴾ [الأنعام: ١٦٤، الإسراء: ١٥، فاطر: ١٨، الزمر: ٧، النجم: ٣٨]

إذا أردتم أن يكون تأثيركم أكثر فعالية على أبنائكم في هذه المرحلة، فعليكم الابتعاد تمامًا عن أساليب الإكراه والمراقبة، والاكتفاء بملاحظة تصرفاتهم ودعوتهم برفق وبالكلمة الطيبة إلى العودة إلى المسار الصحيح. على عكس مرحلة الطفولة، التي توجب الاضطلاع بدور أكبر في تعليم الأبناء أداء الفروض والطاعات وتدريبهم عليها، فإن دوركم في مرحلة المراهقة يقتصر على ترسيخ العادات التي غرستموها في نفوسهم من قبل دون مصادمات ومشاحنات، بل من خلال عبارات التذكير الودود من قبيل: "لاحظت أن صلاة الجماعة معنا أصبحت تفوتك كثيرًا في الآونة الأخيرة. تعلم مدى أهمية الصلاة بالنسبة إليَّ، لكنها أولًا وأخيرًا مسؤوليتك وحدك. كيف يمكنني أن أساعدك لمعرفة السبيل إلى المواظبة على الصلاة من جديد؟".

بالطبع دعوة الأبناء للالتزام بالعبادات تحتاج إلى التحلّي بالصبر، امتثالًا لأمر الله عزَّ وجلَّ كما جاء في كتابه العزيز: ﴿وَأْمُرْ أَهْلَكَ بِالصَّلَاةِ وَاصْطَبِرْ عَلَيْهَا﴾ [طه: ١٣٢]. ومع ذلك، إذا لاقيتم مقاومة من أبنائكم، فعليكم التوقف فورًا عن دعوتهم درءًا لضرر اتساع الشِقاق بينكم وبينهم. من المحبَّذ توجيه طاقتكم نحو الموضوعات المهمة التي تستحق الوقوف عندها والتعليق عليها، على أساس وزن المشكلات القائمة بميزان حسَّاس يكون الدين فيه المعيار الوحيد في تحديد الأولويات، وليس الخوف من إدانة المجتمع. ولا نجد أبلغ من توصيف المفكر الراحل مصطفى محمود لهذه الظاهرة في مقولته: "إذا رأيت

الناس تخشى العيب أكثر من الحرام، وتحترم الأصول قبل العقول، وتقدس رجل الدين أكثر من الدين نفسه، فأهلًا بك في الدول العربية". فعلى سبيل المثال، الصلاة تعلو على ارتداء الحجاب في الأولوية. هذا يعني أنه إذا كانت ابنتكِ، عزيزتنا الأم، تجد صعوبة في المحافظة على أداء الصلاة، فمن باب أولى أن تكرسي طاقتكِ لإعانتها على توثيق صلتها بالله من خلال الصلاة، بدلًا من مطالبتها بارتداء الحجاب لا لشيء إلا لتجنب الانتقاد من المجتمع.

مع إقرارنا، أعزاءنا الآباء، بأن تذبذب إيمان الأبناء لهو حقًّا أمر موجع، فإننا نطمئنكم أن أواصر المحبة والمودة التي تربط بينكم هي طوق النجاة الذي سيعود بهم تدريجيًّا إلى بر الأمان. ويظل الدعاء، دائمًا وأبدًا، سلاح المؤمن، فلنداوم على الدعاء والتضرع لله ذي الجلال والإكرام بالهداية والصلاح لنا ولأبنائنا، كما قال تعالى على لسان سيدنا إبراهيم عليه السلام: ﴿رَبِّ اجْعَلْنِي مُقِيمَ الصَّلَاةِ وَمِنْ ذُرِّيَّتِي رَبَّنَا وَتَقَبَّلْ دُعَاءِ﴾ [إبراهيم:٤٠].

٤. يطبقون الإسلام بأسلوب أكثر تشددًا من آبائهم

عندما نتحدث عن "التشدد" في هذا السياق، فإننا نتحدث عن مفهوم نسبي للكلمة يختلف من أسرة لأخرى، وفقًا للمحطة التي بلغها الأبوان في رحلة الإيمان. لذلك، فهي تجمع فئة الآباء الذين يتهاونون في تطبيق الدين، وفئة الآباء الذين يلتزمون بتطبيق تعاليمه أشد الالتزام. وأنا (نهى) كنت أنتمي إلى هذه الفئة الأخيرة أولًا عندما كنت ابنة في مرحلة المراهقة، ثم لاحقًا بوصفي أمًّا لمراهق أكثر تشددًا في تطبيقه للإسلام. واسمحوا لي أن أشارككم ما استقيته من تجربتي:

بالنسبة إلى تجربتي في مرحلة المراهقة، فأنا أدين لأسرتي بالكثير من الامتنان لمدى تفهمها واحترامها لأسلوبي في تطبيق الدين. لم يحدث يومًا أني تعرضت للسخرية، أو الاستهزاء، أو التحقير بسبب تشددي في تطبيق الدين، بل دأب أبواي في شتَّى المواقف على الاكتفاء بإبداء رأيهما، ثم منحي كامل الحرية في اتخاذ القرارات التي تناسب قناعاتي. على سبيل المثال، عندما كنا نسافر إلى أوروبا، كنت أرفض تناول الطعام إذا استشعرت أنه يحتوي على مواد كحولية. وفي كل مرة تكرر فيها مثل هذا الموقف، ما حدث قطُّ أن تجاهل أبي

مخاوفي، بل كان يحرص على استجلاء الأمر من الجرسون كي يطمئن قلبي، فإذا اتضح أن الطعام يحتوي بالفعل على كحول، كان يسمح لي بطلب صنف آخر.

لا شك أن لكل أسرة خصوصيتها وتركيبتها المختلفة التي تحكم العلاقات فيما بين أفرادها. فبالنسبة إلى تجربتي كأم، كان موضع الخلاف بيننا أنا وزوجي من جهة، وابني من جهة أخرى، هو مسألة الحكم الشرعي في الذبائح المحلل أكلها. في حين قررنا أنا وزوجي الأخذ بالرأي الفقهي الذي يجيز أكل ذبائح أهل الكتاب، اختار ابني المذهب الذي يشترط طريقة الذبح الشرعية. شرحت لابني بهدوء موقفنا من المسألة مع توضيح المسوغات الفقهية للرأي الذي نتبعه، وفي الوقت نفسه، احترمت موقفه عندما صمم على اختيار الرأي الآخر. بالإضافة إلى أني بدأت، على سبيل المشاركة الوجدانية، أستخدم في الطهو اللحم المذبوح بالطريقة الشرعية بدلًا من ذبائح أهل الكتاب. ونظرًا إلى أن تدين ابني المتزايد بدأ في عصر ما بعد أحداث الحادي عشر من سبتمبر، كنت حريصة على التحاور معه باستمرار كي أطمئن على طريقة فهمه للإسلام بصورة سليمة.

هكذا، يتضح لكم أعزائي الآباء أن أسلوب والديَّ في التعامل معي أنار لي الطريق للتعامل مع ابني بالنهج نفسه، ألا وهو: إقرار حقه في التمسك بقناعاته الفكرية، واحترامها، في جو من التواصل البنَّاء والدعم الإيجابي. ومن ثمَّ، أدعوكم، أعزائي الآباء، إلى أن تحذوا حذوهم في معاملة أبنائكم.

الوقوع في مصيدة التطرف

إن ظاهرة استقطاب الشباب للوقوع في شباك التطرف -سواء الديني أو السياسي- من قِبل أقرانهم، أو بواسطة الجماعات المنتشرة على الإنترنت، لا تزال الكابوس الأكبر الذي يؤرِّق الآباء في معظم أنحاء العالم. يعتمد الاستقطاب على إغواء الشباب بغرض شحنهم بالعقائد والأفكار التي تتسم بالغلوِّ والتطرف الفكري. توصل الباحثون (لاينوس- باديللا،

وجلفاند، وميراهمادي، وفاروق، وإجموند، عام ٢٠١٥)[1] إلى أن انخراط الشباب في مسار التطرف وانجذابهم إلى العصابات، أو الطوائف، أو الجماعات الإرهابية يرجع إلى فقدان الشعور بالانتماء، نتيجة لحيرة هذا الجيل بين ما تتطلبه ثقافته الموروثة، وما تمليه الثقافة الحديثة التي يعيشها في واقعه اليومي. يعاني هؤلاء الشباب من أزمة تحديد الهُوية، ومشاعر الاغتراب، والتعرُّض لأشكال مختلفة من التمييز والتعصُّب، ومن ثمَّ تتنامى بداخلهم مشاعر التهميش والانعزال. كل هذه العوامل تجعلهم فريسة سهلة للوقوع في شباك التيارات المتطرفة.

سبل الوقاية من خطر التطرف

لقد تبين أن القاسم المشترك بين الشباب الذي ينساق وراء الفكر المتطرف، عدم معرفة أسرهم بتطرفهم إلا بعد فوات الأوان. صحيح أن اختراق سياج السرية الذي يحيطون به أنفسهم ليس أمرًا سهلًا، ولكن بإمكانك، عزيزنا القارئ، قطع الطريق على تسلل الفكر المتطرف إلى أبنائك من خلال "الروشتة" التالية:

١. الروابط الأسرية القوية هي خط الدفاع الأول ضد خطر التطرف. لا تقلق، عزيزنا القارئ، حتى إن كنت تفتقر إلى هذه الروابط، فإن الفرصة لا زالت سانحة أمامك لتوطيدها من جديد. يمكنك البدء بتكريس وقت خاص لقضائه مع أبنائك يخلو من محاضرات الوعظ والنقد، ودعهم يقررون كيفية تمضية هذا الوقت، وتفرغ للاستمتاع بصحبتهم والشعور بقيمة هذه اللحظات. إن الشعور بالانتماء إلى الأسرة، والأصدقاء، والمجتمع، يشبع حاجة المراهق إلى التواصل والترابط مع المحيطين به، ما يغنيه عن اللجوء إلى جماعات أخرى خارج دائرة معارفه كي يستمد منها الشعور بذاته وتأكيد كينونته.

٢. فتح نوافذ الحوار الهادف والتواصل البنَّاء الذي يعتمد على سعة أفق الآباء في تقبُّل طرح الأفكار كافة على مائدة النقاش، وإتاحة الفرصة أمام الأبناء للتعبير بحرية عن وجهات نظرهم وأفكارهم المختلفة خلال سعيهم للتعرف على

---

[1] **Lynos- Padilla, Gelfand,Mirahmadi, Farooq, & Egmond**

دينهم. يعتقد بعض الآباء أن إلقاء المحاضرات المنصبَّة على تغيير قناعات أبنائهم وسلوكياتهم سوف يؤتي ثماره. لكننا نؤكد لك، عزيزنا القارئ، أن ما سيؤتي ثماره حقًّا زرع بذور قناعات جديدة تحمل رؤية أكثر توازنًا للإسلام وطريقة تطبيقه. ولعلك تجزم بأن لا حياة لمن تُنادي مهما حاولت. ولكن، الزراعة -كما تعلم- تحتاج إلى صبر، وهذه البذور التي غرستها تحتاج إلى أن تسقيها بجرعات قليلة من الحكمة من حينٍ إلى آخر. وكن على يقين بأنها سوف تنبت وتنمو، وسوف تحصد أزهارها إن عاجلًا أم آجلًا. وإذا التبست عليك مسألة من المسائل الدينية المطروحة للنقاش، اغتنم الفرصة للاشتراك مع ابنك في استقاء المعلومات، ما يشجعه على تحصيل المعرفة، وإعلاء قيمة الفكر التحليلي، وتعزيز ثقافة الحوار القائم على إعمال العقل.

٣. الانتماء إلى مجتمع المسجد. تشير الدراسة التي أجرتها مؤسسة جالوب (٢٠١٢) إلى أن المواظبة على الذهاب إلى المسجد عادةً ما تجعل الشخص أكثر تسامحًا في نظرته إلى أصحاب المعتقدات المختلفة، وأكثر اندماجًا في الحياة المدنية. ومن ثمَّ، يمكنك مساعدة أبنائك على توثيق علاقاتهم الاجتماعية من خلال تشجيعهم على الانضمام إلى جماعة الشباب بالمسجد، والفرق الرياضية، والمشاركة في مشروعات الخدمة المجتمعية، والمبادرات المتعلقة بالحوار بين الأديان. ذلك لأن التفاعل مع أشخاص مختلفين عنهم تمام الاختلاف يؤدي دورًا أساسيًا في تحصينهم ضد الأفكار الهدامة مثل العزلة والتمييز.

٤. عملية استقطاب الشباب إلى التطرف تعتمد أساسًا على تكريس نظرة منغلقة إلى العالم يسودها التحامل، لا تسمح بالتعددية والاختلاف، تتجسَّد في صيغة: "نحن" مقابل "هم" أو "أنا" في مواجهة "الآخر". لذا، عليك أن تقف وقفة صدق مع نفسك تراجع فيها نظرتك إلى من يختلف عنك (من المسلمين، وغير المسلمين، والذين ينتمون إلى أعراق وثقافات مختلفة، إلخ). ثم تسأل نفسك ما المصطلحات والتصنيفات التي تستخدمها أنت نفسك خلال الحديث مع أبنائك عند الإشارة إلى من يختلفون عنك؟ وإذا تبيَّن لك أنك ترى الآخرين من منظور "نحن" و"هم"، فقد آن الأوان كي تبدأ فورًا في تصحيح هذه الرؤية المبنية على

التحامل والتمييز في الحكم على الناس. فلنذكِّر أنفسنا دائمًا أننا لسنا قضاة لنحكم على الناس.

٥. حاول التفقه في أمور الدين قدر المستطاع، كي يتسنَّى لك الاستناد إلى أساس قوي في مناقشاتك مع أبنائك. سوف تتمكن، من خلال هذه المناقشات والحوارات، من أن تتفقد بطريقة غير مباشرة توجهاتهم الفكرية ومصادر معلوماتهم الدينية، وعلى الأخص ما يتلقونه من المواقع الإلكترونية على الإنترنت التي أصبحت مرتعًا للمعلومات المغلوطة التي تحيد بهم عن الطريق القويم، بالإضافة إلى معرفة أيديولوجيات من يقرؤون ويستمعون لهم من أهل العلم. عندما كان ابني الأكبر (نهى) في المرحلة الجامعية، كنت حريصة على حضور الحلقات الدراسية الدينية التي ينضم إليها كي أطمئن إلى سلامة المفاهيم والأفكار التي يتلقاها.

٦. أفصح لابنك عن مخاوفك، في عبارات من قبيل: "أشعر بالقلق عليك. أرى أنك تتصرف بطريقة...، وأخشى عليك من الانسياق وراء تأويلات خاطئة للإسلام، وأن تصبح أحد هؤلاء الشباب الذين نسمع أنهم انضموا إلى..."..

٧. تذكر أن فورة الشباب واندفاعه جزء من عملية النمو النفسي في مرحلة المراهقة. لا يستطيع المراهق التفكير في الأمور باعتدال، ولا يعرف الحلول الوسط، وإنما يميل إلى التفكير الأحادي "كل شيء أو لا شيء" أو بمعنى آخر "ما لا يُدرك كله يُترك كله". لذلك عليك أن تترفق به وتلتمس له العذر عند التحاور معه.

٨. حاول التمييز بين الالتزام والتطرف عند تقييم تصرفات ابنك. فمثلًا ذهابه إلى المسجد لا يعد مؤشرًا بالضرورة على وجود ما يستدعي القلق، في حين أن تشدده المفاجئ، أو تغيبه المتكرر عن المنزل، أو سرية تصرفاته، وما إلى ذلك من السلوكيات المريبة هي التي تدق ناقوس الخطر.

٩. كن مرآة لأبنائك، من خلال إبراز ما يتمتعون به من قدرات فطرية (**شجعهم بدلًا من أن تمدحهم، دعهم يعتمدون على أنفسهم**).

الاضطرابات النفسية

على الرغم من أن التقدم في دراسة علم الأعصاب نجح في تسليط الضوء على اضطرابات الصحة النفسية التي تصيب الإنسان، فإن البحث عن أسباب هذه الحالات ومدى تطورها لا يزال مستمرًا. ومع ذلك، هناك تسليم بأن التغيرات البيولوجية المتسارعة المصاحبة لمرحلة المراهقة يمكن أن تكون العامل المحفِّز لبعض الأمراض. أيًّا كانت الأسباب، فإن أي تغيرات جسيمة، أو جذرية، أو مفاجئة تطرأ على تصرفات المراهق تُعدُّ مؤشرات واضحة على ضرورة استشارة أخصائي على الفور. لكن نظرًا إلى ظهور أعراض الاضطرابات النفسية في بعض الحالات بصورة تدريجية وغير ملحوظة، قد يصعب على الآباء التمييز بين سلوكيات المراهقة الطبيعية وتلك التي تبعث على القلق. لذلك، نقدم لكم فيما يلي بعض المؤشرات التي تنذر بالخطر:

الأعراض

- اضطرابات النوم المستمرة والأرق المتواصل
- الإفراط في النوم (بما يفوق الإجهاد المعتاد في مرحلة المراهقة)
- انخفاض حاد في تقدير الذات/ نظرة سلبية إلى الذات
- تدهور حاد في الأداء الدراسي
- الغضب المبالغ فيه بما يتنافى مع طبيعة الشخصية
- العزوف التام أو المفاجئ عن الحياة الاجتماعية
- انخفاض حاد في الوزن
- الإصرار على رفض تناول الطعام
- ارتداء ملابس فضفاضة للغاية (لإخفاء جروح قطعية في الجسم أو إخفاء فقدان الوزن الشديد)
- وجود جروح قطعية في الجسم
- الحزن لعدة أيام على التوالي

- أعراض حالة سُكْر (تلعثم في الحديث واحمرار العينين)
- الخمول واللامبالاة وفقدان الطاقة
- عدم الاهتمام بالنظافة الشخصية على نحو مستمر

يشير التحالف الوطني للأمراض النفسية[1] إلى أن أربعة ملايين طفل ومراهق في الولايات المتحدة الأمريكية يعانون من اضطرابات نفسية خطيرة، بالإضافة إلى أن ٢٠% من الأطفال الذين تتراوح أعمارهم من ٨ إلى ١٥ سنة مصابون باضطرابات نفسية أو إدمانية، ويعاني مراهق من كل خمسة مراهقين من مرض الاكتئاب. قد يلجأ المراهق إلى تجربة المخدرات، أو الخمور، أو الانغماس في علاقات جنسية من أجل الهروب من مشاعر الاكتئاب. وفي حالات أخرى، يفرِّغ المراهق شحنة الاكتئاب من خلال السلوكيات العنيفة، أو العدوانية، أو التي تتسم بالمخاطرة. بالإضافة إلى ذلك، في سعيه إلى السيطرة على شعوره بقلة الحيلة أو القلق، أو للتنفيس عن الضغوط، قد يلجأ المراهق إلى أشكال من الإيذاء الذاتي، مثل إحداث جروح قطعية في جسده، أو الإصابة باضطرابات الأكل المرضية مثل الشره المرضي (البوليميا)[٢]، أو فقدان الشهية (الأنوركسيا)[٣].

لا ترتبط الاضطرابات النفسية ببلد أو منطقة بعينها، فهي تنتشر على مستوى العالم بالمعدلات نفسها، وتوجد في مختلف الثقافات والأوساط الاجتماعية والاقتصادية. دعونا نتفق على حقيقة مؤكدة أن الاضطراب النفسي ليس اختيارًا، أو نتيجة عيب في الشخصية أو سوء خُلُق، وإنما هو نتيجة تضافر مجموعة من العوامل الجينية والبيئية المختلفة. بناءً عليه، هل يُعقل أن نزيد الطين بلة من خلال تجريح أبنائنا وتحقيرهم، أو إنكار المشكلة من الأساس؟ أم الأجدر بنا الاستعانة بالأخصائيين النفسيين لمساعدتهم على الشفاء؟ نترك لك الإجابة عزيزنا القارئ.

---

[1] National Alliance on Mental Illness

[٢] يتسم بالإسراف في تناول الطعام ثم إفراغ الأمعاء بطريقة غير صحية من خلال التقيؤ أو الأدوية.

[٣] يتسم بالتجويع العمدي للذات ونقص حاد في الوزن وخوف دائم من اكتساب الوزن.

نزعات سلوكية

نزعة الكمال

قد لا يدرك الأبوان أن هنالك ما يدعو للقلق إلا عندما يصبح المراهق الساعي للكمال مغلوبًا على أمره تحت وطأة الضغط النفسي. عادةً ما يبلغ الضغط النفسي ذروته في أثناء المرحلة الثانوية؛ كونها فترة اتخاذ القرارات بشأن اختيار الكلية أو الجامعة الأنسب. غالبًا ما تتجلّى نزعة الكمال في القلق بشأن الإنجازات الحالية، والخطط المستقبلية، والشعور بقيمة الذات. ويُعَدُّ النزوع إلى الكمال أو المثالية من أصعب المشكلات التي يمكن اكتشافها، لأن المراهق يبدو كأنه "على ما يرام"، وبناءً عليه يفترض الأبوان أن إصابته بالقلق أمر طبيعي لانشغاله بإحراز التقدم في دراسته.

ومع ذلك، يمكن للآباء التمييز بين ما يعتري المراهق من مشاعر قلق طبيعية، وصورته المشوَّهة حيال قيمته الذاتية، من خلال التحقق مما إذا كان إدراكه لذاته مرهونًا بـ"الأداء المثالي" أم لا. إذ تكمن الخطورة في تركيز المراهق على بلوغ الكمال بدلًا من التركيز على بذل أقصى ما في وسعه، ومن ثمَّ تسيطر عليه مشاعر الفشل والإحباط التي عادةً ما يعبِّر عنها من خلال عبارات من قبيل: "أنا فاشل"، "أنا لا أصلح لأن أكون كذا"، "أنا لا أساوي شيئًا". في حين أنه من الطبيعي جدًّا أن تنتاب هذه المشاعر جميع المراهقين من حين إلى آخر، فإن الخطر الحقيقي يتمثل في سيطرتها على المراهق الذي يتملكه حينئذٍ إحساس طاغٍ بالخزي وانعدام القيمة.

في سبيل الحد من تفاقم نزعة الكمال، يتعين على الآباء التنبُّه إلى الرسائل التي يوجهونها إلى أبنائهم. فبالنظر إلى العبارات التالية يمكنكم معرفة الأثر الذي تحدثه كلٌّ منها: "عليك أن تبذل أقصى ما في وسعك فحسب" مقابل "يجب أن تكون الطالب المثالي"، "حسنًا، لقد ارتكبت خطأً، كيف يمكنك تداركه؟" مقابل "هذه الغلطة تدل على أنك فاشل". من المفجع أن آفة المراهق "المثالي" عادةً ما تكون السبب وراء حالات الانتحار بين المراهقين التي لا تتعلق بالمخدرات أو بالاضطرابات النفسية.

نزعة التمرُّد

غالبًا ما يكون التمرُّد من السمات الشائعة للمراهق المضطرب. تختلف أشكال التمرُّد من أسرة إلى أخرى، ونذكر منها على سبيل المثال: الوقاحة وعدم الاحترام السافر في الردود، وتعاطي المخدرات، وتجاهل قواعد المنزل علانيةً، وإقامة علاقات غير مشروعة، والهروب من المنزل، والاعتداء بدنيًّا على أفراد الأسرة، إلخ. المراهق المتمرد شخص مثبط العزيمة، وسلوكياته المتمردة ما هي إلا صرخات استغاثة طلبًا للحب والمساعدة والدعم. توجد أسباب كثيرة لنزعة التمرُّد لدى المراهقين، ولكننا نعتقد، من خلال ملاحظتنا للعديد من الأسر، أن الأسباب الرئيسية تتلخص فيما يلي:

- استخدام طرق غير فعالة لترويض المشاعر
- انقطاع العلاقة مع الأسرة
- انعدام الوعي بالذات

يمكن أن تشكل "الأولويات الثلاث في التعامل مع المراهق" (المذكورة أعلاه) إطارًا لكيفية التعامل مع المراهق المتمرد، ولكنها لن تفي بالغرض وحدها. لذلك، نحن نشجع الآباء بشدة على الاستعانة بالعلاج النفسي الذي يشتمل على جلسات علاج فردية للمراهق، وجلسات عائلية مع أخصائي نفسي آخر. وكلما بدأ العلاج مبكرًا، كانت فرص التعافي أفضل.

نزعة الاكتئاب

يتَّسم الاكتئاب، دونًا عن غيره من الاضطرابات النفسية في مرحلة المراهقة، باهتمام خاص. ذلك لأن على الرغم من تعدد أسباب الاكتئاب في هذه المرحلة، فإن أهمها يعد في الوقت ذاته أكثرها خفاءً. يتمثل هذا السبب في معاناة المراهق الخفية من الصراع الداخلي الحاد بين رغباته وتطلعاته المستقبلية وتوقعات أبويه، وهذا ما يتجلَّى في بعض الأسر المتسلطة، حيث يعلق الآباء على الأبناء توقعات كبيرة وغير واقعية لا تتناسب مع قدراتهم الفطرية أو شخصياتهم، ومن ثمَّ، يعجز المراهق -الذي يحب أبويه ويسعى لإرضائهما-عن التعامل مع الصراع الذي يعتمل بداخله، فيقع فريسة للاكتئاب. عندما

يتيقن المراهق من أن صوته غير مسموع، يصبح الاكتئاب ملاذه الوحيد للخلاص من عبء توقعات أبويه، ووسيلته السلبية الصامتة في التعبير عن كلمة "لا" التي تصرخ بداخله.

ومن الأسباب الشائعة لإصابة المراهقين بالاكتئاب أيضًا القلق الوجودي المرتبط بالخوف من المجهول والتساؤل عن أسباب الحياة ومعناها. هذا القلق جزء من رحلة الإنسان في البحث عن معنى الحياة. وكذلك المراهق، بصرف النظر عما تلقاه من النصح والتوجيه السديد من أبويه، عليه أن يخوض رحلته الخاصة لتكوين نظريته عن الحياة، النابعة من ذاته ومن نظرته هو للعالم وليس نظرة الآخرين. غير أن رحلة البحث هذه شديدة الوطأة بالنسبة إلى بعض المراهقين، ومن ثمَّ يتعثَّرون في الطريق، وينتهي بهم الحال إلى الدخول في حالة من الاكتئاب التي لا تنفرج إلا عندما يجدون الإجابة عن تساؤلاتهم عن الحياة. وختامًا، لا يُنصح بالاستهانة بالاكتئاب في مرحلة المراهقة، لأنه قد يكون أحد الأعراض لأمراض نفسية خطيرة مثل الاضطراب الوجداني ثنائي القطب، أو الفصام.

نزعة ازدواج الشخصية

إذا وجد المراهق أنه لا يأمن عواقب التعبير عن آرائه أو التصرف بحرية أمام أبويه، فإنه سوف يفعل ما يحلو له في الخفاء، حتى إن كانت علاقته بأبويه على ما يرام. وبناءً عليه، يعيش بشخصيتين: شخصية في المنزل وشخصية مختلفة مع أصدقائه خارج المنزل. إذا كان الاختلاف بين الشخصيتين شاسعًا، يعاني المراهق من مشكلات عاطفية ونفسية عنيفة تتجسد في سلوكيات كثيرة، من ضمنها إحداث جروح قطعية في الجسد، والتفكير في الانتحار، وتعاطي المخدرات، وإقامة علاقات عشوائية متعددة، وما إلى ذلك.

لماذا يعاني ابني من مشكلات عويصة في مرحلة المراهقة؟

بادئ ذي بدء، دعنا نتفق على حقائق مسلم بها، عزيزنا القارئ، أولها أنه ليس بمقدورك، أنت أو غيرك، التنبؤ بما سيؤول إليه حال ابنك في مرحلة المراهقة، أوَليس الغيب في علم الله وحده عالم الغيب والشهادة؟ اللهم بلى. وثانيها أن ابنك ليس روبوتًا مُبرمجًا على أداء دور مرسوم له ومقرر مسبقًا، بل هو إنسان خلقه الله تعالى كائنًا متفردًا بذاته له

صفاته وطباعه، مجبولًا على التغير والتجدد. وعليه، لا بد من الإقرار بحقيقة أن الاختلاف سنة من سنن الله في الكون. من خلال متابعة الكثير من الأسر، توصلنا إلى أن العوامل الخمسة التالية مجتمعة تساعدنا قطعًا على فهم لماذا يتصرف المراهقون على هذا النحو:

١. الإيمان بالقدر

في زمن بلغ فيه التقدم العلمي والتكنولوجي ذروته وطغت فيه الماديات، أصبح الإنسان يغتر -لا شعوريًا- بقدرته، متوهمًا أن كل شيء يخضع لسيطرته، ومن ثمَّ تغافل عن الركن السادس من أركان الإيمان: الإيمان بالقضاء والقدر. إن أركان الإيمان الستة أعمال باطنة محلها القلب: الإيمان بالله وملائكته، وكتبه، ورسله، واليوم الآخر، والإيمان بالقدر خيره وشره، وهي تذكرة دائمة للإنسان بمحدودية قدرته وعجزه وحاجته إلى الله، فلا يشاء إلا أن يشاء الله العلي القدير. ولكن مما يؤسف له أن الإيمان بالقدر خيره وشره قد أضحى نسيًا منسيًا في حياتنا اليومية. ما أحوجنا إلى تذوق حلاوة التسليم لقضاء الله وقدره التي تحررنا من قيود الهم والجزع واليأس.

لا شك أن تربية الأبناء مسؤولية جسيمة نُسأل عنها، نحن الآباء، على أن التوفيق فيها أولًا وأخيرًا من الحق سبحانه وتعالى. وعليه، فإن المسار الذي يختاره الأبناء في الحياة إنما هو قضاء الله وقدره، وما علينا سوى التسليم لمشيئته. فقد تكون بذلت قصارى جهدك، عزيزنا القارئ، في تربية ابنك مستعينًا بأفضل أساليب التربية وموفرًا له كل متطلبات الحياة، وعلى الرغم من ذلك تفاجأ بأنه حاد عن الطريق وانخرط في سلوكيات منحرفة مثل إدمان المخدرات، أو الانضمام إلى رفاق السوء، أو انتهاك القانون، أو النفور من الإسلام. وبالطبع سوف تشعر حينئذٍ بخيبة الأمل والألم النفسي الشديد، ولكن يقينك بأن هذا ابتلاء من الله سبحانه وتعالى سوف يعينك على المحنة ويمنحك السكينة وطمأنينة النفس والرضا بقضاء الله والتسليم لأمره، وهذه ثمرة الإيمان بالقدر.

ليس معنى ذلك أن يكون القدر ذريعة للتنصل من مسؤوليتنا تجاه أبنائنا والقيام بواجبنا في تربيتهم وتوجيههم على أتم وجه، بل إن الله يأمرنا أن نأخذ بالأسباب، ومن ثمَّ يحاسبنا على اجتهادنا في رعاية الأمانة التي وضعها بين أيدينا، وليس على النتائج.

٢. طباع الأبناء وأساليب تربية الآباء

في دراسة أُجريت مؤخرًا (د. بانيتا وآخرين، ٢٠١٤)[1] لتحليل أثر طباع الأبناء وأساليب التربية في قدرة المراهق على ترويض مشاعره وضبط سلوكياته، تبيَّن أن ٥٠ في المائة تقريبًا من الفروق في أداء المراهقين يُعزى إلى الطباع، وأن أساليب التربية تسهم أيضًا بدور مهم، وإن كان أقل تأثيرًا من طباع الأبناء. لقد ساعدت هذه الدراسة تحديدًا على تفسير السبب وراء اختلاف شخصيات الإخوة الذين ينشؤون في أسرة واحدة ومن الأبوين نفسهما، ذلك لأن تأثير الثلاثة عوامل مجتمعة: الطباع والصفات الوراثية وأسلوب التربية، يختلف من طفل إلى آخر.

إن المنشورات العلمية حافلة بالدراسات التي تربط بين أساليب التربية وسلوك الأطفال. ولقد أجمعت هذه الدراسات، وإن اختلفت في التفاصيل، على أن الأسلوب المتوازن في التربية -خاصةً عندما يطبقه كلا الأبوين- يقترن بتحقيق أفضل النتائج للأطفال (بانيتا وآخرين ٢٠١٤؛ فايت ٢٠١٠)[2]. ونحن نؤيد هذا الرأي في ضوء متابعتنا للأسر خلال عملنا. على الرغم من أن أساليب التربية ليست العامل الوحيد الذي يؤثر في فعالية المراهق في التعامل مع عثرات الحياة وتقلباتها، فإن لها دورًا بارزًا لا يمكن إغفاله في اكتساب الأبناء لمهارات الحياة على نحو أسرع وأكثر فعالية. وفي المقابل، يحتاج الأطفال في ظل الأسلوب المتسلط والأسلوب المتساهل إلى وقت أطول وجهد كبير لتعلُّم المهارات نفسها. بل يصل الأمر في بعض الحالات إلى أن الأطفال لا يتعلمون هذه المهارات نهائيًّا، ما يحول حياتهم إلى سلسلة متصلة من المصاعب والتحديات.

٣. لكل مراهق مفهومه الخاص عن الحياة

يكوِّن كل طفل نظرية متفردة عن العالم من حوله، تتحدد على أساسها كيفية تصوره لذاته، وللآخرين، وللكون بوجه عام، وتتبلور هذه النظرية وتكتمل، وفقًا لفلسفة "آدلر"، عند بلوغه الخامسة من عمره. تصبح هذه النظرية -التي ترسَّخت بداخل الطفل دون

---

[1] Panetta et al.,2014

[2] Panetta el al.,2014, Fite 2010

وعي منه-الدافع القوي وراء اتخاذه نمط سلوك معينًا، حسنًا كان أم سيئًا. في حين أن نظرية الحياة تعتمد أساسًا على الأحداث والمواقف وردود الأفعال التي تحيط بالطفل، غير أنها في النهاية تنبع خالصةً من ذاته ومن رؤيته الشخصية. على سبيل المثال طفل في الثالثة من عمره لطيف ومحبوب ويحظى بقدر كبير من الاهتمام ممن حوله، قد يصبح على قناعة بأن سر النجاح في الحياة يكمن في أن يكون محور اهتمام الجميع. في حين أن طفلًا آخر يحظى بالإعجاب والمديح بسبب تطوعه لمساعدة الآخرين، قد يترسَّخ بداخله الاعتقاد بأن مفتاح نجاحه في الحياة هو خدمة الناس. وهذا غيض من فيض، فالاحتمالات لا حصر لها، غير أن بعض النظريات تفضي، دونًا عن غيرها، إلى حدوث متاعب في مرحلة المراهقة، ومنها على سبيل المثال: "يجب أن يتكفل الناس برعايتي"، "إذا لم يقل الناس إني شخص طيب، إذًا فلا بد أني شخص سيء"، "إذا لم أكن محبوبًا من الجميع فلا بد أن هنالك خطأ ما"، "ما الحياة سوى مرح ولهو"، إلخ.

٤. الصحة النفسية

كما ذكرنا سالفًا، قد يكون السبب في سلوكيات المراهق إصابته بأحد الاضطرابات النفسية الخطيرة، مثل اضطراب ثنائي القطب أو الفصام أو الاكتئاب. إذا انتابتك أي شكوك عن إصابة ابنك باضطراب نفسي، يجب الإسراع في عرضه على الطبيب المختص، فكلما بدأ العلاج مبكرًا، كانت فرص التعافي أفضل.

٥. الأعراف الاجتماعية

تلعب الأعراف الاجتماعية والثقافية دورًا رئيسيًّا في تشكيل هوية المراهق، وهي تختلف من مجتمع إلى آخر حتى داخل المنطقة الجغرافية نفسها، كما أن تغيرها من جيل إلى آخر يكون عادةً انعكاسًا لردود الفعل وردود الفعل المضادة للأعراف السائدة في الجيل السابق، وفي غياب الترابط الأسري، ينساق المراهق وراء الأعراف السائدة في عصره. ولقد شهدت العقود الأخيرة العديد من الاتجاهات المتناقضة في المجتمع الإسلامي، ومنها: ازدياد الالتزام بارتداء الحجاب ونزع الحجاب، والتركيز على التديُّن، وتناقص أعداد المصلين في المساجد، والتركيز على الخدمة المجتمعية، والإقبال على المواعدة، وتعاطي المخدرات.

رحلة العلاج النفسي

لا شك أن إصابة الأبناء بالاضطرابات سالفة الذكر يُعَدُّ من أصعب المحن التي يمكن أن تواجه الآباء. في البداية، يسيطر على الأبوين سيل جارف من مشاعر قلة الحيلة، والارتباك، والغضب والخوف. ثم يحاولان عادةً السيطرة على الابن واحتواء الموقف عن طريق استخدام أسلوب القهر والإجبار الذي -مع الأسف- أثبت فشله في كل حين. ذلك لأن المراهق لا يستجيب عندما يشعر بأنه أصبح مجرد أداة في أيدي الآخرين يتلاعبون بها كيفما يشاؤون، وإنما يستجيب على أكمل وجه عندما يكون عنصرًا مسؤولًا وفعالًا في المعادلة.

من المحبَّذ بشدة اللجوء إلى العلاج النفسي -ولو لفترة قصيرة- عند ظهور بوادر الاضطراب على المراهق، إذ يساعد العلاج المبكر المراهق على التكيف والتأقلم مع الظروف على نحو أسرع وأكثر فعالية، وعلى تغيير مفاهيمه الخاطئة، وتعلُّم أساليب فعالة في مواجهة صعوبات الحياة، والتعرف على قدراته الفطرية. على الجانب الآخر، يساعد العلاج النفسي الأبوين على تفهُّم ما ينغِّص حياة ابنهما، وعلى اتباع أساليب جديدة للتعامل معه تعتمد على تمكينه للاعتماد على نفسه بدلًا من الركون إلى التواكل. وكلنا رجاء، عزيزنا القارئ، بألا تسمح لوصمة العار -المرتبطة بالعلاج النفسي في المجتمع الإسلامي- بأن تقف عقبة أمام حصول ابنك على العلاج، فلا شك أن مصلحته فوق أي اعتبار. ونوَدُّ التأكيد على أن العلاج النفسي يحتاج إلى وقت كي يؤتي ثماره، فقد يحتاج العلاج في بعض الحالات الصعبة إلى سنوات، فعليك التحلي بالصبر.

ولعل أبلغ ما يُقال في هذا المقام أن نتأمل مقتطفات من منهج نبي الله يعقوب عليه السلام في التعامل مع مصابه الأليم، كما أخبرنا الله تعالى في كتابه العزيز في سورة يوسف عليه السلام: توجيه الأبناء دون تنفير أو تجريح ﴿بَلْ سَوَّلَتْ لَكُمْ أَنْفُسُكُمْ أَمْرًا﴾ [الآية ٨٣]، وإشعارهم بالحب والحنان مهما بدر منهم ﴿وَقَالَ يَا بَنِيَّ لَا تَدْخُلُوا مِنْ بَابٍ وَاحِدٍ وَادْخُلُوا مِنْ أَبْوَابٍ مُتَفَرِّقَةٍ وَمَا أُغْنِي عَنْكُمْ مِنَ اللَّهِ مِنْ شَيْءٍ إِنِ الْحُكْمُ إِلَّا

لِلَّهِ عَلَيْهِ تَوَكَّلْتُ وَعَلَيْهِ فَلْيَتَوَكَّلِ الْمُتَوَكِّلُونَ﴾[الآية ٦٧]؛ والتحلي بالصبر ﴿فَصَبْرٌ جَمِيلٌ﴾، صبر الرضا والثبات بالقلب واللسان، والاستعانة بالله والملاذ في كنف الرحمن ﴿وَاللَّهُ الْمُسْتَعَانُ عَلَى مَا تَصِفُونَ﴾ [الآية ١٨]؛ وعدم اليأس مهما طال الزمن ﴿إِنَّهُ لَا يَيْئَسُ مِنْ رَوْحِ اللَّهِ إِلَّا الْقَوْمُ الْكَافِرُونَ﴾ [الآية ٨٧] بل حسن الظن بالله واليقين برحمته.

حفظ الله لكم أبناءكم وأقر أعينكم بهم ورزقكم دعواتهم حين تنقطع أعمالكم.

أساليب التعامل مع الأبناء التي عرضناها في هذا الفصل تمهد الطريق أمام الآباء والأبناء لاستقبال المرحلة القادمة بسلام وسلاسة. ذلك لأن مرحلة المراهقة تمثل فترة التأهيل لاستقلال الأبناء وتسليمهم راية المسؤولية في المرحلة المقبلة: مرحلة الرشد. ولكن كيف يمكن للآباء تحقيق المعادلة الصعبة بين تسليم أبنائهم دفة المسؤولية من جهة وعدم فقدان تأثيرهم في حياتهم من جهة أخرى؟ هذا ما سوف نجاوب عليه في الفصل التالي.

الفصل الثامن

مرحلة الرشد

تتمكن أغلب الأسر من العبور بأبنائها إلى مرحلة الرشد بأقل قدر ممكن من التوتر والبلبلة، في حين يتعثَّر بعضها في الطريق. لذلك، نسلط الضوء في هذا الفصل على جوانب النزاع المحتملة، ونقدم أيضًا الاقتراحات التي تستهدف بناء جسور التواصل والتفاهم مع الأبناء.

تسليم دفة القيادة

من سنن الله في خلقه انتقال زمام المسؤولية تدريجيًّا من الآباء إلى الأبناء بعد الأخذ بالأسباب ثم تفويض الأمر إلى الله سبحانه وتعالى. وعند بلوغ مرحلة الرشد، يتحمل الأبناء النصيب الأكبر من المسؤولية عن حياتهم، في حين يقتصر دور الآباء على متابعتهم وتوجيههم. وفقًا للتقاليد المتعارف عليها في الكثير من المجتمعات الإسلامية، لا يترك الآباء زمام المسؤولية للأبناء إلا عند الزواج، وفي بعض الأحيان، يستمر الآباء في تحمل المسؤولية بالنيابة عن أبنائهم حتى بعد زواجهم، كما هو الحال في بعض المجتمعات التقليدية، حيث يصبح الزوجان الجديدان مجرد جزء تابع للعائلة الأكبر، التي يستحوذ فيها الكبار على دفة القيادة.

غير أن التغيرات الحادة في الأعراف الثقافية العالمية (على الصعيد الاجتماعي، والاقتصادي، والتكنولوجي، والسياسي) أصبحت تفرض استقلال الأبناء عن الآباء في مرحلة مبكرة قبل الزواج، وإدارة شؤون حياتهم بالطريقة التي تحلو لهم بصرف النظر عن استنكار الآباء. من أصعب المواقف على الآباء أن تتعارض اختيارات الأبناء مع وجهات نظرهم في الحياة. وكم من أسر صادفتني (نهى) تمزَّق شملها، للأسف، بسبب هذه الاختلافات التي عادةً ما تكون على اختيار شريك الحياة، أو الأصدقاء، أو المسار التعليمي أو المهني، أو الميول الجنسية، أو -في أحلك الظروف-الدين.

تسليم المسؤولية إلى الأبناء في مرحلة الرشد يتم بسلاسة وعلى نحو طبيعي عندما يفطن الآباء إلى أن المسؤولية الفردية قاعدة يؤكد عليها الإسلام، كما قال الله تعالى في كتابه العزيز: ﴿وَكُلُّهُمْ آتِيهِ يَوْمَ الْقِيَامَةِ فَرْدًا﴾ [مريم:٩٥]، ﴿وَلَا تَزِرُ وَازِرَةٌ وِزْرَ أخرى﴾[1] ﴿أَلَّا تَزِرُ وَازِرَةٌ وِزْرَ أخرى﴾ [النجم:٣٨]. ينبهنا الله إلى أن كل انسان سيُحاسَب وحده، وهو فقط المسؤول عن عمله، ولا يؤخذ بذنب غيره، كي نتصرف في الدنيا وفقًا لمبدأ المحاسبة الفردية. ولكن الآباء، من فرط حرصهم على حماية أبنائهم من ارتكاب الأخطاء، يتغافلون عن هذه القاعدة الإلهية. ولا جدال في أننا -نحن الآباء-نحب أبناءنا ونتمنى لهم كل الخير، ولكن المشكلة أننا نتوقع -باسم هذا الحب-أن يكون أبناؤنا صور مصغرة منا.

وبناءً على ذلك، لا يعني تسليم زمام المسؤولية إلى ابنك، عزيزنا القارئ، أن تتخلى عنه، بل أن تقدم له النصح وتتحاور معه، وتشاركه وجهة نظرك أو مخاوفك حسبما يقتضي الموقف، وفي الوقت نفسه تسلِّم بأنه شخص مستقل عنك له هُويته الخاصة، لديه القدرة على اتخاذ قراراته بنفسه، وسوف يتخذها بالفعل، حتى إن كانت لا تتوافق مع آرائك أو أفكارك. تسليم المسؤولية لابنك الراشد يعني أنه آن الأوان للتنحي جانبًا كي يتولى هو قيادة دفة حياته، مع التأكيد على أنه سوف يظل مشمولًا بحبك ودعمك.

ثلاثية المال والوقت والأصدقاء

يعاني بعض الآباء من المشكلات التي تحدث مع الأبناء بسبب المال والوقت والأصدقاء. فيما يلي بعض الاقتراحات التي تساعد على الحد من هذه المشكلات:

- **فيما يخص المال:**

١. من الطبيعي أن يختلف الدعم المالي الذي يقدمه الآباء للأبناء من أسرة إلى أخرى، ولكن المهم توضيح حدود هذا الدعم للأبناء، هل سيشمل مثلًا تكاليف

---

[1] [الأنعام: ١٦٤؛ الإسراء: ١٥؛ فاطر: ١٨؛ الزمر: ٧]

الدراسة والمعيشة؟ أو مصاريف النزهات الترفيهية؟ أو السفر في الإجازة الصيفية؟ أو أقساط السيارة؟ إلخ.

٢. اتباع نظام المصروف في مرحلة مبكرة يساعد الأبناء على التعود على الاستقلال المالي وحسن إدارة الإنفاق وهم على أعتاب مسيرتهم المهنية.
٣. وضع قيود على اقتراض النقود يعلِّم الأبناء عدم الاتكال على آبائهم لإخراجهم من المآزق.
٤. تعويد الأبناء الادخار يغرس في نفوسهم حس المسؤولية وتأجيل إشباع رغباتهم.
٥. تجنب إصدار الأحكام على قرارات الشراء يمنح الأبناء الفرصة لاستخلاص العبر من أخطائهم.

- **فيما يخص الوقت:**

يقضي الأبناء في مرحلة الرشد وقتًا أقل بالمنزل لانشغالهم أكثر بالعمل والأصدقاء، ما يجعل كثيرًا من الآباء يشعرون بالفراغ الذي تركوه وراءهم بعد أن كانوا يملؤون البيت بالحيوية والبهجة. ولهؤلاء الآباء نقول لا داعي للقلق، سيظل التواصل بينكم وبين أبنائكم قائمًا ما دامت العلاقة بينكم متينة مبنية على الصداقة والاحترام المتبادَل والتفاهم، والتي سوف تساعدكم على تفهُّم أولويات أبنائكم والتكيُّف مع هذه المرحلة الانتقالية (أدوات التربية الإيجابية: لا تنسي نصيبكِ من الحياة). وأخيرًا يمكنكم التنسيق مع أبنائكم لقضاء بعض الوقت معًا كلما سمحت ظروفهم.

- **فيما يخص الأصدقاء:**

تتسع دائرة أصدقاء الأبناء في هذه المرحلة، ما يقلق الآباء لعدم معرفتهم لجميع أصدقائهم، سواء في الجامعة أو في مكان العمل كما كان الحال أيام المدرسة. عليك أن تدرك، عزيزنا القارئ، أن تغيُّر حياة ابنك الاجتماعية وتطورها بعيدًا عن رقابتك ليس أمرًا طبيعيًّا فحسب، بل إنه بالغ الأهمية لنموه العاطفي. ومن ثم، اترك لابنك حرية اختيار أصدقائه، حتى إن لم تتقبلهم، عليك أن تمنحه ثقتك كي يتلمس طريقه في الحياة بنفسه. في الوقت نفسه، من حقك أن ترفض استقبال هؤلاء الأصدقاء في المنزل، وأن تفصح له عما لديك من تحفظات ومخاوف بشأنهم.

قضية الإيمان

نحن مسؤولون عن بذل أقصى جهدنا في تربية أبنائنا على الهدى والإيمان، ولكن التوفيق أولًا وأخيرًا من الحق سبحانه، فنحن مأمورون بالأخذ بالأسباب مع التوكل على الله والإيمان أن النتائج هي من قدر الله تعالى. يحدثنا الله في سورة الأحقاف (الآيات ١٥-١٩، الملحق أ) عن نموذجين لأسرتين مؤمنتين. في النموذج الأول التقى الإيمان مع النسب فسار الابن على طريق الإيمان نفسه الذي انتهجه الأبوان، أما في النموذج الثاني، افترق الإيمان عن النسب فحاد الابن عن طريق أبويه، واختار الكفر بدلًا من الإيمان.

قد لا يبالي بعض الشباب بمسألة الإيمان، لانشغالهم، بدلًا من ذلك، بالتركيز على دراستهم الجامعية ومسيرتهم المهنية، غير أن الأغلبية يبدؤون التفكر بجدية في قضايا العقيدة والإيمان في أوائل العشرينيات من عمرهم. ويؤدي الانفتاح على قيم جديدة في هذه المرحلة إما إلى ترسيخ اختيارهم للإسلام وإما إلى زرع بذور الشك في نفوسهم. في النهاية، سوف يتبع الأبناء في مرحلة الرشد، مثلهم في ذلك مثل المراهقين، إحدى الفئات الأربع المذكورة في الفصل السابع (رجاء مراجعة "قضية الإيمان"، ومقال "الإسلام بين العادة والإرادة").

من المعروف أن التدين في مختلف المجتمعات الإنسانية يتأرجح مؤشره صعودًا وهبوطًا. (رجاء مراجعة الملحق أ، الأعراف: ١٦٩، مريم: ٩). وفي ظل تيار الماديات الطاغي الذي سلب من الإنسان بُعده الروحي، ليس من المستغرب انتشار فئة "اللا دينيين"، التي تُطلق على الأشخاص الذين لا ينتمون إلى أي دين، وقد وصل عددهم في عام ٢٠١٠ بمنطقة الشرق الأوسط وشمال إفريقيا إلى ٢،١٠٠،٠٠٠ شخص، أي ما يعادل ٠٫٦٪ من إجمالي سكان المنطقة (مركز بيو للأبحاث، ٢٠١٥). وفي الوقت نفسه -وإن كان لا يوجد ما يدل على وجود صلة بين الظاهرتين-ظهرت أعداد كثيرة من الباحثين عن الروحانيات الذين يحاولون إيجاد غذاء الروح في ممارسات خارج إطار الدين مثل اليوجا والتأمل، كما ازدادت أيضًا أعداد مناصري المذهب الإنساني الذين يؤمنون بتعاليم الدين الذي يعتنقونه ولكنهم لا يؤدون الطقوس والشعائر التي ينص عليها. كثيرون من الذين

ينتمون إلى هذه الفئات يستشهدون بحالات الغُلُوِّ الديني، والمعتقدات والشعائر التي -على حد زعمهم-لا معنى لها على أنها الأسباب الرئيسية لخيبة أملهم في المنظومة الدينية ونفورهم منها. على الرغم من أن هذه الفئات لا تمثل الأغلبية، فإن هذا لا ينفي قطعًا وجود موجة شديدة من نبذ التدين. ومما يؤسف له أن بعض الشباب المسلم قد انجرف مع هذه الموجة. ولكن ما يدعو للاطمئنان أن دوام الحال من المحال، فسرعان ما تنقشع هذه الموجة مهما علت لتحل محلها موجة مضادة، فإن تقلُّب الأيام من سنن الله عز وجل في خلقه كما جاء في كتابه العزيز:﴿وَتِلْكَ الْأَيَّامُ نُدَاوِلُهَا بَيْنَ النَّاسِ﴾ [آل عمران: ١٤٠].

إذا كنت، عزيزنا القارئ، ممن رزقهم الله بأبناء يطبقون تعاليم الدين وشعائره، فإننا نناشدك ألا تغترَّ وأن تتذكر فضل الله عليك، وأن تحمده كما ينبغي على هذه النعمة الكبرى. يجب أن نتذكر دائمًا أن الأسباب لا تعطي النتائج إلا بإذن الله تعالى، فمهما بذلت من جهد ووقت في التربية والتوجيه فإن التوفيق أولًا وأخيرًا من الله سبحانه. ونهيب بك في الوقت نفسه ألا تحكم على الأسر الأخرى التي لم تحظَ بنعمة استقامة الأبناء على الدين، فما أدراك بحالهم؟ ربما لم يدخروا جهدًا في التربية والتوجيه لكن قدَّر الله وما شاء فعل.

أما إذا كنت من الآباء الذين اختار أبناؤهم تطبيق الدين بطريقة مختلفة أو حتى قرروا عدم اتباع الإسلام من الأساس، فإننا ندعوك إلى اتباع نهج "انتظر وترقَّب ما سيجود به القدر". نعلم جيدًا أن ما نطلبه منك ليس بالأمر الهين، بل هو شاقٌّ جدًّا على النفس في هذا المُصاب الأليم، وعليه، ما دام ابنك لم يبلغ مرحلة العداء السافر للإسلام (المجادلة:٢٢؛ رجاء مراجعة الملحق أ)، فإننا نهيب بك ألَّا تقطع علاقتك به امتثالًا لأمر الله تعالى﴿ لاَ إِكْرَاهَ فِي الدين﴾[البقرة: ٢٥٦]، إذا كان المولى سبحانه وتعالى لم يُكرهنا على اتباع الدين، فهل لنا نحن البشر أن نخالف شرع الله ونُكره أبنائنا على الإيمان؟ إن الله عز وجل قد أهدى الإنسان العقل وجعل له إرادة ووهبه حرية الاختيار، ولو شاء لآمن من في الأرض جميعًا﴿لوْ يَشَآءُ الله لَهَدَى الناس جَمِيعًا﴾ [الرعد: ٣١]، ولكن الله

يريد أن يأتيه الإنسان محبًّا مختارًا وليس مقهورًا. وربما أهمية هذا المبدأ الأساسي في الدين الإسلامي تتجلّى بصفة خاصة في ظل ما نشهده حاليًّا من حالات المجاهرة بالتبرُّؤ من الدين والتقاليد. وقد كان أصحاب هذه الميول، فيما مضى، يخفون تشككهم في الدين امتثالًا لما تمليه الأعراف السائدة في المجتمع. ومع عصر العولمة والإنترنت، انقلبت الموازين وأصبح الخروج عن الثوابت والانسلاخ عن القيم المتوارثة ليس أمرًا عاديًّا فحسب، بل يحظى بالترحيب أيضًا. من هذا المنطلق، نناشدك، عزيزنا القارئ، ألا تقطع علاقتك بابنك أو تتخلى عنه.

كما ندعوك، عزيزنا القارئ، إلى عدم التخلي عن ابنك مهما كان اختياره، فإننا ندعوك أيضًا إلى عدم التخلي عن الأمل وعدم اليأس مهما طال الابتلاء. وتحضرنا في هذا المقام قصص أنبياء الله نوح وإبراهيم ولوط عليهم السلام وصبرهم على ابتلائهم في أهليهم الذين فضَّلوا الضلال على الهدى، لنستقي منها العبرة والأسوة الحسنة. ولعلك تجد السلوى والسكينة في قصة سيدنا نوح عليه السلام تحديدًا، الذي استمر حتى آخر لحظة في دعوة ابنه للانضمام إلى المؤمنين.

كم يسعدنا أن يكون الطبيب والفيلسوف والأديب المصري دكتور مصطفى محمود (١٩٢١-٢٠٠٩) مصدر الإلهام لمفهوم "انتظر وترقَّب ما سيجود به القدر". هذا المفكر الديني الكبير الذي قضى ثلاثين عامًا من حياته منذ سن الثالثة عشرة في رحلته المعروفة من الشك في وجود الله إلى الهدى والإيمان. يصف العالم الجليل رحمه الله حاله في السنوات الأولى من رحلته الشائكة بأنه كان مزهوًّا بعقله وموهبته في الكلام ووعيه الفكري المبكر، ما جعله يرفض عبادة الله لأنه استغرق في عبادة نفسه. ويعلِّق على سنوات دراسته بكلية الطب قائلًا: "وتعلمت في كتب الطب أن العلم يبدأ من المحسوس والمنظور والملموس، وأن ما لا يقع تحت الحس فهو في النظرة العلمية غير موجود، وأن

الغيب لا وجود له في الحكم العلمي"[1]. وما أشبه اليوم بالبارحة، فهذه الحجج نفسها التي يستند إليها شبابنا اليوم لتعليل تشكُّكهم في الدين والعقيدة.

ويشاء العلي القدير أن يكون العلم الذي جعله يتشكك في وجود الله هو نفسه الذي دله وأرشده إلى الله. وما إن اهتدى إلى الصراط المستقيم، حتى شرع د. مصطفى في رحلة من نوع آخر يسعى فيها إلى خدمة العلم والدين والإنسان، فترك لنا إرثًا نادرًا في ميادين الفكر الديني والعلم والطب والعمل الخيري التي تسطع بنورها إلى يومنا هذا. هذا المفكر الفذّ، الذي "بدأ الدين من أول السطر"، نجح بجدارة في مزج العلم بالدين، وأثبت أن العلم لم يكن إطلاقًا مناقضًا للدين بل إنه دال عليه، وذلك من خلال كتاباته وبرنامجه الشهير "العلم والإيمان" الذي جمع الناس من مختلف الأطياف حوله يتدبرون ويتأملون في آيات الله في الكون وهم يرددون "سبحان الله" إجلالًا لعظمة الخالق. ومن ثم، كانت قصة الدكتور مصطفى من أفضل الأمثلة التي نستشهد بها للآباء الذين يطلبون المشورة عندما يضل أبناؤهم الطريق، فنقول لهم: "انتظروا وترقبوا ما سيحدث، فربما يصبح ذاك الابن نسخة أخرى من مصطفى محمود".

ونود في الختام أن نوضح، عزيزنا القارئ، أننا حين ندعوك إلى منح ابنك فرصة الاختيار والصبر عليه، فذلك لا يعني أن تسمح له بتخطي الحدود المسموح بها في الأسرة، إذ لا يحق له بأي حال من الأحوال أن يفرض أسلوب حياته الذي يتعارض مع الإسلام على المنزل (مثل شرب الخمر، والسخرية من الإسلام، والعلاقات الجنسية، إلخ). وعليه، من كامل حقك أن ترفض بحزم هذه السلوكيات داخل منزلك، حتى لو لم يتقبل ابنك هذه الحدود عن اقتناع، فيتحتم عليه أن يتقبلها احترامًا للأسرة وقيمها.

---

[1] من كتاب رحلتي من الشك إلى الإيمان

الميول الجنسية

لقد تبين لي (نهى) من خلال عملي أن كثيرًا من الأسر المسلمة التي ينتمي أبناؤها إلى مجتمع الميم[1] تنتابهم حالة من الضياع والتشتُّت، نظرًا إلى أن المجتمعات المسلمة لم تتطرَّق حتى الآن إلى هذه المسألة على نحو واضح وصريح. ومن جانب آخر، شهد القرن الحادي والعشرون حركة عالمية تهدف إلى تطبيع الميول الجنسية لمجتمع الميم، من خلال تشجيع المنتمين إليه على الإعلان بفخر عن أنفسهم وعن علاقاتهم الجنسية المثلية. ومن ثمَّ، ازدادت الضغوط الرامية إلى التشكيك في الأحكام الفقهية التي تحرِّم العلاقات الجنسية المثلية ودحضها. وفي وسط هذا المشهد العالمي المعقَّد، يجد شباب مجتمع الميم أنفسهم بين شِقَّي الرَّحى، فهل يلتزم بالقيم والمبادئ التي نشأ عليها أم ينساق وراء الأعراف الثقافية الجديدة.

تختلف ردود فعل الآباء المسلمين إزاء الميول الجنسية لأبنائهم من مجتمع الميم، فإن بعضهم يتجاهل الموضوع إلى أن يفرض الواقع نفسه ويضطرهم إلى مواجهته، في حين يدخل بعضهم الآخر في مناقشات صريحة مع أبنائهم. في كل الأحوال، يواجه هؤلاء الآباء تحديًا شديد الوطأة يقلب حياتهم رأسًا على عقب، ما يستلزم اللجوء إلى أحد أخصائيي الإرشاد النفسي المسلمين للتوصل إلى أفضل الحلول بما يتلاءم مع خصوصية كل أسرة على حدة. أما بالنسبة إلى الآباء الذين يرفضون أساسًا الأخذ بحكم الدين في العلاقات الجنسية المثلية، فإن الموضوع لا يمثل لهم أي مشكلة، ومن ثمَّ لا تضيرهم تصرفات أبنائهم في شيء. نظرًا إلى أن القضية معقدة وذات أبعاد متشعبة، لا يتسع المجال لاستعراض مختلف ردود فعل الآباء، لذا سوف أكتفي (نهى) بهذه الأمثلة من واقع خبرتي في أثناء ممارسة عملي:

- الحب والتعاطف. يستوعب هؤلاء الآباء الآراء الدينية والضغوط الاجتماعية السائدة على حد سواء. إنهم يميزون الفرق بين الميل الجنسي الذي لم يتخطَّ

---

[1] المثليات، والمثليين، ومزدوجي الميل الجنسي، والمتحولين، والمتشككين في هويتهم وميولهم الجنسية.

مرحلة الانجذاب والمشاعر، وبين الوقوع في المحظور، لذا يتمكنون من مناقشة الموضوع مع أبنائهم على نحو صريح ومتفتح. إنهم يشجعون أبناءهم ويدعمونهم من أجل التركيز على تقوية صلتهم بالله تعالى، كي يهديهم إلى أفضل السبل للتعامل مع ميولهم الجنسية بما يتفق مع خُلُق العفة في الإسلام. (رجاء مراجعة الفصل السابع).

- الشعور بالصدمة والخوف ثم التفهُّم التدريجي للمسألة. هؤلاء الآباء لم يتخيلوا يومًا أن هذه المسألة سوف تطالهم في عقر دارهم. بعد مرور مرحلة الصدمة والإنكار، يبدؤون في طلب المعونة من أئمة الدين والأطباء النفسيين المسلمين. إنهم يتقبلون رويدًا رويدًا ميول أبنائهم الجنسية، مع الاستمرار في التمسك بموقفهم الواضح من العلاقات الجنسية المثلية.

- الشعور بالصدمة والخوف مع الافتقار إلى فهم المسألة على نحو كامل. يركز هؤلاء الآباء كل جهدهم على تغيير توجهات أبنائهم الجنسية عن طريق أساليب تعسفية، مثل إجبارهم على الخضوع للعلاج النفسي الذي يعمل على تحويل ميولهم الجنسية نحو الجنس الآخر، على الرغم من ثبوت عدم فاعليته. وفي أحيان أخرى، قد يرغمون أبناءهم على الزواج بمن ينتمون إلى الجنس الآخر لتجنب الوصم المجتمعي، على أمل أن يقتنع أبناؤهم بأنهم يميلون بالفعل إلى الجنس المغاير. وللأسف هذا الحل محكوم عليه بالفشل أيضًا.

على الرغم من صعوبة هذه المواقف على الآباء، غير أن أشقها وأكثرها مرارة على الإطلاق عندما يرفض الأبناء السير على هدي الإسلام ويدخلون في علاقات جنسية مثلية علنًا. عندئذٍ يقع الآباء في مأزق صعب بين اختيارين لا ثالث لهما: إيثار حب الله بالتزام أمره وتجنب ما نهى عنه من علاقات جنسية مثلية، أم تغليب حب الأبناء وتقبل أفعالهم؟ لعل السؤال الذي يطرح نفسه: ما حدود مسؤوليتنا إزاء أبنائنا؟ صحيح أن الأبناء يتحملون مسؤولية عملهم أمام الله ولن يحمله عنهم آباؤهم كما يقول الله في كتابه

العزيز ﴿أَلَّا تَزِرُ وَازِرَةٌ وِزْرَ أخرى﴾[1]، لكن حقهم علينا في تقديم التوجيه والنصح والإرشاد يظل مسؤولية كبرى سوف نُسأل عليها بين يدي الله عز وجل "كلكم راعٍ وكلكم مسؤولٌ عن رعيته". ومن ثمَّ، ندعوكم أعزاءنا الآباء إلى أخذ ما يلي في الاعتبار:

- لا يجوز للمسلم أن ينصب نفسه حَكَمًا على غيره. إنما الحاكم هو الله جل جلاله ﴿إِنِ الْحُكْمُ إِلَّا لِلَّهِ﴾ [الأنعام:٥٧] عالم الغيب والشهادة ﴿وَاللَّهُ يَعْلَمُ وَأَنْتُمْ لَا تَعْلَمُونَ﴾ [البقرة: ٢١٦]. من هذا المنطلق تجنبوا أساليب التعيير والتجريح والإهانة والسخرية واجعلوا الحب والتعاطف عنوان تعاملكم مع أبنائكم. طبقوا القواعد والحدود في تعاملكم معهم وفي بيوتكم من باب الاعتزاز بقيمكم ومبادئكم وليس من باب الحكم عليهم.
- من المهم أن تكون الحدود والقواعد واضحة، والتي تختلف من أسرة لأخرى حسب ظروفها والقيم والمبادئ التي تؤمن بها. فمثلًا بعض الآباء يكتفون بمناقشة المسألة مع أبنائهم وشرح موقفهم من ميولهم الجنسية، ثم يحظرون فتح باب الحديث عن الموضوع نهائيًا. في حين أن آباء آخرين لا يسمحون باستقبال الطرف الآخر في المنزل.
- قطع العلاقة مع الأبناء لا بد أن يكون الحل الأخير، وفي حالة واحدة فقط عندما يعجز الآباء عن التوفيق بين قيمهم وتصرفات أبنائهم التي أصبحت تؤثر تأثيرًا مباشرًا فيهم داخل بيوتهم. وبهذا الحل القاسي يكون الآباء قد حسموا أمرهم بأن صدقهم مع أنفسهم وتمسكهم بقناعاتهم يتعارض مع إبقاء العلاقة مع أبنائهم. يساعد الإرشاد النفسي هذه الأسر على إيجاد السكينة والطمأنينة في هذا الموقف المؤلم، مع الاستمرار في توصيل رسالة حب إلى أبنائهم.

---

[1] [النجم: ٣٨]

من واجبي (نهى) التأكيد على نقطة بالغة الأهمية: إن إجبار الأبناء ذوي الميول الجنسية المثلية على الزواج بمن ينتمون إلى الجنس الآخر لن يؤدي سوى إلى الألم والمعاناة. هذا ما رأيته من واقع عملي في الإرشاد النفسي مع الكثير من هذه الزيجات. إن الجمع بين الطرف الأول ذي الميول الجنسية المثلية والطرف الثاني ذي الميول الجنسية المغايرة يتسبب في مشكلات عويصة تتعلق بالمعاشرة الزوجية، بما أن الطرف الأول يكون زاهدًا في ممارسة العلاقة الحميمية، أو تتعذر عليه ممارستها. في أغلب الأحيان، لا تكون لدى الطرف الآخر أدنى فكرة عن ميول شريك حياته الجنسية، ومع ذلك قد يتحمل وحده اللوم عن فشل العلاقة الجنسية. بل الأكثر مرارة أنه، في بعض الحالات، يظل ضحية الشعور بالذنب والخزي حتى بعد حدوث الطلاق، نتيجة الاستمرار في التكتم على حقيقة الميول الجنسية للطرف الأول. وبذلك، يتحمل عبء هذا الخزي الذي لا يد له فيه طوال حياته. وليس معنى ذلك أن الشخص المنتمي إلى مجتمع الميم لا يمكنه الزواج بشخص ذي ميول جنسية غيريَّة، ولكن بشرط أن تكون هذه رغبته بالفعل، مع الالتزام بتوخّي الشفافية والوضوح مع الطرف الآخر منذ البداية لتفادي تألم ومعاناة جميع الأطراف. وهذا ما ينص عليه رأي جمهور العلماء، بأنه في حالة تكتم أحد الزوجين على العيوب التي لا تتحقق معها مقاصد الحياة الزوجية من السكن والمودة والرحمة، فللطرف الآخر حق فسخ عقد الزواج (سابق، ١٩٨٣-المجلد الثالث).

وفي الختام نناشد المجتمع بأسره نبذ اتخاذ المواقف التي تسيء إلى الأشخاص المنتمين إلى مجتمع الميم، سواء من خلال الإهانة، أو التعيير، أو السخرية. ندعوكم، أخواتنا وإخوتنا الأعزاء، إلى تمييز الفرق بين الميل الجنسي الذي لم يتخطَّ مرحلة الانجذاب والمشاعر، وارتكاب الفاحشة. من نحن كي نحاسب أو نصدر أحكامًا؟ إنما من سيحاسب البشر وقلوبهم ونواياهم هو الله تعالى وحده. أوَليس الأحرى بنا أن نتبع هَدْي وخُلُق نبينا صلى الله عليه وسلم في رقي التعامل مع الناس كافةً حتى الكفار منهم؟ يضرب لنا الرسول الكريم صلى الله عليه وسلم أروع الأمثلة التي لا حصر لها في محبة الناس واحترامهم ومراعاة مشاعرهم وحفظ كرامتهم والتعاطف معهم، بصرف النظر عن الاختلافات في الآراء والمبادئ والتوجهات. يقول الله تعالى:﴿لَنَا أَعْمَالُنَا وَلَكُمْ أَعْمَالُكُمْ

سَلَامٌ عَلَيْكُمْ لَا نَبْتَغِي الْجَاهِلِينَ. إِنَّكَ لَا تَهْدِي مَنْ أَحْبَبْتَ وَلَٰكِنَّ اللَّهَ يَهْدِي مَن يَشَاءُ﴾ [الإسراء: ٥٥-٥٦].

الزواج

يسعى الإنسان -في مرحلة الشباب-إلى الصحبة والعلاقات العاطفية، وتعد هذه إحدى المحطات المهمة في مسيرة تطور الشخصية. في هذه المرحلة، يجد الإنسان نفسه أمام قرارين مصيريين: الأول اختيار المسيرة المهنية التي تتوافق مع أهدافه، والثاني اختيار شريك الحياة الذي يتقاسم معه أحلامه وطموحاته. عند الإقدام على اتخاذ خطوة الزواج، عادةً ما تنشأ النزاعات بين الآباء والأبناء، إما بسبب عدم ثقة الآباء بمدى جدية أبنائهم والتزامهم بمسؤولية الحياة الزوجية، أو بسبب اعتراض الآباء على اختيارات الأبناء لانعدام التكافؤ أو التوافق بين الطرفين من وجهة نظرهم. وتجنبًا لحدوث مثل هذه المصادمات، يجب إجراء حوارات مبكرة مع الأبناء يوضح فيها الآباء معايير اختيار الزوج أو الزوجة من ناحية القيم والمبادئ والمواصفات العامة التي يسترشد بها الأبناء في أثناء البحث عن شريك العمر. (رجاء قراءة "العلاقات العاطفية والجنسية" الفصل السابع).

اكتشفتُ (منيرة) من واقع عملي -في تقديم المشورة للشباب المقبلين على الزواج-أن نسبة ٧٥% منهم يعانون من مشكلة تدخل الآباء في اختياراتهم. ويرجع السبب في ذلك إلى أن كثيرًا من الآباء المسلمين لا يتقبلون بسهولة خروج أبنائهم من عباءتهم، ومن ثم يستمرون في معاملتهم على أنهم أطفال يجب عليهم السمع والطاعة لنصائحهم واختياراتهم لشريك الحياة (رجاء قراءة مقال البرُّ الأعمى). ومع الأسف أن أسس هذه الاختيارات لا تمت إلى تعاليم الدين بصلة، ولكنها تستند إلى معايير دنيوية مثل العِرق والحسب والنسب والهوية الثقافية.

يصعب على هؤلاء الآباء التنازل عن "دور البطولة" والشعور بأهميتهم القصوى في حياة أبنائهم، لذا يرفضون الاعتراف بأن أطفال الأمس الذين كانوا يعتمدون عليهم في كل أمور حياتهم قد أضحوا شبانًا وفتيات يريدون الاستقلال بحياتهم الجديدة مع زوجاتهم

وأزواجهن. لا يجني الآباء من هذا الإصرار على التمسك بدورهم المركزي ومقاومتهم للتغيير الطبيعي الذي يحدث في الأسرة سوى المعاناة والوقوع في دوامة من التوتر والنزاعات.

وهكذا يضع الآباء الأبناء في مأزق صعب، إذ كيف تتسنى لهم الموازنة بين تطلعات آبائهم واحتياجاتهم الشخصية، في حين هم في أمس الحاجة إلى تركيز كل طاقاتهم نحو تأسيس حياة زوجية ناجحة؟ لذلك، يقع الكثيرون منهم في صراع دائم بين حرصهم على احترام آبائهم وإرضائهم من جهة وحقهم في اختيار الطريقة التي يعيشون بها حياتهم من جهة أخرى. والنتيجة في أغلب الأحوال أنهم يجدون أنفسهم تحت وطأة هذه الضغوط عاجزين عن مواصلة حياتهم الزوجية على نحو طبيعي.

ما من شك في أننا لا نبتغي في النهاية سوى سعادة أبنائنا ونجاحهم في حياتهم الزوجية. ولكن تحقيق هذا الهدف يتطلب منك -عزيزنا القارئ- اتباع وصفة بسيطة نلخصها في الخطوات التالية:

- سلِّم أبناءك دفة القيادة، وثق باختياراتهم واحترمها.
- زواج الابن/ الابنة امتداد طبيعي لنموهم ونضوج شخصياتهم. استمتع بالمرحلة واحصد معهم ثمرة المشوار الطويل الذي قطعتموه معًا، واغتنم فرصة مشاركتهم مشوارهم الجديد كي تصنعوا معًا أكبر قدر من الذكريات الجميلة.
- ابنك لم يعد ابنك فحسب، بل أصبح هو وزوجته أسرة مستقلة، وكذلك ابنتك أصبحت هي الأخرى مع زوجها أسرة مكونة من فردين. ركز على بناء علاقة إيجابية مع هذه الأسرة الجديدة، واستثمر جهدك في تغذية هذا الفرع الجديد بالحب والتفاهم والدعم، كي ينمو ويشتد عوده في مواجهة معترك الحياة.
- تدعيم الزوجين وإعانتهما بصدق على بناء أسرة قوية ومتماسكة.
- إيجاد نوع من التوازن بين رؤى الآباء وأهداف الزوجين، مع مراعاة طبيعة العلاقة بينهما وخصوصية شخصية كلٍّ منهما.

- وضع حدود صحية في العلاقة مع الزوجين من خلال تجنُّب التطفُّل على حياتهما، سواء من خلال إسداء النصيحة أو التدخل لحل الخلافات.
- تشجيع الزوجين على عدم الشكوى وتخطي الأزمات والخلافات فيما بينهما والاستعانة بمتخصصي المشورة الزوجية إن لزم الأمر.
- اغتنم الفرصة لبث الروح في حياتك الزوجية واستعادة رونقها.
- وهكذا ينعم الجميع -سواء الأسرة الجديدة أو الأسرة الأم-بحياة تتسم بالانسجام والتناغم، وفوق كل شيء بالمودة والرحمة.

المسار المهني

يبدأ الأبناء في هذه المرحلة في تفقُّد فرص التوظيف المتاحة وتحديد مساراتهم المهنية. وسواء كانت اختياراتهم تتوافق مع أحلام الآباء أو تتعارض معها، فإن نصائح الآباء تظل بالتأكيد من أغلى الهدايا التي يمكن أن يقدموها للأبناء. وتعتمد مسألة طلب النصح من الآباء فيما يتعلق بالمسار المهني على طبيعة العلاقة بين الطرفين. في كل الأحوال، إذا شعر الآباء بأن الأبناء يعانون من التشتت وفقدان الهدف، فعليهم التحدث معهم حديثًا وديًّا من القلب للقلب بهدف أن يفضي كل طرف بما يدور في نفسه من مشاعر وخواطر، فيعبِّر الأبوان عن قلقهما وحرصهما على دعم أبنائهما، ويعبِّر الأبناء عما يعانونه من مصاعب، على أن ينحصر دور الأبوين في هذه الحالة في الملاحظة والتوجيه.

لا يخفى على أحد أن التدهور الاقتصادي العالمي في الآونة الأخيرة قد ألقى بظلاله على المجتمع بكامله ومن ثمَّ الأسرة. ومن تداعياته تأخُّر سن الزواج للشباب والفتيات على حد سواء نظرًا إلى ارتفاع تكاليف الزواج، ما أدى إلى امتداد إقامة الأبناء في منزل الأهل بعد الاستقلال ماديًّا وعمليًّا. وللحيلولة دون تعقيد الوضع، يجب وضع الحدود والتوقعات المنتظَرة من كل طرف في الأسرة من أجل التعايش في سلام. يجب على الأبناء التصرف بوصفهم راشدين بالفعل، ومن أمثلة ذلك: المساهمة في مصروف البيت، المساعدة في شؤون المنزل، وتحضير الوجبات، وتولي أمورهم الشخصية من غسيل ملابس

وخلافه، وما إلى ذلك من أمور. كما يجب على الآباء توضيح مقدار الدعم -سواء المادي أو المعنوي- الذي يتسنَّى لهم تقديمه للأبناء.

استعرضنا في هذا الفصل أوجه الخلاف المحتملة بين الآباء والأبناء في مرحلة الرشد مع الحلول المقترحة. غير أن الحل السحري الذي يلخص دوركم، أعزاءنا القراء، في هذه المرحلة يتمثل في النصيحة التي نؤكد عليها دائمًا وأبدًا: سلمهم دفة القيادة. لا ننكر أنه من أصعب الحلول على كل أم وأب، ولكنه يظل في النهاية الحل الأوحد بل والأمثل أيضًا.

الأمهات العزيزات.. الآباء الأعزاء، في ختام رحلتنا مع التربية، نسأل الله تعالى أن نكون قد ساهمنا في تسليحكم بالأدوات الفعالة، والأفكار الثاقبة، والبصيرة النافذة التي تعينكم على أداء رسالتكم على أكمل وجه. حفظ الله لكم أبناءكم وأقر أعينكم بهم ورزقكم دعواتهم حين تنقطع أعمالكم. وفي الجزء التالي نقدم لكم مقالات "من واقع الحياة"، التي تتناول مجموعة متنوعة من الموضوعات المتعلقة بالتربية.

الجزء الرابع
مقالات متنوعة

التربية الإيجابية بين المغالطات والحقائق

نهى الشقيري

خلال زياراتي "نهى" للعالم العربي في السنوات القليلة الماضية، لمست مباشرةً مدى انتشار المغالطات والانتقادات عن التربية الإيجابية في المنطقة. ومن أجل توضيح الأمور وإزالة اللَّغط، أتعرض هنا لبعض الانتقادات التي تفتقر إلى الدقة والمعرفة الحقيقية بالتربية الإيجابية، وُجهت إلى التربية الإيجابية من غير علم ولا دقة.

إيجابية أم تفريط؟

على ما يبدو أن هناك من يزعم أنه يُطبق التربية الإيجابية، في حين أنه، في واقع الأمر، يُطبق فلسفة قد تتسم بالإيجابية ولكنها ليست المقصودة في هذا الكتاب. كما قلنا في أول الكتاب، فإن اسم التربية الإيجابية عام، ولذا عندما ينتقد أحدهم التربية الإيجابية بلسان لاذع، لا بد من أن نسأل هل هو فعلاً يتحدث عن التربية الإيجابية المبنية على فلسفة آدلر؟ أم هو ينتقد فلسفة أخرى سُميت بالإيجابية ولكنها ليست المقصودة هنا.

سمعنا من كثير ممن لا يعرفون ما هي التربية الإيجابية الشكاوى التالية:

- أطفال ليس لهم "كبير"
- أطفال منفلتون ليست لهم حدود
- فوضى عارمة وانعدام نظام وروتين: مواعيد نوم واستيقاظ محكومة بالشاشات والإلكترونيات، طعام غير صحي فقط من أجل أن يأكل الطفل أي شيء، إلخ.
- أطفال رغباتهم تُسَيّر الآباء والأمهات
- آباء وأمهات لا يعرفون كلمة "لا"
- أطفال لا يحترمون مُدرسيهم ومن حولهم

- أطفال يعتقدون أنهم مِحْور الكون وأن من حولهم وُلدوا لخدمتهم
- آباء وأمهات في حالة ذعر مستمر خوفًا من أن يصيبوا أولادهم بجروح نفسية غائرة

إذا حللنا هذه الشكاوى والانتقادات السابقة نُلاحظ أمريْن. أولهما أنها تخلو من أي إشارات للحزم أو الضبط في الأسرة. الأمر الثاني أنها انعكاس لأسلوب تربية-إن جاز أن يُسمَّى تربية-يتسم بالفوضى والتسيُّب. وإن كان ذلك يدل على شيء، فإنه يدل على أن بعض الناس قد أطلقوا وصف "الإيجابي" على أسلوبهم في التربية لمجرد حرصهم الشديد على خلوه من أي تعسف أو تسلط. لكن في غمرة حرصهم هذا، قد تخلَّوا أيضًا عن أي شكل من أشكال الحزم. لقد اختلط عليهم الحابل بالنابل، فلم يستطيعوا تمييز الفرق بين التسلط والتعسف وبين الحزم، شتان بين هذا وذاك، ذلك أن التسلط والتعسف مرفوضان جملةً وتفصيلًا، في حين أن الحزم جزء أساسي ولا غنى عنه في التربية الإيجابية. لذا عزيزي القارئ إذا سمعت بأن أسرة ما تستخدم التربية الإيجابية وأطفالهم ليس لهم "كبير" ولا حدود يحترمونها، فتأكد تمامًا أن التربية الإيجابية بريئة براءة الذئب من دم ابن يعقوب مما يقولون، وأن هذه الأسرة، في أغلب الظن، تتبع الأسلوب المتساهل في التربية.

نأمل أننا قد استطعنا خلال فصول الكتاب المختلفة التأكيد على أن الحزم جزء لا يتجزأ من التربية الإيجابية مثله مثل الحنان. ونُلخِص هنا بعض الأفكار التي تُلقي الضوء على تطبيق الحزم في التربية الإيجابية:

- كلمة "لا" أساسية في التربية لا بد منها، ولكن المهم استخدامها في مكانها الصحيح وبحدود حتى لا تفقد فعاليتها. الإفراط في "لا" ينتج عنه أطفال يسْتَخْفون من أهاليهم أو يسْتَقْوون عليهم، والتفريط في "لا" ينتج عنه أطفال لا يعرفون حرمة ولا حدودًا.
- الحزم يتطلب وجودًا وحضورًا وجهدًا. فلا يُمكن للأب والأم أن يملكا زمام الأمور وهما غائبين عن الساحة، لأن الحزم يأخذ مجراه في أثناء التفاعل الذي يحدث

تلقائيًا بين أفراد الأسرة على مدار مواقف الحياة اليومية وتفاصيلها الصغيرة، لذا لن ينتظر رجوع أحد إلى البيت.

- الحزم يستدعي أن أطفالك لن يكونوا سعداء دومًا بمواقفك وقراراتك. وعندما تثبت على كلمتك ولا تخضع لاستيائهم وتذمرهم، فإنك تعلِّمهم أن الحياة لن تسير دائمًا وفقًا لمشاعرهم ورغباتهم، وبذلك تضع اللبنة الأساسية لتعلُّمهم مهارات الصبر، والجلد، والتعاون، والاحترام.
- الحزم يقتضي أن للأب والأم قرار الفيتو بعد أن يتم حوار بنَّاء بين الجميع (وفي بعض المواقف الأساسية من غير حوار). هذا يعني أيضًا أن الأبناء قد لا يقتنعون تمامًا بوجهة نظر الأب أو الأم في معظم الأحيان.
- الحزم السليم في التربية مبني على مبدأ أن الإنسان غير كامل -فالكمال لله وحده-ومن الطبيعي أن يُخطئ. ومن أعظم الرسائل التي تُلَقن للأطفال هي ألا تتحول أخطاؤهم إلى عقد نفسية بل أن يَسْعَوا للتعلم منها وإصلاحها بالشكل المناسب.
- الحزم مبني على الاعتقاد الراسخ أن الأطفال لن يَشُدوا أزرهم في الكِبر إلا إذا تعودوا مواجهة الحياة منذ الصِغر، وأن الأطفال قادرون على تحمل صعوبات كل مرحلة عمرية بمساعدة الأهل ودعمهم. إن الأهل الذين يظنون أنهم يُحسنون صنعًا بحماية أولادهم من تحمل المسؤولية وهم صغار، لا يدركون أنهم يكبلون أجنحتهم فلا يستطيعون الطيران حين يحين الأوان.

ولقد ضربنا أمثلة كثيرة على تطبيق الحزم في الأسرة التي تجدها عزيزي القارئ في مناقشة الأدوات التالية:

- احسم الأمور التي تملك السيطرة عليها
- أخبرهم الواقع دون مجاملة أو تجميل
- اقتصد في قول لا
- التربية شيء والإقناع شيء آخر

- العواقب الطبيعية
- العواقب المنطقية
- المصروف
- جراب الحاوي
- دعهم يعتمدون على أنفسهم
- من الأخطاء يتعلم طفلك مهارات الحياة.

كيف سيتعلم الطفل عواقب تصرفاته والتربية الإيجابية تخلو من العقاب؟

هناك الكثيرون الذين يؤمنون أن الحزم يأتي في صورة عقاب الأطفال كلما أساؤوا التصرف. وكما ذكرنا أعلاه فإن صور الحزم في التربية الإيجابية متعددة وتعتمد على مواجهة الطفل الحياة منذ سن مبكرة في ظل مساندة الأهل ودعمهم. وفي هذه المواجهة للحياة تكمن فرص تعليم الأطفال عواقب تصرفاتهم. مثلًا يُضيِّع الطفل مصروفه بسبب إهماله فتكون النتيجة الطبيعية أن عليه الانتظار للشهر المقبل حتى يحصل على المصروف الجديد، مثله مثل أي راشد يفقد مرتبه وليس بإمكانه تعويضه من عمله. بعض الأهالي قد يشعرون بالحزن والأسى على الطفل الذي فقد مصروفه وقد يقولون "ما زال صغيراً، سأعوضه هذه المرة وأؤكد عليه أن يحرص على مصروفه في المستقبل". عندما يتدخل الأهل على هذا النحو لحماية الطفل من مواجهة الحياة، فإنهم يخسرون فرصة رائعة لتعليمه مهارات الحياة. الطفل سيتعلم الحرص إذا تركه الأهل يعاني من فقدان مصروفه بينما الطفل الذي عُوِض عن

> **"إن لم يَصُنْ خُلقَ الصغار مهذبٌ**
> **ماذا يحاولُ وازعٌ ومُشَرِّعُ**
> **أو لم يكنْ أدبُ السجايا رادِعً**
> **للناشئينَ هل العقوبةُ تَرْدَعُ"**
>
> جبران خليل جبران

مصروفه الضائع سيخرج من التجربة قائلاً لنفسه: "أمي وأبي سينقذانني من كل مصيبة أقع فيها". ولكن كيف لهما أن ينقذاه من مصائب أكبر في الحياة؟ كما ترى عزيزي القارئ فإن التصرف الحازم بأن يترك الأهل الطفل يُعاني من ضياع مصروفه لم يشمل العقاب. وفيما يلي **نُعرِّف ما هو العقاب حتى نُميزه عن العواقب المنطقية** ونتعرض لآثاره السلبية في نفسية الأطفال.

بادئ ذي بدء ما تعريف العقاب؟ إن تعريفنا للعقاب يتضمن استخدام العقاب الجسدي لإخضاع الطفل والسيطرة عليه (مثل صفعه على مؤخرته، أو ضربه بالأيدي أو بأي أداة أخرى)، أو حرمان الطفل من الامتيازات (مثل لقاء الأصدقاء، أو اللعب، أو مشاهدة التلفاز)، أو حرمانه من ممتلكاته الشخصية (مثل المصروف أو التليفون المحمول، أو الكمبيوتر). العقاب في مفهوم التربية الإيجابية هو أي تصرف أو قرار من طرف الأهل يتصف بأحد الأمور التالية:

١. لا علاقة له بالمشكلة. مثلاً أن يُضرب الولد لأنه لم يؤدِ واجبه المدرسي.
٢. لا يتسم بالاحترام. مثلاً أن يقف الطفل أمام زملائه بينما مُدرسه يُعايِره ويهينه.
٣. مبالغ فيه أنه يفوق حجم المشكلة بكثير. مثلاً أن يُحرم الولد من زيارة أصحابه لمدة سنة كاملة لأنه سقط في امتحان الفيزياء.
٤. غير مُجدٍ في حل المشكلة. مثلًا أن يُمنع الطفل من الذهاب إلى النادي لأنه لا يستيقظ في الوقت المناسب للذهاب إلى المدرسة.

ارجع بذاكرتك عزيزي القارئ لطفولتك. هل تذكر حادثة واقعة ما تتسم بأحد الأمور السابقة؟ أذكر أنني نسيت ذات مرة أداء الواجب المدرسي عندما كنت في الصف السادس الابتدائي، فكان عقابي أن المعلمة ضربتي بالمسطرة على راحتَي يداي (لا علاقة للضرب بالواجب المدرسي). ما أذكره جيدًا أن العقاب قد أدى إلى اتساع المسافة بيني وبين هذه المعلمة -التي كانت مشهورة بقسوتها-ولم يُحفزني على أن ألتزم بأداء واجبي لأنني كنت أساسًا أهتم بأدائه دون الحاجة إلى ترغيب أو ترهيب منها. كما أتذكر تمامًا وقوفي مرفوعة الرأس في أثناء تلقي الضربات لأنني، وإن كنت معترفة بخطئي كنت أرى أن هذا الأسلوب ليس مجديًا ولا محترمًا. وكانت النتيجة أني قررت منذ ذلك الحين إخفاء

أي خطأ أقوم به حتى لا أتعرض لهذا الموقف مرة أخرى. وَلم أتراجع عن قراري هذا طوال فترة طفولتي حتى تغلبت عليه في الكِبر، واتخذت قرارًا مُغايرًا بأن أعترف بخطئي لأنه لا يُمثل من أنا.

أدعوك، عزيزي القارئ، إلى كتابة الأجوبة على الأسئلة التالية:

- ما رأيك في استخدام أسلوب العقاب؟
- ما تجربتك مع العقاب؟
- ما القرارات التي اتخذتها في حياتك بناءً على تجربتك مع العقاب؟

هناك الكثيرون الذين سيؤكدون أنهم ضُربوا أو أُهينوا أو حُرموا وأن هذا أدّبَهم وأفادهم. لن أُناقش من كانت هذه تجربته، ولكن سأسألهم هل وجدوا أيضًا في حياتهم من كان يشجعهم وآمن ويؤمن بهم وبقدراتهم؟ وسأتساءل عما إذا كان هذا هو السبب في تخفيف أثر العقاب في حياتهم. من خلال عملي في عيادتي رأيت الآثار النفسية للعقاب البشري التي تحدثت عنها جيْن نِلسِن (٢٠١٦، ص ١٣) عندما يُستخدم **كالوسيلة الوحيدة** للتربية:

١. النقمة: "هذا ليس عدلًا، أنا لا أثق بالكبار"
٢. الانتقام: "حسنًا فلينتصروا الآن، ولكنني سوف أنال منهم فيما بعد"
٣. التمرد: "لن أنصاع لما يريدون، بل سأفعل العكس تمامًا"
٤. الانطواء والانزواء عن طريق:

- التخفي والمراوغة: "سأفعل ما أريد من وراء ظهورهم"
- تقييم الذات السلبي: "أنا شخص سيئ"

عزيزنا القارئ، هل ترى نفسك في أي حالة من الحالات السابقة؟ عادةً ما تتجلى هذه النتائج عندما يكون العقاب هو **الوسيلة الوحيدة** التي يستخدمها الآباء في تأديب أبنائهم. وعندما يصبح هؤلاء الأبناء آباءً فيما بعد، غالبًا ما يندرجون ضمن ثلاث فئات هي:

الفئة الأولى: تتضمن الآباء الذين عانوا في طفولتهم من مرارة ألم العقاب، ولكنهم لم يتمكنوا من اتخاذ القرار الحاسم بشأن تربية أبنائهم بطريقة مختلفة. ونظرًا إلى أنهم لا يعرفون سوى الأسلوب القائم على العقاب في التربية، يورِّث هؤلاء الآباء وسائل القمع نفسها التي نشؤوا عليها من جيلٍ إلى جيل. ويمكن أن تستمر هذه الحلقة المفرغة إلى ما لا نهاية، إلا إذا حدث وتنبَّه أحد أفراد الأسرة وعزم على النظر بتروٍّ في العملية التربوية. ويكمن التحدي الرئيسي الذي يواجه هذه الفئة في مدى قدرتها على تنمية وعيها الذاتي بعملية التربية.

الفئة الثانية: تتضمن الآباء الذين اتخذوا قرارًا واعيًا بتجنب استخدام أساليب العقاب في التربية. غير أنهم، في غمرة حماسهم وحرصهم على تفادي أساليب آبائهم، يندفعون نحو الاتجاه المعاكس تمامًا ويطبقون الأسلوب المتساهل بحذافيره. ولعلك تتذكر عزيزنا القارئ المشكلات المصاحبة لهذا الأسلوب كما عرضناها في الفصل الثاني (وكما ذكرناها في أول هذا المقال). وإذا حاول هؤلاء الآباء التحول إلى الأسلوب المتوازن، قد تفتر عزيمتهم لاعتقادهم أن استخدام الحزم سوف يؤدي إلى نفور أبنائهم منهم. لذلك قد يدفعهم خوفهم من فقدان حب أبنائهم إلى العودة مرة أخرى إلى التساهل. ويكمن التحدي الرئيسي الذي يواجه هذه الفئة في القدرة على المداومة على أسلوب الحزم دون اللجوء إلى العقاب.

الفئة الثالثة: تتضمن الآباء الذين يمقتون أساليب العقاب التي تعرضوا لها في طفولتهم، وفي الوقت نفسه يعانون من التخبُّط إزاء كيفية التعامل مع أبنائهم، وبناءً عليه، يعقدون العزم على اكتساب المعرفة وتثقيف أنفسهم عن التربية. ويكمن التحدي الرئيسي الذي يواجه هذه الفئة في القدرة على تمييز الأساليب التربوية السليمة في خضم النظريات المتضاربة المعروضة على الساحة حاليًا.

بالإضافة إلى هذه الفئات الثلاث، توجد فئة أخرى من الآباء الذين يؤيدون بشدة استخدام العقاب في التربية. ولِم لا وهم يؤمنون بأن الضرب كان الجزاء العادل لسلوكياتهم الخاطئة، ولم تكن له أي آثار سلبية على حياتهم، بل آتى ثماره وتعلموا منه الدروس والعبر. وبناءً عليه، ما المانع، في نظرهم، من استخدام العقاب في تربية أبنائهم.

ومن المهم أن نوضح لهذه الفئة أن الأسلوب التربوي الذي نشؤوا عليه لم يقتصر في الأغلب على العقاب فحسب، وإنما اشتمل أيضًا على الحوار والنقاش والمشاركة والاحترام المتبادل، وما إلى ذلك من الوسائل. وعليه، كانت المحصلة النهائية أنهم ما زالوا يتمتعون بعلاقات قوية مع أسرهم الأصلية بعد أن انفصلوا عنها وكوّنوا أسرهم الجديدة. وإن دل ذلك على شيء، فإنما يدل على أن العقاب لم يترك في نفوسهم هذا الألم النفسي البالغ الذي يعاني منه حتى الآن آباء الفئات الثلاث المذكورة أعلاه. لذلك، يسعدنا أن ندعوكم إلى التركيز على استخدام أدوات التربية الإيجابية التي سوف تسهم بالتأكيد في بناء أسرة متماسكة وأكثر ترابطًا.

عندما نسأل الآباء لِمَ يستخدمون أساليب العقاب في التربية، يجيب كثيرون منهم بأنهم يهدفون إلى تلقين أبنائهم الدروس والعبر التي تنفعهم في الحياة. والمفارقة أن العقاب بالفعل يلقّن الطفل دروسًا، ولكنها مع الأسف دروس مؤلمة في القهر وضعف الإرادة وتثبيط الهمة؛ لأن **العقاب، عندما يكون الوسيلة التأديبية الوحيدة، يشوّه نفسية الطفل ويصيبها بجروح عميقة لا تلتئم بمرور الزمن**، ومن ثم تتكون بداخل الطفل، بطريقة لا شعورية، اعتقادات معتلّة تعوقه عن تكوين علاقات اجتماعية سوية، وقد ينتهي به الأمر إلى أن يصبح إحدى الشخصيات التالية في الكِبر:

- الشكّاك: يبدو هذا الشخص متحفظًا وبعيد المنال في البداية. قد يمنح الآخرين ثقته عندما يتأكد من معدنهم الحقيقي مع مرور الوقت، غير أنها عادةً ما تكون ثقة هشة تغلب عليها الشكوك وسوء الظن.
- المنتقم: هو الشخص الذي يسعى إلى الانتقام بسبب تجارب الطفولة المؤلمة. وهو سريع الانفعال ولا يتورع عن التطاول على الآخرين وإهانتهم لأتفه الأسباب.
- الخنوع: هو شخص سهل الانقياد والخضوع للغير. يفتقر إلى الثقة بالنفس، ويعجز عن اتخاذ قراراته بنفسه، لذا يترك زمام أموره للآخرين.

- الضحية: هو الشخص الذي تسيطر عليه فكرة أن العالم كله يتآمر عليه، وأنه مُستهدَف من قِبل كل الناس، ويشعر بأنه قليل الحيلة ومغلوب على أمره في كل أمور حياته.
- الفتوة: يسعى هذا الشخص دائمًا إلى فرض سيطرته على الآخرين، فهو لا يشعر بالأمان إلا إذا كان هو سيد الموقف.
- المتخفّي: هذا الشخص غير ودود، وأبعد ما يكون عن الصراحة والوضوح. يخفي مشاعره وأفكاره الحقيقية خشية التعرض للنقد والسخرية.

وهكذا، يتضح لك، عزيزنا القارئ، أن آثار استخدام العقاب، بوصفه **الوسيلة الوحيدة** في التربية، تختلف على المدى البعيد اختلافًا جذريًّا من طفلٍ إلى آخر. صحيح أنه لا يمكن لأحد أن يجزم كيف ستكون شخصية كل طفل في الكبر، لكن الحقيقة الوحيدة المؤكدة هي أن استخدام العقاب له تداعيات ضارة ومدمرة على الطفل. فأساليب العقاب لا تعلّم الطفل دروسًا في الحياة -كما يتصور كثير من الآباء-وإنما هي سلاسل تكبّل نفسية الطفل وتجعله حبيسًا، دون أن يدرك، في علاقات اجتماعية يشوبها الخلل والاضطراب. لذلك فإن أساليب العقاب تؤدي إلى الحد من قدرات الطفل ووأدها في المهد بدلًا من رعايتها كي تنمو وتزدهر.

"أساليب العقاب تؤدي إلى الحد من قدرات الطفل ووأدها في المهد بدلًا من رعايتها كي تنمو وتزدهر"

بالإضافة إلى آثار العقاب النفسية، فإن أساليب العقاب تشتت انتباه الطفل بعيدًا عن المشكلة الأساسية، ولا تحفِّزه على التفكير في سبب المشكلة أو في إيجاد حلول لها، ذلك لأن العقاب هو الذي يستحوذ عادةً على تفكير الطفل، فيصبح كل همه البحث عن الطريقة التي تجنِّبه التعرض للعقاب في المرات القادمة، لذلك تكون المحصلة النهائية بالنسبة إليه: "يجب أن أفكر في طريقة للإفلات من العقاب في المرات القادمة" "لا بد من أن أجد طريقة لأتصرف كيفما أشاء دون التعرض للعقاب"، "يجب أن أكون حذرًا في

المرة القادمة وأفعل ما يحلو لي في الخفاء دون علم والدَيَّ". ومن المؤسف أن كل هذه الأفكار إنما هي بذور عقيمة غير صالحة لنمو شخصية إيجابية تعيش حياة مثمرة وبنَّاءة. وننهي هذا النقاش عن العقاب بالتأكيد أن هذا لا يعني أن لا يواجه الطفل عواقب تصرفاته ويتحمل مسؤولية حياته بحلوها ومرها منذ الصغر. ولتفهم كيف يتم هذا في التربية الإيجابية مراجعة كل أدوات الحزم التي ذكرت آنفًا. (رجاء قراءة مقال ضرب الأبناء في السياق الإسلامي لمن يتساءل عن نظرة الإسلام للضرب).

كيف تكون تربية إيجابية من غير مكافآت؟

لا شك أن بعض الآباء مقتنعون تمامًا بالآثار السلبية للعقاب على أطفالهم، لكن فكرة عدم استخدام المكافآت تثير استعجابهم؛ لأنها في نظرهم أسلوب إيجابي وفعَّال. ولكن التربية الإيجابية ترى أن العقاب والثواب كليهما وجهان لعملة واحدة. وحتى لو سلَّمنا بأن الآثار السلبية للمكافآت لا تُقارَن بالآثار المدمرة التي يخلفها العقاب، فإن هذا لا ينفي أن المكافآت تتحمل نصيبها من مسؤولية الأضرار النفسية التي تلحق بالطفل. ومن ثم، كما رأيت عزيزنا القارئ في الفصل الرابع، تستبعد أدوات التربية الإيجابية أساليب العقاب والثواب على حد سواء.

> "العقاب والثواب كلاهما وجهان لعملة واحدة"

يمكننا تعريف المكافآت بأنها: "مكاسب مادية ملموسة ترتبط بتحقيق نتائج منشودة". وتختلف المكافآت من حيث نوعيتها وأسبابها، ومنها على سبيل المثال: وضع ملصقات ملونة أو نجوم على لائحة تقييم السلوك أو على لائحة الروتين اليومي، ومنح الجوائز عندما يحفظ الطفل آيات من القرآن الكريم، ومنحه النقود عندما ينجح في الدراسة، وإعطائه الحلوى عندما يحسن السلوك، والسماح له بوقت إضافي لممارسة ألعاب الفيديو عندما ينتهي من أداء الواجبات المدرسية مبكرًا، وما إلى ذلك من أنواع المكافآت المختلفة. خلاصة القول، أن المكافأة إذًا لا تمت بصلة من قريب أو بعيد للمهمة المطلوبة من الطفل، وإنما الآباء هم الذين فرضوا هذه العلاقة المفتعلة للربط بين أمرين منفصلين

تمامًا. وفي الصفحات التالية نناقش أسباب قلقنا إزاء الأسلوب التربوي الذي يقتصر على الإفراط في استخدام المكافآت.

عادةً ما يكون أثر المكافآت قصير الأجل لا يدوم سوى فترة قصيرة من الزمن. وصحيح أنها تقوم بدور تحفيزي وتشجيعي -خصوصًا للأطفال الصغار-غير أن قوة تأثيرها تضعف تدريجيًّا عندما يكبر الطفل ويصبح من الصعب حينئذٍ إيجاد المكافأة المناسبة التي تحفزه، ومن ثم، يشعر الطفل كأن لسان حاله يقول: "ولِم أكلف نفسي العناء إذا كنت لن أحصل على شيء في المقابل؟"

المكافأة تشتت تركيز الطفل، فبدلًا من أن يركز على المهمة المطلوبة منه، يركز كل طاقته وجهده على المكافأة نفسها وكل ما يتعلق بها من تفاصيل. ففي حين يعتقد الآباء أن المكافأة تحفِّز الطفل على اكتساب عادات أو مهارات مفيدة، فإن كل ما يتعلمه الطفل في حقيقة الأمر كيفية تقييم المكافأة والمساومة للحصول على المزيد. وهكذا، تتحول المهمة المسندة إليه إلى مجرد وسيلة ضغط للمساومة ليس إلا. والأخطر من ذلك أن العلاقة بين الأبوين والطفل تتحول إلى صفقة يسعى كل طرف فيها إلى إحراز الفوز.

ماذا يحدث إذا لم يوضع حد أقصى للمكافآت؟ في الأسر التي تفتح الباب للتفاوض، عادةً ما يرتفع سقف المكافآت من حيث النوع والكم. في بداية الأمر، يتحمس الطفل بالمكافأة، ثم يبدأ حماسه يتلاشى مع مرور الوقت، وتفقد المكافأة بريقها تدريجيًّا إلى أن تصبح في النهاية شيئًا عاديًّا، ومن ثم يستمر في طلب المزيد أو الأفضل. **وعادةً ما يذعن الآباء لتلبية طلبات أبنائهم غير مدركين العواقب، إلى أن تتجاوز الطلبات الحدود المنطقية كافة، فيجدون أنفسهم في موقف لا يُحسدون عليه.**

يختلف الأطفال في ردود فعلهم تجاه المكافآت، فنجد أن بعضهم يتحمس لنظام المكافآت، في حين أن البعض الآخر لا يهتم بها على الإطلاق. فأنا (نهى) مثلًا ما زلت أتذكر رد فعل ابني، وهو مجرد طفل في الصف الثاني الابتدائي، عندما صدمني بأنه يرفض المكافأة التي وعدته إياها إذا نفّذ ما طلبته منه، وبلا مبالاة أعلن أنه لن يقوم بما طلبته منه. طبعًا تسمّرت في مكاني وأنا لا أدري كيف أتصرف في هذا الموقف المفاجئ. ولكني

قررت منذ تلك اللحظة أن أعيد النظر في أسلوبي في مسألة المكافآت. وكم أشعر بالامتنان لابني الذي وضح لي، دون أن يدرك، أن تأثير المكافآت لا يدوم طويلًا. وعلى الرغم من أنه الوحيد دون إخوته الذي لم تكن المكافآت تستهويه، فإنني قررت أن تكون هذه هي المرة الأخيرة التي أستخدم فيها نظام المكافآت في التعامل مع أبنائي.

يكمن الخطر الحقيقي للمكافآت في أنها تجعل الطفل يتعود أن المحفِّزات الخارجية هي التي تتحكم في أفعاله، فيصبح دائم الاعتماد على الغير للشعور بالرضا والإنجاز. فعندما يشبُّ الشخص على أن الدافع الوحيد الذي يحفِّزه هو الحصول على المكاسب المادية أو الجوائز أو الثناء من الآخرين، تكون النتيجة أن آراء الآخرين وأهدافهم هي التي تقود دفة حياته. وبمرور الزمن تأتي تلك المرحلة التي يكتشف فيها الشخص أن هذا الدافع أصبح عديم الجدوى، إما لأن المكافأة لم تعد تحفزه بالقدر الكافي، أو بسبب المنافسة الشديدة وعجزه عن مواكبتها، أو لأنه مع مرور الوقت ينعدم من سَيسعدُه بالمكافأة. ومن ثم، يبدأ في إعادة تقييم هذا الدافع الذي لم يعد يحقق الغرض منه، ويحاول إعادة صياغة حياته من جديد. وفي خلال هذه المرحلة الصعبة، يدخل الشخص في حالة من الركود في أثناء بحثه عن حافز جديد في حياته لأنه لم يتعلم كيف يدير حياته من غير رأي من حوله.

"يكمن الخطر الحقيقي للمكافآت في أنها تجعل الطفل يتعود أن المحفزات الخارجية هي التي تتحكم في أفعاله، فيصبح دائم الاعتماد على الغير للشعور بالرضا والإنجاز"

بعض الآباء يرفضون التخلي عن نظام المكافآت أو الحوافز؛ لأنهم يؤمنون بأن أسلوب الترغيب يتوافق مع طبيعة النفس البشرية، إذ أن الإنسان في نظرهم يُقبل على العمل لأنه يتطلَّع إلى الحصول على المكافأة أو الإثابة فحسب. نحن ندعو هؤلاء الآباء إلى تدريب الطفل على أن السعادة تكمن في متعة "الإنجاز" في حد ذاته. ومن المؤكد أن نوعية هذه المشاعر أكثر عمقًا وأكثر دوامًا من مشاعر السعادة الوقتية التي تسببها المكافأة. فمن المهم إدراك أن التركيز على وسائل الترفيه المادية يجعل الطفل يتعلّق بمتع

الحياة الزائلة ويغترّ بها كما حذَّر الحق سبحانه وتعالى في كتابه العزيز: ﴿وَمَا الْحَيَاةُ الدُّنْيَا إِلَّا مَتَاعُ الْغُرُورِ﴾ [الحديد: ٢٠]. وفي المقابل، فإنّ تجنّب استخدام الحوافز يفسح المجال أمام الطفل ليستشعر حلاوة المباهج البسيطة في الحياة، وينعم بحياة أكثر صدقًا وقربًا من الله عزّ وجلّ.

"التركيز على وسائل الترفيه المادية يجعل الطفل يتعلق بمتع الحياة الزائلة ويغتَّر بها"

هل التربية الإيجابية منافية للإسلام؟

من الأمور التي يعيبها البعض على التربية الإيجابية أنها مستمدة من الحضارة الغربية. إن مؤيدي هذا الرأي أنصار مبدأ أن كل ما يأتي من الغرب مرفوضًا جملةً وتفصيلًا لأنه لا يصلح للمسلمين. والسؤال هنا: ماذا لو كانت الفكرة أو النظرية مفيدة ومنطقية، ولا تتعارض مطلقًا مع الإسلام، فهل يعقل أن نرفضها لمجرد أن مصدرها الغرب؟ بل مما يثير الدهشة أن البعض اتهم التربية الإيجابية أنها تعتمد على منهج مادي محض يحول العلاقات الأسرية الإنسانية إلى علاقات آلية تتأسس على المنفعة الشخصية، ولا عجب في ذلك وسط انتشار الاتهامات التي تُلقى جزافًا. لكن المفارقة المضحة المبكية في آنٍ واحد أنهم استشهدوا بما طرحه المفكر المصري الكبير عبد الوهاب المسيري-رحمه الله-في كتاباته عن مفهوم "المجتمع التعاقدي" و"المجتمع التراحمي"، متغافلين عن أن المصدر الذي استلهم منه الدكتور المسيري أطروحته في هذا الصدد يرجع إلى عالم الاجتماع الألماني "فرديناند تونيز" (١٨٥٥-١٩٣٦) [Ferdinand Tönnies] الذي صاغ تصنيف المجتمعات إلى تعاقدية وتراحمية. بل الأدهى والأمر أنهم لو كلفوا أنفسهم عناء الاطلاع على نظرية ألفريد آدلر، لعلموا أنها تقوم على مبدأ [Gemeinschaftsgefühl]. وهي كلمة ألمانية تعني بالعربية المجتمع التراحمي!!. أي أن المجتمع الذي يدعوننا آدلر إلى بنائه هو المجتمع التراحمي الذي يدَّعون أن التربية الإيجابية بعيدة عنه تمام البعد. مع هذا التناقض الصارخ ما بين رفض الفكر الغربي وقبوله في الوقت ذاته، وهذه السهولة في إطلاق التهم دون بحث وتمحيص، بالحدة والحماسة نفسها، لا أرى أي داعٍ لمناقشة

أصحاب تلك الانتقادات لأن حجتهم تدحض ذاتها. لكني أهيب بالقاريء الكريم أن يتقصى الحقيقة قبل الانجراف وراء الخطب الرنانة التي تستخدم فزاعة الدين لتأجيج المشاعر وكسب تأييد أكبر عدد من الناس. وكما ذكرنا في الفصل الأول نحن هنا ننهج مسار علماء المسلمين القدامى في عرضهم الأمور على أساس الإسلام وقبول ما يتوافق معه ورفض ما يتنافى معه. (راجع الفصل الأول لشرح أعمق لتوافق التربية الإيجابية مع الإسلام).

ولعل أهم الانتقادات التي تُوجه للتربية الإيجابية في عالمنا الإسلامي هي أنها لا تستخدم مبدأ العقاب والمكافآت في التعامل مع الأطفال (إذا راجعت فصل أدوات التربية الإيجابية ستجد أنه خالٍ من أي عقاب أو مكافآت). هناك الكثيرون من الغيورين على ديننا الحنيف الذين يرفضون فلسفة التربية الإيجابية برمتها بناء على إيمانهم الراسخ بأن أسلوب الثواب والعقاب لا بد أن يكون من القواعد الأساسية في التربية أسوةً بمنهج الترغيب والترهيب في القرآن الكريم، فتارةً يدعو الله جلّ وعلا عباده إلى الخيرات والطاعات للفوز بالجنة، وتارةً أخرى ينفرهم من الرذائل والمعاصي للنجاة من النار. وبناءً عليه، لابد من تطبيق هذا الأسلوب في تربية أبنائنا من أجل تدريبهم على حب الله تعالى والخوف منه عزّ وجلّ. لا شك أن أسلوب الترغيب والترهيب جزءًا لا يتجزء من الدعوة إلى الله كما يتجلى في القرآن الكريم والسنة النبوية المطهرة. إن الإيمان بالآخرة وما يتبعه من الإيمان بالحساب والجزاء والجنة والنار من الأركان الأساسية في عقيدتنا وتدور حوله قرارات البشر في حياتهم الدنيا، ولا يصح إسلام الانسان إلا إذا كان إيمانه بذلك راسخًا.

ومن ثم، لا جدال في أن أسلوب الترغيب والترهيب حجر الأساس في التربية الدينية.لكننا نناقش هنا الداعين إلى استخدام أسلوب الترغيب والترهيب في التربية النفسية والخلقية والاجتماعية للأطفال، استنادًا إلى أنه الأسلوب المستخدم في القرآن الكريم والسنة النبوية. هذا على الرغم من أنه لا توجد أدلة قاطعة من القرآن والسنة على استخدام هذا الأسلوب مع الأطفال (راجع مقال الضرب في الإسلام لمناقشة حديث "واضربوهم لعشر"). بل أننا نجد في سنة الرسول صلى الله عليه وسلم أمثلة مغايرة لهذا الأسلوب

في تعامله مع الأطفال، فلم يُرْوَ عنه قط أنه ضرب أحدًا. حتى في قصته مع أنس بن مالك (الذي كان في العاشرة من عمره حينما بدأ في خدمة الرسول صلى الله عليه وسلم) عندما نسي ما عهده إليه الرسول صلى الله عليه وسلم عاتبه الرسول عتابًا لينًا لطيفًا ولم ينهره أو يشق عليه. وكما لا توجد في سيرة الرسول صلى الله عليه وسلم أمثلة لعقابٍ أوقعه على طفل، لا توجد أيضًا أمثلة لاستخدامه عليه السلام للمكافآت. علاوة على ذلك، فإن الترغيب في السنة النبوية كان منصبًا حول رضا الله وثواب الآخرة، دون أي ترغيب بمكافأة دنيوية. وشتان ما بين الترغيب والترهيب البشري والترغيب والترهيب الإلهي.

مع كامل احترامي لكافة الآراء، سوف أوضح في السطور التالية بالشرح والتحليل أسباب رفضي لمبدأ تطبيق الترغيب والترهيب في التربية النفسية والخلقية.

عرضنا في الجزء السابق تحليلا للعقاب وآثاره النفسية عندما يكون الأسلوب الوحيد في التربية. ولكن هل تخالف التربية الإيجابية الشريعة الإسلامية لأنها تدعو إلى إيجاد الحلول بدلا من التركيز غير المجدي على العقاب؟ في الحقيقة لم يخطر على ذهني هذا السؤال حتى واجهتني به إحدى المدرسات في أحد دورات التدريب الأولى التي قمت بها. على الرغم من أني أؤمن بعدم وجود تعارض بين التربية الإيجابية والشريعة الإسلامية، غير أني أدركت بسرعة أن هذا السؤال لابد وأنه سيُطرح بشكل مستمر من كل غيورٍ على ديننا الحنيف. وبهذا بدأت رحلتي في تحليل وتدبر الأمر. لن أزعم أن الجواب الذي وصلت إليه سيُقنع الجميع ولكنني أتمنى أن يستوقفهم ويدعوهم للتبصر والتدبر.

العقاب البشري يختلف تماما عن العقاب الإلهي. واستخدام العقاب البشري في التربية بهدف تدريب الأولاد على الخوف من العقاب الإلهي لا يأخذ في عين الاعتبار أن لكلٍ منهما آثاره المختلفة وأن العقاب البشري لا يصل بالأولاد إلى تلك النتيجة. إذا أردنا فعلًا أن نجعل العقاب الإلهي رادعًا في حياة أولادنا، فإن أهم ما ينبغي علينا فعله هو أن ندعهم يواجهون عواقب ونتائج أعمالهم في الدنيا منذ الصغر. مواجهة العواقب في الدنيا ليست هي العقاب. مثلًا يفقد ابنك هاتفه المحمول الجديد فتحرمه من الخروج مع

أصحابه لمدة شهر (عقاب لا علاقة له بالمشكلة وغير مفيد في حلها، وبناءً عليه قد يراه الابن نتيجة غير عادلة ولا مناسبة للموقف ويدخل في متاهة لومك لما هو فيه من انزعاج من غير تحمل لمسؤولية تصرفاته). في المقابل إذا ركزت على أن تجعله يواجه عاقبة خطئه ستتحاور معه في أسباب فقدانه للهاتف وكيف له أن يتدارك الخطأ مرة أخرى ثم تتفق معه على خطة بموجبها سيتمكن من تجميع المبلغ اللازم لشراء هاتفًا جديدًا. قد يختار أن يعمل أو قد يدخر مصروفه الشهري. المهم أنه يتحمل مسؤولية خطأه ويصلحه هو بذاته. ولكن إذا اشتريت له الهاتف، فإنك تؤكد بذلك على فكرة أنه سيجد من ينقذه من نتائج تصرفاته دومًا وهذا لا يتماشى مع علاقتنا مع الله. فمن الذي سينقذنا في الآخرة من عواقب تصرفاتنا في الدنيا؟ وعندما نربي أبناءنا على تدبر نتيجة تصرفاتهم وتحمل مسؤوليتها فإننا ندربهم على تدبر آخرتهم ووضعها نصب أعينهم. العقاب الإلهي ما هو إلا نتيجة لأعمالنا في الدنيا فهو مبني على مسؤوليتنا عن قراراتنا وتصرفاتنا. ولذا كان من الضروري أن نركز على مواجهة أبنائنا مسؤولية تصرفاتهم بدلًا من عقاب لا يسمن ولا يغني من جوع.

منذ أن تعرضت لهذا السؤال، كثيرا ما أطرح على من يحضر دوراتي السؤال التالي: ما هو الفرق بين العقاب البشري والعقاب الإلهي؟ وهنا أعرض عليكم ملخصًا للأجوبة التي توصل إليها الحضور أملًا في أن تفتح لكم بابًا للتبصر والتدبر في الأمر:

العقاب الإلهي	العقاب البشري
دقة التوازن بين الحسنات والسيئات	موجه لعمل واحد فقط
مبنيٌّ على النوايا والظاهر	مبني فقط على الظاهر
عدلٌ لعلم الله الشامل بالنوايا والظروف	قد يكون فيه ظلم لعلم الإنسان المحدود
يُربي الوازع الداخلي	يزرع الوازع الخارجي
الرسالة: اعلم أن الله يراك أينما كنت فاحرص على مراقبة الله في أعمالك وتصرفاتك	الرسالة: احرص على إخفاء أخطائك حتى لا تُعاقب. أو تمرد حتى لا يعاقبك أحد لأنك أقوى منهم
الميزان القسط	قد يتصاعد كلما تكرر الخطأ
مؤجل	ليس فيه أي تمهيل

يسمح بالتوبة والعفو	لا مجال للرجوع عن الخطأ
معلوم مسبقًا في كتاب الله وسنة نبيه صلى الله عليه وسلم	حسب مزاج المُربي
على قدر الخطأ	غالبا ما يفوق حجم الخطأ
تهذيب وتربية للنفس على مدار الحياة	قد يكون تفريغ للغضب، أو الشعور بالانتصار أو الرغبة في الانتقام للذات
لا يشمل الأطفال دون سن التكليف	يستخدم مع الأطفال دون سن التكليف
مبني على المسؤولية الفردية	قد يُعاقب الجميع بذنب أحدهم
الآخرة دار جزاء والدنيا دار عمل	كل خطأ لا بد أن يُعاقب
ليس للبشر سيطرة على العقاب الأخروي	قد يختار الطفل التخفي والاستمرار فيما يريد
لا مجال للجدل والاعتراض	يصبح نقطة جدل بين الطفل والأهل
يسمح للشخص بتأمل تصرفاته الدنيوية ومراجعتها لأن العقاب مؤجل	يُركز الطفل على العقاب بدلًا من المشكلة
لا يُطاق	ممكن احتماله
دائم	مؤقت، لكن آثاره السلبية قد تدوم مدى الحياة
عفو الله ورحمته أكبر من عقابه وعذابه	يبدأ البشر بالعقاب
لا يكلف الله نفسًا إلا وسعها	قد يكون نتيجة تحميل الطفل فوق طاقته

أتمنى عزيزي القارئ أن تكون الصورة قد اتضحت أمامك بعد تبيُّن الفرق بين العقاب الإلهي الأخروي والعقاب البشري، أن نظرية تدريب الأطفال على الخوف من العقاب الإلهي من خلال عقابهم من طرف الأهل مرفوضة ولا تؤتي الثمار المرجوة. وأؤكد مرة أخرى أن أهم ما يمكن أن يقوم به الأهل لتعزيز الوازع الداخلي هو تمكين الأطفال من مواجهة عواقب تصرفاتهم من عمر مبكر عن طريق الأدوات التالية:

- احسم الأمور التي تملك السيطرة عليها
- أخبرهم الواقع دون مجاملة أو تجميل
- اقتصد في قول لا

- التربية شيء والإقناع شيء آخر
- العواقب الطبيعية
- العواقب المنطقية
- المصروف
- جراب الحاوي
- دعهم يعتمدون على أنفسهم
- من الأخطاء يتعلم طفلك مهارات الحياة.

وإذا أردنا أن نقارن بين الثواب الإلهي والترغيب البشري نجد التالي (راجع أيضًا ما ذكرناه عن المكافآت آنفًا):

الثواب الإلهي	الترغيب البشري
دقة التوازن بين الحسنات والسيئات	موجه لعمل واحد فقط
مبنيٌّ على النوايا والظاهر	مبني على الظاهر فقط
عدلٌ لعلم الله الشامل بالنوايا والظروف	قد يكون فيه ظلم لعلم الإنسان المحدود
يُربي الوازع الداخلي	يزرع الوازع الخارجي
الرسالة: اعلم أن الله يراك أينما كنت فلا تتردد في فعل الخيرات وإن لم يرك أحد	الرسالة: ما الفائدة من أن تقوم بأي عمل طيب في الخفاء. لابد أن يراك الناس
واسع وفيّاض، أكثر بكثير من العمل	محدود على قدر العمل أو أقل في بعض الحالات
مؤجل	مرتبط بانتهاء العمل
لا يتطلب الكمال	مرهون بالكمال والمثالية
معلوم مسبقًا في كتاب الله وسنة نبيه صلى الله عليه وسلم	حسب مزاج المُربي
يزرع الرضا والسكينة في القلوب	يزرع حب الماديات وأمراض القلوب
لا مجال للجدل والاعتراض	قد يصبح نقطة جدل بين الطفل والأهل

يحضّ على الاستزادة من فعل الخيرات، "وفي ذلك فليتنافس المتنافسون"	يُركز الطفل على المكافأة بدلًا من المهمة والعمل
لا عين رأت ولا أذن سمعت	قد لا يحوز على إعجاب الشخص
دائم وأزلي	مؤقت، لذته تنقضي بسرعة
مادي وروحاني	مادي

وفيما يلي أدوات التربية الإيجابية التي نستعيض بها عن استخدام المكافآت وفي الوقت ذاته تزرع الوازع الداخلي في نفوس أبنائنا:

- ابحث معهم عن حل للمشكلة
- اجعل أمركم شورى بينكم
- احضنهم حتى لو زعلان منهم
- اطلب منهم تقديم الحلول
- اعرف "من" هم وليس "أين" هم
- أعطهم أُذنًا يعطوك صوتًا
- افهم طبيعة المرحلة
- افهم ما وراء السلوك
- الحوار البنّاء
- التواصل قبل التأديب
- المصروف
- تعاطف معهم لتكسب تعاونهم
- دعهم يعتمدون على أنفسهم
- ركز على الحلول
- شجعهم بدلًا من أن تمدحهم
- عبِّر لهم عن حبك

- قليل من الاهتمام يكفي
- كرِّس لطفلك وقتًا خاصًا
- كن مرآة لهم
- كن معهم قلبًا وقالبًا
- يد الله مع الجماعة
- من الأخطاء يتعلم طفلك مهارات الحياة

أتمنى عزيزي القارئ أن تكون قد تفهمت لماذا لا تشجِّع التربية الإيجابية سياسة الترغيب والترهيب التي تستخدم التخويف والتهديد والمكافآت -أو بمعنى أدق الرشاوى- في تقويم سلوك الأبناء؛ فإن أهم ما يميز التربية الإيجابية أنها **لا** تعتمد على مؤثرات رادعة خارجية مثل وسائل الثواب أو العقاب في ضبط سلوك الطفل من خلال الترغيب (إشعاره بالسرور) أو الترهيب (إشعاره بالألم)، وإنما تقدم مجموعة متنوعة من الأدوات التي تعين الطفل على تزكية النفس والارتقاء بالروح، وتحفّزه على الانضباط بدافع الوازع الداخلي الذي يرغبِّه في الفضائل وينفره من الرذائل، تحقيقًا للهدف الأسمى من التربية ألا وهو بناء الإنسان المسلم الصالح لبناء خير أمة. فإن أساس نجاح حياة الإنسان في الإسلام الوازع الداخلي الذي يضبط أمور حياته كافة.

وتلخيصًا لبعض الأمور الأخرى التي تُؤخذ على التربية الإيجابية، راجع الجدول في الصفحة التالية.

ونختم عزيزنا القارئ هذا النقاش بدعوتك لاستعراض أدوات التربية الإيجابية (انظر الفصل الرابع) التي سوف تعينك على الاستغناء عن وسائل الثواب والعقاب. دعوتنا لك أن تنظر إلى وقائع الحياة اليومية على أنها فرص رائعة لغرس المهارات التي تدعم طفلك مدى الحياة.

التربية الإيجابية بين المغالطات والحقائق

هي	وليست
حزم مقرون بحنان	تساهل ، أو إفراط، أو تفريط
تؤكد على حق الفيتو للأهالي	نقاشات وحوارات لا تنتهي إلا باقتناع الأطفال
تعاون وتعاطف ومشاركة بين جميع أفراد العائلة	أن الأطفال ملوك المنزل وحاجاتهم هي السائدة
تمكين الأطفال من السيطرة على مشاعرهم	تدور حول سعادة الاطفال
عملية وو اقعية	فقط الاهتمام بمشاعرالطفل
إيجاد حلول بالتعاون مع الأطفال	أن الأطفال يختارون عقابهم
ترى أن الحياة قائمة على كل من الخطأ والنجاح	تُركز فقط على النجاح ومكافأته
مفاهيم وروح تغير نظرة التعامل مع الأولاد	أدوات فقط تُؤدّى بشكل آلي
أن نبدأ بِفِهْم أنفسِنا ومن ثَمّ فِهْم أولادنا	أسلوب تعامل مع الأولاد فقط
احترام للذات وللغير	أن يكون الطفل صديق الوالد\ة
صلة وتواصل في العائلة	غايتها ان ينصاع الطفل ويسمع الكلام
تدريب الأطفال على مواجهة الحياة	حماية الأطفال من المعاناة في الحياة

تجميع وتحليل نهى الشقيري   www.SakinaCounseling.com   Sakina Counseling

مسؤوليتنا وسيطرتنا

نهى الشقيري

عزيزنا القارئ، رجاءً خذ ما يكفي من الوقت وتمهَّل قبل الإجابة عن هذا السؤال: إلى أي مدى ترى أنك تتحكم في ما ستؤول إليه شخصيات أبنائك في المستقبل؟

أنا (نهى) مثلًا أعترف أنني كنت من نوعية هؤلاء الآباء الذين يعتقدون بكل غرور أنهم يتحكمون تمامًا في ما ستصبح عليه شخصيات أبنائهم في المستقبل. رغم أني لم أكن مدركة لفكرة التحكم هذه آنذاك، فإني كنت مُبرمَجة على التصرف وفقًا لهذا الاعتقاد الساذج. كنت أعلم بالطبع أن كل طفل من أطفالي ستكون له شخصيته المختلفة، ولكني كنت من السذاجة بمكان أن أتصَّور أن كل ما عليَّ فعله ببساطة أن أجد الأسلوب المناسب الذي يصلح مع كلٍّ منهم على حدة، وأطبقه، وهكذا بحركة من عصاي السحرية أغيِّر شخصياتهم كيفما أشاء.

لا شك أن دورنا كآباء جوهري وبالغ التأثير في تشكيل شخصيات أبنائنا، سواء إيجابيًّا أو سلبيًّا، لكن هذا ليس معناه أننا مسؤولون مسؤولية تامة عما ستصبح عليه شخصياتهم أو حياتهم في المستقبل، لأن -ببساطة-إلى جانب أسلوبنا في التربية وطبيعة العلاقة التي تربطنا بأبنائنا، هنالك العديد من العوامل الأخرى التي تسهم في بناء شخصياتهم.

العوامل التي تؤثر في تشكيل شخصية الطفل:

١. التركيبة الجينية (الوراثية): يظهر تأثيرها في جوانب شتَّى، منها على سبيل المثال: الذكاء، والطباع، ودرجة التحكم في الغضب، وغيرها.
٢. البيئة الاجتماعية: وتتضمن الأسرة الصغيرة والأسرة الكبيرة. وترتيب الطفل في الأسرة والمحطات المهمة في حياته تمنحه خصوصية منفردة، ومن ثم، كل طفل يولد في بيئة مختلفة، حتى أولئك الذين ينتمون إلى أسرة واحدة.
٣. عوامل خارج نطاق الأسرة: المعلمون، والجيران والأصدقاء.

٤. الهوية الثقافية المرتبطة بالمكان والزمان: تترك بصمتها القوية على الشخصية رغم أنها قد تكون غير واضحة للعيان.
٥. حرية الإرادة: يولد بها كل إنسان، وهي التي تتيح له حرية التفكير وحرية الاختيار من تشكيلة لا حصر لها من الخيارات المتاحة في الحياة.

كما ترى عزيزنا القارئ، فإن تضافر كل هذه العوامل إلى جانب أسلوب تربيتك وطبيعة العلاقة التي تربطك بأبنائك، تشترك جمعاء في تشكيل شخصية الطفل في الكِبر. ومن هنا تنبع أهمية التفكُّر في مفهومك عن حدود سيطرتك على مستقبل أبنائك؛ لأنه يلقي بظلاله -دون أن تشعر-على طريقتك في التعامل معهم. فعلى سبيل المثال: الآباء الذين يتصورون أنهم مسؤولون مسؤولية كاملة عن مصير أبنائهم في المستقبل، يلجؤون إلى أساليب السيطرة والإكراه لقولبة أطفالهم في الصورة التي "ينبغي" -من وجهة نشظرهم-أن يصبحوا عليها في المستقبل. وعادةً ما ينظر هؤلاء الآباء إلى الأبناء على أنهم امتداد لهم، ويعدُّ أسلوب الثواب والعقاب من أكثر أساليب السيطرة شيوعًا في هذا السياق. وعلى الجانب الآخر، فإن الآباء الذين يتقبَّلون حقيقة أن سيطرتهم على مصائر أبنائهم سيطرة محدودة وغير مطلقة، ينظرون إلى أطفالهم على أنهم كيانات منفصلة عنهم، ومن ثم، يتكاتفون معهم ويتعهدونهم بالدعم والرعاية كي يصبحوا في أفضل صورة ممكنة. بالطبع هؤلاء الآباء -شأنهم شأن جميع الآباء-لديهم أحلام وأمنيات لمستقبل أفضل لأبنائهم، ولكنهم لا يحوِّلون هذه الأحلام إلى سلاسل تكبّل أطفالهم وتخنقهم. وينبع ذلك من قناعتهم بأن دورهم في التربية أشبه بمهمة البستاني الذي يرعى بذور النباتات بمنتهى العناية، ولكنه لا يعلم يقينًا كيف ستبدو عندما يكتمل نموها وتزدهر.

> **"أَفَرَأَيْتُم مَّا تَحْرُثُونَ. أَأَنتُمْ تَزْرَعُونَهُ أَمْ نَحْنُ الزَّارِعُونَ"**
> **[الواقعة: ٦٣، ٦٤]**

من الأسباب الرئيسية التي دعتنا إلى إثارة هذه المسألة أننا لاحظنا أن الآباء المسلمين يشتركون في أمرين، ألا وهما: حب أطفالهم حبًا جمًّا، وتحمُّل المسؤولية تجاههم على أكمل وجه. بيد أن بعضهم يتصور أن أبناءهم لا يعرفون ما الأفضل لمصلحتهم، ولا يستطيعون خوض معترك الحياة بمفردهم. ومن هذا المنطلق وتحت مسمّى الحب

وحس المسؤولية، يطبقون سياسة السيطرة والقهر في كافة نواحي حياة أبنائهم. وتظهر أولى بوادر هذا الحب الخانق والمدمِّر في المشاحنات اليومية لإكراه الطفل على تناول الطعام، وصولًا إلى التحكم في القرارات الخاصة بالحياة المهنية والزواج. ونودُّ التأكيد بشدة على أننا لا ندعو مطلقًا إلى أن يتخلّى الآباء عن تربية أبنائهم وترك الحبل لهم على الغارب، وإنما ندعوكم إلى التخلي عن الرؤية المتجمدة التي تحصر أبناءكم في إطار الصورة التي تريدون أن يصبحوا عليها في المستقبل. أليس من الأفضل أن تمنحوا أبناءكم الفرصة لاكتساب خبرات الحياة بأنفسهم وأنتم تقفون إلى جوارهم بالدعم والتشجيع؟

إن العادة الأولى في كتاب "ستيفن كوفي" [Steven Covey] "العادات السبع للأسر الأكثر فعالية"، هي "كن مبادرًا" (١٩٩٧، ص ٢٧). يؤكد كوفي على أن جوهر المبادرة يكمن في مسؤولية الفرد عن طريقة استجابته للأحداث والمؤثرات التي يتعرض لها في حياته. ففي اللغة الإنجليزية كلمة "مسؤول" [response-able] تعني "القدرة على اختيار الاستجابة المناسبة لكل موقف". يدعونا كوفي إلى التركيز في حياتنا اليومية على أن نوجه بوصلة تفكيرنا نحو اختيار أفعالنا واستجاباتنا بعزم وتروٍّ، بدلًا من مراقبة الآخرين ومحاولة التحكم فيهم. ولقد أدركت (نهى) قيمة هذه الرسالة مرارًا وتكرارًا من خلال عملي كإخصائية إرشاد نفسي، فقد رأيت أن الآباء الذين يتمكَّنون من التركيز على ما يختارونه من أفعال ومبادرات إيجابية، يكونون أقدر على التأثير في أبنائهم. وعلى العكس من ذلك، عندما يركز الآباء كل انتباههم على السيطرة على سلوكيات أبنائهم، يؤدي ذلك إلى فقدان التواصل بين الطرفين، وتمرد الأبناء ونفورهم.

فلتسأل نفسك عزيزنا القارئ: إلى أي فريق من هؤلاء الآباء أنتمي؟ هل أنت وطفلك تتعاونان في هذه الرحلة نحو مرحلة الرشد؟ أم أنك القائد الأوحد الذي يجب أن تُنفَّذ أوامره دون اعتراض لأنك تعلم ما الأفضل للجميع؟ إجابتك عن هذه الأسئلة ستكون ذات أهمية بالغة؛ لأنها ستحدد نظرتك إلى التربية، والأسلوب الذي تتبعه في تنشئة طفلك، طريقة تفاعلك معه، ومن ثم ستحدد نوعية الصلة بينك وبينه. وإذا وجدت أنك ترغب في أن تكون الصلة التي تربط بينكما مبنية على الحب والاحترام، نحن ندعوك إلى أن تتعرف إلى التربية الإيجابية بمفهومها الحقيقي.

اعتقادات تربوية خاطئة

نهى الشقيري

لقد صادفت (نهى) من خلال مهنتي العديد من الاعتقادات التربوية الخاطئة التي تسيطر على عقول الآباء، وتحصرهم داخل دائرة من الألم والمعاناة. وفيما يلي أمثلة لهذه الاعتقادات الخاطئة، مع التنويه إلى الجزء الذي يعالجها في الكتاب:

الاعتقاد الخاطئ: الموضوع ببساطة أنني يجب أن أعلّم أبنائي الإسلام كي يصبحوا مسلمين صالحين.
الجزء المعني في الكتاب: قضية الإيمان، الإسلام بين العادة والإرادة.

الاعتقاد الخاطئ: أبنائي لن يكون لهم مثيل، سيكونون أفضل من الجميع.
الجزء المعني في الكتاب: أساليب التربية، لماذا يعاني ابني من مشكلات عويصة في مرحلة المراهقة؟

الاعتقاد الخاطئ: إذا كنت حازمًا مع أبنائي، سوف يكرهونني.
الجزء المعني من الكتاب: أساليب التربية، عندما يتفق الأبوان على ألا يتفقا، التذبذب في تربية الأبناء، التربية الإيجابية بين المغالطات والحقائق.

الاعتقاد الخاطئ: أنا المسؤول عن ضبط انفعالات أبنائي.
الجزء المعني في الكتاب: الحوار البنَّاء، كن مرآةً لهم، ركن السكينة.

الاعتقاد الخاطئ: يجب أن أقول لأبنائي إنهم أطفال مميزون كي أنمّي لديهم الشعور بتقدير الذات.
الجزء المعني في الكتاب: شجعهم بدلًا من أن تمدحهم.

الاعتقاد الخاطئ: لا بد أن أكون إلى جانب أبنائي في كل وقت، وإلا لن أكون أبًا جيدًا/ أمًّا جيدة.

الجزء المعني في الكتاب: دعهم يعتمدون على أنفسهم، وسط دوامة الإجهاد، لا تنسي نصيبك من الحياة.

الاعتقاد الخاطئ: لأنني حريص على تطبيق تعاليم الإسلام، أُكثر من قول "لا" لأبنائي، لذا أعوِّضهم عن ذلك بتلبية جميع طلباتهم.

الجزء المعني في الكتاب: أساليب التربية، اشترِ لي هذه اللعبة، الطفل صاحب الجلالة، التربية الإيجابية بين المغالطات والحقائق.

الاعتقاد الخاطئ: إذا لم نتوافق أنا وزوجي/ زوجتي على أسلوب التربية، يضيع كل شيء هباءً.

الجزء المعني في الكتاب: أساليب التربية، عندما يتفق الأبوان على ألّا يتفقا، التذبذب في تربية الأبناء.

ضرب الأبناء في الإسلام

نهى الشقيري

عند التحدث عن موضوع تعليم الأطفال الصلاة، جرت العادة على الاستشهاد بالحديث الشهير "مروا أولادكم بالصلاة وهم أبناء سبع سنين، واضربوهم عليها وهم أبناء عشر سنين، وفرقوا بينهم في المضاجع". ولقد صار هذا الحديث موضع كثير من الجدل والنقاش في العقود الأخيرة، نظرًا إلى تحول أساليب التربية في العالم من التركيز على العقاب البدني إلى مناهج تعتمد أكثر على الترابط والتعاون بين الأبوين والطفل. وفي ما يلي عرض مبسَّط وموجز لمرتبة هذا الحديث في الشريعة الإسلامية، بالإضافة إلى بعض التوصيات بشأن كيفية المواءمة بين الرسالة المراد توجيهها من الحديث، والنفور العام من العقاب البدني في وقتنا الحاضر.

إذا نظرنا إلى حجِّية الحديث، سنجد أنه نُقل عن أربع سلاسل رئيسية من الرواة، ردَّ العلماء روايتين وقبلوا الروايتين المذكورتين في مسند أحمد، وسنن أبي داود، وسنن الترمذي. ومن الملفت للنظر أن الحديث لم يرد في أمهات كتب الحديث النبوي الأخرى، وعلى رأسها الصحيحان -البخاري ومسلم-وهما أصح وأجَل كتب السنة بإجماع جمهور العلماء. اختلف العلماء في الحكم على الحديث، فبعضهم ضعفه، في حين اعتبره بعضهم الآخر حسنًا. ومن ثمَّ، لا يمكن رفض الحديث لأن الحديث الحسن يقع في المرتبة الثانية من حيث قوة السند بعد الحديث الصحيح.

لم يمثِّل الحديث مصدرًا للقلق في الزمن الماضي، لأن العقاب البدني كان الوسيلة السائدة لتأديب الأطفال عبر مختلف الثقافات والأديان. لكن مع تغير العادات والتقاليد والأعراف الاجتماعية والثقافية في عصرنا الحاضر، صار هذا الحديث يسبب أزمة أدبية وفكرية لكل مسلم يعاني من صراع بين توقيره للسنة النبوية الشريفة والالتزام بها، واستنكاره لاستخدام العقاب البدني. وفي محاولة للخروج من هذه الأزمة، اتجه البعض

إلى رفض الحديث جملةً وتفصيلًا، استنادًا إلى تضعيفه من قِبل بعض العلماء كما ذكرنا سالفًا، في حين لجأ بعضهم الآخر إلى تفسير كلمة "اضربوهم" بأنها ليست إقرارًا للعقاب البدني، وإنما المقصود بها الإرشاد والتأديب المعنوي من خلال عزل الطفل مثلًا. إذا كنت عزيزي القارئ ممن لم تطمئن نفوسهم إلى رفض الحديث أو تفسيره بهذه الطريقة، فقد تساعدك الخواطر التالية على التوصل إلى حلٍ مرضٍ لهذه الإشكالية.

من المؤسف أن الناس يستشهدون بالحديث ويطبقونه حرفيًا دون دراية كافية بالضوابط والتعاليم الفقهية المتعلقة به. ولعل الأكثر إيلامًا أن الأئمة يروجون الحديث دون الإفصاح عن الشروط والحدود الصارمة التي وضعها الشرع لعقوبة الضرب.

وعند البحث المتعمق في شروح ثلة علماء الحديث السابقين عن هذا الحديث، لا يسع المرء سوى الانبهار بمدى ما كان يتمتع به هؤلاء العلماء الأجلاء من حكمة ورؤية ثاقبة. ففي حين جاء استنباط بعض العلماء أن هذا الحديث يُلزم الآباء بضرب أبنائهم في سن العاشرة إذا أهملوا في إقامة الصلاة، ذهب بعضهم الآخر إلى أن الحديث إنما يبيح الضرب فحسب إذا اقتضت الضرورة. إذًا الرأي الأول يأمر بالضرب، والرأي الثاني مجرد يسمح بالضرب. فإذا نظرنا إلى النصوص الشرعية في القرآن والسنَّة، سنجد أن كثيرًا منها يدعم الرأي الثاني، منها على سبيل المثال: قول الله تعالى ﴿لَا إِكْرَاهَ فِي الدِّينِ﴾ [البقرة: ٢٥٦]، ﴿وَأْمُرْ أَهْلَكَ بِالصَّلَاةِ وَاصْطَبِرْ عليها﴾ [طه: ١٣٢]، وأحاديث رسول الله صلى الله عليه وسلم "عن أم المؤمنين عائشة رضي الله عنها قالت: "مَا ضَرَبَ رسولُ اللّه صلى اللّه عليه وآله وسلم شيئًا قط بيده، ولا امرأةً ولا خادمًا" (أخرجه مسلم)، "لَيْسَ مِنَّا مَنْ لَمْ يَرْحَمْ صَغِيرَنَا" (رواه الترمذي) "إِنَّ اللّهَ رَفِيقٌ يُحِبُّ الرِّفْقَ ، وَيُعْطِي عَلَى الرِّفْقِ مَا لَا يُعْطِي عَلَى الْعُنْفِ، وَمَا لَا يُعْطِي عَلَى مَا سِوَاهُ" (رواه مسلم).

من المعروف أن الشريعة الإسلامية تقوم على المقاصد التي تتحقق من خلال الوسائل. لكن مراعاة المقاصد مقدمة دائمًا في الشريعة على مراعاة الوسائل، فالمقصد يستمد قيمته من ذاته، أما الوسيلة فقيمتها في كونها موصلة إلى المقصد. وبناءً عليه، إذا أصبحت

الوسيلة عاجزة عن تحقيق المقصد أو الهدف المنشود، فإنها تفقد صلاحيتها، ما يستلزم حينئذٍ الاستعاضة عنها بغيرها من الوسائل. والهدف هنا هو تدريب الأبناء على مداومة الصلاة، والوسيلة المستخدمة المتمثلة في الضرب لا تفضي إلى النتيجة المراد تحقيقها فحسب، بل تترتب عليها أيضًا مفسدة، لما نشهده عيانًا من الآثار المدمرة التي يخلفها الضرب في نفوس الأطفال. حتى إن نجح الضرب في بعض الحالات في تدريب الطفل على الصلاة، فإن الضرر المترتب عليه يفوق المصلحة التي تحققت. ومن ثم، فإن التوسل بالضرب محظور خاصةً مع توافر الوسائل البديلة التي تفضي إلى المصلحة المنشودة.

أما إذا كنت عزيزي القارئ ممن يصرون على استخدام الضرب كوسيلة من وسائل التأديب، فعليك الانتباه إلى أن الشرع قد وضع له ضوابط وقواعد صارمة في تطبيقه. ومن المدهش حقًّا أنه على الرغم من أن الفقهاء قد وضعوا هذه القواعد منذ مئات السنين، فإني شعرت عند قراءتها كأنني أتصفح القوانين والمبادئ التوجيهية المعمول بها حاليًّا في ولاية كاليفورنيا بشأن ضرب الأبناء. فمن المحزن أن التركيز على الحديث دون ذكر هذه القواعد قد أدى إلى تطبيقه تطبيقًا حرفيًّا، بما يتجاوز الحدود المسموح بها في الشرع.

الضوابط الشرعية التي تحكم استخدام الضرب في تربية الأبناء:

- يجب الامتناع عن الضرب فورًا إذا تسبب في عواقب وخيمة.
- يجب ألا يكون الضرب مبرحًا، وألا يتسبب في حدوث أذى أو جرح أو علة.
- يجب ألا يُستخدم إلا بعد استنفاد الوسائل الأخرى من تأنيب وتذكرة وتنبيه.
- يجب تجنب ضرب الوجه والأماكن الحساسة في الجسم، لقوله صلى الله عليه وسلم: "إذا ضرب أحدكم فليتقِ الوجه" (صحيح أبي داود).
- أجمع الفقهاء على أن الإفراط في استخدام الضرب من قِبل أي شخص يضعه تحت طائلة القانون.
- يجب ألا يزيد الضرب على ثلاث ضربات.

- لا يجوز استخدام أدوات تتسبب في إحداث إصابات أو جروح مثل الأحزمة، أو العصي، أو الأحذية، بل يكون الضرب باليد أو بالسواك، أو نحوهما.
- كما ينص الحديث، لا يُضرب الطفل قبل بلوغ العاشرة من عمره.
- يجب التزام الهدوء كي يكون الضرب بغرض التأديب وليس بقصد الانتقام والتنفيس عن الغضب.

أما بالنسبة إلى هذه القاعدة الأخيرة، فإني لم أصادف حتى الآن من يستطيع أن يزعم أنه يراعي ضبط النفس عند ضرب أبنائه. فأنا عن نفسي أقر بأن كل مرة ضربت فيها أبنائي كانت بدافع الغضب، ومن ثم لم ألتزم بالقاعدة الثامنة من قواعد الضرب في الشريعة.

من واقع مهنتي كأخصائية إرشاد نفسي، أستطيع أن أؤكد لك عزيزي القارئ أن استخدام العقوبات البدنية لتعليم الأطفال الصلاة (أو لأي هدف آخر) سوف يأتي بنتائج عكسية لا محالة. وذلك لأسباب كثيرة، أولها أن على عكس طفل الأمس -الذي كان يرى أن العقاب البدني حق من حقوق الأبوين- فإن طفل اليوم يرى أن من حقه ألا يتعرض للضرب. ثانيًا أن معظم الأطفال في الماضي كانوا يؤمنون بالفطرة أن الضرب مشفوع بحب آبائهم الراسخ، في حين أن الضرب اليوم بات السبب في انقطاع الروابط بين الآباء والأبناء. ثالثًا وجود توجه عالمي نحو وقف استخدام هذا الأسلوب في التربية، لذا يحظر القانون في كثير من البلاد إفراط الآباء في استخدام العقوبة البدنية، بل قد يصل الأمر إلى حرمانهم من حقوقهم الأبوية (في البلاد الغربية). أخيرًا وليس آخرًا، فإن ضرب الأطفال لضمان امتثالهم -في ظل ثقافة عالمية تنادي بإعلاء الفردية والخصوصية- سوف يدفعهم دفعًا إلى خارج الأسرة والمجتمع بأسره. وبناءً على كل ما تقدم، فأنا أهيب بكم أعزائي الآباء إلى نبذ الضرب تمامًا كأسلوب تربوي.

وإذا كنت، عزيزي القارئ، ما زلت مصرًا على استخدام أسلوب الضرب في عدم صلاة الطفل في سن العاشرة، فأنا أدعوك إلى تأمل النقاط التالية:

١. لم يجمع العلماء كلهم على وجوب الضرب. وفي حال اختلاف العلماء، يجوز لنا اتباع الرأي الذي يتوافق مع قناعاتنا.

٢. الحديث يتعارض مع آيات وأحاديث أقوى منه.

٣. الحديث لم يُذكر في الصحيحين.

٤. الحديث صُنف من ضعيف الى حسن. لم يصل إلى مرتبة الصحيح.

٥. مراعاة المقاصد مقدمة على مراعاة الوسائل.

٦. لا ضرر ولا ضرار. هل سيأتي الضرب بالنتيجة المنشودة؟

٧. قبل أن يضرب الوالدان عليهما أن يسألا نفسيهما: هل قمنا بمسؤوليتنا لتعويد أولادنا على الصلاة؟ كيف نحاسبهم على ما قصرنا نحن فيه؟

٨. الضرب على الصلاة قد يكون سببًا للطفل لأن يكره الإسلام، في ظل ثقافة عالمية تعزز من حريته وفرديته.

٩. حتى لو أحببنا أن نتقيد بهذا الحديث:

أ. لا يقاس عليه الضرب على أمور أخرى.

ب. ولا يُضرب قبل العاشرة.

ج. تُراعى أحكام الضرب الفقهية.

رزقنا الله وإياكم الحكمة والبصيرة، وأعاننا على تربية أولادنا خير تربية إيمانية.

البر الأعمى
نهى الشقيري

من سنن الحياة أن الأبناء، إن عاجلًا أم آجلًا، لا بد من أن يملكوا زمام أمورهم ويتحملوا مسؤولية حياتهم. لا شك أن ذلك لا يتحقق بين ليلةٍ وضحاها، وإنما على نحو تدريجي مع مرور الوقت. لكن توقيت حدوث ذلك يختلف باختلاف الأعراف الثقافية والاجتماعية السائدة على مر التاريخ. ففي العصور القديمة، كان الآباء يسلمون زمام المسؤولية إلى أبنائهم في مرحلة مبكرة، لأن ظروف الحياة آنذاك كانت تتطلب مشاركة الأطفال كلٌّ حسب قدراته ومواهبه في سن مبكرة للغاية مقارنةً بوقتنا الحاضر. ولعل أبلغ الأمثلة على ذلك قصة أنس بن مالك رضي الله عنه، الذي أتت به أمه رضي الله عنها إلى الرسول صلى الله عليه وسلم وهو في سن العاشرة من عمره ليخدمه، وظل في خدمته عشر سنين. وهكذا كانت مشاركة الأطفال للكبار في العمل هي العرف السائد في ذاك العصر، ومن ثم، لم يكن يُنظر إليها على أنها استغلال للطفل والدفع به إلى سوق العمل كما هو حادث الآن، إذ يعد عمل الطفل قبل سن الخامسة عشرة أمرًا غير مقبول.

ومع انطلاق الثورة الصناعية في القرن التاسع عشر، حدثت تغيرات جذرية في ملامح الحياة الاجتماعية، فصار الأطفال يُستبعدون تدريجيًا من أشكال العمل كافة للتركيز على التعليم، استعدادًا لدخول مرحلة الرشد. ولم يعد البلوغ العلامة الفارقة بين مرحلة الطفولة والرشد، وإنما أصبحت هذه المرحلة الانتقالية تتحدد وفقًا للأعراف الثقافية والاجتماعية، التي أدت بدورها إلى تقييد أنشطة الأطفال والحد من قدراتهم. وفي عصرنا الحالي، أصبحت سن الثامنة عشرة في كثير من الدول هي سن الرشد القانوني المقترنة ببلوغ المستوى التعليمي الذي يُنظر إليه على أنه من أساسيات الانتقال إلى مرحلة الرشد.

بالإضافة إلى الأعراف الاجتماعية، يعد توقير الوالدين من العوامل المهمة التي أثرت في استقلالية الأبناء وتحملهم مسؤولية حياتهم في المجتمعات المسلمة. فإن الإحسان إلى

الوالدين قد ورد في سبع آيات في القرآن الكريم: [البقرة: ٨٣، النساء: ٣٦، الأنعام: ١٥١، الإسراء: ٢٤-٢٣، العنكبوت: ٨، لقمان: ١٤-١٥، الأحقاف: ١٥، انظر الملحق "ب"]، وفي أربع آيات منها ورد هذا الأمر الإلهي مباشرةً بعد الأمر بعبادة الله وحده. ومن هنا جاء تفسير الفقهاء أن الإحسان إلى الوالدين مقترن بعبادة الله الواحد الأحد والنهي عن الشرك به عزَّ وجل. ولا أحد يستطيع أن ينكر هذا الواجب المقدس تجاه الوالدين، لكنه مع الأسف قد أُسيء فهمه بشدة، ومن ثمَّ أُسيء تطبيقه تمامًا إلى الدرجة التي جعلت الآباء ينتظرون من أبنائهم في مواقف معينة الطاعة العمياء.

فما تعريف الإحسان؟ يُعرَّف الإحسان بأنه السعي إلى الكمال، وبذل النَّفْس عن طيب خاطر في سبيل فعل ما هو فوق الواجب، والتفاني في إتمامه على أكمل وجه. ويعد الإحسان في الإسلام أعلى مراتب عبادة الله تبارك وتعالى، حيث يستشعر المسلم مراقبة الله في كل أحواله، سواء في السر أو في العلن، كما عرَّفه النبي صلى الله عليه وسلم في الحديث الشهير: "أن تعبد اللّه كأنك تراه، فإن لم تكن تراه فإنه يراك" (رواه مسلم). لكن مفهوم الإحسان كما ورد في القرآن لا يعني أن يبلغ الإنسان منزلة الملائكة المعصومين من الخطأ، وإنما هو دعوة إلى الدخول في معية الله بالعزم على الاستمرار في مجاهدة النفس في نطاق أننا بشر لا نخلو من العيوب، ومعرضون لارتكاب الأخطاء والزلات والهفوات. في ضوء ذلك، استخدمت الآيات القرآنية كلمة "الإحسان" في وصف واجبات الأبناء تجاه الوالدين، فهو دعوة إلى بذل قصارى جهدهم لأداء حقوق الوالدين، مع الأخذ في الاعتبار أن مفهوم الإحسان فضاؤه رحب لا يقف عند مسلك واحد ولا ينحصر في تصرف معين، وهو يختلف باختلاف الأشخاص واختلاف قدراتهم وأحوالهم وأوضاعهم. ومن ثم، سوف يختلف تطبيق الإحسان من أسرة إلى أخرى.

يستخدم العلماء أيضًا لفظ "بر الوالدين" للدلالة على مفهوم الإحسان إلى الوالدين. ولقد وردت كلمة البر في مواضع كثيرة في القرآن الكريم، منها: [البقرة: ٤٤، البقرة: ١٧٧، البقرة: ١٨٩، آل عمران: ٩٢، المائدة: ٢، المجادلة: ٩ انظر الملحق ب]. والبر -مثله مثل الإحسان- لفظ جامع لكل خصال الخير، سواء في ما يتعلق بعبادة الله تعالى، أو في التعاملات مع الناس.

إذا نظرنا إلى الآيات التي تتعلق بحقوق الوالدين، سنجد أنها تنص بوضوح على أن الله تعالى أمر بالإحسان إلى الوالدين، ولن نجد في أي منها ذكر وجوب الطاعة العمياء للوالدين. وعلى الرغم من ذلك، استدل بعض العلماء بالآيتين: [العنكبوت: ٨، لقمان: ١٥ انظر الملحق ب] على أن طاعة الوالدين واجبة في أي أمر من الأمور ما دام لا يخالف شرع الله. علاوة على ذلك، ذهب بعض الفقهاء إلى أن الألم النفسي الذي يصيب الوالدين جراء اختيارات الأبناء في الحياة يعد شكلًا من أشكال عقوق الوالدين، وبناءً عليه، فإن هذه الاختيارات حرام شرعًا. وهكذا، ترسخت في الأذهان على مر العصور صورة مشوهة للمغزى الحقيقي من الإحسان إلى الوالدين أو بر الوالدين، تتمثل في الطاعة العمياء، وهو ما أطلقت عليه ظاهرة "البر الأعمى".

في كثير من المجتمعات المسلمة تعد الطاعة العمياء للوالدين من الأمور المسلَّم بها. ومن المؤلم أن الابن الذي تربى على الطاعة المطلقة إذا قرر الخروج عن المسار الذي رسمه له أبواه، يجد نفسه مكبلًا بمشاعر الذنب. لقد صادفت في عيادتي كثيرًا من الأبناء الذين يعانون بسبب آبائهم الذين يلوحون لهم بورقة الضغط المعتادة في هذه الحالات: "اعلم أن رضا ربنا من رضانا عليك، فالأفضل لك أن تنفذ أوامرنا". وهكذا، يجد هؤلاء الأبناء أنفسهم بين شِقَّي رحى، فإما أن يتخلوا عن حقوقهم الطبيعية في حرية الاختيار، وإما أن يحل عليهم غضب آبائهم، ومن ثم غضب الله.

قد تسأل عزيزي القارئ إذا كان بر الوالدين لا يعني طاعتهم طاعة عمياء، فكيف يكون إذًا الإحسان إلى الوالدين؟ الإحسان كما تنص عليه بوضوح الآيتان ١٤ و١٥ من سورة الإسراء: ﴿وَقَضَى رَبُّكَ أَلَّا تَعْبُدُوا إِلَّا إِيَّاهُ وَبِالْوَالِدَيْنِ إِحْسَانًا إِمَّا يَبْلُغَنَّ عِندَكَ الْكِبَرَ أَحَدُهُمَا أَوْ كِلَاهُمَا فَلَا تَقُل لَّهُمَا أُفٍّ وَلَا تَنْهَرْهُمَا وَقُل لَّهُمَا قَوْلًا كَرِيمًا *وَاخْفِضْ لَهُمَا جَنَاحَ الذُّلِّ مِنَ الرَّحْمَةِ وَقُل رَّبِّ ارْحَمْهُمَا كَمَا رَبَّيَانِي صَغِيرًا﴾ يتلخص في مبدأين رئيسين: الاحترام والرحمة. يأمر الله عز وجل الأبناء في الآيتين الكريمتين بالالتزام بالاحترام والرحمة دومًا في التعامل مع الوالدين، وبالأخص في مرحلة كبر السن لما يستتبعها من ضعف البدن والحواس والقدرات الذهنية. هذا بالإضافة إلى أن الطاقة

النفسية اللازمة للتعامل مع أحداث الحياة وتحمُّل الضغوط تُستنزف سريعًا مع تقدم السن، ما ينعكس على حالات ضيق الصدر والعناد التي نعجز أحيانًا عن فهمها. وفي المقابل، يتمتع الأبناء بطاقة الشباب واندفاعه وسرعته في الأداء وردود الفعل. ومع اتساع الفجوة بين الطرفين في القدرات والسرعات والمَلَكات، يجد الأبناء صعوبة بالغة في التعامل مع الآباء.

ولمَّا كان سبحانه وتعالى العليم بأحوال عباده، وبما ينتج عن كبر السن من تغيرات تؤدي إلى ملل الأبناء وتضجرهم من الوالدين، نهى الله عن مجرد التفوه بكلمة "أف"، وهي أدنى ما يُقال للتعبير عن الضيق والتبرم. يعلِّمنا الله عزَّ وجلَّ أن ما يصاحب كبر سن الوالدين من ضعف وعجز وفرط الحساسية يوجب الصبر عليهما والشفقة والرحمة بهما في قوله تعالى: ﴿وَاخْفِضْ لَهُمَا جَنَاحَ الذُّلِّ مِنَ الرَّحْمَةِ﴾. ولا يسع المرء سوى أن يقف مبهورًا أمام عظمة وعذوبة الوصف القرآني لأسمى معاني بر الوالدين في استعارة بلاغية تهز القلوب وتدغدغ المشاعر. تصور الآية الكريمة التواضع والتذلل للوالدين رحمةً بهما وإجلالًا وتقديرًا لهما كما يخفض الطائر جناحه ليضم فراخه إليه، كأن الله يأمر الابن أن يضم والديه إليه كما كانا يفعلان معه وهو صغير. ويتجلَّى هذا التبادل في الأدوار في ختام الآية: ﴿وَقُلْ رَبِّ ارْحَمْهُمَا كَمَا رَبَّيَانِي صَغِيرًا﴾ بتوجه الابن إلى الله بالدعاء لوالديه بالرحمة في وقت ضعفهما كما شملاه برحمتهما وعنايتهما له في صغره. وإذا كان النهي عن الأذى بأقل لفظة وهي "أف" التي تنفلت عن الإنسان رغمًا عنه، فمن باب أولى أن ما هو أشد وأقوى من أنواع الأذى للوالدين لا يجوز قطعًا. وأود التذكير مرة أخرى بأنه يجب عدم الخلط بين وجوب حسن معاملة الوالدين والطاعة العمياء، فالأساس هو حرمة سوء المعاملة بالإهانة والقسوة والتجاهل. لذا لا يوجد ما يمنع اختلاف الابن في الرأي مع الوالدين ما دام يخاطبهما بكل احترام وتواضع ورحمة، وهذا ما تنص عليه الآية: ﴿وَقُلْ لَهُمَا قَوْلًا كَرِيمًا﴾.

وإن دل ذلك على شيء، فإنه يدل على أن الإحسان إلى الوالدين في الأقوال والأفعال لا يعني الطاعة العمياء كما يعتقد بعض الآباء. إذا كنت ممن يعتقدون ذلك، عزيزي

القارئ، فأنا أدعوك إلى التحرر من سوء الفهم هذا، لأنك لن تجني في النهاية سوى الألم والحسرة عندما يبدأ أبناؤك رويدًا رويدًا ممارسة حقهم الطبيعي في اختيار طريقهم في الحياة. في حين أنك إذا أدركت أن دورك يتمثل في الرعاية والتوجيه والإرشاد ثم ترك زمام الأمور لأبنائك، فإنك لن تنعم حينئذٍ بروابط أقوى معهم فحسب، وإنما سيستمر تأثيرك في حياتهم. ذلك التأثير لا سلطة تحكمه إلا الحسنى، في إطار النصح والمشورة من جانبك، والطاعة الاختيارية من جانب أبنائك.

جاء في الأثر: "أعينوا أولادكم على بركم"، وفي سبيل تحقيق ذلك، أعزائي الآباء، إليكم هذه الوصفة البسيطة: عليكم أن تحسنوا معاملتهم، وأن توطدوا روابط المحبة والصداقة معهم، وأن تفسحوا لهم المجال لاتخاذ قراراتهم كراشدين يملكون زمام حياتهم. وأعدكم أنكم باتباعكم هذه الوصفة سوف تجدون من أبنائكم، إن شاء الله، البر الصادق النابع من القلب، الذي سوف يملأ قلوبكم بالرضا والسكينة تتويجًا لسنوات من الجهد والتضحية والعطاء على مدار رحلة التربية. وفقكم الله وسدد خطاكم.

الإسلام بين العادة والإرادة

نهى الشقيري

يصف الشيخ جمال ديوان -أحد مؤسسي مركز صفا بأمريكا-الانتقال من الإسلام بالوراثة (أن يولد الإنسان من أبوين مسلمين) إلى الإسلام عن عزم وإرادة واختيار، بأنها عملية الانتقال من "**الإسلام بحكم العادة**" إلى "**الإسلام بحكم الإرادة**". لا شك أن الآباء ملزمون بتدريب أبنائهم منذ الصغر على تعاليم وآداب الإسلام، قَالَ رَسُولُ اللَّهِ صَلَّى اللهُ عَلَيْهِ وَسَلَّمَ: "مَا مِنْ مَوْلُودٍ إِلَّا يُولَدُ عَلَى الفِطْرَةِ، فَأَبَوَاهُ يُهَوِّدَانِهِ، أو يُنَصِّرَانِهِ، أَوْ يُمَجِّسَانِهِ". (رواه البخاري ومسلم) أما ضمانة ثباتهم على الدين طوال حياتهم، فهذه مسألة أخرى لا يعلمها سوى المولى تبارك وتعالى. فما على الآباء سوى التعليم والإرشاد، أما الهداية فمن رب العالمين، كما يقول في كتابه الكريم ﴿لَيْسَ عَلَيْكَ هُدَاهُمْ وَلَكِنَّ اللَّهَ يَهْدِي مَنْ يَشَاءُ﴾ [البقرة:٢٧٢].

في حين أن "الإسلام بحكم العادة" يجسد سنن الله في المجتمعات الإنسانية، فإن "الإسلام بحكم الإرادة" هو الشاهد على حرية الإرادة التي منحها الله للإنس والجن ﴿لَا إِكْرَاهَ فِي الدِّينِ﴾ [البقرة: ٢٥٦]. إن مرحلة "الإسلام بحكم الإرادة" هي رحلة شخصية يقوم بها كل إنسان بمفرده، دون تأثير أو ضغط من أحد، بل هو وحده الذي يقرر بمحض إرادته متى، وكيف يبدأها، والطريق الذي سيوصله إلى مراده. تتجلّى حرية الإرادة التي منحها الله للإنسان في التفاوت بين الناس في رحلاتهم الإيمانية. لكن حينما يكون هذا التفاوت بين الآباء والأبناء، فإن الوضع حتمًا يختلف وتختلف معه ردود أفعال الآباء. فبعضهم يجدها تجربة مريرة ومؤلمة، وبعضهم الآخر يجد أنها من أقوى أشكال التعبير عن تمام الخضوع لله جلَّ جلاله والتسليم لأمره. يخضع كل البشر لقانون الإرادة الحرة، لا يُستثنى من ذلك كائنٌ من كان، حتى إن كان ابن أبي الأنبياء سيدنا نوح عليه السلام،

الذي يروي لنا القرآن الكريم تفاصيل قصته المثيرة في سورة هود (من الآية ٤٢-٤٧)، الملحق ج).

هذه الآيات القرآنية تمس شغاف قلبي، وفي كل مرة أتلوها دموعي تنهمر رغمًا عني، فهي تضعني في قلب الحدث حيث تتجسد المشيئة الإنسانية المحدودة والمشيئة الإلهية المطلقة. فهذا النبي العظيم نوح عليه السلام الذي ظل يجاهد في دعوة قومه إلى عبادة الله الواحد الأحد طوال ٩٥٠ سنة دون كلل أو ملل، هو أيضًا نوح الأب الذي لم يملك نفسه عن التساؤل: كيف لا يكون ابنه ضمن أهله الناجين من الطوفان؟ إن هذه القصة العظيمة، وإن كانت بالغة الألم، هي البلسم لقلب كل مربٍّ تعرض أو ما زال يتعرض لمثل هذا الابتلاء، فهي تحمل من العبر والدروس ما يجعلنا نتذكر دائمًا أبدًا أننا نعيش في تأرجح مستمر ما بين كينونتنا كبشر وتمام عبوديتنا للخالق عزَّ وجلَّ وخضوعنا له سبحانه. إنه جهاد مستمر مع النفس لا يتوقف مادام الإنسان حيًّا.

كثيرًا ما جلست أتفكر في هذه الآيات القرآنية ساعات طويلة، لأنها تمسني بصفة شخصية. فقد بلغت بي السذاجة في بداية عهدي بالأمومة أن أعتقد أن رحلة أبنائي مع الإيمان تتوقف على تعليمي وتوجيهي لهم. كنت أؤمن بأن السياق الطبيعي للأمور: أنا أعلمهم وأدربهم، وبناءً عليه سيلتزمون بتطبيق الإسلام في حياتهم كما علمتهم وربيتهم. كان هذا الهدف السامي الذي أسعى إليه في التربية، والذي كرست نفسي وحياتي في سبيل تحقيقه. لعلك تفهمت الآن عزيزي القارئ مدى تعلقي بهذا الهدف وبما يحمله من معانٍ عميقة في حياتي، لذا يمكنك أن تتخيل مدى صدمتي عندما قررت ابنتي خلع الحجاب عند بداية دخولها الجامعة. على الرغم من أن خلع الحجاب لا يتساوى بتاتًا مع الخروج من الإسلام، كان وقع الخبر عليَّ مؤلمًا أشد الألم لدرجة تعجز الكلمات عن وصفها. عشت لمدة أسبوع كامل كأني مخدرة، لم أعد أشعر بأي شيء سوى ذلك الحزن المتغلغل في كياني. كنت أؤدي مهامي الروتينية كل يوم لكن مثل الآلة المبرمجة على أداء المطلوب منها. اختلطت المشاعر والأفكار بداخلي وأنا ما زلت أحاول أن أستوعب أن حلم حياتي قد انهار، وهدف حياتي قد ذهب أدراج الرياح.

مررت بالمراحل التي نمر بها جميعًا حينما يتداعى الإطار الذي ننظر من خلاله إلى العالم: الصدمة، ثم الغضب، ثم الحسرة، ثم رويدًا رويدًا التقبُّل. وفي هذه المرحلة الأخيرة كان لزامًا عليَّ تطويع حلمي كي يتوافق مع واقعي. وبما أن الإسلام النبراس الذي أهتدي به في حياتي، بدأت أبحث في القرآن الكريم والسنة النبوية عن الجواب الشافي حتى يطمئن ويهدأ قلبي المثقل. وبالفعل وجدت ضالتي المنشودة في قصة سيدنا نوح عليه السلام وابنه. صدقني، عزيزي القارئ، أنا لا أبالغ إذا قلت إن أي إنسان ابتُلي مثل نوح عليه السلام سيرى هذه الآيات القرآنية تتجسَّد أمامه في صور محسوسة تنبض بالحياة والحركة.

وجدت العزاء في حوار نوح عليه السلام مع الله تعالى. ففي حين جاهد نوح عمرًا مديدًا من أجل الدعوة إلى الله تعالى، أصر ابنه في كبرياء على اختيار الكفر. تصور لنا الآيات الكريمة هول المشهد المؤلم الذي ترجف له قلوب الآباء. في هذه اللحظات الفاصلة بين الهلاك والنجاة من الطوفان ينادي نوح الأب الملهوف على ابنه. وحانت اللحظة الحاسمة التي تفصل بين أهل الحق وأهل الباطل، ووسط صخب أمواج البحر المرتفعة كالجبال، جاءت إجابة الابن على الأب الملهوف: ﴿قَالَ سَآوِي إِلَى جَبَلٍ يَعْصِمُنِي مِنَ الْمَاءِ﴾ [الآية:٤٣]، وهنا يتجلَّى منطق الإلحاد في غرور النفس وتوهمها القدرة على التحكم في الأمور لأن القلب لم يقر بالتسليم لله الواحد الأحد.

ويلي الصدمة التساؤل: يتساءل الأب المكلوم لماذا لم يكن ابنه ضمن الناجين. وهذا السؤال له بالغ الأثر في نفسي، فهو السؤال الذي يسأله كل مربٍّ سعى سعيًا دؤوبًا في هداية أبنائه، ثم صُدم بأنهم اختاروا طريقًا آخر غير الإسلام أو اختاروا طريقة مختلفة في تطبيقه. هذا السؤال يمثل لنا جرس تنبيه يوقظنا من غفلتنا لندرك حدود قدرتنا البشرية. فإن فلذات أكبادنا الذين نفني عمرنا في حبهم، ورعايتهم، وحمايتهم، وتوجيههم، وتربيتهم، ليسوا انعكاسًا ولا امتدادًا لنا. بل هم كما يقول جبران: "وفي طاقتكم أن تصنعوا المساكن لأجسادهم، ولكن نفوسهم لا تقطن في مساكنكم، فهي تقطن في مسكن الغد".

وبقلب ملؤه الحزن، توجه نوح عليه السلام إلى الله تعالى متضرعًا: ﴿رَبِّ إِنَّ ابْنِى مِنْ أَهْلِى وَإِنَّ وَعْدَكَ الْحَقُّ﴾ [الآية: ٤٥]، محاولًا الاستفسار عن السبب في أن وعد الله بنجاة أهله من الطوفان لم يتضمن ابنه. لكن حكم الله نافذ في جميع الخلق بصرف النظر عن الجاه أو النسب، ليس لأحد أن يرده أو يبطله حتى إن كان رسولًا من أولي العزم كنوح عليه السلام. يا لها من تذكرة قوية لجميع الآباء.

فأجابه الرحمن: ﴿إِنَّهُ لَيْسَ مِنْ أَهْلِكَ إِنَّهُ عَمَلٌ غَيْرُ صَالِحٍ فَلا تَسْأَلْنِ مَا لَيْسَ لَكَ بِهِ عِلْمٌ﴾ [الآية: ٤٦]. يفسر معظم العلماء هذه الآية بأن الله ينبه سيدنا نوح عليه السلام أن ابنك ليس من أهلك المؤمنين الذين وعدتك بنجاتهم، فهو عمل غير صالح لم يؤمن بدعوتك إلى الله. وفي حين أن التفاسير تشرح أن العمل غير الصالح في الآيات هو ابن نوح عليه السلام، فإني أستشعر أنه راجع إلى سؤال سيدنا نوح عليه السلام. ربما لأني عندما تعرضت لمحنة قرار ابنتي بخلع الحجاب تساءلت: لماذا يختبرني الله بهذه الطريقة؟ ما الخطأ الذي ارتكبته؟ هل غفلت عن جوانب ما في تربيتها قد أودت بنا إلى هذه النتيجة؟ وهي نفس التساؤلات التي أسمعها من كثير من الآباء الذين يتفاجؤون بأن تربيتهم لأبنائهم لم تحقق أهدافهم. فإذا كان المعنى المقصود من العمل غير الصالح هو توجيه هذه الأسئلة إلى الله تبارك وتعالى، فإن الآية التالية تعلمنا ما يجب علينا فعله. يستعيذ نوح عليه السلام من أن يسأل ما ليس له به علم في خشوع وتسليم لإرادة الله تعالى، ويرجو مغفرته سبحانه وتعالى ورحمته: ﴿قال رَب إني أَعُوذُ بِكَ أَنْ أَسْأَلَكَ مَا لَيْسَ لِي بِهِ عِلْمٌ وَإِلا تَغْفِرْ لِي وَتَرْحَمْنِي أَكُن منَ الْخَاسِرِينَ﴾ [الآية: ٤٧].

عندما تدبرت هذا الحوار الرائع الغني بالدروس غشيتني السكينة واسشعرت حب الله عزَّ وجلَّ الذي أذهب عني الحزن وغمر قلبي بالطمأنينة والسلام. إن قصة نوح عليه السلام، مثلها مثل سائر القصص القرآني، تحمل لنا الدروس والعبر التي تزيل همومنا وتفرج كروبنا: أن الهداية بيد الله وحده، وأن مسؤوليتنا تجاه أبنائنا تقتصر على التعليم والتوجيه والإرشاد ثم التوكل على الله كما يقول جل وعلا: ﴿إِنَّكَ لَا تَهْدِي مَنْ أَحْبَبْتَ

﴿وَلَٰكِنَّ اللَّهَ يَهْدِي مَن يَشَاءُ﴾ [القصص: ٥٦]. كما تعلمنا أيضًا أن مع التسليم لقضاء الله يجب أن نتحلى دائمًا بالأمل في رحمته سبحانه وتعالى. فقد ظل نوح عليه السلام حتى آخر لحظة يدعو ابنه متفائلًا بالأمل في أن يستجيب له، كأنه يبعث لنا برسالة ألا نتخلى عن أبنائنا إذا تعثروا في الطريق إلى الله أو حادوا عنه، بل علينا أن نواصل دعوتهم وتذكيرهم، لكن دون إجبار أو إكراه ﴿فَذَكِّرْ إِنَّمَا أَنتَ مُذَكِّرٌ. لَّسْتَ عَلَيْهِم بِمُصَيْطِرٍ﴾ [الغاشية: ١٢-١١].

أعزائي الآباء، أدعو الله العلي القدير ألا يبتليكم في إيمان وإسلام أولادكم، وإن كان هذا قدركم، أن يرزقكم الحكمة والصبر في التعامل معهم وأن يغمركم بالسكينة والطمأنينة.

أدعو الله أن يوفقكم ويعينكم على حمل هذه الرسالة العظيمة والأمانة الغالية، وأجمل ختام دعاء عباد الرحمن: ﴿رَبَّنَا هَبْ لَنَا مِنْ أَزْوَاجِنَا وَذُرِّيَّاتِنَا قُرَّةَ أَعْيُنٍ وَاجْعَلْنَا لِلْمُتَّقِينَ إِمَامًا﴾ [الفرقان: ٧٤].

وما زالت الرحلة مستمرة

أعزاءنا الآباء.. انتهت رحلتنا معكم، لكن ما زالت رحلتكم مع فلذات أكبادكم وزينة حياتكم مستمرة. نعلم أن المهمة شاقة بالتأكيد، لكن إذا حرصتم بعزم وإرادة على فتح قنوات التواصل مع أطفالكم، وتقوية أواصر المحبة بينكم، فإننا نطمئنكم أن الرحلة ستصبح أكثر سلاسةً، بل وأكثر متعةً أيضًا.

يسعدنا أن نعرض تلخيصًا مبسطًا لمحتوى الكتاب في الومضات التالية:

- التوكل على الله والدعاء له جل جلاله بصفة مستمرة من القواعد الأساسية التي يستعان بها في تربية الأبناء.
- ليس الهدف بلوغ الكمال في التربية حتى مع تطبيق جميع الأدوات المذكورة في الكتاب، لكن الهدف هو السعي الدائم والاجتهاد المستمر مع حسن التوكل على الله.
- تذكر أن الهدف إكساب طفلك المهارات التي تعينه على التعامل مع الحياة بصفوها وكدرها.
- تذكر أن الأخطاء فرص رائعة للتعلُّم لكليكما أنت وطفلك.
- تعرف إلى نفسك كي تتواصل مع طفلك على نحو أفضل.
- اهتمامك بصحتك البدنية والعاطفية والروحية سينعكس مباشرةً على اهتمامك بطفلك وحبك له.
- التغيير سنة من سنن الحياة. تأكد أنه لم يفت الأوان بعد، الفرصة دومًا متاحة أمامك لتتغير وتتعلم وتبحث عن أفضل السبل للتعامل مع طفلك. ابدأ بتأمل أسلوبك في التربية:
  - الأسلوب المتسلط: استمع لطفلك أكثر، امنحه الفرصة للتعبير عن رأيه واتخاذ القرارات.

- تذكر أن طفلك ليس روبوتًا مُبرمجًا على أداء الدور الذي رسمته له، بل هو إنسان متفرد بذاته له طباعه وصفاته وأحلامه المختلفة.
- الأسلوب المتساهل: كن حازمًا في تطبيق القواعد والروتين. تأكد أن الحزم لن يضر طفلك، في حين أن الإذعان لطلباته هو الضرر بعينه.
- الأسلوب المتوازن: تمسك بقيمك. لا تتنازل لمجرد أن طفلك لا يستطيع فهم رؤيتك للأمور. لا تضع المشكلات كلها في سلة واحدة.

● احرص على اكتشاف شخصية طفلك وما يتمتع به من قدرات ومَلَكات فطرية. هل تعزز نقاط القوة في شخصيته أم تركز على أوجه القصور؟ تعرف إلى طباع طفلك ومزاجه مع مواكبة كل مرحلة عمرية وما يصاحبها من خصائص ومتطلبات:

- ما الأزمة التي تتسم بها هذه المرحلة العمرية؟
- هل تساعده على تجاوز هذه الأزمة بنجاح؟
- ما استراتيجية الطفل كي يملك زمام التحكم في حياته؟
- كيف تساعد طفلك على استخدام أساليب فعالة وسليمة؟

● احرص دائمًا على مراعاة التوازن الدقيق بين الحزم والحنان في التواصل مع طفلك من خلال:

- وضع الروتين والقواعد والحزم في تطبيقها.
- المواظبة على الاجتماعات الأسرية.
- الاستماع المتجاوب إلى الطفل وتوصيف مشاعره.
- استخدم أسئلة الاستفسار بدلًا من إلقاء الأوامر مع تجنب الأسئلة التي تبدأ بـــ "لماذا".
- خيره بين أمرين من الخيارات المتاحة.
- الحزم في استعمال "لا" حسبما يقتضي الموقف.
- شجعه بدلًا من أن تمدحه.

- شجعه على الاعتماد على نفسه ومواجهة أخطائه.
- ركز على إيجاد حل للمشكلة بدلًا من اللجوء إلى الثواب أو العقاب.
- احسم الأمور التي تملك السيطرة عليها بدلًا من محاولة التحكم في تصرفات طفلك ومشاعره.
- راجع أدوات التربية الإيجابية عندما تكون في حيرة من أمرك.
- راجع التحديات الخاصة بكل مرحلة عمرية لاستلهام الأفكار والحلول.

في الختام، نأمل أن نكون قد نجحنا في تقديم الأفكار والمفاهيم التي تدعمكم في رحلتكم التربوية، وتعينكم على تنشئة أجيال قادرة على بناء خير أمة أُخرجت للناس. نسأل العلي القدير أن ييسر أموركم ويوفقكم ويجعل أبناءكم قرة أعين لكم.

الحمد لله الذي هدانا لهذا وما كنا لنهتدي لولا أن هدانا الله. والله ولي التوفيق.

الملاحق

الملحق (أ)

إضاءات تربوية من القرآن الكريم لمرحلة الرشد

سـورة الأحقاف (الآيات ١٥-١٩)

﴿وَوَصَّيْنَا الْإِنسَانَ بِوَالِدَيْهِ إِحْسَانًا ۖ حَمَلَتْهُ أُمُّهُ كُرْهًا وَوَضَعَتْهُ كُرْهًا ۖ وَحَمْلُهُ وَفِصَالُهُ ثَلَاثُونَ شَهْرًا ۚ حَتَّىٰ إِذَا بَلَغَ أَشُدَّهُ وَبَلَغَ أَرْبَعِينَ سَنَةً قَالَ رَبِّ أَوْزِعْنِي أَنْ أَشْكُرَ نِعْمَتَكَ الَّتِي أَنْعَمْتَ عَلَيَّ وَعَلَىٰ وَالِدَيَّ وَأَنْ أَعْمَلَ صَالِحًا تَرْضَاهُ وَأَصْلِحْ لِي فِي ذُرِّيَّتِي ۖ إِنِّي تُبْتُ إِلَيْكَ وَإِنِّي مِنَ الْمُسْلِمِينَ. أُولَٰئِكَ الَّذِينَ نَتَقَبَّلُ عَنْهُمْ أَحْسَنَ مَا عَمِلُوا وَنَتَجَاوَزُ عَن سَيِّئَاتِهِمْ فِي أَصْحَابِ الْجَنَّةِ ۖ وَعْدَ الصِّدْقِ الَّذِي كَانُوا يُوعَدُونَ. وَالَّذِي قَالَ لِوَالِدَيْهِ أُفٍّ لَّكُمَا أَتَعِدَانِنِي أَنْ أُخْرَجَ وَقَدْ خَلَتِ الْقُرُونُ مِن قَبْلِي وَهُمَا يَسْتَغِيثَانِ اللَّهَ وَيْلَكَ آمِنْ إِنَّ وَعْدَ اللَّهِ حَقٌّ فَيَقُولُ مَا هَٰذَا إِلَّا أَسَاطِيرُ الْأَوَّلِينَ. أُولَٰئِكَ الَّذِينَ حَقَّ عَلَيْهِمُ الْقَوْلُ فِي أُمَمٍ قَدْ خَلَتْ مِن قَبْلِهِم مِّنَ الْجِنِّ وَالْإِنسِ ۖ إِنَّهُمْ كَانُوا خَاسِرِينَ. وَلِكُلٍّ دَرَجَاتٌ مِّمَّا عَمِلُوا ۖ وَلِيُوَفِّيَهُمْ أَعْمَالَهُمْ وَهُمْ لَا يُظْلَمُونَ﴾.

سورة الأعراف (الآيات ١٦٨-١٧٠)

﴿وَقَطَّعْنَاهُمْ فِي الْأَرْضِ أُمَمًا ۖ مِّنْهُمُ الصَّالِحُونَ وَمِنْهُمْ دُونَ ذَٰلِكَ ۖ وَبَلَوْنَاهُم بِالْحَسَنَاتِ وَالسَّيِّئَاتِ لَعَلَّهُمْ يَرْجِعُونَ. فَخَلَفَ مِن بَعْدِهِمْ خَلْفٌ وَرِثُوا الْكِتَابَ يَأْخُذُونَ عَرَضَ هَٰذَا الْأَدْنَىٰ وَيَقُولُونَ سَيُغْفَرُ لَنَا وَإِن يَأْتِهِمْ عَرَضٌ مِّثْلُهُ يَأْخُذُوهُ ۚ أَلَمْ يُؤْخَذْ عَلَيْهِم مِّيثَاقُ الْكِتَابِ أَن لَّا يَقُولُوا عَلَى اللَّهِ إِلَّا الْحَقَّ وَدَرَسُوا مَا فِيهِ ۗ وَالدَّارُ الْآخِرَةُ خَيْرٌ لِّلَّذِينَ يَتَّقُونَ ۗ أَفَلَا تَعْقِلُونَ. وَالَّذِينَ يُمَسِّكُونَ بِالْكِتَابِ وَ أَقَامُوا الصَّلَاةَ إِنَّا لَا نُضِيعُ أَجْرَ الْمُصْلِحِينَ﴾.

سورة مريم (الآيات ٥٨-٦٠)

﴿أولئك الَّذِينَ أَنْعَمَ اللَّهُ عَلَيْهِمْ مِنَ النَّبِيِّينَ مِنْ ذُرِّيَّةِ آدَمَ وَمِمَّنْ حَمَلْنَا مَعَ نُوحٍ وَمِنْ ذُرِّيَّةِ إِبْرَاهِيمَ وَإِسْرَائِيلَ وَمِمَّنْ هَدَيْنَا وَاجْتَبَيْنَا ۚ إِذَا تُتْلَىٰ عَلَيْهِمْ آيَاتُ الرَّحْمَٰنِ خَرُّوا سُجَّدًا وَبُكِيًّا ۩ فَخَلَفَ مِنْ بَعْدِهِمْ خَلْفٌ أَضَاعُوا الصَّلَاةَ وَاتَّبَعُوا الشَّهَوَاتِ ۖ فَسَوْفَ يَلْقَوْنَ غَيًّا. إِلَّا مَنْ تَابَ وَآمَنَ وَعَمِلَ صَالِحًا فَأُولَٰئِكَ يَدْخُلُونَ الْجَنَّةَ وَلَا يُظْلَمُونَ شَيْئًا﴾.

سورة المجادلة (الآية ٢٢)

﴿لَا تَجِدُ قَوْمًا يُؤْمِنُونَ بِاللَّهِ وَالْيَوْمِ الْآخِرِ يُوَادُّونَ مَنْ حَادَّ اللَّهَ وَرَسُولَهُ وَلَوْ كَانُوا آبَاءَهُمْ أَوْ أَبْنَاءَهُمْ أَوْ إِخْوَانَهُمْ أَوْ عَشِيرَتَهُمْ ۚ أُولَٰئِكَ كَتَبَ فِي قُلُوبِهِمُ الْإِيمَانَ وَأَيَّدَهُمْ بِرُوحٍ مِنْهُ ۖ وَيُدْخِلُهُمْ جَنَّاتٍ تَجْرِي مِنْ تَحْتِهَا الْأَنْهَارُ خَالِدِينَ فِيهَا ۚ رَضِيَ اللَّهُ عَنْهُمْ وَرَضُوا عَنْهُ ۚ أُولَٰئِكَ حِزْبُ اللَّهِ ۚ أَلَا إِنَّ حِزْبَ اللَّهِ هُمُ الْمُفْلِحُونَ﴾.

الملحق (ب)

إضاءات تربوية من القرآن الكريم لمسألة البر الأعمى

سورة البقرة (الآية ٨٣)

﴿وَإِذْ أَخَذْنَا مِيثَاقَ بَنِي إِسْرَائِيلَ لَا تَعْبُدُونَ إِلَّا اللَّهَ وَبِالْوَالِدَيْنِ إِحْسَانًا وَذِي الْقُرْبَىٰ وَالْيَتَامَىٰ وَالْمَسَاكِينِ وَقُولُوا لِلنَّاسِ حُسْنًا وَأَقِيمُوا الصَّلَاةَ وَآتُوا الزَّكَاةَ ثُمَّ تَوَلَّيْتُمْ إِلَّا قَلِيلًا مِنْكُمْ وَأَنْتُمْ مُعْرِضُونَ﴾

سورة النساء (الآية ٣٦)

﴿وَاعْبُدُوا اللَّهَ وَلَا تُشْرِكُوا بِهِ شَيْئًا ۖ وَبِالْوَالِدَيْنِ إِحْسَانًا وَبِذِي الْقُرْبَىٰ وَالْيَتَامَىٰ وَالْمَسَاكِينِ وَالْجَارِ ذِي الْقُرْبَىٰ وَالْجَارِ الْجُنُبِ وَالصَّاحِبِ بِالْجَنْبِ وَابْنِ السَّبِيلِ وَمَا مَلَكَتْ أَيْمَانُكُمْ ۗ إِنَّ اللَّهَ لَا يُحِبُّ مَنْ كَانَ مُخْتَالًا فَخُورًا﴾

سورة الأنعام (الآية ١٥١)

﴿قُلْ تَعَالَوْا أَتْلُ مَا حَرَّمَ رَبُّكُمْ عَلَيْكُمْ ۖ أَلَّا تُشْرِكُوا بِهِ شَيْئًا ۖ وَبِالْوَالِدَيْنِ إِحْسَانًا ۖ وَلَا تَقْتُلُوا أَوْلَادَكُمْ مِنْ إِمْلَاقٍ ۖ نَحْنُ نَرْزُقُكُمْ وَإِيَّاهُمْ ۖ وَلَا تَقْرَبُوا الْفَوَاحِشَ مَا ظَهَرَ مِنْهَا وَمَا بَطَنَ ۖ وَلَا تَقْتُلُوا النَّفْسَ الَّتِي حَرَّمَ اللَّهُ إِلَّا بِالْحَقِّ ۚ ذَٰلِكُمْ وَصَّاكُمْ بِهِ لَعَلَّكُمْ تَعْقِلُونَ﴾

سورة الإسراء (الآيات ٢٣-٢٥)

﴿وَقَضَىٰ رَبُّكَ أَلَّا تَعْبُدُوا إِلَّا إِيَّاهُ وَبِالْوَالِدَيْنِ إِحْسَانًا ۚ إِمَّا يَبْلُغَنَّ عِنْدَكَ الْكِبَرَ أَحَدُهُمَا أَوْ كِلَاهُمَا فَلَا تَقُلْ لَهُمَا أُفٍّ وَلَا تَنْهَرْهُمَا وَقُلْ لَهُمَا قَوْلًا كَرِيمًا. اخْفِضْ لَهُمَا جَنَاحَ الذُّلِّ مِنَ الرَّحْمَةِ وَقُلْ رَبِّ ارْحَمْهُمَا كَمَا رَبَّيَانِي صَغِيرًا﴾

سورة العنكبوت (الآية ٨)

﴿وَوَصَّيْنَا الْإِنْسَانَ بِوَالِدَيْهِ حُسْنًا ۖ وَإِنْ جَاهَدَاكَ لِتُشْرِكَ بِي مَا لَيْسَ لَكَ بِهِ عِلْمٌ فَلَا تُطِعْهُمَا ۚ إِلَيَّ مَرْجِعُكُمْ فَأُنَبِّئُكُمْ بِمَا كُنْتُمْ تَعْمَلُونَ﴾

سورة لقمان (الآيات ١٤-١٥)

﴿وَوَصَّيْنَا الْإِنْسَانَ بِوَالِدَيْهِ حَمَلَتْهُ أُمُّهُ وَهْنًا عَلَىٰ وَهْنٍ وَفِصَالُهُ فِي عَامَيْنِ أَنِ اشْكُرْ لِي وَلِوَالِدَيْكَ إِلَيَّ الْمَصِيرُ. وَإِنْ جَاهَدَاكَ عَلَىٰ أَنْ تُشْرِكَ بِي مَا لَيْسَ لَكَ بِهِ عِلْمٌ فَلَا تُطِعْهُمَا ۖ وَصَاحِبْهُمَا فِي الدُّنْيَا مَعْرُوفًا ۖ وَاتَّبِعْ سَبِيلَ مَنْ أَنَابَ إِلَيَّ ۚ ثُمَّ إِلَيَّ مَرْجِعُكُمْ فَأُنَبِّئُكُمْ بِمَا كُنْتُمْ تَعْمَلُونَ﴾

سورة الأحقاف (الآية ١٥)

﴿وَوَصَّيْنَا الْإِنْسَانَ بِوَالِدَيْهِ إِحْسَانًا ۖ حَمَلَتْهُ أُمُّهُ كُرْهًا وَوَضَعَتْهُ كُرْهًا ۖ وَحَمْلُهُ وَفِصَالُهُ ثَلَاثُونَ شَهْرًا ۚ حَتَّىٰ إِذَا بَلَغَ أَشُدَّهُ وَبَلَغَ أَرْبَعِينَ سَنَةً قَالَ رَبِّ أَوْزِعْنِي أَنْ أَشْكُرَ نِعْمَتَكَ الَّتِي أَنْعَمْتَ عَلَيَّ وَعَلَىٰ وَالِدَيَّ وَأَنْ أَعْمَلَ صَالِحًا تَرْضَاهُ وَأَصْلِحْ لِي فِي ذُرِّيَّتِي ۖ إِنِّي تُبْتُ إِلَيْكَ وَإِنِّي مِنَ الْمُسْلِمِينَ﴾

سورة البقرة (الآية ٤٤)

﴿أَتَأْمُرُونَ النَّاسَ بِالْبِرِّ وَتَنْسَوْنَ أَنْفُسَكُمْ وَأَنْتُمْ تَتْلُونَ الْكِتَابَ ۚ أَفَلَا تَعْقِلُونَ﴾

سورة البقرة (لآية ١٧٧)

﴿لَيْسَ الْبِرَّ أَنْ تُوَلُّوا وُجُوهَكُمْ قِبَلَ الْمَشْرِقِ وَالْمَغْرِبِ وَلَٰكِنَّ الْبِرَّ مَنْ آمَنَ بِاللَّهِ وَالْيَوْمِ الْآخِرِ وَالْمَلَائِكَةِ وَالْكِتَابِ وَالنَّبِيِّينَ وَآتَى الْمَالَ عَلَىٰ حُبِّهِ ذَوِي الْقُرْبَىٰ وَالْيَتَامَىٰ وَالْمَسَاكِينَ وَابْنَ السَّبِيلِ وَالسَّائِلِينَ وَفِي الرِّقَابِ وَأَقَامَ الصَّلَاةَ وَآتَى الزَّكَاةَ وَالْمُوفُونَ

بِعَهْدِهِمْ إِذَا عَاهَدُوا وَالصَّابِرِينَ فِي الْبَأْسَاءِ وَالضَّرَّاءِ وَحِينَ الْبَأْسِ أُولَٰئِكَ الَّذِينَ صَدَقُوا وَأُولَٰئِكَ هُمُ الْمُتَّقُونَ﴾

سورة البقرة (الآية ١٨٩)

﴿وَلَيْسَ الْبِرُّ بِأَنْ تَأْتُوا الْبُيُوتَ مِنْ ظُهُورِهَا وَلَٰكِنَّ الْبِرَّ مَنِ اتَّقَىٰ وَأْتُوا الْبُيُوتَ مِنْ أَبْوَابِهَا وَاتَّقُوا اللَّهَ لَعَلَّكُمْ تُفْلِحُونَ﴾

سورة آل عمران (الآية ٩٢)

﴿لَنْ تَنَالُوا الْبِرَّ حَتَّىٰ تُنْفِقُوا مِمَّا تُحِبُّونَ وَمَا تُنْفِقُوا مِنْ شَيْءٍ فَإِنَّ اللَّهَ بِهِ عَلِيمٌ﴾

سورة المائدة (الآية ٢)

﴿يَا أَيُّهَا الَّذِينَ آمَنُوا لَا تُحِلُّوا شَعَائِرَ اللَّهِ وَلَا الشَّهْرَ الْحَرَامَ وَلَا الْهَدْيَ وَلَا الْقَلَائِدَ وَلَا آمِّينَ الْبَيْتَ الْحَرَامَ يَبْتَغُونَ فَضْلًا مِنْ رَبِّهِمْ وَرِضْوَانًا وَإِذَا حَلَلْتُمْ فَاصْطَادُوا وَلَا يَجْرِمَنَّكُمْ شَنَآنُ قَوْمٍ أَنْ صَدُّوكُمْ عَنِ الْمَسْجِدِ الْحَرَامِ أَنْ تَعْتَدُوا وَتَعَاوَنُوا عَلَى الْبِرِّ وَالتَّقْوَىٰ وَلَا تَعَاوَنُوا عَلَى الْإِثْمِ وَالْعُدْوَانِ وَاتَّقُوا اللَّهَ إِنَّ اللَّهَ شَدِيدُ الْعِقَابِ﴾

سورة المجادلة (الآية ٩)

﴿يَا أَيُّهَا الَّذِينَ آمَنُوا إِذَا تَنَاجَيْتُمْ فَلَا تَتَنَاجَوْا بِالْإِثْمِ وَالْعُدْوَانِ وَمَعْصِيَتِ الرَّسُولِ وَتَنَاجَوْا بِالْبِرِّ وَالتَّقْوَىٰ وَاتَّقُوا اللَّهَ الَّذِي إِلَيْهِ تُحْشَرُونَ﴾

الملحق (ج)

إضاءات تربوية من القرآن الكريم لمسألة الإسلام بحكم الإرادة

سورة هود (الآيات ٤٠-٤٨)

﴿حَتَّىٰ إِذَا جَاءَ أَمْرُنَا وَفَارَ التَّنُّورُ قُلْنَا احْمِلْ فِيهَا مِن كُلٍّ زَوْجَيْنِ اثْنَيْنِ وَأَهْلَكَ إِلَّا مَن سَبَقَ عَلَيْهِ الْقَوْلُ وَمَنْ آمَنَ ۚ وَمَا آمَنَ مَعَهُ إِلَّا قَلِيلٌ. وَقَالَ ارْكَبُوا فِيهَا بِسْمِ اللَّهِ مَجْرَاهَا وَمُرْسَاهَا ۚ إِنَّ رَبِّي لَغَفُورٌ رَّحِيمٌ. وَهِيَ تَجْرِي بِهِمْ فِي مَوْجٍ كَالْجِبَالِ وَنَادَىٰ نُوحٌ ابْنَهُ وَكَانَ فِي مَعْزِلٍ يَا بُنَيَّ ارْكَب مَّعَنَا وَلَا تَكُن مَّعَ الْكَافِرِينَ. قَالَ سَآوِي إِلَىٰ جَبَلٍ يَعْصِمُنِي مِنَ الْمَاءِ ۚ قَالَ لَا عَاصِمَ الْيَوْمَ مِنْ أَمْرِ اللَّهِ إِلَّا مَن رَّحِمَ ۚ وَحَالَ بَيْنَهُمَا الْمَوْجُ فَكَانَ مِنَ الْمُغْرَقِينَ. وَقِيلَ يَا أَرْضُ ابْلَعِي مَاءَكِ وَيَا سَمَاءُ أَقْلِعِي وَغِيضَ الْمَاءُ وَقُضِيَ الْأَمْرُ وَاسْتَوَتْ عَلَى الْجُودِيِّ ۖ وَقِيلَ بُعْدًا لِّلْقَوْمِ الظَّالِمِينَ. وَنَادَىٰ نُوحٌ رَّبَّهُ فَقَالَ رَبِّ إِنَّ ابْنِي مِنْ أَهْلِي وَإِنَّ وَعْدَكَ الْحَقُّ وَأَنتَ أَحْكَمُ الْحَاكِمِينَ. قَالَ يَا نُوحُ إِنَّهُ لَيْسَ مِنْ أَهْلِكَ ۖ إِنَّهُ عَمَلٌ غَيْرُ صَالِحٍ ۖ فَلَا تَسْأَلْنِ مَا لَيْسَ لَكَ بِهِ عِلْمٌ ۖ إِنِّي أَعِظُكَ أَن تَكُونَ مِنَ الْجَاهِلِينَ. قَالَ رَبِّ إِنِّي أَعُوذُ بِكَ أَنْ أَسْأَلَكَ مَا لَيْسَ لِي بِهِ عِلْمٌ ۖ وَإِلَّا تَغْفِرْ لِي وَتَرْحَمْنِي أَكُن مِّنَ الْخَاسِرِينَ. قِيلَ يَا نُوحُ اهْبِطْ بِسَلَامٍ مِّنَّا وَبَرَكَاتٍ عَلَيْكَ وَعَلَىٰ أُمَمٍ مِّمَّن مَّعَكَ ۚ وَأُمَمٌ سَنُمَتِّعُهُمْ ثُمَّ يَمَسُّهُم مِّنَّا عَذَابٌ أَلِيمٌ﴾.

المؤلفتان والمترجمتان في سطور

نهى الشقيري

تعمل إخصائية إرشاد نفسي للعلاقات الزوجية والأسرية في عيادتها الخاصة بمدينة نيو بورت بيتش بكاليفورنيا. تواظب نهى على عقد دورات تدريب وورش عمل تتناول مواضيع متنوعة سواء للعاملين في مجال الصحة النفسية أو للمجتمع بوجه عام. استرشادًا بالمرجعية الدينية القوية والأساس العلمي السليم، تساعد نهى الأسر المسلمة على المواءمة بين الدين والثقافة السائدة في مجتمعاتهم.

في عام ١٩٨٦، حصلت نهى على درجة البكالوريوس في علم الحيوان من جامعة روتجرز بالولايات المتحدة الأمريكية. كما أنها تحمل شهادة الماجستير في علم النفس الإرشادي من جامعة ولاية كاليفورنيا-فولرتن في عام ٢٠٠٧. وفي عام ٢٠١٨ حصلت نهى على شهادة الدكتوراة في الدراسات الإسلامية من جامعة جراديوت ثيولوجكل فاونديشن. حرصت نهى على التعمق في دراسة منهج التربية الإيجابية، فحصلت على شهادة مدرب معتمد من جمعية التربية الإيجابية الأمريكية في عام ٢٠٠٨. ومنذ ذلك الحين، قدمت نهى عددًا لا حصر له من الدورات التدريبية للآباء والمدرسين على حد سواء. نهى متزوجة ولديها أربعة أبناء وأربعة أحفاد.

منيرة ليكوفيتش عزالدين

تعمل إخصائية إرشاد نفسي في مجال التطور التعليمي والمهني. تستمتع منيرة بمساعدة الشباب على اكتساب الوعي الذاتي الذي يمكنهم من اختيار نوع الدراسة أو المهنة التي تتناسب مع قدراتهم وميولهم. منيرة أيضًا كاتبة غزيرة الإنتاج، تنشر مقالاتها في المطبوعات والمواقع الإلكترونية الإسلامية عن مختلف الموضوعات المتعلقة بالتربية والأسرة والزواج، من ضمنها كتاب "أسئلة يجب أن يطرحها المسلمون على أنفسهم قبل الإقدام على الزواج".

منيرة حاصلة على بكالوريوس في الاقتصاد من جامعة كاليفورنيا-لوس أنجلوس، وتحمل أيضًا ماجستير في الإرشاد النفسي من جامعة ولاية كاليفورنيا-فولرتن. بالإضافة إلى تخصصها في مجالي التعليم والمسيرة المهنية، فإن منيرة حاصلة أيضًا على شهادة في الإرشاد النفسي للمقبلين على الزواج، وعلى شهادة معلّم معتمد من جمعية التربية الإيجابية الأمريكية.

منيرة تقيم في جنوب كاليفورنيا مع زوجها وأبنائها الثلاثة.

إيمان عصام

تعمل مترجمة مستقلة، وحاصلة على دبلوم الترجمة الفورية والتحريرية من الجامعة الأمريكية بالقاهرة عام ١٩٩٠. قررت في عام ٢٠٠٧، بعد مسيرة مهنية طويلة ومثمرة في مجال السياحة، تلبية شغفها الأول والعودة إلى الترجمة، فحالفها التوفيق ليس كمترجمة من اللغة الإنجليزية إلى العربية والعكس فحسب وإنما أيضًا ككاتبة محتوى. عملت مع الكثير من الجهات الدولية والمحلية المختلفة مثل منظمة الأمم المتحدة، والبنك الدولي، والوكالة الأمريكية للتنمية الدولية، وبنك البركة، بالإضافة إلى قائمة طويلة من الشركات المرموقة بمصر، من أهم الأعمال التي شاركت بها: كتاب التعادلية في الإسلام لتوفيق الحكيم، وكتاب "زقاق المدق" لنجيب محفوظ، وكتاب [Islamic Banking] (المعاملات المصرفية في الإسلام)، وكتاب [Corporate Finance] (تمويل الشركات)، ومشروع ميكنة مكاتب النيابة العامة في مصر، هذا بالإضافة إلى كتابة المحتوى للعديد من المقالات والمواقع الإلكترونية، والتقارير، والرسائل الإخبارية، والنشرات الصحفية، والحملات الإعلامية.

أمل الترزي

مترجمة مستقلة، حاصلة على الليسانس من كلية الآداب قسم اللغة الفرنسية، بجامعة عين شمس بالقاهرة. درست الترجمة الفورية في لندن وحصلت على دبلوم الترجمة الفورية من معهد اللغوين في لندن. ثم التحقت بكلية التعليم المستمر، قسم الترجمة، بالجامعة الأمريكية في القاهرة، حيث حصلت على دبلوم الترجمة، ثم انضمت لفريق تدريس الترجمة بالجامعة وعملت قرابة ست سنوات. وهي أيضًا عضو في معهد اللغويين

بالمملكة المتحدة. بدأت مسيرتها المهنية في مجال الترجمة منذ ١٦ عامًا، مع العديد من الجهات الدولية والإقليمية والوطنية، مثل الأمم المتحدة والبنك الدولي ومنظمة التعاون الإسلامي ووزارة الخارجية المصرية. وشاركت في ترجمة كتاب "الذكاء الاجتماعي" للمؤلف دانييل جولمان، وكتاب "صحوة النمر: التعافي من الصدمة العصبية، القدرات الفطرية على تحويل التجارب المروعة" للمؤلفين بيتر ليفاين، وآن فريدريك. كما ترجمت العديد من الوثائق القانونية والاقتصادية وغيرها من مجالات متنوعة، بما فيها عدة مقالات بحثية - مثل "الأبعاد المعرفية للنسوية الإسلامية" للدكتورة أماني صالح، و"شعر الهجاء في العصر الأموي" للدكتورة حسنة عبد السميع، ومقالات متخصصة لمجلة "هارفارد بيزنيس ريفيو"، ومجلة "الصحة الإنجابية".

الفهرس

إهــداء ٥

لوحة الفسيفساء ٩

تقديــم ١١

شكـــــر وتقدير ١٣

أدعية قرآنية ١٥

كنوز من السنة والتراث ١٦

تمهيد: هكذا بدأت قصتنا ١٩

الجزء الأول: الأساس ٢٩

مقدمة ٣١

الفصل الأول: الإسلام وتربية الأبناء ٣٥

الفصل الثاني: ما أحوجنا إلى فهم أنفسنا ٥١

الفصل الثالث: كيف نفهم أبناءنا ٦١

الجزء الثاني: الأدوات ٧٩

الفصل الرابع: أدوات التربية الإيجابية ٨١

١. ابحث معهم عن حل المشكلة ٨٣

٢. اثبت على كلمتك ٨٦

٣. اجعل أمركم شورى بينكم ٨٧

٤. احترم طفلك كي يحترمك ٩٠

٥. احسم الأمور التي تملك السيطرة عليها ٩٣

٦. احضنهم حتى لو زعلان منهم ٩٤

٧. *أخبرهم الواقع دون مجاملة أو تجميل ٩٦

8. اسألهم بدلًا من أن تأمرهم 98
9. التلميح بـ "لقد لاحظت" بدلًا من عبارات اللوم 99
10. استخدم المنبِّه ليتعلموا قيمة الوقت 100
11. اطلب منهم تقديم الحلول 102
13. أعطهم أذنًا يعطوك صوتًا 103
14. اعقلها وتوكَّل على الله 104
15. افهم طبيعة المرحلة 106
16. افهم ما وراء السلوك 106
17. اقتصد في قول "لا" 109
18. الاتفاق على مواعيد محددة 110
19. الإشارات أوقع من الكلمات 111
20. الإلهاء بدلًا من التعنيف 112
21. *التربية شيء والإقناع شيء آخر 112
22. الحوار البنَّاء 113
23. التواصل قبل التأديب 117
24. العواقب الطبيعية: دعهم يتحمَّلون نتائج أفعالهم 118
25. العواقب المنطقية 122
26. المصروف 125
27. النظام الروتيني: الأمن والأمان 128
28. بالصبر والتدريب تعلمهم كل جديد 131
29. *تحكم في البيئة المنزلية 132
30. تعاطف معهم لتكسب تعاونهم 133
31. جراب الحاوي 135
32. خير الكلام ما قلَّ ودلَّ 135
33. خيِّرهم بين أمرين 137

34. دائرة الخيارات ١٣٨
35. دعهم يعتمدون على أنفسهم ١٣٩
36. استخدم لاحظت بدلًا من أن تلومهم ١٤٣
37. راقبهم في الصِّغر وتابعهم في الكِبر ١٤٤
38. ركِّز على الحلول ١٤٥
39. ركن السكينة ١٥٠
40. شجعهم بدلًا من أن تمدحهم ١٥٣
41. عبِّر لهم عن حبك ١٥٦
42. قليل من الاهتمام يكفي ١٥٦
43. كرِّس لطفلك وقتًا خاصًّا ١٥٨
44. كن مرآة لهم ١٥٩
45. *كن معهم قلبًا وقالبًا ١٦٠
46. لا تنسي نصيبكِ من الحياة ١٦١
47. لغة العيون (التواصل البصري) ١٦٣
48. من الأخطاء يتعلم طفلك مهارات الحياة ١٦٣
49. يد الله مع الجماعة ١٦٦

الجزء الثالث: الرحلة التربوية ١٦٩

الفصل الخامس: السنوات الأولى (من الولادة-٥ سنوات) ... ١٧١

الفصل السادس: مرحلة الطفولة المتأخرة (٦-١٢) ٢٠٩

الفصل السابع: مرحلة المراهقة (١٣-١٨) ٢٥١

الفصل الثامن: مرحلة الرشد ٣٠٥

الجزء الرابع: مقالات متنوعة ٣٢١

التربية الإيجابية بين المغالطات والحقائق ٣٢٣

مسؤوليتنا وسيطرتنا ٣٤٥

اعتقادات تربوية خاطئة	٣٤٩
ضرب الأبناء في الإسلام	٣٥١
البر الأعمى	٣٥٧
الإسلام بين العادة والإرادة	٣٦٣
وما زالت الرحلة مستمرة	٣٦٩
الملاحق	٣٧٣
المؤلفتان والمترجمتان في سطور	٣٨١